吴良镛院士主编：人居环境科学丛书

文化遗产保护与城市文化建设
Cultural Heritage Conservation and Urban Culture Renaissance

单霁翔　著

中国建筑工业出版社

图书在版编目（CIP）数据

文化遗产保护与城市文化建设/单霁翔著.—北京：中国建筑工业出版社，2008
（吴良镛院士主编：人居环境科学丛书）
ISBN 978-7-112-10417-8

Ⅰ.文… Ⅱ.单… Ⅲ.①文化遗产–保护–研究–中国 ②城市–文化–研究–中国 Ⅳ.K203 C912.81

中国版本图书馆CIP数据核字（2008）第157368号

责任编辑：石枫华 姚荣华
责任设计：郑秋菊
责任校对：兰曼利 王 爽

吴良镛院士主编：人居环境科学丛书
文化遗产保护与城市文化建设
Cultural Heritage Conservation and Urban Culture Renaissance
单霁翔 著

*

中国建筑工业出版社出版、发行（北京西郊百万庄）
各地新华书店、建筑书店经销
北京嘉泰利德公司制版
北京京华铭诚工贸有限公司印刷

*

开本：787×1092毫米 1/16 印张：24¼ 字数：590千字
2009年1月第一版 2018年9月第二次印刷
定价：**76.00**元
ISBN 978-7-112-10417-8
（17341）

版权所有 翻印必究
如有印装质量问题，可寄本社退换
（邮政编码100037）

内容提要

进入 21 世纪以来,我国城市化快速发展,城市建设以空前的规模展开,对文化遗产及其环境造成前所未有的冲击,成为文化遗产保护最关键的历史阶段。同时,伴随经济全球化趋势,强势文化消解着人们对于本国传统文化的理解和继承,城市特色迅速消失,"城市文化危机"客观存在。如何在这一背景下,推进文化遗产保护和城市文化建设,成为迫切需要研究解决的现实问题。

本书在"广义建筑学"、"有机更新"理论和人居环境科学的启发下,在科学发展观的指导下,采取"融贯的综合研究"方法,探讨了我国文化遗产保护和城市文化建设的可持续发展问题。通过对存在问题进行批判性反思,扩大专业视野与职业思维,从文化、文化遗产、城市规划学科融会的角度,预测可能的发展途径,进行综合对策研究,找出解决问题的办法。

本书主要分为三个部分:

第一部分"文化遗产保护的理论与实践",针对文化遗产面临的生存危机和历史性城市保护持续恶化的状况进行分析,回顾国际社会的探索与实践,总结我国的历史与现状,明确文化遗产保护的时代意义,分析新的历史时期文化遗产在内涵方面的深化和在外延方面的扩展,揭示文化遗产保护的发展趋势。

第二部分"城市文化建设的探索与追求",通过深入分析城市文化建设在城市文化传承、城市文化特色、城市文化环境等方面存在的突出问题,归纳国际社会关于城市文化的探索与实践,分析城市文化建设的时代意义,探讨正确定位城市文化特色、树立城市文化理想的策略与措施。

第三部分"文化遗产保护与城市文化建设的战略转型",分析文化遗产保护认识的进步,研究加强能力建设目标,明确转型期各项措施,提出从"文物保护"走向"文化遗产保护";探讨历史性城市、历史城区和历史街区等保护策略,提出从"大规模改造"走向"有机更新";分析城市文化建设的理论与实践，阐述城市文化建设的长远价值，提出从"功能城市"走向"文化城市"。

结语部分在对存在问题进行综述的基础上，对文化遗产保护有价值与创新的研究工作进行了归纳，提出了加强文化遗产保护与城市文化建设的辩证思考。

ABSTRACT

China is witnessing a fast-growing process of urbanization in the 21st century and urban construction has been conducted in an unparalleled scale. As a consequence, cultural heritage resources as well as their settings are facing more grave challenges than ever before, which have led the conservation of cultural heritage into its most critical historical stage. In addition, owing to the trend of economic globalization, dominating cultures are weakening people's understanding and continuation of the traditional, indigenous cultures in their own countries, and the characteristics and uniqueness of their home cities are vanishing fast, which has brought about serious crisis to urban cultures. It has therefore become a realistic issue requiring urgent study on how to promote cultural heritage conservation and urban culture renaissance in this new social context.

This book aims to discuss sustainable development of cultural heritage conservation and urban culture renaissance in China, inspired by the general theory of architecture, the theory of organic renewal and the sciences of human settlements, under the guidance of scientific concepts of development, and with a trans-disciplinary research method. The author tries to reflect on the existing problems in a critical manner to expand academic visions and widen scopes of professional thinking, predict possible development approaches and conduct comprehensive study from a multi-disciplinary perspective mixing culture, cultural heritage and urban planning, in the hope of finding best possible solutions.

The book consists of three parts as follows:

Part I: "Theories and Practices on Cultural Heritage Conservation". The author conducts analyses of crises that cultural heritage is now faced with as well as continuous deterioration of the conservation of historic cities, reviews explorations and practices by the international community, summarizes the past and the present of cultural heritage conservation in China, defines the significance of cultural heritage conservation in the present-day society, analyzes the intensive and extensive scopes of cultural heritage in the new historic era, and reveals the trend of cultural heritage conservation in the future.

Part II: "Theories and Practices on Urban Culture Renaissance". The author conducts thorough analyses of prominent problems pertaining to the continuation, characteristics and settings of urban culture, summarizes the international community's explorations and practices on urban culture, clarifies the significance of urban culture renaissance in the present-day society, discusses about how to define characteristics of urban culture, and raises strategies and solutions in urban culture renaissance.

Part III: "Strategic Transformation in the Concepts of Cultural Heritage Conservation and Urban Culture Renaissance". By reviewing progress in the understanding of cultural heritage conservation, defining objectives of capacity building and expounding measures adopted in the transitional period, the author puts forward a concept characterized by the shift from the protection of cultural relics to the conservation of cultural heritage. By discussing conservation strategies for historic cities, districts and neighborhoods, the author puts forward a concept characterized by the shift from "massive facelift" to "organic renewal". And by reviewing theories and practices on urban culture renaissance and noting the long-term values of urban culture renaissance, the author puts forward a strategic concept characterized by the shift from "function-oriented city" to "culture-oriented city".

In the conclusion part, the author, based on the summary of existing problems, raises dialectical concepts on cultural heritage conservation and urban culture renaissance and summarizes valuable and innovative study practices mentioned in the dissertation.

"人居环境科学丛书" 缘起

18世纪中叶以来，随着工业革命的推进，世界城市化发展逐步加快，同时城市问题也日益加剧。人们在积极寻求对策不断探索的过程中，在不同学科的基础上，逐渐形成和发展了一些近现代的城市规划理论。其中，以建筑学、经济学、社会学、地理学等为基础的有关理论发展最快，就其学术本身来说，它们都言之成理，持之有故，然而，实际效果证明，仍存在着一定的专业的局限，难以全然适应发展需要，切实地解决问题。

在此情况下，近半个世纪以来，由于系统论、控制论、协同论的建立，交叉学科、边缘学科的发展，不少学者对扩大城市研究作了种种探索。其中希腊建筑师道萨迪亚斯（C. A. Doxiadis）所提出的"人类聚居学"（EKISTICS: The Science of Human Settlements）就是一个突出的例子。道氏强调把包括乡村、城镇、城市等在内的所有人类住区作为一个整体，从人类住区的"元素"（自然、人、社会、房屋、网络）进行广义的系统的研究，展扩了研究的领域，他本人的学术活动在20世纪60~70年代期间曾一度颇为活跃。系统研究区域和城市发展的学术思想，在道氏和其他众多先驱的倡导下，在国际社会取得了越来越大的影响，深入到了人类聚居环境的方方面面。

近年来，中国城市化也进入了加速阶段，取得了极大的成就，同时在城市发展过程中也出现了种种错综复杂的问题。作为科学工作者，我们迫切地感到城乡建筑工作者在这方面的学术储备还不够，现有的建筑和城市规划科学对实践中的许多问题缺乏确切、完整的对策。目前，尽管投入轰轰烈烈的城镇建设的专业众多，但是它们缺乏共同认可的专业指导思想和协同努力的目标，因而迫切需要发展新的学术概念，对一系列聚居、社会和环境问题作进一步的综合论证和整体思考，以适应时代发展的需要。

为此，十多年前我在"人类居住"概念的启发下，写成了《广义建筑学》，嗣后仍在继续进行探索。1993年8月利用中科院技术科学部学部大会要我作学术报告的机会，我特邀约周干峙、林志群同志一起分析了当前建筑业的形势和问题，第一次正式提出要建立"人居环境科学"（见吴良镛、周干峙、林志群著

《中国建设事业的今天和明天》，城市出版社，1994）。人居环境科学针对城乡建设中的实际问题，尝试建立一种以人与自然的协调为中心、以居住环境为研究对象的新的学科群。

建立人居环境科学还有重要的社会意义。过去，城乡之间在经济上相互依赖，现在更主要的则是在生态上互相保护，城市的"肺"已不再是公园，而是城乡之间广阔的生态绿地，在巨型城市形态中，要保护好生态绿地空间。有位外国学者从事长江三角洲规划，把上海到苏锡常之间全都规划成城市，不留生态绿地空间，显然行不通。在过去渐进发展的情况下，许多问题慢慢暴露，尚可逐步调整，现在发展速度太快，在全球化、跨国资本的影响下，政府的行政职能可以驾驭的范围与程度相对减弱，稍稍不慎，都有可能带来大的"规划灾难"（planning disasters）。因此，我觉得要把城市规划提到环境保护的高度，这与自然科学和环境工程上的环境保护是一致的，但城市规划以人为中心，或称之为人居环境，这比环保工程复杂多了。现在隐藏的问题很多，不保护好生存环境，就可能导致生存危机，甚至社会危机，国外有很多这样的例子。从这个角度看，城市规划是具体地也是整体地落实可持续发展国策、环保国策的重要途径。可持续发展作为世界发展的主题，也是我们最大的问题，似乎显得很抽象，但如果从城市规划的角度深入地认识，就很具体，我们的工作也就有生命力。"凡事预则立，不预则废"，这个问题如果被真正认识了，规划的发展将是很快的。在我国意识到环境问题，发展环保事业并不是很久的事，城市规划亦当如此，如果被普遍认识了，找到合适的途径，问题的解决就快了。

对此，社会与学术界作出了积极的反应，如在国家自然科学基金资助与支持下，推动某些高等建筑规划院校召开了四次全国性的学术会议，讨论人居环境科学问题；清华大学于1995年11月正式成立"人居环境研究中心"，1999年开设"人居环境科学概论"课程，有些高校也开设此类课程等等，人居环境科学的建设工作正在陆续推进之中。

当然，"人居环境科学"尚处于始创阶段，我们仍在吸取有关学科的思想，努力尝试总结国内外经验教训，结合实际走自己的路。通过几年在实践中的探索，可以说以下几点逐步明确：

（1）人居环境科学是一个开放的学科体系，是围绕城乡发展诸多问题进行研究的学科群，因此我们称之为"人居环境科学"（The Sciences of Human Settlements，英文的科学用多数而不用单数，这是指在一定时期内尚难形成为单一学科），而不是"人居环境学"（我早期发表的文章中曾用此名称）。

（2）在研究方法上进行融贯的综合研究，即先从中国建设的实际出发，以问题为中心，主动地从所涉及的主要的相关学科中吸取智慧，有意识地寻找城乡人居环境发展的新范式（paradigm），不断地推进学科的发展。

（3）正因为人居环境科学是一开放的体系，对这样一个浩大的工程，我们工作重点放在运用人居环境科学的基本观念，根据实际情况和要解决的实际问题，做一些专题性的探讨，同时兼顾对基本理论、基础性工作与学术框架的探索，两者同时并举，相互促进。丛书的编著，也是成熟一本出版一本，目前尚不成系列，但希望能及早做到这一点。

希望并欢迎有更多的从事人居环境科学的开拓工作，有更多的著作列入该丛书的出版。

1998 年 4 月 28 日

序

就我回忆所及，在职研究生教育，可以追溯到20世纪80年代初。时任清华大学副校长的张维教授，曾针对国情和国外经验，一再提倡清华抓紧时机，推动继续工程教育。

我在1984年卸去清华大学建筑系主任之职后，创办建筑与城市研究所，并将工作的重点之一放在培养研究生方面。从90年代开始，逐步增加了一批在职攻读学位的研究生。这些同志相对年龄较大，来自不同的工作岗位，具有一定的实践经验，学习目的明确。通过一段时间的系统性学习，专业学术水平有可能大幅度提高。

由我指导的研究生集体，最多时约有二十人左右，其中一半是在职研究生。这些同志的工作单位分布在祖国各地，东南西北都有，如何进行论文指导？几经摸索，最终形成了一种例会制度。我们多是利用周末的两天，约定回到学校，在研究所召开论文工作进展汇报会，进行学术交流。这种例会每年两次，定期举行，实践效果较好。对在校的脱产研究生和年轻教师来说，也是一种很好的相互学习方式。

在过去十多年时间里，这批在职学习的研究生，都通过长期努力，最终获得博士学位。他们的学习成果，已陆续分别结集出版，发表在人居环境科学丛书中。

单霁翔同志完成博士论文的过程，是这些在职研究生治学的一个例子。

单霁翔同志在改革开放后到日本留学，1984年回国在北京市规划局工作，那时他就曾向我表达过继续学习的意愿。此后他工作一再变动，先后在北京市文物局、房山区和市规划委员会工作，曾积极参加由我主持的京津冀地区城乡空间发展规划研究，是第一期和第二期报告的科学共同体成员。在2002年担任国家文物局局长后，自己在学术上有了更高的追求。对于他报考清华大学在职博士研究生一事，我表示积极支持，并在多次交谈中提到国家文物局老局长郑振铎和王冶秋两位先生，希望单霁翔同志能以前辈学者为榜样，在实践中获取丰富的学识，在工作与学术上均作出卓越贡献。

2003年9月，单霁翔同志被清华大学建筑学院录取为博士研究生。在校的五年时间中，他一直积极努力，克服工作繁忙的困难，坚持参加研究生教学的各项活动。他就国内外文化遗产保护的相关理论和经验进行了系统的学习和总结，学术视野不断开阔；对中国文化遗产保护与城市文化建设的实际情况和客观问题进行了梳理和研究，发表了一系列论文和专著，并形成了他博士论文的学术理念：

——从文物保护现状，面临的问题出发，回溯文化遗产观念的演变，阐明文化遗产保护的时代意义与发展趋势；

——继之，探索城市文化问题，借鉴国际国内对本问题的研究成果，明确中国城市文化建设的若干方向；

——在上述论证下，作者提出城市文化建设的战略转型问题：即从"文物保护"走向"文化遗产保护"，从大规模改造走向有机更新，旗帜鲜明地提出城市在满足经济、社会、环境发展要求的同时，将文化建设作为重大目标之一，要关注城市的文化复兴、文化竞争力等问题。

单霁翔同志的论文特点在于，他在撰述上述观点时，从中国历史与现状出发，针砭时弊、畅所欲言，提出一系列带有开创性的建议，包括对在我国诞生的国际文件加以诠释，并阐明城市文化的发展方向等。论文作者视野开阔，立论严谨，逻辑清晰，文章铿锵有力，有独立思考、甘苦自得之论（如在结论的八点思考等）。

单霁翔同志的博士论文是一篇理论联系实际，可以为实践参考的优秀博士论文。当前有关我国文化遗产保护、城市文化的论述并不少，侧重点不一，学术思想立足点不一，但将各方面的问题加以联系，指出明确发展方向之论述并不多见。他的论文是在长期从事政府城市建设与文物管理两方面工作过程中，不断积累实际经验，长时期思考求索积累而成的。

单霁翔同志的博士论文得到了答辩委员会的一致通过，并且他的学习态度与方法也受到了充分肯定，可为是"在职博士生的楷模"。

我近来已很少为他人的著作写序，但在这次单霁翔同志将论文整理成书，即将付梓之际，我为他不断开拓、积极进取的精神而感动，故乐于为序。希望就此推广他的学习精神，促进我们的在职研究生教育事业。

2008年8月

目　录

序 ··· 吴良镛

绪　论 ··· 1
 0.1　文化遗产和城市文化面临危机 ··· 2
 0.2　相关方面的探索历程及发展动态 ··· 3
  0.2.1　文化遗产保护的探索与发展 ··· 4
  0.2.2　城市文化建设的实践与进步 ··· 5
 0.3　相关领域的研究成果与文献综述 ··· 7
 0.4　基本理论与方法 ·· 10
  0.4.1　"广义建筑学"与"融贯的综合研究" ···························· 10
  0.4.2　历史性城市保护中的"有机更新"理论 ························· 11
  0.4.3　人居环境科学思想指导下的战略研究 ··························· 12
  0.4.4　"可持续发展"理论与"科学发展观" ···························· 12
  0.4.5　研究的基本方法 ·· 13
 0.5　主要内容与结构安排 ·· 14

上篇　文化遗产保护的理论与实践

第1章　文化遗产保护面临的形势与问题 ·· 19
 1.1　文化遗产保护遭遇"危险期" ·· 20
 1.2　文化遗产面临诸多生存危机 ·· 23
  1.2.1　文化遗产本体屡遭损毁与亵渎 ······································· 23
  1.2.2　盲目的开发建设割断历史文脉 ······································· 24
  1.2.3　"拆毁真文物，制造假古董"盛行 ································ 24
  1.2.4　"保护性破坏"案件逐年增多 ·· 25
  1.2.5　以单体保护取代整体环境保护 ······································· 26
  1.2.6　商业化开发造成持久负面影响 ······································· 27
  1.2.7　超负荷旅游破坏历史文化空间 ······································· 27
  1.2.8　不合理定位改变历史地段环境 ······································· 28
 1.3　历史性城市保护状况持续恶化 ·· 29
  1.3.1　"以旧城为中心发展"破坏历史性城市环境 ················ 29
  1.3.2　大拆大建式"旧城改造"改变历史城区格局 ················ 36
  1.3.3　大规模"危旧房改造"摧毁历史街区肌理 ···················· 43

第2章　文化遗产保护的历史发展进程与现状 ······························· 57
 2.1　国际文化遗产保护的探索与实践 ·· 58

		2.1.1 早期文化遗产保护的探索 ··· 58
		2.1.2 《世界遗产公约》的共识 ··· 61
		2.1.3 近年文化遗产概念的演变 ··· 63
	2.2	我国文化遗产保护的历史与现状 ··· 73
		2.2.1 早期文物保护理念的形成 ··· 73
		2.2.2 多层次文物保护体系的建立 ··· 76
		2.2.3 新时期文化遗产保护的实践 ··· 79

第3章 文化遗产保护的时代意义与发展趋势 ··· 95
  3.1 文化遗产保护的时代意义 ··· 96
    3.1.1 文化遗产见证城市生命历程 ··· 96
    3.1.2 文化遗产保障城市文化延续 ··· 97
    3.1.3 文化遗产促进城市健康发展 ··· 99
  3.2 文化遗产保护的发展趋势 ··· 101
    3.2.1 文化遗产保护内涵的深化 ··· 101
    3.2.2 文化遗产保护外延的扩展 ··· 104

中篇 城市文化建设的探索与追求

第4章 城市文化建设面临的形势和问题 ··· 121
  4.1 城市文化建设面临的形势 ··· 122
    4.1.1 信息化加快现代信息传播 ··· 122
    4.1.2 城市化引发城市建设高峰 ··· 124
    4.1.3 全球化伴随文化霸权主义 ··· 125
  4.2 城市文化传承存在的问题 ··· 127
    4.2.1 传统文化保护面临现实困境 ··· 127
    4.2.2 地域文化保护面临严峻挑战 ··· 128
    4.2.3 文化多样性面临生态危机 ··· 130
  4.3 城市文化特色存在的问题 ··· 131
    4.3.1 "无地方性"城市空间大量增加 ··· 131
    4.3.2 "千城一面"的现象日趋严重 ··· 132
    4.3.3 城市规划缺少对文化特色维护 ··· 133
    4.3.4 建筑设计缺乏对文化内涵理解 ··· 134
    4.3.5 城市建设忽视对文化肌理的尊重 ··· 134
    4.3.6 注重使用功能而忽视精神追求 ··· 135
  4.4 城市文化环境存在的问题 ··· 136
    4.4.1 城市建筑文化的粗鄙化倾向 ··· 136

  4.4.2 城市景观设计的浅薄化倾向 …… 137
  4.4.3 城市历史传统的虚拟化倾向 …… 137
  4.4.4 城市消费观念的奢华化倾向 …… 138
  4.4.5 城市休闲方式的低俗化倾向 …… 139
  4.4.6 城市娱乐活动的商品化倾向 …… 140

第5章 国际社会关于城市文化的探索与实践 …… 147
5.1 共同的理想追求与不同的探索道路 …… 148
  5.1.1 古代理想城市模式的追求与探索 …… 148
  5.1.2 近代城市规划学科的形成与实践 …… 150
  5.1.3 现代城市规划思想的产生与争论 …… 152
5.2 从《雅典宪章》到《马丘比丘宪章》 …… 154
  5.2.1 "功能城市"的宣言：《雅典宪章》 …… 154
  5.2.2 对现代城市规划理论的挑战与反思 …… 156
  5.2.3 城市人文生态理念的构建与发展 …… 158
  5.2.4 《马丘比丘宪章》对功能城市的反思 …… 159
5.3 国际社会新的共识与新的行动纲领 …… 160
  5.3.1 人居环境科学理论的认知与共识 …… 161
  5.3.2 人类基本需求和生活质量的新追求 …… 163
  5.3.3 "文化多样性"格局的坚守与维护 …… 164
  5.3.4 各国文化发展战略的调整与更新 …… 166
  5.3.5 《北京宪章》与《北京宣言》的诞生 …… 168

第6章 城市文化建设的时代意义与发展要求 …… 181
6.1 城市文化建设的时代意义 …… 182
  6.1.1 城市文化建设保存城市记忆 …… 182
  6.1.2 城市文化建设决定城市品质 …… 183
  6.1.3 城市文化建设展示城市风貌 …… 184
  6.1.4 城市文化建设塑造城市精神 …… 185
  6.1.5 城市文化建设支撑城市发展 …… 186
6.2 城市文化特色与文化城市建设 …… 187
  6.2.1 城市文化特色的发掘与认知 …… 187
  6.2.2 城市文化特色的保持与维护 …… 190
  6.2.3 城市文化特色的传承与弘扬 …… 194
  6.2.4 城市文化特色的重塑与营造 …… 196
6.3 城市文化环境与文化城市建设 …… 200
  6.3.1 城市要关注"文化生态保护" …… 200
  6.3.2 城市要讲述"自己的故事" …… 202
  6.3.3 城市要培育"健康市民文化" …… 205

6.3.4　城市要改善"公共文化服务" ·· 207

下篇　文化遗产保护与城市文化建设的战略转型

第7章　从"文物保护"走向"文化遗产保护" ·· 221
7.1　文化遗产保护认识的转变与进步 ·· 222
7.1.1　文化遗产的概念更为宽广 ·· 222
7.1.2　文化遗产的概念更为综合 ·· 224
7.1.3　文化遗产的概念更为深刻 ·· 225
7.1.4　文化遗产保护理念的进步 ·· 226
7.2　建立中国特色文化遗产保护新体制 ·· 228
7.2.1　树立文化遗产保护"整体的观念" ·· 228
7.2.2　实现文化遗产保护的多重价值 ·· 231
7.2.3　变"少数的抗争"为"共同的努力" ·· 233
7.3　加强文化遗产保护的能力建设 ·· 237
7.3.1　加大摸清文化遗产资源力度 ·· 237
7.3.2　加快文化遗产法制和规划进程 ·· 240
7.3.3　加强文化遗产科技和人才建设 ·· 242

第8章　从"大规模改造"走向"有机更新" ·· 255
8.1　"以旧城为中心发展"到"发展新区，保护旧城" ·· 256
8.1.1　"发展新区，保护旧城"的不懈探索 ·· 256
8.1.2　破解"摊大饼"与"中心聚焦"困境 ·· 259
8.1.3　核心"有机疏散"与区域"重新集中" ·· 261
8.2　"旧城改造"到"历史城区整体保护" ·· 264
8.2.1　历史城区保护的反思与探索 ·· 264
8.2.2　"整体保护"突出历史城区特色 ·· 266
8.2.3　增强历史城区可持续发展活力 ·· 268
8.3　"危旧房改造"到"循序渐进，有机更新" ·· 270
8.3.1　对小规模渐进式整治方式的探索 ·· 271
8.3.2　"有机更新"理论的确立与实践 ·· 272
8.3.3　实现"有机更新"的各项措施 ·· 274

第9章　从"功能城市"走向"文化城市" ·· 293
9.1　新的世纪，城市文化从幕后走向前台 ·· 294
9.1.1　"文化之都"活动注入城市活力 ·· 294
9.1.2　"城市复兴"彰显城市文化的贡献 ·· 296
9.1.3　澳门向世界递出的文化城市名片 ·· 298

        9.1.4 "中华文化枢纽工程"创意的启示 …… 299
    9.2 城市文化体现城市发展的根本价值 …… 301
        9.2.1 科学发展观指引城市文化建设 …… 301
        9.2.2 文化竞争力决定城市竞争力 …… 304
        9.2.3 城市文化创新引领城市发展方向 …… 307
        9.2.4 "文化规划"实现城市长远目标 …… 309
    9.3 从"功能城市"走向"文化城市" …… 312
        9.3.1 "城市定位"与城市文化关注焦点 …… 312
        9.3.2 "城市黄金时代"与城市发展方向转型 …… 314
        9.3.3 "城市世纪"与"文化城市"的提出 …… 316
        9.3.4 从"功能城市"走向"文化城市" …… 318

第10章 结论 …… 325
    10.1 文化遗产保护与城市文化建设存在问题综述 …… 326
    10.2 关于若干理论问题的进一步认识与辩证思考 …… 328
        10.2.1 关于遗产大国与遗产强国的思考 …… 328
        10.2.2 关于单体保护与整体保护的思考 …… 329
        10.2.3 关于政府保护与全民保护的思考 …… 330
        10.2.4 关于有效保护与积极保护的思考 …… 331
        10.2.5 关于文化遗产与文化资源的思考 …… 332
        10.2.6 关于文化积累与文化创造的思考 …… 333
        10.2.7 关于文化定位与文化复兴的思考 …… 334
        10.2.8 关于城市时代与文化时代的思考 …… 335
    10.3 文化遗产保护有价值与创新的研究工作 …… 336
        10.3.1 对在我国诞生的国际文件的归纳 …… 336
        10.3.2 对文化遗产保护发展趋势的研究 …… 337
        10.3.3 对传统文化和城市文化特征的阐释 …… 338
        10.3.4 对加强文化遗产保护能力建设的建议 …… 338
        10.3.5 对相关学科的"融贯的综合研究" …… 339
        10.3.6 对"积极保护、整体创造"的探索 …… 340

附录 …… 343
    附录A 关于"城市"、"文化"与"城市文化"的思考 …… 344
    附录B 从原生东方到兼容并蓄——中华文明发展初探 …… 358

参考文献 …… 366

后记 …… 371

绪论

0.1 文化遗产和城市文化面临危机

进入新世纪以来，我国始终处于城市化快速发展阶段，这一阶段对应经济建设的高峰时期，城市建设以空前的规模和速度展开，数以千万计的农民移居城市，人口过剩和城市短缺成为我国城市化面临的主要矛盾。同时，各地政府对城市建设的热情空前高涨，并且一提到城市化水平，就会以"城市化率"作为衡量标准，甚至将城市化作为拉动经济增长的一个重要手段。由此引发众多城市"摊大饼"式地无限蔓延，造成对城市社会、文化的严重影响，以及对能源、生态的巨大压力。当前，我国城市集聚规模已经积累到一定的程度，出现了一系列"城市病"，交通拥挤、环境污染、能源紧张等问题愈加突出。面对这一形势，我国文化遗产保护和城市文化建设存在着一系列不能回避的突出问题。

今天，经济全球化极大地推动了世界各国的商品流通，带来全球生产的扩展、全球市场的链接、全球资本的流动，引发全球生活品质的改变。经济活动的全球化趋势，势必影响文化领域的全球化，而与全球化裹挟而来的西方文化，正无孔不入地渗入当代我国民众的日常生活。强势文化凭借着自身经济上的优势，确立其在文化交流中的霸权地位，企图形成对弱势文化的控制与统治，以沙尘暴式的"快餐文化"方式一拥而入，以前所未有的规模和速度，向世界各地推广所谓的全球文化一体化，传播西方社会所特有的文化情趣、生活方式，以及价值取向，消解着人们对于自身文化传统的理解和继承，城市文化的民族性、传统性、地域性迅速消失，文化多样性受到压抑。

在文化遗产保护方面，经济建设、城市开发与文化遗产保护之间的矛盾异常突出。同时，不少地方严重存在忽视文化遗产保护的问题。在全国各地，传统建筑被拆毁、地下文物被盗掘、历史遗址被占压、文化环境被破坏等违法事件屡有发生，一方面，体现出部分城市决策者的盲动无知，房地产开发商的唯利是图；另一方面，也表现出面对城市化快速发展的挑战，文化遗产保护的体制和机制应对能力不足。因此，这一时期成为文化遗产保护最危险、最紧迫、最关键的历史阶段。如果处理不好，本应造福子孙的城市化进程，将会蜕化为破坏文化遗产及其环境的短视之举。

在历史性城市保护方面，由于几十年来我国历史性城市，普遍采取"以旧城为中心发展"的规划建设方针，没有能够认识到历史城区、历史街区是我国文化遗产中的重要组成部分，而是将本应在新区安排的各项功能，强行叠加在历史城区之内。日益沉重的经济发展压力、新旧混合的城市建设模式，使保护与发展的矛盾难以调和。特别是在当前大规模"旧城改造"、"危旧房改造"的高潮中，对积淀着深厚文化底蕴的历史城区、历史街区的破坏空前加剧，已经决定性地改变了众多历史性城市的原有面貌。千万座传统民居、千百条历史街巷，与其中历代延续的文化传统和生活方式一起，在推土机下轰然灭失、销声匿迹，造成文化空间的破坏，历史文脉的割裂，社区邻里的解体，城市记忆的消失，历史文化名城整体保护的目标已经普遍失控。

在城市文化特色方面，由于在大规模的城市建设中，过度商业化的运作、大拆大建的开发方式，使一些形象趋同、缺乏个性的大体量建筑物、大规模建筑群不断涌入历史城区，优秀的地域文化特色不断消失。城市规划建设中抄袭、模仿、复制现象十分普遍，出现"南方北方一个样，大城小城一个样，城里城外一个样"的特色危机，"千城一面"的现象日趋严重。一些城市忽视与市民生活密切相关的基础设施建设，而注重城市表层形象变化，追求城市变大、变新、变洋，至今仍把高层、超高层建筑当作城市现代化的标志，热衷于建设大广场、大草坪、大水面、景观大道、豪华办公大楼等"形象工程"，而这些项目往往突出功能主题而忘掉文化责任。与此相比，真正体现城市文化特色的文化遗产和民众真正需要的文化设施却得不到应有的保护与重视。

在城市文化环境方面，面对西方强势文化的渗透，文化市场存在严重的商业化倾向，缺少精神主题、缺少时代气息的文化产品充斥其中，排斥甚至拒绝高雅的优秀民族文化，造成恶劣的文化环境，导致公众文化品位降低。一些充满淫秽、色情、赌博、暴力、迷信、非法交易敛财等内容的所谓娱乐活动、文艺节目、图书报刊，在强劲的利益驱动下泛滥，耳濡目染，潜移默化地影响着人们的价值观、人生观。越来越多的青少年只知道好莱坞和明星大腕，对我国传统文化缺少荣誉感、自豪感，甚至受不健康的影视、卡通、网络作品影响，不慎走上犯罪道路。在"新消费主义"和"新奢华主义"的国际浪潮中，越来越多的民众正在体验着文化的混杂和虚荣。一些城市受商业利益驱动，出现趣味低俗的、粗制滥造的、虚假肤浅的再造传统民俗行为，破坏了传统文化的真实、自然与淳朴。

改革开放以来，我国城市建设取得了举世瞩目的成就，但是在城市物质建设不断取得新的成果的同时，在城市文化建设方面却重视不够。如今，面对城市化快速发展，城市文化成为人们共同关注的重要议题。一座城市能够延续和发展，越来越取决于城市文化的延续。城市不仅体现着它所具有的物质功能，而且体现着社会发展的复杂进程，包含着深刻的文化意义。今后十几年间，我国城市经济必将继续以较快速度增长，城市建设还将大规模展开，这些在给城市发展带来难得历史机遇的同时，也将提出更为严峻的挑战。就此而言，如何在城市化快速发展进程中，在全球化的历史条件下，持续推进文化遗产保护和城市文化建设，这一问题比以往任何时期都更加尖锐地被提出来，成为迫切需要研究解决的现实问题。

0.2 相关方面的探索历程及发展动态

20世纪以来，在文化遗产保护和城市文化建设方面，国际社会共诞生了数十份公约、建议、宪章、宣言、决议和原则，众多国际政府间以及非政府组织通过这些国际文件，不断形成新的共识，推广先进理念。这些国际文件见证了世界文化遗产保护和城市文化建设的发展历程，对人类文化发展产生了积极而深远的影响。同时世界各国也结合自身实际进行不懈探索，并取得了积极的理论研究和实践成果，对于今天城市化、全球化形势下的文化遗产保护和城市文化建设给予了新的启发。

0.2.1 文化遗产保护的探索与发展

从联合国教科文组织1954年的《武装冲突情况下保护文化财产公约》，到1972年的《保护世界文化和自然遗产公约》，再到2003年的《保护非物质文化遗产公约》，国际社会从保护各国的文化财产，发展到保护"人类共同遗产"；从保护物质文化遗产，发展到保护非物质文化遗产。从国际相关保护机构1964年的《国际古迹保护与修复宪章》，到1987年的《保护历史城镇与城区宪章》，再到1999年的《保护乡土建筑遗产的宪章》，国际领域从保护文物单体，发展到保护历史城镇、历史城区；从保护名胜古迹、纪念性建筑，发展到保护传统建筑、乡土建筑。这一历程使人们认识到，保护文化遗产意味着不仅要保护物质实体，而且要保护它的自然环境、人工环境、文化特色，并使之与整个社会生活更加密切相关。

进入21世纪，面对瞬息万变的经济社会发展形势，体验思想文化领域各种思潮的相互激荡，人们不断总结文化遗产保护实践的成果，引发文化遗产保护理念的不断深化，保护概念的不断扩大。随着越来越多的新概念，从研究对象拓展为保护领域的新成员，使文化遗产保护发展成为更加综合性的概念。这就要求人们采取更加积极的方针，更加科学的方式，更加有效的方法来保护文化遗产。因此，重新认识人类社会复合系统中的现有资源，不断丰富文化遗产保护的范围和领域，应成为新时期文化遗产保护的重要任务。

在文化遗产保护的内涵方面，更加突出世代传承性和公众参与性。文化遗产保护的世代传承性强调，文化遗产的创造、发展和传承是一个历史过程。每一代人都既有分享文化遗产的权利，又要承担保护文化遗产并传于后世的历史责任。未来世代同样有权利欣赏、利用和传承这些文化遗产，与历史和祖先进行情感和理智的交流，吸取智慧和力量。文化遗产保护的公众参与性强调，文化遗产保护并不仅仅是各级政府和保护工作者的专利，文化遗产保护领域的相关工作也不应仅仅局限于管理部门和专业人员的范围。文化遗产在本质上和全体民众的文化权益有关，对文化遗产研究、保护和传播更需要不同学科和广大公众的广泛参与。

在文化遗产保护的外延方面，将更多的文化遗产纳入保护范畴。例如在文化遗产的保护要素方面，从重视单一文化要素的保护，向同时重视由文化要素与自然要素相互作用而形成的"双重遗产"、文化景观等综合要素的文化遗产保护的方向发展；在文化遗产的保护类型方面，从重视现已失去原初或历史过程中使用功能的古迹遗址等"静态遗产"的保护，向同时重视仍保持着原初或历史过程中的使用功能的历史街区、历史村镇等"动态遗产"和"活态遗产"保护的方向发展；在文化遗产的保护空间尺度方面，从重视文化遗产"点"、"面"的保护，向同时重视因历史和自然相关性而构成的大遗址、文化线路等文化遗产群体保护的方向发展；在文化遗产的保护时间尺度方面，从重视古代文物、近代史迹的保护，向同时重视20世纪遗产、当代遗产保护的方向发展；在文化遗产的保护性质方面，从重视重要史迹及代表性建筑的保护，向同时重视反映普通民众生活方式的乡土建筑、工业遗产等民间文化遗产保护的方向发展；在文化遗产的保护形态方面，从重视物质要素的文化遗产保护，向同时重视由物质要素与非物质要素结合而形成的文化遗产保护的方向发展。

2005年10月，国际古迹遗址理事会（ICOMOS）第15届大会暨国际科学研讨会在西安召开，主题为"背景环境中的古迹遗址——不断变化的城乡景观中的文化遗产保护"。会议通过了保护历史建筑、古遗址和历史地区环境的《西安宣言》。《西安宣言》是具有里程碑式重要意义的国际性文化遗产文件。其重要性在于在行业共识性文件中提出如下观点，即文化遗产是历史信息的载体，离开了环境，就将成为孤零零的标本。因此，保护文化遗产还应注重其背景环境的妥善保护。宣言注意到，"环境"被认为是体现文化遗产真实性的一部分，并需通过建立缓冲地带等方法加以保护。有必要充分应对由于生活方式、农业、发展、旅游或大规模天灾人祸所造成的城镇、景观和遗产线路的骤变或渐变，有必要充分认识、保护和延续历史建筑、古遗址和历史地区在其环境中的存在意义，以减少这些变化进程对丰富的文化遗产的真实性、意义、价值、完整性和多样性所构成的威胁。

0.2.2 城市文化建设的实践与进步

1933年国际现代建筑协会召开第4次会议，通过了"功能城市"的《雅典宪章》。该宪章对当时城市发展中普遍存在的问题进行分析，重点研究了现代城市在居住、工作、游憩和交通等"四大功能"方面的实际状况和问题，提出了用"功能分区"的观念规划城市，并指出城市的四大功能要协调地发展，在发展的每个阶段中要保持各种功能之间的平衡。由于该宪章的规划思想，对于解决当时城市中出现的一些问题具有较强针对性，引起了国际社会的普遍重视，对以后城市规划发展的影响也最为深远。该宪章认为通过对物质空间变量的有效控制就可以形成良好的环境，解决城市中的社会、文化、经济问题，促进城市的发展。因此，突出强调经济原则、功能原则对于城市规划的极端重要性，甚至提出大批量生产、机械化建造城市的方法。

随着国际城市规划领域新的流派和理论不断涌现，出现了批判现代城市千篇一律，缺乏特色的倾向，认为这是偏重功能、技术和经济效益，忽视人的精神需求的后果，也引发了对功能城市的《雅典宪章》各项规划原则的深刻反思，人们迫切需要在城市规划的主体纲领方面进行重新思考。1977年在秘鲁利马诞生了具有宣言性质的《马丘比丘宪章》。该宪章讨论了20世纪30年代以来城市规划和城市设计的思想、理论和观点，针对《雅典宪章》实践中的问题指出：必须对人类的各种需求作出分析和反应，不应当把城市当作一系列孤立的组成部分拼在一起，而必须努力去创造一个综合的、多功能的环境。该宪章更多地考虑到了城市的文化功能和"人文关怀"，提出了"文物和历史遗产的保存和保护"问题，指出：城市的个性和特性取决于城市的体型结构和社会特征。因此，不仅要保存和维护好城市的历史遗址和古迹，而且还要继承一般的文化传统。

20世纪下半叶，人类环境和文化保护问题更加引起世界范围的重视。1972年在斯德哥尔摩召开的"人类环境"大会，第一次将环境问题纳入世界各国政府和国际政治议程，发表了《人类环境宣言》。1976年在温哥华召开的"人类住区"大会，形成了《人类住区温哥华宣言》。1982年在墨西哥城召开的"世界文化政策大会"，把推动文化发展作为各国政府面临新世纪应当作出的承诺。1992年在里约热内卢召开的"世界环境与发展大会"，通过了《里约热内卢宣言》和《21世纪议程》两个纲领性文件，可持续发展首次得到世界最广泛的和最高级别的承诺，并首次提出了"文化多样性"的概念。1996年在伊斯坦布尔召开的第二届"世界人居大会"，提出"可持续的人居环境"论述，将理想城市视作基于生态原理建立的自然和谐、社会公平和经济高效的人类聚居地。

1999年6月，在北京召开了国际建协第20届世界建筑师大会，会议通过了由吴良镛教授起草的《北京宪章》。该宪章对过去的评价、当前的问题、未来的展望做出了明确回答。指出：要真正解决问题，就不能头痛医头，脚痛医脚，需要有一个行之有效的解决办法，认识时代，正视问题，整体思考，协调行动。宪章认为，文化是历史的积淀，它存留于建筑间，融汇在生活里，对城市的营造和市民的行为起着潜移默化的影响，是城市和建筑的灵魂。建筑学是地区的产物，建筑形式的意义与地方文脉相连，并成为地方文脉的诠释。我们的任务是创造一个和而不同的未来建筑环境。现代建筑的地区化、乡土建筑的现代化，殊途同归，推动世界和地区的进步与丰富多彩。

2007年6月9日，我国"文化遗产日"当天，"城市文化国际研讨会"在北京召开，这一由国家建设行政部门、文化行政部门和文物行政部门联合举办，针对城市文化发展的国际会议，格外引人注目。会议通过的《城市文化北京宣言》在五个方面达成共识，即新世纪的城市文化应该反映生态文明的特征；城市发展要充分反映普通市民的利益追求；文化建设是城市发展的重要内涵；城市规划和建设要强化城市的个性特色；城市文化建设担当着继承传统与开拓创新的重任。宣言呼吁，城市文化建设要依托历史，坚守、继承和传播城市优秀传统文化，减少商业化开发和不恰当利用对文化遗产和文化环境带来的负面影响。成功的城市是在保持自己文化特色的基础上进行再创新的城市。我们不仅需要商贸城市、工业城市，我们更需要文化城市。

0.3 相关领域的研究成果与文献综述

进入20世纪，城市在全世界得到空前发展，城市内部结构不断出现深刻变化，伴随城市化进程产生的各类新的问题亟需获得理论指导。于是，各国学者纷纷著书立说，阐述各自关于城市建设的观点，其中城市文化以及文化遗产保护问题也引起普遍关注。例如P. 格迪斯的《城市之演进》（1915年），采用哲学、社会学与生物学的观点，揭示城市在空间与时间发展中所展示的生物与社会方面的复杂性，把城市看成是人类文明的主要"器官"。E. 沙里宁的《城市：它的生长、衰退和将来》（1942年），认为城市的"物质秩序"和"社会秩序"是不可分割的，两者必须同时发展，相互启发，应实现城市功能的"有机疏散"，多中心地发展。C. A. 道萨迪亚斯于20世纪50年代，创立"人类聚居学"理论，强调把人类聚居作为一个整体，从政治、经济、社会、文化、技术等各个方面，全面地、系统地、综合地加以研究。他认为科学技术的发展正在威胁着地方文化的生存，因此应当尽可能地保存现有聚居中所具有的地方文化和传统价值。K. 林奇的《城市意象》（1960年），探讨如何通过城市形象使人们对空间的感知能够融入城市文化中去。L. 芒福德的《城市发展史》（1961年），关注到复杂的社会文化问题对城市发展的深刻影响，主张复兴城市和地区的文化遗产，使其成为优良传统观念和生活理想的重要载体。J. 雅各布斯的《美国大城市的死与生》（1961年），从人文生态学、社区、邻里等角度阐述了对城市规划建设的新的认识。

20世纪60年代以后，随着城市建设实践的发展，人们逐渐认识到《雅典宪章》并没有能够有效地解决现代城市的种种问题，许多学者开始从不同的角度对过分强调"功能城市"引发的种种问题进行反思，并对文化遗产保护及城市文化建设进行理论探索。例如C. 亚历山大的《城市非树形结构》（1965年），提出实际的城市生活是交织在一起、互相重叠的"半网状结构"（Semilattice），指出城市复杂的现状环境反映了人类行为以及深层次的复杂需求，体现了城市的文化价值。R. 文丘里的《建筑的复杂性和矛盾性》（1966年），倡导对城市深层次的社会文化价值、生态环境和人类体验的发掘，提倡人性、文化、多元化价值观的回归。T. L. 舒玛什的《文脉主义：都市的理想和解体》（1971年），提出文脉主义理论，强调对于城市中已经存在的内容，无论是什么样的内容，都不要破坏，而应尽量设法使之成为城市的有机内涵之一。C. 罗伊和F. 考特的

《拼贴城市》（1975年），认为城市的生长、发展应该由具有不同功能的部分拼贴而成，反对现代城市规划按照功能划分区域、追求完整统一而割断文脉和文化多样性的做法，强调"以小为美"的原则和"居民意象拼贴决定论"，认为这样城市才有活力。上述学者虽然对城市文化有着不同的理解，但是殊途同归，都指出城市规划建设所要解决的实际问题，并不仅仅是唯一、确定的物质对象，应该是活生生的城市社会，丰富的城市文化生活。

吴良镛教授长期以来致力于建筑与城市规划教育、设计、研究工作，并为建筑学、城市规划学与文化遗产保护、城市文化建设的综合融贯研究开辟了理论探索途径。近年来的主要著作有：《广义建筑学》（1989）、《北京旧城与菊儿胡同》（1994）、《发达地区城市化进程中建筑环境的保护与发展》（1999）、《世纪之交的凝思：建筑学的未来》（1999）、《滇西北人居环境可持续发展规划研究》（2000）、《人居环境科学导论》（2001）、《吴良镛学术文化随笔》（2001）、《京津冀地区城乡空间发展规划研究》（2002）、国际建协《北京宪章》——建筑学的未来（2002）、《建筑·城市·人居环境》（2003）、《京津冀地区城乡空间发展规划研究二期报告》（2006）、《张謇与南通"中国近代第一城"》（2006）等。在2007年6月召开的"城市文化国际研讨会"上，吴良镛教授作了题为"文化遗产保护与文化环境创造"的学术报告，首次提出了"积极保护，整体创造"的观念，倡导开展将保护与发展统一起来的理论探索。

进入新世纪以来，由于城市化快速发展，引发对文化遗产保护问题的关注，同时在全球化的背景下，对城市文化问题的研究逐渐增加，相关理论研究逐渐增多，研究角度和研究内容呈现多样化，主要集中在以下几个方面：

传统文化与地域文化研究方面。

这方面的研究成果主要有：《中国古代建筑史（第二卷）》（傅熹年，2001）、《建筑与城市的地区性——一种人居环境理念的地区建筑学研究》（单军，2001）、《古史的考古学探索》（俞伟超，2002）、《考古学的理论与研究》（陈淳，2003）、《西北地区城镇发展及水务对策研究》（周干峙，2004）、《中国文明的形成》（徐苹芳等，2004）、《中国考古学：走向与推进文明的历程》（张忠培，2004）、《中国考古学要论》（佟柱臣，2004）、《香格里拉·乌托邦·理想城——香格里拉地区人居环境研究》（翟辉，2005）、《南通近代城市规划建设》（于海漪，2005）、《历史地理学四论》（侯仁之，2006）、《中国北方干旱半干旱地区历史时期环境变迁研究文集》（侯仁之等，2006）、《中华文明史》（袁行霈等主编，2006）、《万古江河——中国历史文化的转折与开展》（许倬云，2006）、《东北地区城镇化与资源环境协调发展研究》（周干峙等，2007）等。

文化遗产保护发展趋势研究方面。

这方面的研究成果比较多，其中主要有：《罗哲文历史文化名城与古建筑保护文集》（罗哲文，2002）、《中国古代建筑十论》（傅熹年，2004）、《中国世界遗产管理体系研究》（罗佳明，2004）、《中国营造学社研究》（崔勇，2004）、

《世界遗产》（晁华山编著，2004）、《第三国策：论中国文化与自然遗产保护》（徐嵩龄，2005）、《文化遗产报告——世界文化遗产保护运动的理论与实践》（顾军、苑利，2005）、《空间信息技术支持下的历史文化遗产整体性保护研究》（樊传庚，2005）、《可移动文化遗产保护策略研究》（周耀林，2005）、《博物馆的沉思》（苏东海，2006）、《南水北调东线一期工程大运河历史文化环境保护与建设研究》（武廷海、毛锋等，2006）、《和谐共生的城市与历史文化遗产研究——郑州商城大遗址》（钟䥽，2006）、《文化遗产保护立法基础理论研究——生态法范式的视角》（朱祥贵，2006）、《世界遗产精神》（刘红婴，2006）、《非物质文化遗产概论》（王文章主编，2006）等。

历史性城市保护与建设研究方面。

这方面的代表著作主要有：《当代北京旧城更新：调查·研究·探索》（方可，2000）、《中国古代城市规划建筑群布局及建筑设计方法研究》（傅熹年，2001）、《历史城市保护学导论——文化遗产和历史环境保护的一种整体性方法》（张松，2001）、《古城墙内侧周边地区旧城保护与更新研究——以西安东城墙南段内侧周边地区为例》（黄钟，2003）、《北京旧城保护中政府干预的实效性研究——以什刹海历史文化保护区烟袋斜街地区为例》（井忠杰，2004）、《阅读城市》（张钦楠，2004）、《西方城市规划思想史纲》（张京祥，2005）、《特色取胜》（张钦楠，2005）、《北京城区角落调查》（朱明德，2005）、《透视城市与城市规划》（任致远，2005）、《中国近现代区域规划》（武廷海，2006）、《古都北京五十年演变录》（董光器，2006）、《旧城的和谐更新》（万勇，2006）、《留住我国建筑文化的记忆》（郑孝燮，2007）、《营国匠意——古都北京的规划建设及其文化渊源》（朱祖希，2007）等。

城市发展与城市文化建设研究方面。

这方面的研究成果主要有：《中国城市化之路：经济支持与制度创新》（叶裕民，2001）、《城市形象与城市文化资本论——中外城市形象比较的社会学研究》（张鸿雁，2002）、《文明与繁荣——中外城市经济发展环境比较研究》（徐康宁等著，2002）、《都市文化与都市精神——中外城市文化比较》（陈立旭，2002）、《中国城镇化——机遇与挑战》（仇保兴，2004）、《当代文化规划的理论与方法研究——从城市规划的角度探讨运用文化资源促进城市整体发展的可行途径》（黄鹤，2004）、《中国城市化理论专题研究》（曾赛丰，2004）、《中国城市发展问题报告》（严正主编，2004）、《国际文化发展报告》（欧阳坚等主编，2005）、《全面建设小康社会过程中的城市文化建设》（郝风林，2005）、《文化经济学思维——物质与文化均衡发展分析》（孟晓驷，2005）、《科学发展观》（马凯，2006）、《新的文化发展观》（韩永进，2006）等。

另外，这一时期国外学者关于文化遗产保护和城市文化建设的理论著作也较多传入我国，陆续出版。其中包括：《历史研究》（汤因比，2000年版）、《世界城市史》（L. 贝纳沃罗，2000年版）、《消费文化与后现代主义》（迈克·费瑟斯通，2000年版)、《城市形态》(凯文·林奇，2001年版)、《城市意象》(凯文·林奇，2001年版)、《文化生产：媒体与都市艺术》(戴安娜·克兰，2001年版)、《全球化与文化》(约翰·汤姆林森，2002年版)、《考古学：理论、方法与实践》(科林·伦福儒等，2004年版)、《城市规划的保护与保存》(纳赫姆·科恩，2005年版)、《城市发展史——起源、演变和前景》(刘易斯·芒福德，2005年版)、《美国大城市的死与生》(简·雅各布斯，2005年版)、《意识形态与现代文化》(约翰·汤普森，2005年版)、《考古学理论导论》(马修·约翰逊，2005年版)、《理论考古学》(肯·达柯，2005年版)、《阅读过去》(伊恩·霍德等，2005年版)、《城市历史街区的复兴》(史蒂文·蒂耶斯德尔等，2006年版)、《经济革命还是文化复兴》(保罗·谢弗，2006年版)、《大规划——城市设计的魅惑和荒诞》(肯尼思·科尔森，2006年版)、《全球城市史》(乔尔·科特金，2006年版)、《再造魅力故乡：日本传统街区重生故事》(西村幸夫，2007年版)等。

0.4　基本理论与方法

当前，关于文化遗产保护和城市文化建设方面的研究逐年增多，思想活跃，成果丰硕。但是，对国内学者的研究成果和文献资料进行综合分析，可以了解到已有研究多是从建筑、城市规划学科领域，或是历史、考古学科以及文化、文化遗产专业领域等单一学科角度进行研究，多限于局部地探讨问题，虽然比较深入，但是缺少学科相互之间的沟通与联系，特别是未见从文化遗产保护与城市文化建设两者之间关系的角度进行的专题研究成果。而外国学者的相关研究成果，多是从西方社会角度进行的阐述，缺乏对我国文化遗产保护和城市文化建设现状的理解和符合实际的对策分析，个别学者甚至对我国传统文化执有一些偏见。因此，对于文化遗产保护和城市文化建设的时代意义，还需要进一步扩大研究的视野，加以系统地整理和发掘，其理论研究与实践方法也需要从深度和广度两个方面进一步加以拓展，特别是突破有关专业界限，把囿于学科而孤立出现的概念联系起来，加以综合，对文化遗产、城市文化和城市规划等方面的关系及其相互作用进行"融贯的综合研究"。

0.4.1　"广义建筑学"与"融贯的综合研究"

吴良镛教授于1989年创立了"广义建筑学"理论，提出采用"融贯的综合研究"方法，扩大传统建筑学的概念和视野，推动建筑学科的进步。他认为："提出和探讨'广义建筑学'的目的，在于从更大的范围内和更高的层次上提供一个理论框架，以进一步认识建筑学科的重要性和科学性，揭示它的内容之广泛性和错综复杂性"①。实际上，在"广义建筑学"的研究框架中就包括了解决人们的"物质需求"和"文化需求"的问题。即：我们的研究不能仅满足于房屋——聚落的"空间"以及其"实体"的一方面，还要看到生活于其中的人们的"行为"等。而"融贯的综合研究"方法的理论框架并非一般意义上的"跨学科"，而是以某一学科为中心，有目的地向外围展开，在有关学科中寻找结合点，以解决有关具体问题。这样，既可以扩大我们的知识领域，又比在目的不明确的情况下，一般的从多学科间的交叉来探索更为集中，因而有可能将学科的发展推向更高的层次。

面对当前文化遗产保护领域呈现出的发展变化，本书试图通过深刻领会"广义建筑学"理论的时代意义，运用"融贯的综合研究"方法，深入思考文化遗产保护内涵的深化和外延的扩展，正确处理文化遗产保护的各种关系，探求文化遗产保护体系的完善，准确把握新时期文化遗产事业的发展趋势。从更广阔的视野、更深入的角度分析和梳理文化遗产之间的内在联系，更加多样化地理解文化遗产的概念，评价文化遗产的价值，完善文化遗产保护的理念，探索新的文化遗产类型和相应的保护方式和手段，强调文化遗产保护"整体的观念"，将传统的文物保护理论扩展为全面发展、兼容并蓄、动态开放的文化遗产保护理论，实现文化遗产事业的战略转型。

0.4.2 历史性城市保护中的"有机更新"理论

"有机更新"理论，是吴良镛教授针对我国历史性城市进行长期研究，总结国际城市发展的经验教训，结合北京旧城保护的实际而提出的理论，并在1987年开始的北京菊儿胡同住宅工程中得到实践，取得了国内外广泛关注和高度评价。吴良镛教授于1994年在对这一实践成果进行归纳时指出："所谓'有机更新'即采用适当规模、合适尺度、依据改造的内容与要求，妥善处理目前与将来的关系——不断提高规划设计质量，使每一片的发展达到相对的完整性，这样集无数相对完整性之和，即能促进北京旧城的整体环境得到改善，达到有机更新的目的"②。城市的新陈代谢，是一种逐渐的、连续的、自然的变化，应遵从其内在的秩序和规律。"有机更新"的概念既包括历史性城市整体的有机更新，也包括历史城区街巷肌理的有机更新，还包括历史街区传统建筑的有机更新。

面对当前城市建设中，普遍采取"推平头式"大拆大建方式，致使众多历史街区、文物建筑、传统民居大量消失的严峻形势，本书试图运用"有机更新"理论，提出由"以旧城为中心发展"转变为"发展新区、保护旧城"；由"旧

---

① 吴良镛. 广义建筑学. 台北：地景企业股份有限公司，1994：前言
② 吴良镛. 北京旧城与菊儿胡同. 北京：中国建筑工业出版社，1994：68

城改造"转变为"历史城区整体保护";由"危旧房改造"转变为"循序渐进,有机更新"的思路,并进一步提出实现"有机更新"的各项措施。即对于历史街区而言,以院落为基本单位是实现"有机更新"的关键措施;界定"危房"与"旧房"是实现"有机更新"的必要前提;建立长期修缮机制是实现"有机更新"的基本保障;社区居民广泛参与是实现"有机更新"的有力支撑;完善市政基础设施是实现"有机更新"的基础条件;改善社区人居环境是实现"有机更新"的根本目的。

0.4.3 人居环境科学思想指导下的战略研究

吴良镛、周干峙等学者,于1993年首次提出建立"人居环境科学"。研究的目标是建设可持续发展的宜人的居住环境。吴良镛教授在《人居环境科学导论》一书中指出:人居环境科学是一门以人类聚居(包括乡村、集镇、城市等)为研究对象,着重探讨人与环境之间的相互关系的科学。并进一步认为:"人居环境科学针对城乡建设中的实际问题,尝试建立一种以人与自然的协调为中心、以居住环境为研究对象的新的学科群"。"不同地区和不同民族之间的差异是客观存在的。根据地方的实际情况,利用动员地方资源,尊重地方性的文化传统,在此基础上相互了解、沟通、借鉴"[①]。周干峙教授指出:"《人居环境科学导论》突出环境,在三大传统学科基础上不仅往宏观及微观两端延伸,而且向社会、经济等方面交叉,是完全合乎系统科学和实际需要的"[②]。

面对当前在全球化进程中,西方文化中一些腐朽、消极的内容,借助现代传播手段在全球泛滥,同时,我国在城市物质建设不断取得新的成就的同时,也面临着在生态环境保护方面欠账较多,在城市文化建设方面重视不够的严峻形势。本书试图通过深刻理解"人居环境科学"的理论精髓与研究方法,重新明确文化遗产保护和城市文化建设的时代意义;明确加强文化遗产保护的能力建设的具体目标;明确维护城市文化特色和树立城市文化理想的各项措施。在此基础上,对遗产大国与遗产强国、单体保护与整体保护、政府保护与全民保护、有效保护与积极保护、文化遗产与文化资源、文化积累与文化创造、文化定位与文化复兴、城市时代与文化时代等问题给予新的思考,建立新的理念。

0.4.4 "可持续发展"理论与"科学发展观"

"可持续发展"理论产生于20世纪后期,是20世纪最为重要的战略思想,

---

① 吴良镛.人居环境科学导论.北京:中国建筑工业出版社,2001:24
② 周干峙.人居环境科学导论.序言.北京:中国建筑工业出版社,2001:10

目前已成为国际社会的行动准则,我国政府也已将可持续发展确定为经济社会发展的基本战略。这一战略强调,发展要保持公平性、持续性和共同性。公平性就是要保证资源的公平分配,兼顾当代和后代的需求,当代的发展不能以牺牲后代的利益为代价;持续性就是以保持自然系统为基础的,持续的经济发展模式;共同性就是要达到人类与自然的和谐共存。"科学发展观"是着眼于人类发展进步的客观趋势,提出来的新思想和新理念。对于文化遗产保护和城市文化建设来说,要更加重视人的全面发展,更加重视协调发展,更加重视可持续发展。按照科学发展观的基本要求,着眼全面建设小康社会的大局,深刻回答城市发展的一系列理论和实践问题,建设中国特色的城市文化和文化遗产事业,实际上就是对科学发展观的积极实践。

面对当前城市化的浪潮,文化遗产能否作为不可再生的文化资源得到积极保护,并更加深入地参与到城市生活的方方面面;城市能否保持独具的文化特色,发扬固有的传统文化、地域文化,实现城市新的文化理想,是这一特殊历史阶段文化遗产保护和城市文化建设的鲜明主题。本书试图在科学发展观的引领下,对文化遗产和城市文化进行新的归纳,进而提出从"文物保护"走向"文化遗产保护";从"大规模改造"走向"有机更新";从"功能城市"走向"文化城市"的时代任务,建立新的发展理念。这一研究的深层次价值是提倡和践行社会道德、社会责任和社会使命,推进并开拓文化遗产保护和城市文化建设,使其成为推动文化复兴伟大使命的积极力量。

0.4.5 研究的基本方法

历史的研究方法:通过深入探讨中华文明的基本特征、我国传统文化的基本特征和我国地域文化的基本特征,归纳其对于当前文化遗产保护和城市文化建设的深刻影响,借鉴历史启示未来。

"以问题为导向"的研究方法:积极开展现状调查,通过对当前文化遗产保护、历史性城市保护和城市文化建设方面存在突出问题的揭示,将其所面临的机遇与挑战放在当今城市化、全球化、现代化快速发展的大背景下进行分析,研究解决问题的方法,明确当前的任务。

比较的研究方法:分别以文化遗产保护和城市文化建设为纲,以时间为序,对国际社会相关理论探索与实践进行历史回顾,提出阶段划分,归纳出循序渐进的发展规律,分析其中兴衰成败的经验与教训,深入进行比较研究,把握研究动向,从中获得启示。

综合的研究方法:通过捕捉第一手的学术资料,分析大量研究成果和学术观点,明确文化遗产保护和城市文化建设的时代意义,开展多学科综合研究,不断获得新的认识,为进一步深入探讨打下基础。

0.5 主要内容与结构安排

本书通过进行大量调查研究，更广泛、更全面、更深入地认识文化遗产保护和城市文化建设的历史和现状，及其存在的主要问题，在对所获得的资料进行综合分析的基础上，对当前发展过程中出现的不合理状况进行批判性反思，扩大原有的专业视野与职业思维，树立"整体的观念"，从城市规划学科和文化遗产学科融会的角度，结合其他学科领域的知识与内容，预测可能的发展途径，进行综合对策研究，努力以新的观念对待新的发展，从而对提高文化遗产保护和城市文化建设的科学水平有所启发，找出解决问题的办法。

为什么要提出"从'文物保护'走向'文化遗产保护'"这一命题？并不是认为通常所说的"文物保护"已经过时，更不是要用"文化遗产保护"取代"文物保护"，而是在原有认识基础上的继承与发展。古物—文物—文化遗产，这一概念的发展逻辑，与人类认识由注重物质财富，向注重文化内涵，再向注重精神领域的不断进步密切相关，这一趋势无疑对文化遗产概念的认知产生重大影响。与文物的概念相比，文化遗产的概念更为宽广、更为综合、更为深刻。随着世界范围的经济、政治、文化、社会的发展变化，文化遗产事业对国家发展、社会进步、人民幸福的重大作用日益显现，人们愈发可见文化遗产保护领域，在保护对象上、数量上和规模上，以及保护理论、保护方法和保护技术等方面，都在发生深刻的变化。从进入新世纪以来的实践，也可以深刻感受到这一点。正因为如此，对我们面临的诸多问题和任务，需要有全面的分析和整体的思考。今天，文化遗产所包括的内容仍在螺旋式地不断发展，大大超过以往人们的认识范围。因此，文化遗产的保护范围必须扩大，这也是在保护实践中得出的结论。

为什么要提出"从'大规模改造'走向'有机更新'"这一命题？并不是认为城市中的一切都要保护，而反对一切改造。但是"旧城改造"，将今天人们对待历史城区的态度仅仅定位于"改造"，而没有强调科学保护、合理整治和有机更新。"危旧房改造"更是"危"、"旧"不分，一律采取大拆大建的方式，已经造成了严重的恶果。历史城区本身具有"保护"与"发展"的双重任务，这一充满内在矛盾的难题，需要创造性地予以解决。城市现代化是可持续发展的必然要求，但是，城市在实现现代化过程中，必须继承和发展优秀的历史文化传统，即把保护历史城区作为城市现代化的基础，把城市现代化作为保护历史城区的保证。要做到保护与发展双赢，只有由"以旧城为中心发展"转变为"发展新区，保护旧城"；由"旧城改造"转变为"历史城区整体保护"；由"危旧房改造"转变为"循序渐进，有机更新"，把历史城区看作是"有生命的整体"（Living Organism），才能正确处理好现代化城市发展与历史性城市保护的关系，对于今后我国城市可持续发展具有十分重要的意义。

为什么要提出"从'功能城市'走向'文化城市'"这一命题？并不是

认为现代化城市不应该重视城市功能，反而，随着人们生活水平的不断提高，城市必须不断努力满足全体市民的各种功能需求，特别是涉及国计民生的相关城市功能更应不断强化。但是，城市是复杂的，人们的一切活动都不仅仅是功能主义所能覆盖的。对于复杂的城市系统，不进行深入的剖析，仅仅用功能分区等做法，进行机械的、简单化的处理，牺牲城市的有机构成与固有活力，必将会由于忽视人们的文化需求和精神生活而引发新的问题。城市的发展不能仅仅关注城市的物质生产、经济积累以及城市建设在数量上的增长，更要关注文化的发展。城市不仅具有功能，而且应该拥有文化，文化是城市功能的更高价值。因此，城市的可持续发展应该同时围绕物质环境与文化环境全面展开，如果文化发展完全服从于经济的发展，经济目标过强，则必然缺乏真正的文化精神和文化关怀，其结果无疑使"文化危机"加重。一座城市的发展可以"跨越"经济增长的阶段，但人文特色、人文精神的培育和塑造必然需要长时期的历史文化积淀，表面"包装"难以替代，短期"跨越"更难以实现。

本书分为3篇，共10章。

绪论，介绍本书所涉及的问题、背景及意义；国内外文化遗产保护和城市文化建设相关研究的发展动态；研究的基本理论与方法；以及主要内容与结构安排。

上篇，是文化遗产保护的理论与实践。分为3章。其中第1章，首先针对文化遗产保护面临的严峻形势进行分析，分别对文化遗产面临的诸多生存危机和历史性城市保护持续恶化的状况进行了深入剖析。第2章，回顾文化遗产保护的历史发展进程，既包括国际社会文化遗产保护的探索与实践，也包括我国文化遗产保护的历史与现状。第3章，阐明新的历史时期文化遗产保护的时代意义，研究分析文化遗产在内涵方面的深化和在外延方面的扩展，揭示文化遗产保护领域的不断扩大趋势，细评由此引发的保护要素、类型、空间、时代、性质、形态等各方面的深刻变革，提示应将更多的文化遗产纳入保护范畴。

中篇，是城市文化建设的探索与追求。分为3章。其中第4章，通过深入分析城市文化建设面临的形势，对城市文化传承、城市文化特色、城市文化环境等方面存在的问题进行深入剖析。第5章，以时间为序，回顾国际社会关于城市文化的探索与实践，总结文化遗产保护的发展轨迹和认识过程。第6章，阐述城市文化建设的时代意义，围绕城市文化特色、城市文化环境与文化城市建设等方面，探讨城市文化建设的发展要求，以及应对"城市文化危机"的策略与措施。

下篇，是文化遗产保护与城市文化建设的战略转型。分为3章。其中第7章，分析新时期文化遗产保护认识的转变与进步，阐述建立中国特色文化遗产保护新体制的各项措施，明确加强文化遗产保护能力建设的各项任务，提出从"文物保护"走向"文化遗产保护"的战略思考。第 8 章,探讨由"以旧城为中心发展"到"发展新区,保护旧城";由"旧城改造"到"历史城区整体保护";由"危旧房改造"到"循序渐进,有机更新"的各项策略,提出从"大规模改造"走向"有机更新"的战略思考。第 9 章,论述新的世纪城市文化从幕后走向台前的种种体验,阐述城市文化体现城市发展的根本价值,提出从"功能城市"走向"文化城市"的战略思考。

第 10 章,作为结语,在对文化遗产保护与城市文化建设存在问题进行综述的基础上,对文化遗产保护有价值与创新的研究工作进行了归纳,提出关于若干理论问题的认识与辩证思考。

上 篇

文化遗产保护的理论与实践

  在历史与现代、继承与发展的交叉路口，文化遗产是个充满魅力而又令人感到沉重的话题。如何在进行现代化建设的同时传承文化遗产，如何既对得起子孙又无愧于祖先，值得每一个城市和它的市民进行思考和探索。文化遗产既是昨天的辉煌，又是今天的财富，还是明天的希望。因此，可以说文化遗产保护的本质是文化的继承问题。今天，每一座历史性城市都应在城市规划建设中，千方百计地保留住构成城市文脉的重要遗存，让这些历史坐标在未来城市发展中得到彰显。

第1章

文化遗产保护面临的形势与问题

今天，文化遗产保护面临着严峻的形势。我们失去的已经不仅是文物建筑本体、历史文化街区肌理、历史性城市风貌，正在丧失的还有对传统文化和地域文化的信心。保护文化遗产既不是为了从中获利，也不是为了维持原有生活方式，而是对历史环境的充分理解，对文化多样性的充分尊重。对于一座城市而言，文化遗产及其环境的保护固然重要，但是更重要的是如何树立市民对城市文化的责任感和自豪感。无法想象，一个放弃自己的文化传统，而一味追求近期物质利益的城市，将形成怎样的城市文化环境并留给后代。

1.1 文化遗产保护遭遇"危险期"

21世纪之初，无论对于世界，还是对于我国，都是城市化发展的转折点。从这一时期，世界50%以上的人口居住在了城市，在全球范围城市人口首次超过了农村人口。也是从这一时期，我国脱离了城市化历史进程的初级阶段，进入中级阶段。"据世界银行统计，当发展中国家人均GDP达1000美元，城市化率达到30%时，城市化将进入快速发展期，也就是第一个拐点[①]——从慢到快。我国目前正处于这样一个发展阶段"[②]。2000年，我国的城市化率超过了30%；2003年，人均GDP超过1000美元，标志着我国进入城市化快速发展阶段，也进入了走出低收入国家而向中等收入国家发展的新时期。2006年，我国在新的五年规划中明确城市化率的目标为：2010年达到47%。每年平均增长速度为0.8个百分点。照此发展，到2020年，我国的城市化水平将达到55%。同样的发展阶段在其他发达国家往往需要30至50年，甚至更长时间，而在我国，这一发展阶段，时间过程短，建设强度大，投入密度高。这一时期既是"黄金发展期"，也是"矛盾凸现期"，城市发展中的各类矛盾必然非常集中、异常激烈。在这一背景下，文化遗产正处于一个前所未有的处境之中，有迅速、大规模消亡的危险。城市化快速发展进程中如何保护文化遗产，成为每一座历史性城市共同面临的重要议题。

从20世纪80年代至今，我国仅用了20多年的时间从沿海向内地初步形成了现代城市格局，而类似的城市化进程，在西方大致经历了二三百年时间。如果没有对城市建设、城市文化研究过程的积累，面对如此疾风骤雨式

[①] 美国学者M. 诺瑟姆（M. Northam）1979年提出的"城市化率S形曲线"理论。该曲线有两个拐点，第一个拐点是城市化率从慢到快，也就是当城市化率达到30%以后，进入快速期所形成的。第二个拐点是城市化率从快到慢，也就是当城市化率达到70%以后，城市化逐渐趋于饱和状态所形成的。

[②] 仇保兴. 中国城镇化——机遇与挑战. 中国建筑工业出版社，2004：44

的建设和发展，不出现偏差是不可能的。事实上，我们恰恰缺乏这种积累的过程以及过程的积累。我国城市化的浪潮与世界上其他国家一样，是经济社会发展内在规律作用的结果，它不可抗拒，也不能阻止，只能通过科学发展观进行正确引导，去其弊，扬其长，才能保证城市的健康发展。同时，城市化是世界性的潮流，需要研究和借鉴国际社会，特别是发达国家的经验和教训，在实践中找出城市化发展进程中文化遗产保护的有效方法。

在城市化快速进程之前，不同地区的城市历史是自然、渐进发展的历史。城市往往具有鲜明的地域特征和发展过程的规律性，物质形态的城市建筑、自然景观等的变化也是缓慢的。同时，在城市中的各类物质与非物质文化遗产，则具有较强的稳定性，它们的产生和消亡有着比较自然的历史过程。城市由于不同时期功能的需要而发生着绵延式的变迁，在一般情况下，其他文化因素的影响不足以改变历史性城市的整体面貌。但是"全球化的浪潮将吞噬和同化许多富有地域特色的城市文化。城市将丧失文化的独特性，从而丧失它最珍贵的'精神血液'。这又是一场人文领域内的城市灾难，也是一种人文和精神意义上的生态危机"[1]。周干峙教授认为："历史文化是城市发展之'源'，城市化是发展之'流'。我国城市应当'源远流长'，才是健康的持续发展之道"[2]。事实上，城市化发展的各个因素都与城市文化有着非常直接的关系，也涉及文化遗产保护的方方面面。

在我国，近代对于文化遗产的大规模破坏，始自英法联军1860年的劫掠和焚毁圆明园。新中国成立之前，对文化遗产破坏的主要原因是外国侵略者和不法之徒对我国可移动文物的偷盗、攫取和走私，以及战争和国内动乱对不可移动文物的损毁。新中国成立后，上述破坏因素得到遏制，但又出现新的问题。对文化遗产的破坏由可移动文物为主，转化为不可移动文物为主；破坏行为由国外为主，转化为国内为主；由民间、个人为主，转化为法人违法行为为主。这一时期对文化遗产的破坏，尽管有受"文化大革命"等突发因素影响，但更为大量和持续的破坏是在城市化进程和大规模城市建设的背景下产生的。

改革开放以来，我国以经济建设为中心并向市场体制转型。然而，一些地方和部门狭隘的经济动机、不成熟的市场制度，使文化遗产破坏又增加新的因素。一度灭绝的盗窃和盗掘古遗址、古墓葬以及走私文物的违法犯罪现象死灰复燃，文物犯罪活动出现集团化、智能化、暴力化趋势，各种违法犯罪活动对文化遗产的保护和合理利用造成严重威胁，文化遗产惨遭破坏的事件屡见不鲜。近年来，严重的破坏还出现于文化遗产地的旅游，一些文化遗产地面临游客超载、错位开发的严重威胁。游客威胁，主要表现为"人满为

---

[1] 段进，李志明，卢波. 论防范城市灾害的城市形态优化. 城市规划，2003（7）：62
[2] 周干峙. 城市化和历史文化名城. 城市规划，2002（4）：7

患";开发威胁,主要表现为"楼满为患"。"人满为患",使文化遗产不堪重负,给文物本体带来无法弥补的损害;"楼满为患",使文化遗产地"商业化"、"人工化"和"城镇化",严重伤害文化遗产的原生环境。在"所有权与经营权分离"等观念指导下,一些文化遗产在旅游中被耗损、被肢解,丧失了原有的真实性。更为严重的问题是,城乡开发建设和基础设施建设中对文化遗产的破坏,无论是道路交通、水利设施的建设,还是企事业单位的选址,特别是大规模的"旧城改造",不断迫使文化遗产为建设"让路",以牺牲文化遗产为代价。

针对我国文化遗产保护方面存在的诸多突出问题,有关专家指出:我们正处在一个"危险期"之中。这一判断,无疑拥有大量例证根据。事实上,破坏或损毁文化遗产的事件日有所闻,特别是法人违法现象严重。一些城市决策者,或出于片面地追求城市化速度,或迫切地积累任职的政绩,或只盯住眼前的经济利益,将成片的历史街区交由房地产开发公司进行改造。他们对自己城市中的文化遗产价值和保存状况大多一无所知,甚至无暇加以了解。一旦文化遗产保护与经济利益构成冲突,无论行为是否触犯法律,也不顾专家学者如何呼吁,他们总会千方百计利用权势,使历经千百年的珍贵文化遗产渐渐从人们的视野中消失,使人们感受到文化遗产保护软环境的恶劣。大规模的旧城改造、过度商业化的运作、大拆大建的开发方式,往往造成传统空间、生活肌理及其历史文脉的割裂,导致城市记忆的消失。正如徐苹芳先生所指出:"在近年经济建设的高潮中,地方政府将经济指标放在第一位,往往是基建部门压倒文物保护。因此,在执行文物法的过程中,遇到了很多来自各级政府的阻力。在建设工程中破坏遗址和文物的几乎都是政府行为"[①]。面对文化遗产保护的诸多困难,每一位文化遗产保护工作者都有切肤之感。

当前,在城市化浪潮中,很多城市受到了房地产业巨大利益的刺激而大兴土木,无数历史街区在推土机的轰鸣中变成瓦砾,换来的往往是"千城一面"的城市景观和与本地文化毫无关联的各类建筑。当城市历史中心挤满了高层建筑,原有的文化多样性空间不复存在;当传统商业街区不断消失,被大体量的现代商厦所取代;当尺度宜人的传统街道被改造扩宽,取而代之的是凌空飞架的立交桥;当浓荫蔽日的街头绿地化作尘封的记忆,超人尺度的城市广场占据大量公共空间,当这一切不断成为现实,传统城市文化将难以为继。当代留给后代的只能是一座座失去记忆的"空心城市"。城市失去的不仅仅是独具特色的城市面貌,而且将失去城市的文化灵魂。一座割断了历史文脉的城市,一座破坏了人文环境的城市,一座失去了文化灵魂的城市,

---

① 李政.徐苹芳谈基本建设与考古发掘和文物保护.中国文物报,2003年11月21日:第5版

将无根可寻、无源可溯,将与文化城市无缘。

1.2 文化遗产面临诸多生存危机

文化遗产资源是一座城市最珍贵的资产,城市的魅力和发展动力来自于文化积淀。然而,每一座城市的文化遗产资源都是在历史长河中一点一滴地积累起来,一座城市的特色,大都经历了数十年、上百年的沉淀,一座历史性城市更需要经过数百年,上千年的文化积累。可是如今我们看到,如果要毁掉这些经过漫长岁月积淀而成的城市记忆和特色风貌,又是那么的轻而易举,几年甚至几个月就能实现。而这些文化遗产和城市特色一旦被毁,便覆水难收,就将永远失去,再难恢复。

1.2.1 文化遗产本体屡遭损毁与亵渎

文化遗产本体的保护是文化遗产保护的首要任务。但是今天更让人们触目惊心的,不是时间对历史的侵蚀,而是更为凶猛的人为的破坏。一是在开发建设过程中造成文化遗产本体损毁。例如内蒙古自治区和林格尔县政府通过招商引资,在全国重点文物保护单位土城子古城遗址附近开发房地产项目,房地产开发商为抢工期,不顾文物部门的极力阻拦,强行动用大型机械对未进行文物考古发掘工作的地段破土施工,造成92座古代墓葬被破坏。二是在所谓"旧城改造"中造成文化遗产本体损毁。例如"天津的文化遗产拆毁之多、后果之严重,令人触目惊心。自1980年以来,已经被拆毁的天津市文物保护单位有4个、区县文物保护单位16个、文物点160个,约占全市文物保护单位的1/6"[①]。三是在基本建设工程施工中造成文化遗产本体损毁。例如"黑龙江一处具有重要考古价值的金代遗址遭到施工损毁。这处遭到破坏的'纪家屯1号金代遗址'位于宾县纪家屯附近,是松花江大顶子山航电枢纽工程涉及的一处正在进行抢救性发掘的古代遗址。古代遗址破坏活动使文物考古部门失去了对遗址内涵研究的唯一线索"[②]。四是不合理利用造成文化遗产本体损毁。一些文化遗产所在地政府片面追求经济利益,擅自改变管理体制,把文化遗产交由公司承包管理,采取掠夺式经营,导致破坏事件发生。例如2005年7月,金山岭长城旅游公司以8万元的价钱将长城出租给"锐舞派对"的组织者。上千名中外青年男女登上金山岭长城,举行彻夜狂欢。当疯狂的男女们散去之后,长城上留下了大量的酒瓶垃圾、呕

---

① 方兆麟等.历史建筑:天津如何将你留住?人民政协报,2006年9月18日:第B1版
② 曹霁阳.一项工程损毁两处古代遗址.人民日报,2006年9月20日:第11版

吐物和排泄物，使象征着中华民族精神的长城受到了无情的践踏和亵渎，新闻媒体迅速曝光，一时间国人哗然。

1.2.2 盲目的开发建设割断历史文脉

一些城市在开发建设中，无所顾忌的大拆大建，致使城市原有的社会组织结构、社区网络及居民间的邻里关系被破坏，导致社区解体，带来了犯罪率高、就业困难、人际疏远、人情冷漠等社会问题。特别是在一批批文物古迹被摧毁的同时，一些历史性城市中又出现了摧残历史街区的短见行为。例如福州三坊七巷是我国保留至今最为完整和价值极为突出的历史街区之一。她囊括了福州人的性格、福州人的风俗、福州人的文化。但是若干年前该市在历史街区内引进改造投资，计划由房地产开发公司投资35亿元人民币，在占地44.1万平方米的地段上，建设包括29幢高层住宅、6幢高级办公楼及公寓、5个大型商贸中心和娱乐场所在内的庞大项目。名义上保留和修复39幢古建筑，并要"与新建筑融合在一起"。但是，可以想像这一方案如果实施，历史街区传统风貌将荡然无存。所幸，本届市政府放弃了原定的建设方案，终止了与房地产开发公司的改造项目合同，使保护出现了转机，历史街区得以留存，并着手传统民居的修缮，实为功德无量之举。如今，走在我国不少城市的街道上，路边传统建筑外墙画着白圈的"拆"字随处可见。"拆"似乎已经成为不少城市建设的第一步。"拆"使多少历史街区遭到了灭顶之灾，"拆"使多少历史城区丧失了传统肌理，"拆"使多少历史性城市失去了特色风貌。因此"拆"被斥之为"二十年来中国城市中最霸道的一个字"[①]。面对北京胡同、四合院的不断消失，法国《费加罗报》感叹道："现在似乎没有什么可以阻止这场文化自杀，北京正把自己伟大的文化变成平庸"[②]。随着城市化进程的加快，小城镇和乡村建设也走上此途，在一些地区，新农村建设被理解为"新村建设"，致使一些在城市建设中发生的大拆大建方式在农村建设中重演。

1.2.3 "拆毁真文物，制造假古董"盛行

近年来在尊重历史的口号下，许多城市热衷于建设假古董，与城市建筑应真实反映历史文脉的原则相违背。传统建筑、历史街区是城市发展的见证，反映当时城市的经济、科学和文化的特征，对历史遗存应真实反映，不

---

① 冯骥才.思想者独行.石家庄：花山文艺出版社，2005：3
② 丹淳.从城市形象说起.中国文物报，2005年2月9日：第3版

允许人为作假。然而，在历史性城市中却广泛存在着"拆毁真文物，制造假古董"的现象，在发展旅游的名义下拆旧建新。从北京琉璃厂拆除原有传统建筑，新建仿古街开始，全国陆续出现了众多由传统街道改造而成的"汉街"、"宋街"、"明清一条街"等，独具特色的历史街区逐渐沦为失去真实价值和历史信息的"假古董"，致使文化遗产的保护和旅游开发都误入了歧途。一些城市决策者认为维护已有上百年历史的传统建筑费时费力，而且在短期内难以取得良好的"政绩"和经济效益，因而干脆以假换真，热衷于在城市记忆的载体上建造新的景观。于是，大批用现代材料、工艺堆砌起来的仿古建筑群招摇过市，大批古镇、老街、村落、民居被重新整修得失去了原有的文化韵味。直至今天，人们仍然经常听到一些城市新的仿古一条街，甚至仿古街区竣工剪彩的消息，但是与此同时，同一座城市中大量珍贵的历史建筑和传统民居却毁于推土机之下。近年来，列入文物保护单位的寺庙中钢筋混凝土建筑正在逐渐增多，宗教圣地也失去了往日的庄严神圣感。造大庙、造高塔、造大佛，改变了历史的本来面目，致使文化遗产的背景环境被改变或损毁，完全偏离了文化遗产保护的真谛。还有一些城市将历史街区中的居民全部迁出，把民居改为旅游设施，使历史街区失去"生活真实性"。这种以表演性仿古活动，代替依附在这些历史场所里的真实的人们生活，是另一种造假的行为，实际上是文化的无知与倒退。

1.2.4 "保护性破坏"案件逐年增多

目前，以保护利用为名造成文化遗产损毁的"保护性破坏"案件逐年增多。有的城市将历史街区内的传统民居几乎全部拆光，完全重新建造。新建两层楼房，布置成整齐划一格局，住宅采取单元形式，人们从中找不到这种做法和"保护"有什么联系，也看不到它和历史街区的文化渊源有丝毫的关系。近年来，我国各地又兴起了新一轮的"关心长城、修复长城"的热潮。但是往往与文化遗产保护的根本目的不同，主要是急于利用长城吸引更多游客。据2005年的不完全统计，在这场运动中包括了近百个长城开发招商项目，其中市县旅游局和各种旅游公司的开发项目占大多数。例如开发金山岭长城的公司为了招揽游客，拆毁了一座有400多年历史的箭楼，建成缆车通道的入口。在保护的口号下，这些破坏也找到了堂而皇之的理由，以加强利用为由，盲目地追求利益的最大化，使毁坏文化遗产的事件时有发生。例如位于山东境内的齐长城是迄今发现的最古老的长城，被誉为"长城之祖"。但是部分段落被毁坏，而建起的"假长城"彩旗招展，在齐长城沿线，"真长城牵手假长城"的"奇观"并不鲜见。类似的"修缮"还发生在长城的许多段落。一些地方随心所欲修复的这些城墙、关隘、烽火台等，无论是建筑材料、工艺技术，还是外观形象，都与历史的真实相去甚远，修复变成了破坏，向人们传递着虚假的历史文化信息。同时，多年来"重修圆明园"的呼声也不绝于耳，宣称要"再现昔日造园艺术的辉煌"。实际上，圆明园作为废墟的历史见证价值已经远远超过它作为艺术欣赏的价值。文化遗产保护当然是指文化遗产真实的本身，不是复制品，不是仿制品，更不是毫无根据假冒的赝品。这一点本已明确，不应该有所争论。但是现在恰恰在这一点上，出现了一些"理论"和实践，偷梁换柱，把改造冒充为保护，以保护之名，行改造之实，而最终的目的是谋取开发之利。

1.2.5 以单体保护取代整体环境保护

文化遗产的珍贵价值，往往不仅存在于本体，还体现于其存在的历史环境中。正因为历史环境的存留，才使文化遗产的生命价值融合在人们的社会生活之中，对城市的发展和人们的行为起着无法替代的潜移默化的作用。但是，在一些城市的建设中，文化遗产周边历史悠久的人文环境被大肆拆毁，实质上是对城市历史文脉的破坏，而急功近利、利益驱使等人为因素是重要原因。例如崇妙保圣坚牢塔位于福州市鼓楼区，系全国重点文物保护单位，是研究五代闽国史及其宗教、雕刻艺术的珍贵遗存。2002年10月，福州市政府决定将该塔文物保护范围内的21.5亩土地及周边地段共66亩土地通过公开出让，用于经营开发。在未依法报批的情况下，即开工进行房地产开发建设，严重破坏了这座千年古塔的历史风貌和周边环境。这是一起典型的法人违法事件，城市政府负有主要责任，经专项执法督察得以纠正。当前在一些历史性城市，为了达到"旧城改造"和历史城区保护这两个互相冲突的目标，在强调对标志性文物建筑维护的同时，忽视对城市肌理和文化生态的保护。一方面，列入文物保护单位的重要文物建筑和标志性纪念物被选作保护的重点目标，享受着保护资金，并相继得以修缮；另一方面，这些文化遗产的背景环境和周围大面积的历史街区、传统建筑却不断遭到摧毁和拆除。"例如在钟鼓楼地区，政府虽然在2004年修复了钟楼和鼓楼，却拆掉了邻近的街区，尽管它们属于保护区的范围。除'解决交通问题'的考虑之外，拆除这些有着几百年历史的街区的另一个理由是为了'让旅游者能更清楚地看到重要的历史景观'。但是，没有历史街区提供的建筑背景和文化氛围，历史纪念物终不过沦为'现代'城市的一个小小点缀而已"[①]。沈阳市素有"一朝发祥地，两代帝王城"之称，如今原来围绕在"沈阳故宫"周围的传统民居几乎全部被拆除，致使该处世界文化遗产藏身于混凝土建筑的丛林之中，而附近商厦的一场大火，险些使这一北方地区最大的皇家建筑毁于一旦。

---

① 张玥. 城市景观的重塑——符号化的北京旧城保护（2000—2005）. 北京和北京：两难中的对话. 联合国教科文组织北京办事处，2005：169

1.2.6 商业化开发造成持久负面影响

在市场经济条件下,一些城市的发展仅仅注重经济功能,而忽视其中应有的文化质量;仅仅注重物质结构,而忽视文化生态和人文精神。例如秦始皇陵遗址内开辟了数千平方米的现代广场。尽管因受到联合国教科文组织的关注,拆除了一些仿古建筑,但其后又在保护范围内大兴土木,修建旅游设施,平日里陵区内旌旗招展,严重破坏了秦始皇陵的完整性和文化内涵的真实性。还有的地方将文化遗产作为一种标签,招商引资,但是引来的资金却往往是在文化遗产的控制地带,甚至保护范围内兴建宾馆、商场、人造景观。同时商业区范围不断扩大,甚至家家开店,人人经商,使文化遗产地充满着商业气氛。一些城市在风景名胜区内盲目建设各类设施,开大马路、铺大草坪、建大花坛、树大雕塑。"据《山西晚报》报道,著名的佛教圣地五台山申报世界文化遗产、自然遗产双遗产的工作正在紧锣密鼓地进行。但由于五台山商业味太浓,给申报世界遗产工作带来很大困难。据有关部门不完全统计,五台山核心地带共有宾馆700多家,饭店1000多家,大小商铺更是不计其数。过于浓厚的商业气息使五台山给人的感觉更像一个商业城镇,而不是佛教圣地"①。北京一处古代坛庙建筑群,几十年来作为城市公园开放,园中的苍松翠柏,为市民提供了优雅、清新的文化空间。但是近年来公园中的各类展销愈演愈烈,就连图书展销也有不少低档商品充斥其中,更有各类冷热食品的售卖。每次活动结束公园里长久散布着垃圾和便溺的恶臭,难以恢复往日幽静的环境和清新的空气,情况稍有好转时,新的一场展销活动又将鸣锣开张。如此发展下去,这处历史空间将日益丧失它的灵魂,而蜕化成一个"主题公园"。这种通过"商业化再利用"吸引游客,以损害历史风貌及居民利益为巨大代价,换取管理部门的经济利益的做法,将对文化遗产及其文化环境带来持久的负面影响。

1.2.7 超负荷旅游破坏历史文化空间

近年来,众多文化遗产地旅游开发迅猛,宾馆林立,商事繁荣。与此同时,文化遗产使用性质的改变也比较突出。一些拥有文化遗产的城市,政府决策者对于文化遗产,几乎都认为只有旅游开发一条利用之路。于是,在狭隘的地方、部门、小团体甚至个人利益的驱动下,文化遗产面临超负荷开发的窘况。一些风光秀美、具有浓郁文化氛围的江南水乡,有着极高的人文价值,深受国内外旅游者的喜爱,每年都有大量的游客慕名而来,尤其是旅游旺季,游客将古镇

---

① 郭振栋. 是世界遗产还是地方财富. 光明日报, 2006年6月23日: 第6版

围得水泄不通，镇内更是摩肩接踵。过度发展的旅游业虽然带来了小镇的繁荣，但同时也破坏了其原有风貌和文化内涵。数以万计游客的涌入使古镇在重负下透不过气来，镇上居民不得不告别往昔平静的日子，正常生活被搅得不得安宁，文物本体的保护状况也在持续恶化。目前，旅游商业的发展呈现出量的膨胀和质的低下，当地民间手工艺在不断消失，取而代之的是大批量的工厂流水线产品。为了获得更多经济效益，市场上充斥着产自全国各地甚至是世界各国的各种旅游商品，但是各地之间类型雷同，没有特色，无法辨别哪些产自于本地。在传统民俗表演方面，抬轿子、跑旱船、舞龙灯、挂大红灯笼等，几乎成为所有旅游地的节目，反而淹没了当地的民间文化特色，导致缺乏吸引力，呈现出文化蜕化的现象。近年来，一些古城、古镇开始出现了不正常的居民迁离，原住居民由于利益的驱动，将老屋改为店铺，出租给外来经商人员，自己迁到新城居住，造成文化遗产地原住居民的大量流失。这样原本集居住、商贸于一体的历史文化街区，逐渐演变为纯粹的商贸旅游区，丧失了街区的历史真实性，影响了文化遗产的价值。长此以往，古城、古镇内的传统建筑虽然基本得以保留，但是其中的生活场景已然消失，成为文化空壳。

1.2.8 不合理定位改变历史地段环境

目前，在一些城市出现了以所谓历史文化街区"复兴"取代文化遗产保护的现象，但是不合理的功能定位却破坏了原有的历史环境和人文底蕴。例如以宁静而优雅的环境和自然与人文的和谐而著称于世的北京什刹海地区，尽管由于确立为历史文化保护区而避免了拆除的厄运，但是如今演变成为一个"酒吧区"，过度的商业氛围破坏了该地区整体风貌的和谐。过去，提起什刹海，人们想到的一定是湖水、胡同、四合院和"银锭观山"等文化元素；而现在，进入人们视野更多的是酒吧、餐馆和旅游商品。从2003年第一家酒吧开业以来，在短短的几年内，这里的酒吧数量迅速增长到上百家。于是，过去的温馨静谧被今日的喧嚣鼓噪所替代，每到夜晚，往日老北京人传统幽静的生活被打破，酒吧里传出的刺耳音乐让居民难以入睡。酒吧数量的激增还导致了交通拥堵、小贩云集、公共空间被侵占。五颜六色的灯光、充斥着外来语的招牌、此起彼伏的外文歌曲，构成了今日什刹海的总体印象。如果不控制和改变当前的状况，其结果不但湖畔的景观遭到破坏，周边的胡同、四合院也会慢慢地被吞噬，历史文脉将一步步地被割断。不合理定位的问题在世界文化遗产地丽江古城也逐渐显现。2007年7月，在新西兰召开的世界遗产委员会第31届会议上，针对丽江古城的保护状况作出决议，即由于"注意到遗产地未加控制的旅游业和正在进行的其他开发项目所带来的问题，可能会给其遗产价值带来负面影响"[①]，因

---

① 第31届世界遗产委员会会议7B.69号决议

而决定启动反应性监测机制，对丽江古城的保护状况进行评估。

1.3 历史性城市保护状况持续恶化

城市是人类的伟大创造，保护历史性城市是当今国际社会的基本共识。但是，几十年来我国不少历史性城市，在处理发展与保护之间的关系方面，没有能够充分认识到历史性城市本身就是文化遗产最重要的组成部分，是人类共同的宝贵财富，同时也是不可再生和无法替代的文化和经济资源。因此，历史性城市的保护始终在艰难与曲折中前行。现实已经证明并将继续证明，历史是不容割断的，不尊重历史终将受到历史的惩罚。

1.3.1 "以旧城为中心发展"破坏历史性城市环境

在我国，是"以旧城为中心发展"，还是"发展新区，保护旧城"的问题由来已久，从建国之初即成为每一座历史性城市的战略抉择。总结历史性城市保护的历史教训，首先要回顾著名的"梁、陈方案"。20世纪50年代初的那场争论的中心焦点是如何确定首都行政中心的位置。争论的一方主张行政中心应当在旧城的基础上予以发展，他们认为：旧城本来就是故都，行政中心放在旧城似乎顺理成章。另一方主张在当时的西郊另立行政中心。这实际上是一场事关首都建设总体规划和全国历史性城市保护的根本性、原则性问题的争论。

1.3.1.1 "梁、陈方案"的回顾与影响评估

梁思成、陈占祥先生于1950年2月正式提出了《关于中央人民政府行政中心区位置的建议》。"建议：早日决定首都行政中心区所在地，并请考虑按实际的要求，和在发展上有利条件，展拓旧城与西郊新市区之间地区建立新中心，并配合目前财政状况逐步建造"[①]。这份长达2.6万字的建议强调："北京为故都及历史名城，许多旧日的建筑已成为今日有纪念性的文物，它们的形体不但美丽，不允许伤毁，而且它们的位置部署上的秩序和整个文物环境，正是这座名城壮美特点之一，也必须在保护之例，不允许随意掺杂不调和的形体，加以破坏"。"现代行政机构所需要的总面积至少要大于旧日的皇城，还要保留若干发展余地。在城垣以内不可能寻出位置适当而又有足够面积的地区"。"今日城区的拥挤，人口密度之高，空地之缺乏，园林之稀少，街道宽度之未合标准，房荒之甚，一切事实都显示着必须发展郊区的政策"。"如果把大量新时代高楼

---

① 梁思成，陈占祥.关于中央人民政府行政中心区位置的建议.梁思成文集（四）.北京：中国建筑工业出版社，1986：1

建造在文物中心区域,它必会改变整个北京街型,破坏其外貌,这同我们保护文物的原则是相抵触的"。因此"我们必须决心展拓新址,在大北京界区内,建立切合实际的,有发展性的与有秩序的计划"。这"是新旧两全的安排。所谓两全,是保全北京旧城中心的文物环境,同时也是避免新行政区本身不利的部署"。建议指出:对于北京旧城中心"今后我们则应有自觉的责任,有原则性的来保护它,永远为人民保护这有历史艺术价值的文物环境"。并着重强调:"如果原则上发生错误,以后会发生一系列难以纠正的错误的"①。

今天看来,"梁、陈方案"所陈述的理由是何其充分和无可辩驳。"当时理应给以足够的时间研究,并开展充分的讨论","这个问题本来也是可以取得比现在更为完美的结果,可惜对这个问题的重大程度当时认识不足,包括而后像城墙城门拆除等等,决定过于匆忙"②。在有关部门最后上报的意见中认为:行政中心放在旧城区是在北京市已有的基础上,考虑到整个国民经济的情况及现实的需要与可能的条件,以达到新首都的合理意见,而郊外另建新的行政中心的方案则偏重于主观愿望,对实际可能条件估计不足,是不能采取的。从而否定了"梁、陈方案",也就从总体规划层面上决定了北京古都,特别是历史城区日后的命运。

当年,梁思成、陈占祥先生在《关于中央人民政府行政中心区位置的建议》的最后,一连用了八个"为着"的排比句子来表达他们的殷切愿望:"我们相信,为着解决北京市的问题,使它能平衡地发展来适应全面性的需要;为着使政府机关各单位间得到合理的,且能增进工作效率的布置;为着工作人员住处与工作地区的便于来往的短距离;为着避免一时期中大量迁移居民;为着适宜的保存旧城以内的文物;为着减低城内人口过高的密度;为着长期保持街道的正常交通量;为着建立便利而又艺术的新首都,现时西郊这个地区都完全能够适合条件"③。今天,距离上述八个"为着"的论断提出已经半个多世纪过去了,北京历史城区保护和发展的实际情况,与梁思成、陈占祥先生的良好愿望相悖,出现了诸多他们预料之中的问题,归纳为八个方面,以充分证明当年"梁、陈方案"的远见卓识。

——行政办公布局零乱影响职能发挥。在否定"梁、陈方案"之后,由于没有统一的行政中心区规划安排,建国之初,即在一些当时的公房、王府和保存最好的四合院内安插各级行政办公机构。此后,随着各项事业的发展行政办公用房严重不足,各单位或原地拆房扩建,造成文物的大量破坏;或另行选址建设,形成分散布局。目前行政办公机构广泛分布在历史城区内外的各个方向,

---

① 梁思成,陈占祥. 关于中央人民政府行政中心区位置的建议. 梁思成文集(四). 北京:中国建筑工业出版社,1986:5~14
② 吴良镛. 北京旧城与菊儿胡同. 中国建筑工业出版社,1994:17
③ 梁思成,陈占祥. 关于中央人民政府行政中心区位置的建议. 梁思成文集(四). 北京:中国建筑工业出版社,1986:24

与居住、商业、金融商贸设施混杂，造成功能相互干扰和影响，不利于行政职能的有效发挥。

——大量商贸金融功能"聚焦"旧城。几十年来，众多城市功能在北京历史城区内叠加。如果说前二十多年间涌入历史城区的多为行政机关和事业单位，那么后二十多年间则是大量的商业开发项目。使占北京规划市区面积仅为6%的历史城区内，聚集了行政、商贸、金融、展览、娱乐、旅游等多种极具吸引力和扩张力的城市功能。这样实际上是继行政中心之后又将商务中心的功能再次叠加在了历史城区之上，对北京历史城区的保护产生了更加严重的影响。

——功能的聚集带来人口的过度密集。来自北京市统计局的数据显示了全市将近1500万常住人口的分布状况，全市常住人口密度为每平方公里888人，近一半的常住人口集中在朝阳、海淀、丰台、石景山4个近郊区。近郊区的人口密度已是10个远郊区县的15倍。截至2004年底，东城、西城、崇文、宣武4个城区常住人口200.4万，城区人口密度最高，为23008人/公里，城区的人口密度是近郊区的4倍，远郊区县的63倍。

——单一中心造成"摊大饼"式蔓延。目前，北京市区中心区的建设早已"摊"过了四环、五环。今天的北京市中心城面积已经是北京旧城的10倍，等于又建设了十个北京旧城①。从《北京城市总体规划（2004—2020）》文本中1975年至2002年北京市域土地利用遥感图的对比分析，可以清楚地发现单一中心城市"摊大饼"式的蔓延居然是如此地快速，所引起的城市景观和城市环境的变化又是如此地剧烈。

——历史街区和传统建筑被大量拆除。北京旧城的历史性建筑损毁过半。1949年旧城共有建筑约2000万平方米，其中平房四合院1300万平方米。至2003年，这些还保留着历史信息的建筑总量已不足1949年的四分之一，拆除的部分很多是价值较高的房屋和院落。北京旧城胡同数量急遽减少。1949年旧城共有胡同3050条，至2003年，道路宽度在20米以下的胡同街巷仅剩1600条，其中1990—2003年胡同拆除近千条。

——传统建筑年久失修生活条件恶化。在历史城区内大规模房地产开发和"危旧房改造"逐步升级的同时，历史街区内的大量传统建筑却迟迟得不到应有的修缮，造成大面积的房屋质量"人为衰败"。由于居住人口密度高，人均居住面积低；房屋年久失修，各类违章搭建严重；生活服务配套不足，市政基础设施落后，致使居民生活条件非常恶劣。同时，历史街区内的许多胡同街巷和传统建筑因被挤占和拆改，存在严重的火灾隐患。

——交通布局难以适应城市发展需求。伴随各种城市功能被集中塞入北京旧城的同时，历史城区也担负着难以承受的交通流量。由于居民就近工作比例

---

① 注：根据《北京城市总体规划（2004—2020）》公布的北京市中心城2003年的城市建设用地，已达630.13平方公里，而北京旧城的占地为62.5平方公里。

较低，大量人口在郊区居住，在城区就业，人为造成往返交通高峰，引发城郊之间的交通大潮。为了解决日益严重的交通问题，历史城区的道路被一再拓宽，反而引发交通"决堤"效应，直接将大量机动车交通引入了历史城区，不但使传统街巷整体格局和城市肌理遭到破坏，而且使交通环境质量更加恶化。

——旧城传统风貌遭到持续性的破坏。"北京旧城已有一半以上的建筑空间被完全重建。剩余的部分也正不断受到建设性破坏的威胁，其中，连同公园和水面在内，保留较完整的历史风貌空间已不足 15 平方公里"。"旧城传统的空间轮廓线正日复一日地遭到大批涌现的新建筑摧毁。旧城原建筑制高点景山万春亭和北海白塔的高度，均为 63 米左右，而目前旧城中突破原 45 米建筑高度控制的建筑物已超过百栋，并已出现多座高度超过 100 米的高层建筑"①。

1.3.1.2　保护与发展的矛盾日益尖锐

20 世纪 80 年代以来，两院院士吴良镛教授多次指出，北京旧城面临的最大问题是"过分拥挤"。"特别是自从确定北京以旧城为中心在改造中发展的原则后，北京旧城区不断膨胀，处在不断地迁就当前要求，陷于在缓慢地、持续地破坏之中"。"沿着这些年来这个路子继续下去，只能是这样的一个结果：好的拆了，滥的更滥，古城毁损，新建零乱"②。决策失误付出的代价是倍增的。更为严重的是，北京单一中心的城市规划布局模式对全国产生了巨大的示范效应和极其深远的影响。特别是我国各历史性城市普遍采取了"以旧城为中心发展"的城市规划建设方针，将行政中心和本应在新区安排的各项功能强行叠加在了历史城区之上。于是，与北京所出现的上述问题相类似的情况，也不同程度地在其他历史性城市中重演。

建国初期，古都西安的城市发展模式即选择了"新旧混合"的方式，逐渐旧城被新城包围，旧城之中不断插入新的建设。这种模式决定了无论是保护还是发展，必然相互制约，矛盾难以协调。特别是近 20 多年来在历史城区范围内，新增了过多的单位，聚集了过多的人口。层出不穷的现代高层建筑严重损害了以钟楼、鼓楼、城楼以及大、小雁塔等构成的西安标志性景观和天际轮廓线，破坏了原有的以低层传统建筑为主的旧城格局和历史风貌。

南京历史悠久的旧城是文化遗产资源分布的密集区，也是历史文化名城特色的集中代表。但是由于单一中心的城市规划布局影响，使历史城区又成为各类现代城市功能的聚集地。在占市区建成区面积不到 20% 的历史城区内，一度集中了市区建成区 50% 以上的人口，65% 左右的就业岗位，80% 左右的高层建筑。根据 2002 年现状调查资料，明城墙内已经基本改造的各类用地约占总用地的 70%，尚未改造的用地仅有 5 平方公里，历史城区的传统风貌发生了根本性

---

① 吴良镛. 总结历史，力解困境，再创辉煌——纵论北京历史名城保护与发展. 部级领导干部历史文化讲座, 2004：333
② 吴良镛. 北京市的旧城改造及有关问题. 城市规划设计论文集. 北京燕山出版社, 1988：350

的变化。

杭州旧城历史上依西湖而立,因湖山而名,经过历代营建,西湖周围风景名胜荟萃,文物古迹众多,本应在城市规划布局上充分考虑这一特色,妥善保护西湖周边的文化遗产及其背景环境。但是几十年来,城市建设却多集中于西湖附近和周边地区,导致临湖的建筑物越来越密,层数越来越高,体量越来越大,严重破坏了西湖"有山山不高,有水水不广,有建筑园林,多以精巧、简朴取胜"的宜人环境和恬静氛围。

福州历史城区经历的是大规模拆迁。福州曾有过历史脉络完整、风貌极富特色的历史城区。但是在旧城改造中这里的文化遗产遭到多种方式的破坏,最主要有两种方式:一是成街连片"旧屋"的大规模拆除,使许多传统建筑灭失;二是所谓文物建筑"迁移重建"、"异地复建",使众多文化遗产丧失了真实性和完整性。目前,历史城区内近70%的历史街区和传统建筑被夷为平地,如此大规模的拆迁改造,使历史城区的传统布局和特色风貌遭到无可挽回的破坏。

苏州历史城区也曾遭到过粗暴的破坏,其中最大的遗憾和教训,一是城墙被拆毁大半。原有10个城门,现在只剩下盘门、胥门和金门3个。二是作为古城灵魂的河道被填。短短几年时间里,在历史城区内先后填埋河道23条,总长度达16.3公里,使古城的水环境一度被严重污染。三是修建了横穿历史城区的交通干道,拆毁了长达数公里的宋、元、明、清、民国时期的街道、小巷、建筑、石桥,拦腰切断了长达2500年的古城历史文脉。

阆中自古以来就有"阆苑仙境"之称誉,诗人杜甫称赞"天下稀",历经2300余年,历史城区内留存有丰富的文化遗迹。但是由于经济、交通以及观念等诸多原因的制约影响,历史城区日渐颓败,更加为拆毁古城提供了口实,特别是20世纪90年代城市化进程的不断推进,古城阆中拆除古街建新街,推倒旧房建新房,历史城区面积从3.5平方公里锐减到1.8平方公里,一批弥足珍贵的历史街道、文物建筑、传统民居遭到严重破坏,甚至荡然无存。

对于众多历史性城市来说,日益沉重的经济发展压力、新旧混合的城市建设模式,从一开始便注定了保护与发展的矛盾不可调和。"'以旧城为中心发展',结果是既无法避免在改造中对旧城造成程度不一的'建设性破坏',同时仍然不能满足它的日益发展的功能要求;而呼吁保护尽管努力以赴,实际上力量是很微薄的"[①]。文化遗产在保护的口号下无情地消逝,城市建设在控制的前提下贸然前行;发展建设是当务之急,文化遗产保护则功在长远;是立足于建设还是立足于保护?"历史文化名城"与"现代化城市",当这双重角色同时叠加在一个历史城区空间之上时,城市发展的每一步就都远比其他城市走得更为艰难而沉重。"建国50年来旧城基本的矛盾就是企图在同一空间上既要保护旧城,又要建设现代化的城市;既承认它是伟大的遗产需要保护,又强调要改造,

---

① 吴良镛. 北京旧城与菊儿胡同. 中国建筑工业出版社,1994:22

还期望'现代化与历史名城交相辉映'等等,理论上似很辩证,几十年来的实践结果却矛盾重重","正由于我们没有及时总结经验教训,陷入盲目性,错误总屡犯不止,'学费'屡交不止,这就是问题所在"①。

1.3.1.3 新的时期保护问题更加突出

进入新世纪以来,随着商业性房地产开发的升温,许多历史性城市进一步出现了大规模改造的热潮,不仅对历史文化环境造成了严重破坏,而且随着资源、资金、人口、产业等长期向历史城区集聚,导致历史性城市的"城市病"不断放大,制约发展的因素日益显现,带来了诸多社会经济问题。历史城区保护问题变得比以往任何时期都更加突出。"梁、陈方案"当年对北京所进行的分析,今天成为几乎所有历史性城市在发展中均需面对的现实。但是,目前对于"发展新区,保护旧城",还是"以旧城为中心发展"这样一个基本问题仍然存在着一些模糊认识。

一种观点主张目前历史城区已经面目全非,没有整体保护的必要。这种观点认为经过几十年的改造,历史城区内大部分历史街区和传统建筑已经被毁,所残留的文化遗存也已破烂不堪,既然完整保护历史城区的时机已经丧失,不如只保留少数完好的文物古迹,其余全部实施改造。对此,吴良镛教授曾指出:"说到底,问题的症结还是因为对 50 年代的问题未作认真总结。说'时机已经过去了',其实时机并未过去,桑榆未晚,来者可追"②。对于文化遗产保护而言,既没有多与少之分,也没有新与破之分,都应竭尽全力加以保护,国际上的共识是"Never too late",即"永远不能认为太晚"。今天就各历史性城市来说,经过数百年乃至上千年的历史文化积淀,在历史城区内仍然有大量遗存,其中不少还保持得相当完好。例如北京历史城区至今仍然保持大面积平缓开阔的空间格局,仍然有大片的胡同、四合院映衬着宫殿庙宇,仍然在地上地下遗存有大量文化遗产。由此可见,历史城区虽然在过去的岁月中遭到一定破坏,但绝不能放弃对其整体的保护,而应"亡羊补牢",实施更加积极的保护措施。

第二种观点主张历史城区地处城市黄金地段,应创造更多的经济效益。这种观点认为位于城市中心的历史城区,依照经济学原理其经济价值应当最大,土地利用率应当最高,所创造的经济效益也应当最多,而将相关功能向外疏解,发展新区,对历史城区实施整体保护,必将造成土地资源的浪费。对此,应该看到,由于我国的历史性城市大都是以历史城区为中心渐渐发展形成的,始终作为城市政治、经济中心的历史城区有着较好的区位优势,今天更成为国内外投资者竞相高价争夺的黄金地段。但是,这些历史城区恰恰又是城市记忆保持

---

① 吴良镛. 总结历史,力解困境,再创辉煌——纵论北京历史名城保护与发展. 部级领导干部历史文化讲座,2004:328~329

② 吴良镛. 总结历史,力解困境,再创辉煌——纵论北京历史名城保护与发展. 部级领导干部历史文化讲座,2004:330

最完整、历史文化资源最丰富的地区。对文化遗产实施保护，就必然决定了历史城区不可能达到一般城市中心区可能达到的土地利用强度。同时，由于几十年来各个城市规模的日益扩大，历史城区所占城市建设总用地的比例则日益缩小。因此，对历史城区实施整体保护并不会对城市土地合理利用构成严重影响，更不会造成土地资源的浪费。反而由于历史城区的整体保护，保留住了城市永续利用的文化财富和可持续发展的动力。

第三种观点主张历史城区保护和城市发展是一对不可调和的矛盾。这种观点认为历史城区与现代城市格格不入，经济结构、生活方式、意识形态等的发展必然使历史城区逐渐衰败，甚至阻碍现代人的生活，因此已经没有存在的价值，应该"破旧立新"进行彻底的改造。对此，要清醒地认识到保护与发展的矛盾之所以表现得不可调和，根本原因就在于将历史城区和现代城市两种不同的城市功能强行叠加在同一空间。历史城区保护所要求的是文化遗产的真实性与完整性，现代城市所需要的是交通便利和工作高效。两种互为矛盾的城市功能被人为置于激化的焦点之上，造成相互排斥，互相掣肘。近年来，随着城市化快速发展，历史城区往往又被赋予新的更加强大的城市功能，对原有的保护规划构成新一轮挑战，造成保护与发展的矛盾与日俱增。"如果这两者基本上不在同一空间上发展，矛盾就会简单许多。这个规划的基本道理，并不难理解"。"但退一步讲，'保护与发展'这对基本矛盾如早一点加以明确，并善为处理或可兼顾"[①]。

以上分析表明，在历史城区保护问题上，至今还存在着诸多认识问题和缺乏冷静的思考。如果说当年不能认识到历史城区保护的重要意义，还可以用"有历史的局限性"来解释的话，那么，在大力倡导可持续发展的今天，对于历史性城市保护与城市发展的关系，仍然不能有正确地认识，就将使历史的悲剧在更多的历史性城市的规划建设中重演。"'梁、陈'时代所揭示的'保护与发展'的矛盾，今天又以更尖锐的形式演示出来，这是时代的挑战，也正是促使我们鼓起极大勇气而旧话重提的原因所在"[②]。目前，我国尚处于发展中国家之列，在城市功能、城市结构和城市基础设施等方面比照发达国家还存在较大差距，城市人居环境质量还需要进一步提高。今后十几年间，我国城市必将迎来较快速度的发展，城市建设还将继续大规模展开，这些在给历史性城市的保护带来难得机遇的同时，也将提出更为严峻的挑战。就此而言，如何在新的条件下持续推进历史性城市的保护，仍然是一个迫切需要解决的现实问题。

历史发展不可逆转，但是"梁、陈方案"内在的核心原则，今日仍有坚持的必要。当年的"梁、陈方案"是一部全面而系统的城市规划建议书，其中关

---

① 吴良镛. 总结历史，力解困境，再创辉煌——纵论北京历史名城保护与发展. 部级领导干部历史文化讲座，2004：327
② 吴良镛. 北京旧城与菊儿胡同. 中国建筑工业出版社，1994：23

于历史城区的战略思考，绝不是如今有些人们所认识的，仅仅是为了北京旧城的完整保存而不谋求发展的构想。恰恰"梁、陈方案"是在58年前就已经提出了历史性城市如何"古今兼顾、新旧两利"①的原则，其核心内容就是"发展新区，保护旧城"，即从整体保护的构思出发，为未来城市的可持续发展提供充裕的空间。对于历史性城市保护，过去的着眼点往往重在对其本身物质形态和历史遗存的保护，而实际上随着城市不断地扩张，历史城区的功能也在不断地人为聚集，在它有限的空间内无法承受与日俱增的内容，于是拥挤就成为问题之源。要整体保护历史城区，就应该为其保护创造足够的发展空间和更好的生态环境。实践证明，对于历史性城市来说，"发展新区，保护旧城"的模式，有利于保护与建设互不干扰，相得益彰，是历史性城市保护的必由之路。

当年，梁思成先生曾对一位领导人直言："在保护老北京城的问题上，我是先进的，你是落后的"。并强调："五十年后，历史将证明你是错的，我是对的"②。今天，"梁、陈方案"已经是一份永远不可能再实施的历史文献，已经被破坏了的历史城区风貌更难以再现。但是，"梁、陈方案"所传递的"发展新区，保护旧城"的战略思想仍然具有重大的现实意义。"前车之鉴，后事之师"，我们在处理历史性城市保护与发展的问题上，应更多一份科学理性的思考，更多一份对历史传统的尊重，更多一份留给未来的文化遗产。

1.3.2 大拆大建式"旧城改造"改变历史城区格局

历史城区是国际古迹遗址理事会于1987年在《保护历史城镇与城区宪章》中采用的概念。在此前，我国更多采用旧城区或老城区的提法，特指在城市中能够体现其历史发展过程或某一发展时期风貌、历史范围清楚、城区格局保存较为完整的地区。"旧城改造"一词出自何处？起源于何时？难于考证。至少在国家层面的法律、行政法规中并没有出现过这一提法。但是在过去的几十年里，"旧城改造"却成为各个城市广泛使用和城市居民家喻户晓的用词，人们怀着复杂的心理，不断看到它的实施后果。

1.3.2.1 "旧城改造"目标的深刻转变

全国性的"旧城改造"运动是从20世纪80年代中期开始的，大致经历了三个阶段，也引发了"旧城改造"目标的不断转变。

20世纪80年代中期以后，各地政府随着经济状况开始好转，出于"为官一任，造福一方"的责任感，迫切希望改善城市居民落后的生存条件，完善各项城市基础设施，更新历久不变的城市面貌。于是包括众多历史性城市在内的各

---

① 梁思成. 北京——都市计划的无比杰作. 梁思成文集（四）. 北京：中国建筑工业出版社，1986：65

② 梁思成，陈占祥等. 梁陈方案与北京. 辽宁教育出版社，2005：114

个城市纷纷提出"旧城改造"的目标,充满对历史城区实施彻底改造,并按照理想蓝图建设新城区的激情。当时,这一目标也符合城市居民们对改善居住条件和生活质量的热切期望。如杭州市于1986年提出了"住宅建设实行改造旧城与建设新区相结合,以改造旧城为主"的方针,现代住宅建设开始进入了历史城区。对历史城区的物质空间环境进行改造必然需要大量资金,而当时各地政府财力相当困窘,全国城市住宅业刚刚启动,由于受开发成本等因素的影响,不少城市的住宅小区大都建在历史城区边缘,楼房的高度也以多层为主,"旧城改造"的实际力度不可能很大。然而这一时期,与"旧城改造"整体进展相对缓慢形成对比的是,由于缺乏文化遗产保护的理念和自觉,历史城区中的许多标志性历史建筑和文物古迹却因为容易拆除而被迅速地实施"改造",特别是以改善交通等理由对历史城区内古代城墙的拆除、传统水系的填埋、文物建筑的破坏等消息不绝于耳。所幸由于当时经济发展能力的局限,直至80年代末,众多历史城区的传统格局和历史街区依然基本保存完好。

20世纪90年代以后,城市进入高速发展时期,经济的持续发展使各城市的财政实力得到了空前的增强。同时,伴随经济体制逐渐从计划经济转向市场经济,以追求市场的最高回报为目的的房地产开发逐渐成为城市建设的主体。房地产市场应运而生,并带动了历史城区土地价值的凸现。随着地价和楼价的持续上涨,社会上形成了要求改造历史城区的巨大经济力量,"旧城改造"也就成为了有利可图的投资"热点"。在这一形势下,各地政府开始推进新一轮"旧城改造"计划,"改造目标也发生了从'人'到'土地'的深刻转变"①,逐渐由以改善居民生活条件为主,演进到更加注重城市经济效益,令人担忧的对历史城区的"建设性破坏"便伴随其间。如前述的杭州市又作出了用8年时间基本完成市区旧城改造任务的决定,从1993年起,每年需拆除近100万平方米旧建筑,同时配套建设新住宅120万平方米,彻底摘掉"美丽的西湖,破烂的城市"这顶帽子。至此"旧城全面改造"启动。据有关资料显示,到1999年底经审批许可拆迁旧房面积670.21万平方米,其中仅1999年就拆除旧房119万平方米,拆迁居民和单位1.24万户,历史街区内插建了不少现代建筑。过去被誉为"三面湖山一面城"的杭州城,变成了"一面湖山一面墙"。一座在我国为数不多的古都,从品位极高的山水城市滑向了一般城市。类似情况也出现在众多历史城区中,如徐州拆掉了户部山的老宅;遵义会址前大片具有浓郁传统风貌的历史街区被完全拆除;北京的四合院民居、上海的传统石库门建筑等都遭到了同样的命运。

进入21世纪,城市化的快速发展和经济增长速度的高位运行,更加振奋了各地政府改造历史城区的勇气和决心,激发了创造新的城市形象的强烈愿望。特别是经济全球化的到来,促使新的"旧城改造"计划迅速形成。此时"旧城

---

① 方可. 当代北京旧城更新:调查·研究·探索. 北京:中国建筑工业出版社,2000:19

改造"又由注重城市经济效益,演进到更加注重城市形象变化,追求城市面貌的日新月异。于是各城市之间争先恐后,大广场、大草坪、大水面、景观大道、豪华办公大楼等一哄而起。一方面,不少历史城区在努力打破"千篇一律",提倡个体建筑千姿百态,各项建筑设计追求"新、奇、怪"的同时,却以各历史城区之间的千篇一律和趋同化为代价。另一方面,不少城市忽视了与市民生活密切相关的城市基础设施建设,资料显示,全国661个城市中,290个城市污水处理率等于零,目前全国有近90%的垃圾填埋场没有隔水层,长期以来,垃圾填埋场渗透出的污水全部渗入到地下水中去。随着改造规模的不断扩大,改造中的商业性成分也逐渐增多,"旧城改造"演变成为对历史城区的大规模商业性房地产开发,伴随着新一轮"旧城改造"的,便是新一轮"建设性破坏",许多历史城区中优秀的文化遗存遭到了无情的摧残和破坏。《人民政协报》2004年11月29日以"福建省福州市历史文化古迹告急告危"为题刊载文章。指出:据报道,2004年福州历史城区拆迁改造的规模空前,全市投资55亿元,对大约1平方公里的"旧屋"区、140万平方米的旧房进行拆建。目前,全国各历史城区开展的"旧城改造"方兴未艾,并呈现出新的趋势,"当前,国家采取收紧银根和土地审批两道阀门来实现宏观调控,建筑容积率较低的旧城区就有可能被作为城市建设挖潜改造对象而处于更危险的境地。"①。

1.3.2.2 新与旧的碰撞和拆与保的抗衡

改革开放以来,我国经济社会快速发展,人们生活水平迅速提高,成就斐然。但是与此同时,各地在大拆大建式"旧城改造"中,对积淀着深厚文化底蕴的历史城区的破坏也是空前的。如今各地政府所能动用的力量远远超过前任,对一个数十公顷的历史街区而言,可能只要一二年就能"旧貌换新颜",而对一个数十平方公里的历史城区来说,一二十年的时间足以彻底改变其面貌。面对社会民众和海外人士的质问与批评,城市决策者给出的"理由"往往是为了城市现代化建设。但是问题在于,建设现代化城市是否一定要以破坏文化遗产为代价,改善城市面貌是否一定要对历史城区实施大拆大建,城市现代化的代表是否就是高楼大厦、城市广场和大型立交桥。答案是无庸置疑的,城市现代化应该包含对文化遗产的宽容,对历史城区的尊重,对可持续发展的人居环境的追求。

我国城市建设中有个专业用语叫"三通一平",后来逐步发展为"五通一平"、"七通一平"、"九通一平","通"的内容不断丰富,而"平"则一如既往,总之就是尽量把地面上的遗存拆得干干净净,房地产开发商为了尽快回收巨额资金,更往往将各种复杂问题简单化处理。大拆大建作为"旧城改造"中长期沿用的一种方式,往往被视为具有很多"优点",如便于统一规划设计、统一施工,见效速度快等。因此,人们几乎在各地的历史城区都能感受到大拆大

---

① 仇保兴. 在城市建设中容易发生的八种错误倾向. 中国建设报,2005年12月13日:第1版

建式"旧城改造"的大手笔与大气魄。不少城市决策者由于缺乏对历史城区价值的知识和认识，久而久之，在头脑中形成一种定势，即对于历史城区首先是进行改造，而不是保护，要经营城市，改变城市面貌，实现 GDP 增长和利润最大化，就必须进行大拆大建，拆旧建新。根据《人民日报》报道："2003 年全国城镇共拆迁房屋 1.61 亿平方米，同比增长 34.2%，相当于当年商品房竣工面积 3.9 亿平方米的 41.3%；我国是世界上最大的建筑工地，每年建成的房屋面积高达 16 亿至 20 亿平方米，超过发达国家年建成建筑面积的总和"。而"2004年，我国消耗了占世界产量 36% 的钢材和 50% 的水泥"[①]。大拆大建确实让我们的城市日新月异，但也给历史城区带来永远的伤痛和遗憾。

　　实际上，历史城区往往在城市的总建设用地中所占比例并不大，即使对其进行彻底改造也不会给城市带来多大且长久的经济效益，而妥善保护历史街区则将为城市、为后代保留一份无价之宝。瑞典前驻华大使傅瑞东曾表达了他对北京历史城区保护的意见："老墙之内的城区部分仅占现北京规划市区总面积的 5.9%，对这区区的 5.9% 还要拆，还要占，盖高楼，扩马路，难道真的有这个必要，非这么做不可吗？"[②]。生态环境被破坏或许还能弥补，历史环境和文化遗产来自于历史积淀，一旦破坏，就不能复得，其损失难以估量。更有一些学者提出："发展是硬道理，硬发展没道理"[③]。"硬发展"是指违背发展规律，不从实际出发，不顾生态资源和文化环境，不顾子孙后代利益的发展，是与科学发展观相背离的发展。其在"旧城改造"中的表现包括：缺乏战略眼光，只顾当前不管长远，"利在一时"的发展；着眼局部利益，缺乏全局思考，"利在局部"的发展；追求轰动效应，热衷政绩工程，"利在一己"的发展。

　　今天，我们应该反思什么是正确的城市建设理念和现代化标准，对大拆大建式"旧城改造"作出方向性扭转。在纠正历史城区建设的失误方面，我们应该向巴黎学习。20 世纪中叶，随着法国经济的快速成长，大规模城市建设对巴黎历史城区的传统风貌形成挑战。在蒙巴纳斯火车站附近出现的一幢高层建筑受到了来自各方面的指责，绝大部分巴黎人都认为，解决城市建设的根本途径不是向高空发展，而是应将城市功能转移到外围卫星城。在居民的呼吁下，巴黎市政府停止了在历史城区内审批高层建筑。几十年过去了，至今巴黎历史城区内仍然只留下了那座唯一的高层建筑，仿佛作为反面教材时刻提示人们重视对历史城区传统风貌的保护。巴黎这种正视错误和举一反三纠正错误的勇气值得我们借鉴。在我国，一些历史性城市也认识到了大拆大建式"旧城改造"的危害。20 世纪 90 年代，广州市也和很多城市一样将历史城区的改造基本上交给了房地产开发商，结果形成了历史街区内高楼大厦紧邻传统民居的零乱局面。

---

① 李忠辉. 大拆大建城市的伤痛与遗憾. 人民日报, 2005 年 9 月 23 日: 第 16 版
② [瑞典] 傅瑞东. 留恋老北京. 人民日报, 2002 年 4 月 2 日: 第 12 版
③ 侯远长. 发展是硬道理　硬发展没道理. 北京日报, 2005 年 9 月 26 日: 第 20 版

1999年广州市政府作出了"广州旧城改造不再让开发商参与"的决定。

事实上，无论从任何角度分析，摧残历史城区都是得不偿失的。目前，联合国教科文组织批准的世界文化遗产名录中有一半以上属于完整的历史性城市或历史城区，但是，这些世界文化遗产大部分位于欧洲国家。与之相比，我国历史性城市或历史城区却很少列入《世界遗产名录》。"在这些年对北京旧城的改造之后，我们在向联合国教科文组织申报北京城为世界文化遗产时失败了，只通过了北京城内的故宫和天坛是世界文化遗产。我国其他的历史文化名城如西安，虽然旧城城垣尚在，但城内的旧建筑改造殆尽，风貌顿失，在申报世界文化遗产时也遭到了与北京同样的命运；至于洛阳、开封、杭州、南京等古城，情况大致相同，皆未申报。这主要是因为我们自己没有保护好古城，这些教训是十分值得我们深思的"[①]。试想如果当初将众多历史城区完整地保存下来，并成功列入世界文化遗产名录，将会给国家发展和子孙后代带来多么巨大而持续的效益。我国有数千个历史性城镇，但是现在列为国家历史文化名城的仅有100余处。一些历史性城市在当初申报国家历史文化名城时曾付出过很多努力，但是申报成功不久，就忘掉初衷、忘掉承诺，甚至无情地用推土机将历史城区的文化遗产摧毁，致使在我国已公布的历史文化名城中，保护完好的已经不多，而名存实亡的却为数不少。

1.3.2.3 利与情的博弈和权与法的较量

历史城区中生活着千百万居民，无论是"保护"还是"改造"都牵动着世代生活于此的居民们的感情，涉及现实人们的生活，涉及未来世代的利益。土耳其诗人 N. 希格梅（N. Hikmet）有一句名言："人一生中有两样东西是永远不能忘却的，这就是母亲的面孔和城市的面貌"。历史城区不仅是一个地区或民族悠久历史和灿烂文化的见证，也是人们的精神家园；它既体现着传统文化价值，也构成今天人们生活的重要背景。最真实、最宝贵的文化就存在于历史城区内人们世代的习俗、情感和生活方式中，存在于市井社会的细微之处。历史城区又是完整的生命体系，它有文化内涵，它懂人情世故，既是传统文化的"根"，又是地域文化的"魂"。因此，对于世代生活于此的居民，历史城区承载着他们的家乡情结，倾注着他们的复杂情感。保护好历史城区不仅可以强化人们的家乡意识，而且还是现代社会物质和精神文明的宝贵资源。

从可持续发展的理论看，人类既要保护好自然生态环境，也要保护好城市的文化生态环境，保护好文化的多样性。历史城区往往具有复杂的社会经济结构，这种结构经过漫长的历史发展逐渐形成，为各种收入阶层的居民提供丰富的、宜人的生活空间。大拆大建式"旧城改造"在短时间内彻底改变了这种和谐的结构，不但致使一些居民被迫离开久居的家园，而且也无法在短时期内再创造一个富有活力的城区。美国学者 L. 芒福德（L. Mumford）曾经指出："人们

[①] 徐苹芳. 要废除"旧城改造"的思路. 建筑创作（建筑师茶座），2003（11）：11

的住家、商店、教堂、住宅区、珍贵的纪念性建筑物，是当地人们生活习惯和社会关系赖以维持的整个组织结构的基础。把蕴育着这些生活方式的建筑整片拆除常常意味着把这些人们一生的（而且常常是几个世代的）合作和忠诚一笔勾销"①。由于我国的历史性城市大都是以历史城区为中心渐渐发展形成的，历史城区就是城市社会生活和经济活动的中心，有着较好的区位优势。同时城市居民总是难以割舍熟悉的历史环境，所以，越是靠近历史积淀深厚的地方，人气越旺，房地产开发越能获得较高的回报，因此，历史城区成为房地产开发商竞相出高价争夺的黄金地段。

大拆大建式"旧城改造"是一种以高投入来换取高回报的改造方式，在市场经济条件下，它主要依靠大型商业性房地产开发项目来提供所需的巨额资金，因此必然具有明显的趋利性特征，在历史城区保护方面也就不可避免地存在较大的局限性。当房地产开发商对经济效益的追求和地方政府急于改造的愿望结合起来，更形成一股强大的力量，对历史城区的传统建筑、文化形态和城市记忆的保护与延续提出了严峻的挑战。例如重庆的朝天门码头，高高的石阶和吊脚楼民居在很多人心目中就是雾都山城的代表，如今在"旧城改造"中被彻底拆除，建设成为娱乐休闲区，就此城市空间缺少了一份历史的厚重，历史城区缺少了一份完整与真实。太多的遗憾使人们越来越清楚地看到一些城市决策者和房地产开发商只懂得地皮价值，不懂得历史文化价值，不管老街、老巷、老院、老房有着多么悠久的历史，倾注过多少地域风情，积淀了多少人文精神，一概推倒，夷为平地，取而代之的新街、新楼却是司空见惯的格局和形式，既毁弃历史文化，又缺失现代文化。针对毁弃历史文化，吴良镛教授曾气愤地说：这"已无异于将传世字画当作'纸浆'，将商周铜器当作'废铜'来使用"②。而针对缺失现代文化，美国学者苏杰夫（Jeffrey L. Soule）则评价说："这些新的建筑'光荣地孤立'于人们的需要、价值和日常活动。一座独具特色的历史城市，正在有系统地被重置为在任何地方都可以看到的城市形态"③。一方面是房地产开发商对投资效益的美好展望，另一方面则是居民对精神家园的无比眷念，保护历史城区与房地产开发的投资理念形成难以调和的矛盾。

在大拆大建式"旧城改造"中一些城市决策者被长官意志、政绩观念、局部利益所左右，缺乏对历史负责、对人民负责、对子孙后代负责的态度，表现出目光短浅和急功近利。舟山市对定海古城的破坏是法人违法中最为典型的事件。20世纪末，我国惟一的海岛历史文化名城——舟山市，以"旧城改造"为名，大面积拆毁定海古城的历史街区、传统建筑和古屋民宅。这一举动不仅违

---

① 转引自：方可. 当代北京旧城更新：调查·研究·探索. 北京：中国建筑工业出版社, 2000：105
② 吴良镛. 北京市旧城区控制性详细规划辨. 吴良镛学术文化随笔. 北京：中国青年出版社, 2001：169
③ [美] 苏杰夫. 北京当代城市形态的"休克效应". 瞭望新闻周刊, 2005 (33)：54

反了诸多项国家法律,而且对舟山市人民代表大会刚刚通过的城市规划纲要也悍然不顾。在社会反响十分强烈的情况下,地方政府不顾舆论压力一意孤行,包括科学院院士在内的知名专家的强烈呼吁、众多媒体的口诛笔伐、当地居民的抗议行为,都不足以使其改变错误决定。甚至在国家建设部门和文物部门的强烈干预下,在省政府有关领导批示下,破坏行为仍然没有停止,而是继续以"所向披靡"之势造成拆除事实,直至古城彻底毁灭。发生在 2005 年夏季的临汾古城墙破坏事件再次震惊了全国,某权势部门为了建设住宅,不顾国家法律明文规定,强行拆除具有 1500 年悠久历史的古代城墙,尽管文物部门多次送达要求停工的通知,尽管文物系统职工手挽手形成捍卫文化遗产的人墙,尽管一些社会贤达和民众通过各种抗议活动阻止破坏升级,但是建设者不惜以身试法,对古代城墙保卫者大打出手,气焰嚣张。

从上面的事实可以看出,为了阻止拆除文化遗产的愚蠢行为,社会几乎动员了从舆论监督、政府指令、专家呼吁到法律武器等各种资源,仍旧不能阻止破坏行为的发生。在众多事件中"发展经济"似乎是一个压倒一切的理由,一些城市决策者和房地产开发商在破坏历史城区的文化遗产时,都援引这个堂皇的理由,为了经济利益一些人可以将法律和公众的意愿都置之度外。例如有的为了获取廉价开发用地,减少拆迁投入,获得高额回报,不惜在古代城市遗址范围内进行违法开发;有的为了房屋建设或满足交通需要,违法拆除或擅自迁移文物古迹;有的在地下文物埋藏区进行开发建设时,不依法先期配合考古勘探和发掘,导致文化遗产的损毁;有的想方设法通过突破规划限制,增加建筑高度和容积率,进行超强度开发;有的随意改变土地使用性质,将传统住宅用地改为商贸开发用地,以获取在正常条件下无法获得的高额利润。从上述众多损毁文化遗产的事件中,几乎都可以看到经济利益驱动的影子。问题在于损毁历史城区和文化遗产究竟是有利于经济发展还是破坏了经济发展的后续潜力。

近年来,社会各界对大拆大建式"旧城改造"的批评日益增多。早在 20 世纪 80 年代中期,随着国家制定和颁布了有关文物保护和历史文化名城保护的一系列政策和法规,许多专家学者就曾对"旧城改造"中破坏文化遗产的行为进行过批评,当时主要集中在城市风貌和文物古迹保护方面。1990 年以后,针对大拆大建式"旧城改造"对历史城区的破坏日益加重,许多专家学者明确提出应当尽快停止对历史城区的大规模房地产开发。2000 年以来,随着可持续发展理念的日益深入人心,面对大拆大建造成的严重后果,要求停止在历史城区内实施"旧城改造"的呼声更加强烈。如 2002 年 3 月舒乙、梁从诫等政协委员在全国政协九届五次会议上提出"保护北京历史文化名城的十项紧急建议",针对北京"推平头"式的房地产开发,建议"在这历史的紧急关头,手下留情,采取一系列紧急措施,把祖先留下的珍贵的北京历史文化名城遗产保护下来"。2003 年 7 月徐苹芳先生提出应该废除"旧城改造"的思路,指出:"在我国历史文化名城保护管理工作中，要废除'旧城改造'的错误方针和口号，只有'保护旧城，另建新区'才是保护历史文化名城的唯一出路，舍此而无他途"①。2003年8月周干峙、吴良镛等10位院士、专家，提出在历史文化名城中停止原有"旧城改造"的政策建议。建议"立即在历史文化名城中停止继续实行原有旧城改造的政策，将旧城区的成片改造，代之以对传统建筑与历史街区的保护、维修、整治与翻建，努力保持城市的历史风貌和特色"。

1.3.3　大规模"危旧房改造"摧毁历史街区肌理

两年前，北京市社会科学院开展了"北京城区角落调查"。调查报告指出："所谓'城区角落'，是指在城市化和现代化进程中，城市规划区内城市化或城市现代化水平相对滞后的局部地区。归纳起来，城区角落具有环境脏乱、市政基础设施不足、危房集中、管理相对薄弱和贫困居民比例较大等特点。"经过调查，他们将北京的"城区角落"分为七种类型②，其中"文物保护"型名列之首。这一调查结果引人关注，为什么历史城区会出现"'文物保护'型城区角落"？

1.3.3.1　长年"失修失养"造成危房大量出现

针对"文物保护"型城区角落，调查报告指出："北京是一个古老的城市，有很多需要保护的历史文物、历史风貌和历史街区，这是北京独一无二的宝贵财富。但不可否认，不少历史文物、历史风貌和历史街区在维持现状的表象下正遭受着各种或明或暗的破坏，还有不少市民依然居住在拥挤不堪、市政基础设施严重不足、阴暗潮湿、存在严重火灾隐患的危旧平房里"③。这一调查结果引发了人们一系列的思考，历史街区和文化遗产正在遭受着哪些"或明或暗的破坏"？什么是历史城区保护与居民生活改善的适宜方式？

当前各地历史城区普遍存在以下问题。一是人口拥挤，住房困难。特别是城市中人均10平方米以下的住房困难户，集中分布在历史街区内，往往一个300平方米左右的传统民居院落居住着10户以上的居民。如北京前门街道距天安门广场仅1～2公里，但在1.09平方公里的辖区内，人口密度竟达到4.28万人/平方公里，远远高于北京中心城区平均人口密度。由于房屋密度过大，造成采光不足、通风不畅，院落低洼积水现象普遍。有些历史街区由于年轻人的逐渐离去而不同程度地呈现老龄化趋势，从而丧失了往日的活力。这些状况对历

---

① 徐苹芳．要废除"旧城改造"的思路．建筑创作（建筑师茶座），2003（11）：11
② 注："北京城区角落调查"中所列城区角落的七种类型为：1．"文物保护"型；2．"内城遗忘"型；3．"城中村"型；4．"厂中村"型；5．"城市飞地"型；6．"地下空间"型；7．"特殊人群聚居"型。
③ 朱明德主编．北京城区角落调查No.1．北京：社会科学文献出版社，2005：10

史街区保护产生了十分不利的影响。二是传统建筑年久失修，严重老化。历史城区内的传统建筑中相当一部分是清末民初的遗存，由于长期得不到正常修缮，房屋老化破损，"危、积、漏"问题非常严重，有的屋面破漏、墙壁剥落，有的甚至梁架倾斜、濒临倒塌，进行修缮已经刻不容缓。如北京历史城区内传统建筑中的危房比例已由建国初期的5%，达到目前的50%以上。几十年来陆续搭建的简易棚屋质量更为恶劣，不少历史街区内这类棚屋面积占到正式房屋面积的60%左右。三是生活基础设施落后。历史街区大多经历百年风雨，生活基础设施已远远跟不上时代发展的要求。如多数居民没有自家的卫生间，每天需要去较远的公共厕所；没有燃气管道和集中供暖设施，大多数还采用煤炭取暖；不少院落还在使用公共水龙头，甚至在高峰用水时段供不上自来水；随着家用电器迅速增加，供电线路和设备负荷明显不足；到处可见随意缠绕的电线、胡乱放置的煤气灶等，火灾隐患严重等等。面对这种无上水、无下水、无燃气、无暖气、无厨房、无厕所、无阳台、无壁橱、无车棚、无绿地的状况，居民戏称为"十无户"①。

造成以上问题既有历史原因，也有现实因素。20世纪50年代各城市普遍采取了"以旧城为中心发展"的模式，对历史街区内的传统建筑则贯彻"充分利用"的方针。由于这些传统建筑量大面广，修缮负担逐年加重，投入力度明显不足，危房问题逐渐呈现。从60~70年代开始，城市人口急剧增长，住房需求不断加大，政府采取"经租"等方式将大量新增人口挤入私人住宅院落之中。随着人口繁衍、户数增加，住房更加困难。为此又鼓励单位和居民在历史街区内"见缝插针"，大量搭建房屋或增建简易楼房，并号召在院落内"推、接、扩"建，不仅使历史街巷被挤占，同时传统民居院落也逐渐演变为"大杂院"。由于房租较低，难以"以租养房"，房屋管理部门仅能因陋就简加以维持，传统建筑普遍失修失养，危房也大幅度增加，历史街区呈现大面积破败景象。几十年来，各地政府一直试图彻底改造历史城区。20世纪80年代，伴随"旧城改造"的兴起，政府主导的危房改造也有所推进，各地相继开展了一些试点工作。虽然由于大量外来人口进入历史街区，造成更严重的住房短缺，居民生活居住条件越来越差，但是普遍出现依靠政府"等待改造，一步登天"的局面。

1.3.3.2　"危"、"旧"不分导致改造性质的改变

进入20世纪90年代各地开始实施大规模"危旧房改造"，其特点是改造对象由"危房"变成了"危旧房"，一字之差，改造的范围和规模发生了很大变化，并引发了改造性质的转变。由于"危旧房改造"成为历史街区改造的主要形式，因此一时间其他各项建设工程都被要求与"危旧房改造"相结合。同时，一些高档写字楼、高级公寓、大型商业设施等纯粹商业性房地产开发项目，为

---

① 朱明德主编．北京城区角落调查 No.1．北京：社会科学文献出版社，2005：62~68

了享受政府给予的各项优惠政策，也以"危旧房改造"名义开展，导致改造的规模迅速扩大。房地产开发商通过积极介入"危旧房改造"计划，不但获得大量区位条件较好的土地和大型房地产开发项目，同时还享受政府给予的各项优惠政策，取得了巨大的经济利益。"危旧房改造"呈现出以下特点：一是改造规模大。不少城市采取确定改造项目后一次性进行改造的方式，有的城市还规定每片改造区规模不得小于一定面积，致使一个"危旧房改造"项目可以覆盖十几条街巷，涉及上千户居民，最大的项目甚至上百公顷，涉及上万户居民。二是改造速度快。《北京晚报》曾以"每年消失600条胡同　北京地图俩月换一版"为题报道："统计表明，1949年北京有大小胡同七千余条，到20世纪80年代只剩下约三千九百条，近一两年随着北京旧城区改造速度的加快，北京的胡同正在以每年六百条的速度消失"[①]。三是采取成片推倒重建方式。各地的大规模"危旧房改造"，几乎千篇一律采取大拆大建模式，即对改造地段实行人搬光、房拆光、树砍光的"三光"。大量经过修缮仍然可以利用的传统建筑被拆除，另建楼房。由于在改造中漠视原住居民的合法利益，改变了原有社区结构，还引发了一系列社会矛盾。

由于大规模"危旧房改造"开发经营的主体是商业性房地产开发公司，投资的目的是为了赚取高额回报，因此为了达到更高的经济利益，改造往往按照"拆一建三"、"拆一建五"等模式进行，其结果改造区内户数不但没有下降，反而有所增加，无法达到疏解历史街区人口的目的。同时，建筑密度也越改越高，历史街区内的绿地和开敞空间不断遭到蚕食和侵占，树木大量砍伐，使得生态环境问题变得更加复杂和严重。不少改造区由于房地产开发商"占而未用"，致使正常的房屋维修早已停止，造成传统建筑加速衰败，危房面积进一步扩大。历史街区内房屋破损、环境杂乱、人口拥挤、违法建筑密集、火灾隐患突出的状况，又为加速进行更大规模的"危旧房改造"提供了借口。一些地方政府为了实施"政绩工程"、"形象工程"，甚至纵容或变相纵容房地产开发商大拆大建，乱拆乱建，强拆强建。野蛮拆迁使房地产开发商降低了成本、缩短了工期、增加了效益，也成就了部分官员的"政绩"，却损坏了当地居民的现实利益和历史性城市的长远利益。为此，2004年6月国务院办公厅发出《关于控制城镇房屋拆迁规模严格拆迁管理的通知》，要求加强对拆迁工作的管理和监督，调控拆迁规模，防止和纠正急功近利、盲目攀比的大拆大建。其后，各地也相继出台了不少措施，但大拆大建的现象并没有完全制止住，有些地方仍然很严重。《人民日报》载文指出："地方政府将划拨土地上的房子拆掉，将几十年的土地使用权出让给开发商，而开发商再将几十年的地租一次性分摊到购房人身上。这种'不计成本，大拆大建，以地生财，透支未来'的城市建设思路，背离科学发展

---

① 转引自：王军．城记．生活·读书·新知三联书店，2003：14

观,已经成为建设和谐社会、节约型社会的羁绊"①。

1.3.3.3 "推平头式"改造引发诸多社会问题

以大规模危旧房改造的思路在历史街区内实施"危"、"旧"不分地大拆大建,其结果不但使真正危房问题不能得到及时解决,反而造成历史建筑大量消失,在文化遗产保护方面引发了严重的后果。由于历史城区内散布着大量文物古迹和古树名木,在实施改造前本应详细调查加以认定,在改造中则需针对不同保护对象,采取各种技术措施加以严格保护,这无疑是一项技术性较强的工作,也需要一定的时间和资金。但是房地产开发商和施工单位为了提前工期和节约成本,往往采取"推平头式"的方法,简单粗暴地对待文化遗产,结果使历史街区的传统风貌荡然无存,甚至有的历史性城市中再也找不到一片完整的历史街区,许多文物建筑、名人故居被拆除,造成不可挽回的损失。推平头式"危旧房改造"在拆除质量差的危房同时,也将大量质量完好或经过修缮仍可继续使用的传统建筑一并拆除,这些被拆除的传统建筑大多都有数十年乃至上百年的历史,含有丰富的历史文化信息。如果它们存在,后人可以不断有所发现并合理利用,如今留下了无穷的遗憾,造成了社会资源的极大浪费。同时,文物古迹与周围的传统建筑是一个和谐的整体,将其周边大片以民居院落为主的传统建筑拆除,不仅破坏了历史文化资源,也破坏了宝贵的历史文化环境,不但在经济上是严重的浪费,在文化上也是一场灾难。

在生活环境极其恶劣的情况下,历史街区内的居民有着要求改善生活居住条件的迫切心情与强烈愿望。特别是无力通过自身努力改善居住条件的居民,把希望寄托于改造。因此,当"危旧房改造"开始实施时,居民普遍持欢迎态度。但是,随着"危旧房改造"的推进和房地产开发力度的加大,大规模改造中存在的问题逐渐严重起来,居民和房地产开发商之间的矛盾不断加剧,拆迁纠纷日趋增多。不少居民逐渐对通过"危旧房改造"改变自身生活状况失去热情,一些居民甚至产生了强烈的抵触情绪。特别是,随着大规模"危旧房改造"的深入推进,改造地段的居民回迁率越来越低,甚至为零。房地产开发商提供给居民的外迁安置房也离城市中心区越来越远,致使大批居民迫于无奈迁往郊区居住,远离了自己所熟悉的社会环境,遭遇交通不便、就业困难、生活设施不全、房屋质量较差等问题。许多居民开始认识到这种大规模"危旧房改造"方式虽然使住房面积有所增加,但却在生活、工作等其他许多方面蒙受损失。因此出现了大部分居民希望改善自己的住房条件,但同时大部分居民也反对采取房地产开发方式进行大规模危旧房改造的局面。

大规模"危旧房改造"也引起了社会各界的广泛关注和强烈反对。2002年9月,侯仁之、吴良镛、宿白、郑孝燮等25位专家、学者致信国家领导,题为:"紧急呼吁——北京历史文化名城保护告急",强烈呼吁:"立即停止二环路以内

---

① 李忠辉.大拆大建城市的伤痛与遗憾.人民日报,2005年9月23日:第16版

所有成片的拆迁工作，迅速按照保护北京城区总体规划格局和风格的要求，修改北京历史文化名城保护规划"。2003年8月，谢辰生先生致信国家领导，针对大规模危旧房改造所造成的严重后果呼吁："现在仅存的部分无论如何是不能再继续破坏了"，受到了国家领导的高度重视。2004年10月，吴良镛教授在部级领导干部历史文化讲座上大声疾呼："北京市应采取有效措施立即停止在旧城内的一切大规模拆除'改造'活动，改弦易辙！应转变现有的危改模式，'整体保护，有机更新'，拟定新的政策条例，抢救已留存不多的古都历史性建筑风貌保护区，逐步向周边地区转移旧城的部分城市功能，通盘解决北京旧城保护的难题"①。呼吁保护的声音也来自广大民众。2003年3月，福建省政协文史资料委员会印发了《福州三坊七巷和朱紫坊保护调查问卷》。"问卷发出后，100%的回执都否定了'旧房拆除，有文物价值的迁到其他地方重建'和'完全让房地产开发商去改造'这两种观点"②。2005年10月18日，国际古迹遗址理事会第15次大会在西安市召开，理事会当日收到了来自北京的一封信，信件陈述了对于北京现有胡同存在状况的忧虑，认为北京历史城区所剩无几的胡同和四合院正在一天天地减少，而幸存的也受到高楼大厦与建筑工地的包围和威胁。信件同时呼吁，希望通过此次大会，能够真正加大保护历史建筑、历史文化名城的力度。北京四中高二年级"北京文化地理"选修课的十位学生是这封信件的联署发起人，大会收悉信件后，引起了强烈共鸣。③

---

① 吴良镛. 总结历史，力解困境，再创辉煌——纵论北京历史名城保护与发展. 部级领导干部历史文化讲座. 北京：北京图书馆出版社，2005：335
② 李书桓. 福州三坊七巷名城保护任重道远. 中国建设报，2006年1月16日：第7版
③ 章剑锋. 北京胡同濒绝. 中国经济时报，2005年11月9日：第15版

城市化快速进程背景下的文化遗产保护

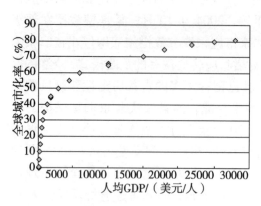

图1-1 全球城市化水平与人均GDP之间关系

资料来源：中国科学院可持续发展战略研究组．2005中国可持续发展战略报告

图1-2 诺瑟姆提出的"城市化率S形曲线"

资料来源：仇保兴．中国城镇化——机遇与挑战

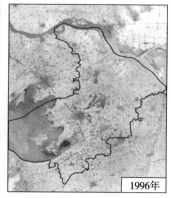
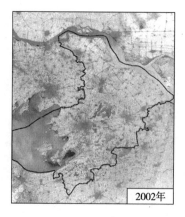
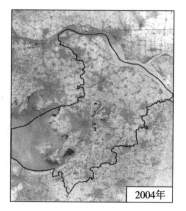

图1-3 苏州地区城市建设用地规模增长情况

资料来源：中国城市规划设计研究院

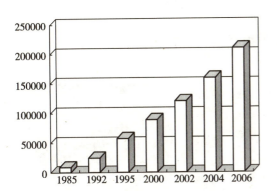

图1-4 近年来我国GNP的变化情况示意图

资料来源：根据国家正式公布数据汇总

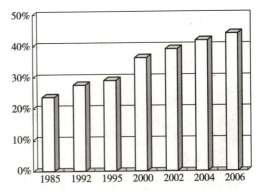

图1-5 近年来我国城市化水平变化示意图

资料来源：根据国家正式公布数据汇总

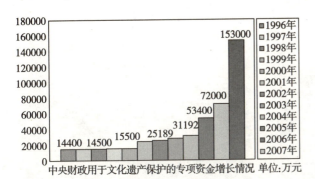

图1-6 近年国家财政对文物保护投入情况

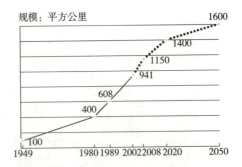

图1-7 北京市城市建设用地规模分析

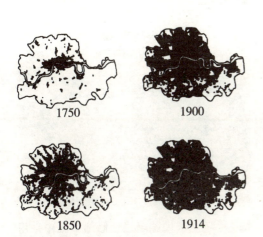

图1-8 近代伦敦城市空间的急剧扩展（1750—1914年）

资料来源：张京祥．西方城市规划史纲

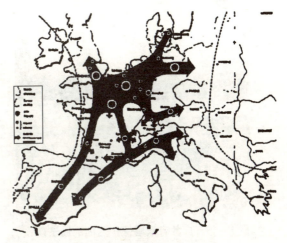

图1-9 欧洲空间展望规划

资料来源：张京祥．西方城市规划史纲

文化遗产本体不断遭到来自多方面破坏

图1-10 游客在长城上餐饮破坏文物本体及环境

图1-11 野蛮建设施工造成土城子遗址墓葬破坏

图1-12 开发建设破坏崇妙保圣坚牢塔历史环境

图1-13 遇真宫改变文物管理体制被火灾焚毁

图1-14 五台山进行环境整治纠正历史遗留问题

图1-15 广教寺双塔保护区内的违法建设

图1-16 宋代城墙遗址修缮工程中采用现代建材

图1-17 "刘氏三兄弟"故居遭遇"保护性破坏"

图1-18 文物工作者与破坏临汾古城墙的行为抗争

文化遗产生态环境面临诸多危机

图1-19 过度旅游开发使秦始皇陵充满商业氛围

图1-20 丽江古城出现不正常的原住居民大量迁离

图1-21 高昌故城遗址内旅游毛驴车缺乏管理

图1-22 旅游旺季的世界文化遗产故宫人满为患

图1-23 "黄金周"万里长城上游人严重超载

文化遗产保护与城市文化建设

图1-24　宁静幽雅的什刹海历史文化街区演变成"酒吧区"

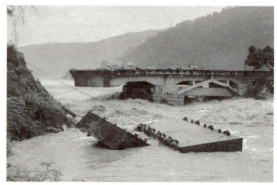

图1-25　云冈石窟由于环境变化风化现象加剧　　图1-26　全国重点文物保护单位江东桥被洪水冲毁

图1-27 虢国墓地重大文物盗掘案件公审宣判

图1-28 北泰山庙墓群内发现的盗洞

图1-29 玉泉寺文物保护范围内的违法建设

图1-30 汉长安城遗址保护范围内的违法建设

文化遗产背景环境不断恶化

图1-31 重点文物保护单位吕祖堂一侧建起住宅楼

图1-32 遵义会议旧址的周边地区高楼林立

图1-33 泸定桥畔新建楼房改变原有历史环境

图1-34 一些文化遗产地"人满为患"和"楼满为患"

图1-35 乐山大佛对岸景观地带建起了高层建筑

图1-36 乐山大佛附近违法建设的"巴米扬大佛"

历史性城市的保护状况持续恶化

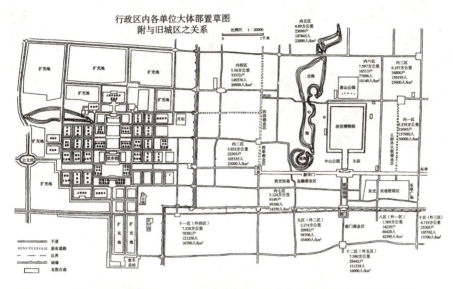

图1-37 梁思成、陈占祥：北京西郊新行政中心建设方案（1949年）
资料来源：梁思成文集（第四卷）

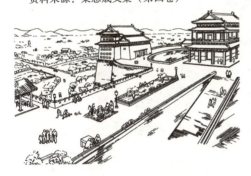

图1-38 梁思成：北京的城墙还能负起一个新的任务
资料来源：梁思成文集（第四卷）

图1-39 在城市改造中消逝的重庆"朝天门码头"
资料来源：重庆市文化局

图1-40 大拆大建式"旧城改造"拆毁历史街区
资料来源：北京市规划委员会

图1-41 危、旧不分造成高质量传统民居被拆除

资料来源：北京市规划委员会

图1-42 生活基础设施条件简陋造成居住条件恶化

资料来源：北京市规划委员会

图1-43 传统建筑失修失养导致历史地区衰败

资料来源：北京市规划委员会

图1-44 改造区内新建设的毫无生气的住宅楼房

资料来源：北京市规划委员会

第2章 文化遗产保护的历史发展进程与现状

纵观国际文化遗产保护历程，虽然与悠久的人类文明史相比，真正意义的文化遗产保护历史只是短暂的一瞬，而且充满艰难和曲折，但是人们可以发现其鲜明的发展趋势。就是随着时代的发展，保护内涵越来越扩展，保护范围越来越广泛，保护内容越来越丰富，保护行动与社会生活的关联度越来越高。国际社会通过不断摸索、不断探求、不断前进，将文化遗产事业扩展到一个又一个领域，推向一个接一个高潮。文化遗产在文化领域中所具有的特殊性，也日益受到国际社会的高度重视。

2.1 国际文化遗产保护的探索与实践

国际社会经过长期的发展和演变，对文物的认识逐渐深化，呈现出不断发展的趋势。保护的意义从单纯的欣赏行为，扩展到集保护、研究和教育于一体的综合目标；保护的重点由可供人们鉴赏的艺术品，到保护各种文化遗址和历史建筑，再扩展到保护历史街区、历史城镇，以及各种具有历史文化价值的历史地段；保护建筑的范围也逐渐以纪念性建筑物为主，扩展至历史街区内与人们生活密切相关的传统民居建筑。

2.1.1 早期文化遗产保护的探索

世界各国都有各自的文物保护和研究的传统。在古代，对文物的收集和保存，大都是从对艺术珍品的收藏开始的，其动机和目的无论是对物质财富的占有，还是对精神财富的享受，在客观上都使一些文物保存了下来。在欧洲，从古希腊、古罗马时代到中世纪，皇室、贵族和教会收藏各种古代珍品和宗教遗物之风甚盛，一些学者和教会也曾经尝试比较系统地对搜集到的古代文物进行带有研究和教育性质的展示，比如许多国家的中世纪大教堂都设有为收藏和陈列各种珍品的专室。欧洲文艺复兴促进了人们对早期文化艺术研究的兴趣，开始注意收集古希腊、古罗马时代的雕刻和美术作品。之后，又扩大到埃及、两河流域等地的古迹、古物。搜集、保管文化珍品的古物爱好者日益增多的同时，也有一些人采取非科学手段，对古遗址和古墓葬肆意拆毁和挖掘，掠走大量文化珍品，虽然使一些重要的文物得以保存，但是却造成了对不可移动的古遗址、古墓葬、古建筑等前所未有的破坏。王瑞珠先生指出："在欧洲，对文物建筑和历史纪念物的保护，就其广泛的意义而言，至少可追溯到古罗马时代，到了文艺复兴时期，又有了进一步的发展，但是，保护和修复工作真正开始引起重视，应该说是始于18世纪末，至于这项工作的科学化，它的一些基本概念、理论和原则的形成，则是从19世纪中叶起，近一百多年来发展和演变的结果"①。

直到19世纪中叶，科学、技术和文化的进步，促使人们开始重新认识世界、认识自然，也重新认识人类自身发生和发展的历史。在这一背景下，诞生了现代考古学；兼备收藏、研究、教育职能的现代形态的博物馆在欧美普遍设立；同时，古建筑保护也作为专门科学逐渐发展起来。"这绝不是偶然的巧合，而是科学的进步导致人们观念形态变化的反映，是人们对文物价值认识的觉醒"。"考古研究对象、古建筑和博物馆藏品，都是属于文物的范围。从过去把文物视为古董的观念，发展到把文物作为人类社会历史发展的见证，标志着人们对文物价值的认识发生了根本性的变化，也扩大了文物概念的范围。这种新概念的形成，才把文物的保护和研究真正建立在科学的基础上，从而进入了一个崭新的发展阶段"②。

20世纪上半叶，战争频仍，无数可移动和不可移动文物遭到灭失和破坏。国际社会针对由于作战技术的发展和武器能量的加强，使文物处于日益增加的危险之中的情况，联合国教科文组织于1954年在海牙通过了《武装冲突情况下保护文化财产公约》，以减少战争对文物的毁灭威胁。另一方面，现代考古学作为一门严谨的科学出现，特别是进入20世纪，在理论上有了很大发展，田野考古发掘技术也有了显著提高，使人们认识到对地下埋藏的文物进行非科学发掘的破坏性和危害性，1956年联合国教科文组织于马德里通过了《关于适用于考古发掘的国际原则的建议》，从而加强了对地下文物的保护。20世纪，现代博物馆在世界范围内的蓬勃发展，对保护、研究文物以及发挥文物作用具有越来越重要的意义。博物馆藏品日益丰富的同时，科学研究的职能也在不断加强，使现代博物馆不但是可移动文物保护和研究的重要场所，而且对于古遗址、古墓葬等不可移动文物，经科学发掘之后，建立起各种形式的遗址博物馆进行保护和展示。为了进一步推动博物馆普及教育及传播文化，1960年联合国教科文组织于巴黎通过了《关于博物馆向公众开放最有效方法的建议》，以鼓励博物馆更加积极地融入社会文化生活。

现代文物建筑保护理论和方法的形成经历了较为复杂的过程，直到20世纪初逐渐达成共识。1904年，在马德里召开的国际建筑师第六届大会上通过了《关于建筑保护的建议》，该建议提出应最小干预建筑遗迹并赋予历史性建筑物新的使用功能。其后，分别在20世纪30年代与60年代产生了两个具有指导意义的国际文件，即1931年的《有关历史性纪念物修复宪章》（雅典宪章）和1964年的《国际古迹保护与修复宪章》（威尼斯宪章）。特别是后者强调利用一切科学和技术来保护和修复文物建筑，使它能传之永久。同时指出："历史古迹的概念不仅包括单个建筑物，而且包括能够从中找出一种独特的文明，一种有

---

① 王瑞珠. 国外历史环境的保护和规划. 台北：淑馨出版社，1993：1
② 谢辰生. 文物. 中国大百科全书（文物·博物馆）. 北京：中国大百科全书出版社，1993：5

意义的发展或一个历史事件见证的城市或乡村环境"。

在国家立法保护文物建筑和文化遗址方面，欧美起步较早。即使建国历史较晚的美国，早在1872年就设立了"国家公园"（national park），其中也包括印第安人的文化遗址等一些文物古迹。美国先后于1906年通过了《古文物法》，1935年通过了《历史遗址法》，1966年又制定了《国家历史保护法》，有关文物保护方面的法律、法规逐步完善。立法保护的范围广泛、内容丰富，既包括历史性遗产，例如具有一定历史价值的建筑物、自然景区、历史遗址和纪念性标记等；也包括手工艺术品，例如绘画、雕塑、摄影作品等；还包括档案和文献资料，例如电影胶片、地图册、图标、建筑设计图纸等，即"从羊皮纸上的独立宣言到考古挖掘的文物都在保护之列"。

建立文化遗产的调查和登录制度是世界各国保护文化遗产的重要经验。其制度的主要特点在于，对大量的、各类文化遗产进行注册、登记，采取措施予以保护。在保护历史古迹的同时，重视近现代史迹的保护。对登录对象具有保护法规的刚性约束，同时在保护方法上具有精密严谨的措施，以满足所有者对使用功能的新要求，便于历史建筑的合理再利用。同时，积极利用税收制度，鼓励企业和文化遗产的拥有者投资文化遗产保护，减免或减征相关税收。各国政府注意推动全社会文化遗产保护运动的广泛展开，重视大众媒体的宣传作用，启发公众对文化遗产的兴趣和重视，以增强保护意识，达到有效保护的目的。以法国为例，法国于20世纪60年代开展了被称为"大到教堂，小到汤匙"的第二次文化遗产大普查。这次普查新发现了大批文化遗产，建立了每处文化遗产详细、明确、标准化的资料和说明，进一步摸清了法国文化遗产资源的基本情况，许多具有重要价值的文化遗产因在普查中被及时发现而免遭破坏。同时，普查对于法国学者开展相关领域科学研究的学术贡献更是难以估量。最为重要的是，通过这次普查，不但进一步增强了法国国民的文化遗产保护意识，而且使他们的文化遗产价值观发生了深刻变化，保护文化遗产成为法国社会的普遍共识。

在城市化快速发展阶段，大量人口涌入城市，需要大规模地建设住宅，当时普遍的做法是拆老街区，拓宽马路，盖新楼房。但是不久人们发现，这样做的结果使建筑面积得以改善的同时，历史环境却遭到破坏，城镇的历史联系被割断，文化特色在消失。人们逐渐意识到，除了保护文物建筑之外，还应保存一些成片的历史街区，保留城镇的历史记忆，保持传统文化的连续性。在历史街区内，每栋建筑单体，其价值可能尚不足以作为文物加以保护，但是它们叠加在一起形成的整体面貌却能反映出城镇历史风貌的特点，从而使价值得到升华，因此有保护的必要。

最早立法保护历史街区的是法国。早在1943年法国就规定在"历史建筑"周围500米半径的范围内采取保护措施。1962年颁布的《马尔罗法》将保护的对象从历史建筑扩大到了历史地区，规定将有价值的历史街区划定为"历史保护区"，制定保护和继续使用的规划，纳入城市规划的范畴严格管理。保护区内的建筑物不得任意拆除，维修、改建要经过"国家建筑师"的指导，符合要求的修整可以得到国家的资助，并享受若干减免税的优惠。由于这时保护对象扩展为一片有生命的、正在使用的街区，所以它的保护政策和保护文物建筑有了很大区别。英国在1967年颁布《城市文明法》，也规定要保护"有特殊建筑艺术和历史特征"的地区。首先考虑的是地区的"群体价值"，包括了建筑群体、户外空间、街道形式以至古树。保护区的规模大小不等，有古城中心区、广场，还有传统居住区、街道及村庄等。这个法令要求城市规划部门制定保护规划，规定不鼓励在保护区内搞各种形式的再开发。同时其他法规规定的日照、防火、建筑密度等技术指标，在保护区内要服从特殊的保护要求。在亚洲，日本于1966年颁布了《古都保存法》，确定要保护古都的"历史环境风貌"。

随着历史保护区的设立，保护对象也由传统意义上的文物建筑扩大到传统民居。例如意大利将保护建筑分为四级，对具有重大历史价值的文物建筑，保护要求十分严格，对保护级别较低的民居则采取外观不可更改，但内部结构可以更新，为合理使用提供条件的原则。英国把"登录建筑"分为三级，一级占2%，二级占4%，三级占94%，对一、二级的保护要求严格，三级的可作内部改动。虽然严格保护的只占6%，比例不大，但其绝对数量仍有3万处之多。法国里昂的历史街区于1964年被定为国家级的"历史保护区"，35公顷的保护区内，保留有16世纪到19世纪各时期的古老街巷，其中除保存有众多文物建筑外，还有大量20世纪初建造的工人住宅，它们在建筑风格上协调一致，构成了城市的独特风貌。政府在对这些住宅实施保护时，坚持原样整修保存其外表，在内部加建厨房、卫生间，改善条件并维持原来的低租金，使原住居民可以继续居住。

2.1.2 《世界遗产公约》的共识

在20世纪60年代至70年代初，联合国教科文组织（UNESCO）从其参与的一系列文物保护事件，特别是从抢救埃及努比亚古迹的国际行动中认识到，文化遗产和自然遗产越来越受到破坏的威胁，除了年久失修等原因外，更由于社会条件和经济条件的加速变化，使遗产的存在环境日益恶化，经常面临损毁和破坏的威胁，所造成的损失往往难以挽回。同时，许多国家的保护工作很不完善，经济、科学和技术力量严重不足。这些文化遗产和自然遗产对于人类来说，具有突出的普遍价值，因此应该作为"人类共同遗产"加以保护。当这些遗产面临新的严重威胁时，整个国际社会有责任提供集体援助。这种援助尽管不能代替有关国家采取的行动，但是可以成为其有效补充。鉴于以上原因和基于以上认识，国际社会有必要通过制定一项公约，建立一个按现代方法组织的、而且永远有效的制度，以便集体保护这些遗产。

1972年，联合国教科文组织在巴黎举行第17届会议，通过了《保护世界文化和自然遗产公约》（简称《世界遗产公约》）。公约要求各缔约国要承认确定、保护、保存、展出本国领土内的文化遗产和自然遗产，并将它传给后代，主要是本国的责任，要尽力而为，在适当时候利用能获得的国际援助与合作。在充分尊重国家主权，并在不损害各国法律规定的所有权的同时，缔约国还要承认这类遗产是世界遗产的一部分，整个国际社会有责任进行合作，予以保护。为了实现公约的这个宗旨，要建立一个国际合作和援助体系，组成保护世界文化与自然遗产政府间委员会①，制定《世界遗产名录》②，接受国际援助申请，设立世界遗产基金。以《世界遗产公约》为核心形成的世界遗产保护运动，是人类文明进步的重大成果，体现了当今人类在文明上的自觉。它向人类社会提出了关于遗产的简洁而永恒的理念，即它们不仅是当地人的，也是全民族乃至全人类的共同遗产；它们不仅是当代人的，也是子孙后代的宝贵财富。

《世界遗产公约》规定，属于下列各项内容之一者，经世界遗产委员会讨论通过，可作为文化遗产列入《世界遗产名录》：（1）文物古迹：从历史、艺术和科学的角度看，具有突出的普遍价值的建筑物、雕刻和绘画，具有考古意义的部件和结构、铭文、洞穴、居住区及各类文物的联合体。（2）建筑群：从历史、艺术和科学的角度看，在建筑形式、统一性及其环境景观结合方面，具有突出的普遍价值的单独或相互联系的建筑群体。（3）遗址：从历史、美学、人种学或人类学的角度看，具有突出的普遍价值的人类工程或自然与人类的结合工程以及考古发掘遗址的地区。在此基础上，世界遗产委员会在公约实施细则中明确规定，世界文化遗产必须具备六个标准③中的一个或多个，并经过真实性检验合格，还要在保护管理方面达到要求。由此可见，世界文化遗产在以往的保护概念和保护范围基础上，都有所扩展。

世界瞬息万变，文化遗产在使人们了解自己以及生活的意义等方面扮演着越来越重要的角色，国际社会对于文化遗产的保护也给予了越来越多的关注。一年一度讨论入选《世界遗产名录》的过程就是一个历史与现在，以及不同文

---

① 自1975年《世界遗产公约》生效以来，迄今共有186个国家和地区加入其中，是目前加入缔约国最多的国际公约之一，也是遗产保护领域最具普遍性的国际法律文书。
② 截至2007年7月，全世界共有851处遗产列入《世界遗产名录》，这些遗产分布在140个国家和地区。
③ 世界文化遗产的六个标准为：（1）代表一种独特的艺术成就，一种创造性的天才杰作。（2）在一定时期内或在世界某一个文化区域内，对建筑艺术、纪念物艺术、城镇规划或景观设计方面的发展产生过重大影响。（3）能为一种现存的或为一种已消逝的文明或文化传统提供一种独特的或至少是特殊的见证。（4）可作为一种类型建筑物或建筑群或景观的杰出范例，展示出人类历史上一个（或几个）重要阶段的作品。（5）可作为传统的人类居住地或使用地的杰出范例，代表一种或几种文化，尤其在不可逆转的变化之下容易损毁的地点。（6）与某些事件或现行传统或思想或信仰或文学艺术作品有着直接和实质的联系（一般情况下，此条款不能单独成立）。

化、价值观念的对话过程。从最初的代表欧洲中心主义的欧洲标准，以古典主义时代的文物古迹、基督教堂等占有绝对优势，到概念不断扩大，对第三世界遗产的逐渐关注，使得《世界遗产名录》的结构，在数量不断增加的过程中不断丰富和完善，更加体现了人类文化与自然的多样性。1994 年，联合国教科文组织根据世界遗产事业发展状况，基于对遗产的真实性与完整性等的系统考虑，修订了公约中的入选标准，并通过《凯恩斯决议》（2000 年）、《凯恩斯—苏州决议》（2004 年）、《凯恩斯—苏州决议评估决议》（2007 年）等程序，确保入选名录的代表性与平衡性，扩大发展中国家的入选份额。

目前，《世界遗产公约》不断显示出强大的生命力和推动作用，并逐步开启了一场从各国际组织和各国政府，到各遗产地和普通民众广泛参与、影响深远的世界遗产保护运动。这一保护运动在全世界的成功，不仅是依靠其公约的约束力、也不仅是依靠其组织的号召力，更不仅是依靠其援助资金的影响力，而是依靠它所确立的先进理念和核心价值，以及围绕世界遗产保护的国际间的对话体系。在不断的对话与交流之中，传播和弘扬了世界遗产的价值，确立了正确与错误的界限，推动了保护与利用水平的提高。在对世界遗产的保护、研究、传承、分享与利用方面，人类社会仍然有很长的路要走。今天，越来越多的国家认识到，加入《世界遗产公约》和申报世界遗产的根本目的，就是为了在国际水准、在更高的层次上进行保护与利用，以科学的管理来平衡不同的利益主体、不同的时代对永恒的遗产事业的需求，走遗产保护的可持续发展之路。

2.1.3 近年文化遗产概念的演变

从世界范围来看，自《世界遗产公约》制定和实施以来，文化遗产保护的理念不断发展和完善，保护的内容不断深化和扩展，一系列与人类认识、可持续发展相关的创新概念相继出台，各国政府以及非政府组织以此推动保护文化遗产的实践，为公约的普及提供了持久的活力。同时，这些理论与实践也见证了世界文化遗产保护的发展历程。这一历程使人们认识到，保护文化遗产意味着不仅要保护物质实体环境，而且要保护它的人文环境，并使之与整个社会生活更加密切相关。

2.1.3.1 历史地区、历史城镇的保护

继《世界遗产公约》之后，关于文化遗产保护方面的国际公约、宪章中，最具深远意义的是联合国教科文组织于 1976 年在内罗毕通过的《关于历史地区的保护及其当代作用的建议》和随后国际古迹遗址理事会（ICOMOS）于 1987 年在华盛顿通过的《保护历史城镇与城区宪章》（《华盛顿宪章》）。前者明确提出了"历史地区"的概念，而后者进一步将相关概念延伸到了历史城镇与城区。

《华盛顿宪章》总结了各国的做法与经验，归纳了保护历史地段共同性的问题。① 从这些内容看，历史地段保护更关心的是整体环境，强调保护和延续这里人们的生活。因此，关于保护的原则和方法，强调要鼓励居民积极参与；要精心建设和改善地段内的基础设施，改善居民住房条件，适应现代化生活的需要；要控制汽车交通，在城市中拓宽汽车干道时，不得穿越历史地段；要有计划地建设停车场，并注意不得破坏历史建筑和其周边环境；在历史地段安排新建筑的功能要符合传统的特色，不否定建造新的建筑，但其在布局、体量、尺度、色彩等方面要与传统特色相协调。

历史地区的保护趋势不断扩大。在日本，1975年修订的《文化财保护法》中增加了保护"传统建筑物群"的内容，将与周围环境一体形成历史风貌的传统商业街、传统住宅区、手工业作坊区、近代西洋建筑群和历史村寨等，确定为"传统建筑物群保存地区"，国家择其价值较高者确定为"重要的传统建筑物群保存地区"加以保护。先由地方城市规划部门做好保护规划，确定保护范围，列出需要保护的物质要素详细清单，包括传统建筑和构成历史风貌的街巷、路面、石灯笼、小桥、院墙等所有要素，然后制定地方的保存条例，区内一切新建、扩建、改建及改变地形地貌、砍伐树木等活动都要经过批准。在此基础上，制定保护整修的计划，改善基础设施，治理环境污染，做好消防安全、交通停车、旅游、展示等方面工作。法规还确定了资金补助方式，由中央政府和地方政府各出一半，用于补助传统建筑外部整修的费用。例如京都产宁坂保护区，每年修缮6~8户传统建筑，全部轮流修缮一遍大约20年，届时最早修缮的传统建筑又进入修缮期。如此周而复始地修缮下去，在这不间断地修缮过程中，历史街区的传统景观和建筑文化得以延续。这一制度的建立，使日本在20世纪70年代末至80年代初掀起了历史街区保护的社区运动和研究高潮。在美国，自20世纪80年代，设立了新的历史地段保护模式，即"国家遗产区"，保护那些有历史意义但仍有人居住的地区。在法国，1985年设立了"历史艺术城市和地区"的称号，由地方政府提出，中央政府认可，调动了地方政府保护的积极性。在英国，有保护区约9000个，"如伦敦的威斯敏斯特区就有51个保护区，占了该区面积的76%。爱丁堡有18个保护区，占了老城面积的90%"②。

2.1.3.2 民间文化遗产的保护

随着经济和社会的不断发展，国际社会逐步认识到文化遗产并非仅仅局限于名胜古迹、宗教设施和纪念性建筑，乡土建筑的研究和保护在国际文化遗产保护领域日趋活跃。1999年，在墨西哥召开的国际古迹遗址理事会第12届大会

---

① 《华盛顿宪章》列举了历史地段应该保护的内容：（1）地段和街道的格局和空间形式；（2）建筑物和绿化、旷地的空间关系；（3）历史性建筑的内外面貌，包括体量、形式、建筑风格、材料、色彩、建筑装饰等；（4）地段与周围环境的关系，包括与自然和人工环境的关系；（5）该地段历史上的功能和作用。

② 王景慧. 城市历史文化遗产保护的政策与规划. 城市规划，2004（10）：70

通过了《保护乡土建筑遗产的宪章》，该宪章认为乡土建筑是依然保持着活力和现实生活功能的社会历史演变的例证，指出在全球化趋势下乡土建筑对表达地方文化多样性的意义和价值，同时强调乡土建筑的保护能否取得成效，关键在于社区对于这项保护的理解、支持和参与。宪章提出了乡土建筑保护的基本原则和行动指南，成为乡土建筑保护的国际纲领性文件。国际古迹遗址理事会专门成立了乡土建筑委员会（CIAV），其成员遍布40多个国家，在乡土建筑的研究和保护领域发挥着日益重要的影响。在全球范围内保持文化多样性的呼声不断高涨的情况下，研究和保护乡土建筑这一文化多样性的重要物质表现形式，已经成为国际文化遗产保护发展的潮流。

急速的现代化进程对传统文化的消解作用，促使人们对承载民族历史和文明的本土文化遗产的关注不断增强。日本奈良的一个社会福利团体首先提出了"世间遗产"的概念，保护对象包括平民百姓生活中的日常空间和普通环境，几乎可以涵盖生活空间的所有类型，包括具有地方特色的民居、商铺、街巷、手工作坊和仓库等。这里"延续着历史，充满了人情，其存亡兴衰受到居民的关注，成为妇孺皆知的重要城市遗产。但是这些遗产由于负担着实用的生活功能，处于日夜被使用、时时有改变的状态，而且没有重要的文物在内，因而没有被列入现行的遗产保护体系"[①]。但是，这些文化遗产的损失会使得居民丧失地域感和场所感。因此，日本于1996年在文化遗产保护的法律中增加了"登录建筑"的概念，将按原《文化财保护法》不够保护标准的乡土建筑列入其中，只要地方政府提出，经文部省批准也作为文化遗产加以保护。

早在1973年，在世界最早的铁桥所在地——铁桥峡谷博物馆召开了第一届国际工业纪念物大会（FICCIM），引起了世界各国对于工业遗产的关注。1978年在瑞典召开的第三届国际工业纪念物大会上国际工业遗产保护委员会（TIC-CIH）宣告成立，成为世界上第一个致力于促进工业遗产保护的国际性组织。该组织随即开展的大量工业遗产保存、调查、文献管理及研究工作，促进了工业遗产保护理念的逐渐普及。但是，国际社会对工业遗产保护形成广泛共识是在千年世纪之交。2000年在联合国教科文组织世界遗产中心的濒危遗产报告中，表达了对19、20世纪一些正处于被废弃或被拆除境地的工业遗产命运的忧虑。同年，国际古迹遗址理事会与国际工业遗产保护委员会在伦敦签署了合作伙伴协议，决意携手保护工业遗产。从2001年开始，他们同联合国教科文组织合作举办了一系列以工业遗产保护为主题的科学研讨会，促使工业遗产能够在《世界遗产名录》中占有一席之地。

2003年7月，在俄国下塔吉尔（Nizhny Tagil）召开的国际工业遗产保护委员会大会上通过了保护工业遗产的国际准则，即《下塔吉尔宪章》。该宪章宣称，"为了当今及此后的使用和利益，本着《威尼斯宪章》的精神，我们应当对

---

① 张天新，山村高淑. 从"世界遗产"走向"世间遗产". 理想空间，2006（第15辑）：13

工业遗产进行研究，传授其历史知识，探寻其重要意义并明示世人，对意义最为重大、最富有特征的实例予以认定、保存和维护"。宪章阐述了工业遗产的定义，指出了工业遗产的价值，以及认定、记录和研究的重要性，并就立法保护、维修保护、教育培训、宣传展示等方面提出了原则、规范和方法的指导性意见。国际古迹遗址理事会也利用这一机会，使工业遗产保护成为全世界共同关注的课题。通过国际专业人士和有关专家就工业遗产保护问题展开广泛合作，并号召各国家委员会根据各自国家的情况选择具体的相关主题。截至2005年底，列入《世界遗产名录》的广义的工业遗产，共计22个国家的34个项目。

2.1.3.3 线型文化遗产的保护

由保护单体文物，发展到保护包含独特文化资源的线性景观，欧美一些国家提出了"遗产廊道"的概念。遗产廊道是在绿色通道（Greenway）概念发展成熟的基础上提出来的概念。1987年在美国户外空间总统委员会上官方首次使用"绿色通道"这一概念，并于同年发起了美国绿色通道计划，目前已经发展或正在修建的绿色通道达600条之多。绿色通道根据功能分为三类：生态绿道、休闲绿道和历史遗产廊道。经过长期发展，绿色通道已经由最初的美化、休闲等单一目标规划，发展成为包括栖息地保护、文化遗产保护、教育和解释等在内的多目标规划。位于奥地利境内的塞默灵铁路于1998年列入《世界遗产名录》。该铁路是1848年至1854年间修建于高山地区，全长41公里，是铁路建设早期最伟大的土木工程之一。由于在隧道、高架桥和其他工程建设中坚持高标准，所以确保了这条线路持续使用至今。它穿越了一个壮丽的山地景观，沿途有许多为休闲活动而设计的精美建筑，这些都是在该地区因为有了这条铁路对外开放以后得以建造的。

遗产线路和遗产运河也是随着世界遗产的保护，在1994年提出的新的保护类型。遗产线路的概念是一种内涵非常丰富的概念，它表达和提供了一种能够相互理解的独特的文化交流框架，一种复合的连接历史与文化的途径。"遗产线路由具有从跨越多个国家和地区的交流和多重文化对话的角度具有文化重要性的物质要素构成，展现了从空间和时间的方面在这一线路上进行的复杂的文化交流与传播活动"[①]。在遗产线路的评价上特别强调了遗产线路在国家和地区间的交流与对话的作用。在2005年版的《世界遗产公约实施指南》附录中提出：运河"或许是一项具有纪念性的工程，可以定义一项线性的文化景观，或者是一项具有整体性的由若干组成部分构成的文化景观的综合体"。

本世纪初，国际社会又提出了"文化线路"的新概念。在2004年12月的第29届世界遗产委员会第七次特别会议上，以拉美6国提出"印加之路"系列申报项目为契机，推出了"跨国系列项目"（Transnational Nominations）这一新的概念。印加之路是印加帝国在1438年到1532年期间沿着安第斯山脉修建的山

---

① 吕舟. 第六批国保单位公布后的思考. 中国文物报，2006年8月18日：第5版

路,是当时统治者传达政令、印加人生产生活和进行贸易的交通动脉,其中大部分故道存在于秘鲁境内。在秘鲁的牵头下,古道沿线的阿根廷、玻利维亚、智利、厄瓜多尔和哥伦比亚等6个国家共同进行遗产项目申报,争取使之列入《世界遗产名录》。这种文化相通,分布在当今不同国家、各地点互不相连的系列项目,区别于虽跨国界,但分布区域直接相连的"跨国界系列项目"(Transboundary Nominations),成为世界文化遗产品类从理论到实践的又一新的发展。2005年10月,国际古迹遗址理事会在西安召开的第15届大会暨科学研讨会上,即将文化线路列为四大专题之一,并形成了有关《文化线路宪章》(草案)的决议,由此带动了对于这一新型文化遗产的关注。

2.1.3.4 文化景观遗产的保护

"文化景观"是指自然与人类创造力的共同结晶,反映区域的独特的文化内涵,特别是出于社会、文化、宗教上的要求,并受环境影响与环境共同构成的独特景观。"文化景观"也是从较大的范围、较充分的规模去发现和认识在某种特定环境中人的创造和生存状态。法国于1983年提出"建筑、城市、风景遗产保护区"的新概念,把城市中具有历史特色的地区和具有历史意义的自然景观也作为保护对象。文化景观遗产概念的确立则源自于世界遗产的保护。1992年在圣菲召开的第16届世界遗产委员会会议上首次提出了文化景观遗产的概念,即在《世界遗产公约》公布20年后,出现的一个新的世界文化遗产类型,并纳入《世界遗产名录》。作为"自然与人类的共同作品",文化景观遗产的确立使人类和自然相互依存、相互影响的关系在文化遗产中得到具体的体现。

在2005年版的《世界遗产公约实施指南》的附录中,把文化景观分为"由人类有意设计和建筑的景观"、"有机进化的景观"和"关联性文化景观"三种类型。其主要意义是"人类长期的生产、生活与大自然所达成的一种和谐与平衡,与以往的单纯层面的遗产相比,它更强调人与环境共荣共存、可持续发展的理念"[①]。实际上,"有机进化的景观"主要是自然景观。联合国教科文组织对另外两种类型的文化景观遗产的规定为:"由人类有意设计和建筑的景观",即包括出于美学原因建造的园林和公园景观,它们经常(但并不总是)与宗教或其他纪念性建筑物或建筑群有联系。"关联性文化景观",即这类景观"以与自然因素、强烈的宗教、艺术或文化相联系为特征,而不是以文化物证为特征"。

根据列入《世界遗产名录》的文化景观遗产实例分析,例如菲律宾的伊甫高地区山间连绵水稻梯田、英国的布莱那维工业景观等,这些文化景观遗产大都是以文化遗迹或建筑景观而存在。由此可以认为,文化景观是指那些反映了人类创造与自然天成相互结合而形成的文化财富。"文化景观反映了在持续发展的社会、经济、文化力量的影响下,在自然环境形成的制约条件和机会的影响

---

① 刘红婴,王建民. 世界遗产概论. 中国旅游出版社,2003:103~104

下，人类社会和居住地点经过历史的岁月而获得的价值"。"文化景观反映了人类和自然环境共同作用所展示出的多样性"①。保护文化景观可以促进现代可持续的土地利用技术，可以保护和提高在景观方面自然环境的价值。持续存在的传统的土地利用方式保证了世界许多地区的生物多样性和文化多样性，因此对文化景观遗产的保护也是对保持生物多样性的贡献。

2.1.3.5 文化遗产环境的保护

2005年召开的世界遗产委员会第29届会议上通过了《维也纳备忘录》。这份关于"世界遗产与当代建筑——历史城市景观管理"的文件，被视为提倡采取综合方法维护城市景观的重要声明，综合考虑了当代建筑、城市可持续发展和景观完整性之间的关系。单体的文物固然重要，有着文化生态意义的环境同样重要，整体性的历史环境提供给人的精神记忆更加强烈。因此，保护文化遗产还应注重其背景环境的妥善保护。

2005年10月，国际古迹遗址理事会第15届大会通过的保护历史建筑、古遗址和历史地区环境的《西安宣言》，将文化遗产的范围扩大到了"环境"，包含了物质与非物质遗产、文化与自然遗产的更广泛的内涵。宣言认为文化遗产环境的含义有三点：第一，环境的自身物质实体和人们对这个环境的视觉印象；第二，文化遗产与周边自然环境的相互作用；第三，遗产环境的文化背景及与该遗产相关的社会活动、习俗、传统知识等非物质文化遗产形式。"在这里，保护文化遗产环境的概念有了很大的变化，由原来的保护周围的物质环境，扩大到保护周边的自然环境，再扩大到保护其文化背景以及与之相关的非物质文化遗产"②。

《西安宣言》强调理解、记录和阐释环境对于界定和评价任何建筑、遗址或地区的遗产价值都十分重要。对不同规模的历史建筑、古遗址或历史地区，包括建筑个体、规划空间、历史城镇、陆地景观、海洋景观、文化线路和考古遗址，对其环境的充分理解需要多学科知识和利用各种不同的信息资源。而文化传统、仪式、精神活动和理念、历史、地形、自然环境价值、利用和其他因素，共同形成环境的各种物质和非物质价值和内涵。因此，环境的可持续管理，必须前后一致地、持续地运用有效的规划、法律、政策、战略和实践等手段，同时还须反映这些手段所作用的、当地的或文化的背景。

《西安宣言》提出对文物建筑、文化遗址和历史区域的周边环境进行保护，以减小城市化进程对文化遗产真实性、完整性和多样性的破坏，并强调在文化遗产保护实践中，需要通过规划手段和实践来保护和管理周边环境，使对文化遗产的保护，扩展到更大的甚至城市总体的空间范围。侯仁之教授认为："国际古迹遗址理事会大会提出历史建筑的重要性和独特性来自于人们所理解的其社

---

① 吕舟. 第六批国保单位公布后的思考. 中国文物报，2006年8月18日：第5版
② 王景慧. 城市规划与文化遗产保护. 城市规划，2006（11）：57

会、精神、历史、艺术、审美、自然、科学或其他文化价值，也来自于它们与其物质的、视觉的、精神的以及其他文化的背景和环境之间的重要联系。这一点非常重要"①。

2.1.3.6 非物质文化遗产的保护

日本是最早开始保护非物质文化遗产的国家。早在1950年颁布的《文化财保护法》中即提出了"无形文化财"的概念。被命名为"无形文化财"的包括传统音乐、戏剧和工艺技术等。1955年日本首次公布经认定的"重要无形文化财"，其中"人间国宝"格外引人注目。"人间国宝"即身怀绝技者。他们每年可以从政府得到数量可观的补助金，用于培养和传承"特殊技艺"。他们在传承特殊技艺时，要进行记录、保存并公开。这一"活态文化遗产"的保护对于非物质文化遗产的传承发挥了重要的作用。日本《文化财保护法》还设立了"民俗文化财"，保护与国民的衣、食、住、生计、信仰、传统节日等民俗相关的风俗习惯、民间艺能等"无形民俗文化财"。同时，"文化财的保存技术"的保护，使木雕、泥塑、书画以及纺织品等传统保护修复技术得以传承。

在经济全球化进程中，通过各具特色的传统文化和地域文化的保护，增强文化认同感，促进文化多样性和创造性，是各个国家和民族真实而迫切的要求。随着保护文化遗产的实践及理论探讨的日益深入，人们发现，人类的文化财富无限丰富，除了那些物态化的文化遗存，大量存在的是活态的文化，像民间文化、民俗文化、民族文化等等，它们代代口耳相传，生生不息，在人类的社会生活中发挥着巨大的影响。同时，与那些物态化的文化遗产相比，它们是非物质的、口头传承的，往往更能体现出人的存在价值，也更容易消逝。1976年，美国国会通过了《民间文化保护法》。所谓民间文化是指美国民间不同地区、不同族裔及不同家庭、职业和宗教团体的传统文化，例如生活习俗、语言、文学、艺术、建筑、音乐、戏剧、舞蹈、手工艺制作技术等等，一般是通过口头表述、模仿或表演得到传承。

"非物质文化遗产"的概念最早出现于20世纪80年代，成为与"物质遗产"相对而称的术语。1982年8月，在墨西哥城召开的"世界文化政策大会"发表的《宣言》中，物质文化遗产和非物质文化遗产被共同列为人类"文化遗产"。同时，非物质文化遗产的保护问题，得到联合国教科文组织的重视，并在有关文件中对文化遗产做出了物质文化遗产与非物质文化遗产的区分。联合国教科文组织于1989年11月，在巴黎通过了《关于保护传统和民间文化的建议》。1997年11月，联合国教科文组织第29届会议通过了《宣布人类口头和非物质遗产代表作申报书编写指南》，建立了"人类口头和非物质遗产"机构认证体系。2003年10月，联合国教科文组织第32届大会通过了《保护非物质文

---

① 赵中枢. 城市规划要尊重历史环境——访中国城市规划学会资深会员、中国科学院院士侯仁之. 中国建设报，2006年9月26日：第2版

遗产公约》，这是迄今为止联合国有关非物质文化遗产保护最重要的文件。在不到 20 年的时间里，保护行动由"传统和民间文化"到"口头和非物质遗产代表作"，再到"非物质文化遗产"，经过这一简单的历程，使这类文化遗产的概念变得比较清晰、完整起来。

国际社会也充分注意到非物质文化遗产的整体环境的保护，在《保护非物质文化遗产公约》关于非物质文化遗产的定义中，出现了一个重要的概念，即"文化空间"。无论是"一个集中举行流行和传统文化活动的场所，或一段通常定期举行特定活动的时间"，都分别可以看作一种内涵丰富、形式独特的"文化空间"。"文化空间"是指传统的或民间的文化表达方式有规律性进行的地方或一系列地方。文化空间兼具空间性、时间性、文化性，为三合一的文化形式。设立文化空间的目的表明，仅仅对文化遗产进行原状保护或是生态保护是不够的，还要大力保护这种特殊文化的存在空间，维持社区文化的存在环境，通过扶持、指导，使当地的礼仪、习俗等民俗传统文化继续保持在人们的生活方式中，在现实生活中自然传承和发扬。① 由此可以看出，某些重要的传统文化表现形式存在和展示的"文化空间"，应作为文化遗产中的一个重要类别加以保护。

2.1.3.7 20 世纪遗产的保护

进入 21 世纪，人们越来越认识到近代遗产、现代遗产和当代遗产，是人类共同遗产中不可忽视的组成部分，它们直观反映了人类社会变迁中这一最剧烈、最迅速的历史发展进程。但是 20 世纪遗产相对于更古老或更传统的文化遗产而言，较少得到人们的认同和保护。人们往往认为 20 世纪刚刚过去，而未将这一时期的文化遗存列入保护的范畴。因此，20 世纪遗产仅占所有受法律保护的文化遗产中的很少一部分，在多数国家和地区，这一保护行动尚未开始。如果没有清醒的认识和公众的支持，20 世纪遗产可能会面临比早期文化遗产更严峻、更危险的局面。

20 世纪遗产保护还存在着不能回避的技术难题，从 20 世纪开始的、广泛采用新型材料和施工体系的做法意味着，在某些情况下这些材料被广泛使用之前，相关的技术并没有成熟。同时，精致的设计和某些新技术的尝试应用也使得他们更为脆弱，易于受损。因此，现代建筑相对老化的速度较快，材料性能寿命较短。例如混凝土在 20 世纪成为最广泛使用的建筑材料之一，但是直到 20 世纪 70 年代，规范其使用的技术标准才完全制定出来，导致了一些混凝土过早的退化。而对混凝土建筑来说，一旦出现混凝土的腐蚀，整个建筑结构的稳定性就会出现问题，从而威胁到文化遗产本体的存在。现代建筑材料中的污染物的影

---

① 在联合国教科文组织 2001 年公布的第一批人类口头和非物质遗产代表作名录的全部 19 种代表作中，就有 5 种属于"文化空间"类型。它们分别是：多米尼加的圣灵兄弟会文化空间；几内亚的索索·巴拉文化空间；摩洛哥的吉马广场文化空间；俄罗斯的塞梅斯基文化空间和口头文化；乌兹别克斯坦的博逊地区的文化空间。

响也是一个严重问题,其中突出反映在铝质覆面等现代建筑材料及应用方面。同时,20世纪遗产往往是仍在使用过程中的"动态遗产",使用者为满足当前需要而对其经常加以变动,处理不当会影响其整体建筑风格和质量。此外,面对数量庞大的这类建筑物或建筑群,如何加以选择、建立和运行保护与修复体系也是一个新的课题。

2000年,国际古迹遗址理事会在濒危遗产报告中表达了对19、20世纪各类文化遗产命运的忧虑,例如一些体育场、飞机场、水下设施和大型城市公园,目前正处于被废弃或被改造的境地。此后的两年间,国际古迹遗址理事会同联合国教科文组织合作,举办了一系列科学研讨会,以便使20世纪遗产能够在《世界遗产名录》上占有一席之地。同时,该理事会还同国际现代建筑文献组织(DOCOMOMO)等相关国际组织,积极开展该领域内的合作。国际古迹遗址理事会于2002年出版了《20世纪的遗产:认识、保护与现实挑战》专题报告。2002年"4.18国际古迹遗址日",强调20世纪遗产的重要性,借以引发相关的学术讨论,为共同保护人类近现代遗产提供真实可行的理论、技术依据。2006年4月,在莫斯科召开了"濒危遗产:20世纪建筑和世界遗产保护"国际会议,专门讨论当前对20世纪建筑的保护方法问题,以及保护上个世纪初期俄罗斯先锋派建筑问题。

在美国,早已立法规定凡在历史上起过重要作用,且有50年以上历史,在建筑、考古、工程和文化等方面具有重要价值的地区、遗址、建筑物、构造物和其他实物,都列入须要登记造册的范围。目前,美国已经确认和登记,并列入保护名录的历史性建筑和文化遗址有100多万个,其中相当部分属于20世纪文化遗产。作为世界上最著名的街道之一,华尔街区于2007年3月被收入美国国家史迹注册名单,通过国家史迹注册处认证的"华尔街区"包括以华尔街为中心的36个街区,成为一处历史建筑文化名胜。而美国曼哈顿区的"世贸双塔"遭9.11恐怖袭击被摧毁后,在原基址仅余下一段直跑楼梯。在9.11事件当天,数百人自该楼梯逃离现场,幸运地生存下来。现在,该楼梯成为原双塔仅留的建筑遗存,也是这一重大历史事件的物质见证。但是,目前整个楼梯下段支离破碎、损毁严重,被美国国家历史保护基金会认为是"美国最濒危的历史遗迹之一"。

保护20世纪遗产,逐渐得到世界各国的积极响应。在西班牙的巴塞罗那,20世纪初由高迪创作的奇异的建筑作品中,融汇了东方伊斯兰风格、新哥特主义以及现代主义、自然主义等诸多元素,并且形成了独特的建筑个性,早在1984年就被列入了《世界遗产名录》。以色列的特拉维夫是一座创建于1909年的新兴城市,城中的4000多座建筑大多建于1931年至1956年间,由于大多数建筑为白色,又称为"白城"(White City)。2003年这座城市以"空地上建起的现代化特拉维夫"名称,被列入《世界遗产名录》,也因此成为世界文化遗产评定中"现代运动"的标志。2007年6月在新西兰召开的世界遗产委员会第31届会议上，悉尼歌剧院、墨西哥大学城两项20世纪建筑，成功列入了《世界遗产名录》，使人们认识到，"今天的杰作，就是明天的遗产，而保护工作应从其落成之日就要开始"。

2.1.3.8 保护与修复理念的深化

2007年5月，国家文物局与联合国教科文组织世界遗产中心、国际文化财产保护与修复研究中心和国际古迹遗址理事会在北京联合召开了"东亚地区文物建筑保护理念与实践国际研讨会"。会议主办方中的三家国际组织是当今世界最核心的三大文化遗产机构。来自这些机构的主要负责人和近20个国家的专家学者参会，表明了会议的权威性。会议直接起因于世界遗产委员会第30届会议关于北京世界遗产地保护状况的决议。该决议质疑北京故宫、颐和园、天坛等世界文化遗产地正在进行的保护维修工程是否过于仓促，是否缺少足够依据，是否有清晰的操作准则。决议要求缔约国明确说明相关准则，并组织召开一次地区性研讨会，研讨亚洲地区文化遗产的突出普遍价值、真实性与完整性，以及国际普适的保护准则在东亚地区的适用性等重要课题。

实际上，此次会议还有更深刻的国际背景，那就是自1964年国际文化遗产保护领域理论的基石性文件《威尼斯宪章》诞生以来，随着理论与实践的发展，国际领域相继展开了文物古迹保护的真实性与完整性、干预与传承、价值认定、原状与现状、重建、理论与可操作性等一系列讨论，甚至有国际同行提出要挑战《威尼斯宪章》。《威尼斯宪章》是欧洲文化的产物，是基于当时欧洲的文化背景、文化遗产特点、保护理念与需求而制定的，其认识必然囿于当时的时间与空间。随着文化遗产保护的理念与实践由欧洲遍及世界，随着文化遗产类型的扩展，随着对文化遗产价值和功能的新认识，随着世界经济、文化、社会的发展对文化遗产保护提出的新要求，人们在日益体会到《威尼斯宪章》的恒久价值的同时，开始意识到它的局限性。

《威尼斯宪章》是国际文化遗产保护领域的经典性文献，但是不应将其视为凝固的教条，不应终结人们的思考，应承认和扬弃它的局限性。今天，文化遗产保护理念与实践面临关键抉择，既需要坚持已有原则，又需要补充适应时代发展的新的国际准则内容。一般来说，每一个国家或地区的文化遗产均有自身的特色和所面临的突出问题。因此，每一个国家或地区在制定和实施文化遗产保护政策时，均应根据自身的文化遗产特点，建立起有利于文化遗产保护的核心理念。特别是对于历史悠久、文化遗产资源丰富的国家或地区则更应如此，不符合本国、本地区传统文化和地域文化特色的保护，不可能是真正有效的保护，而具有本国、本地区特色的成功实践经验，是对丰富国际文化遗产保护理论的贡献。此时，"东亚地区文物建筑保护理念与实践国际研讨会"的召开既非常及时，又极有必要。

会议在广泛听取意见和讨论的基础上，形成了国际文化遗产保护领域的又一重要文件，即《北京文件——关于东亚地区文物建筑保护与修复》。这是第一次由我国政府主管部门与相关国际权威机构和组织，共同制定的文化遗产保护的国际文件。《北京文件》通过回顾一系列国际文件及准则，明确文物建筑的保护原则，强调文化多样性与保护的关系，注重保护维修工程的记录建档，重申文物建筑保护真实性和完整性原则，探讨文物建筑维修理念、手段，并再次强调了文化遗产管理、展示和培训等确保文化遗产安全的保障措施。《北京文件》的突出贡献在于明确了在文化多样性背景下，文化遗产具有不同的文化和历史特性，对其加以保护维修应具有多样化手段。使文化遗产保护的真实性、完整性和延续性得到较好的结合，相互贯通，彼此支撑。

《北京文件》是一把双刃剑。一方面，文件注意到由于地理、气候、材料等特点，东亚文物建筑与欧美以砖石为主的历史建筑不同。东亚地区，特别是中国的以土木结构为主的建筑有其自身保护特点，因此，虽然国际保护理念相同，但具体方法会有不同。文件旨在坚持遵循《威尼斯宪章》确定的文化遗产保护精神的前提下，对宪章作出新的贡献，指导东亚地区如何尊重宪章精神，如何使其更加符合当地实际。另一方面，文件指出东亚文物建筑保护维修也应遵守国际文件的基本原则，使文物建筑的保护维修最大限度地保留历史信息。《北京文件》体现出国际同行共同审视、思索和不断完善文化遗产保护的科学和理性的态度，将成为今后东亚国家文物建筑保护维修工作的行动纲领和实施准则，特别是对木结构文物建筑的保护维修实践具有重要的规范作用，而且在世界范围内具有参考价值。由此可以说，《北京文件》"源于中国，结合东亚，普适世界"。

2.2 我国文化遗产保护的历史与现状

回顾我国文化遗产保护的探索与实践，分析与借鉴其中的成功经验，使文化遗产事业的发展路径更加清晰地展现。近百年来，文化遗产保护的先驱者们，凭借着对民族、对民众、对文化、对社会的深厚感情和自身广博的文化根基，引领着保护事业的发展方向。今天，人们欣慰地看到，文化遗产保护意识正在全社会迅速觉醒，社会各界对此不断达成新的共识，文化遗产事业的发展呈现出美好前景。

2.2.1 早期文物保护理念的形成

我国素有保护古代遗物的悠久传统，正像商周时期的青铜器上常见铭文"子子孙孙永葆用"所表达的理念，人们对前朝的珍贵器物，已经有了妥善保存、永续利用的愿望。商周时期，皇室、贵族宗庙内"多名器重宝"，保存着为数不少的青铜器、玉器以及其他前朝的遗物。汉代皇室收藏亦十分丰富，"创置秘阁，以聚图书"，其中既有典籍，也有绘画。但是，长期以来统治阶层只是将这些器物看作赋予其政权合法性的某种依据，或仅为满足个人私好。唐代文化鼎盛，从此时的诗句"每著新衣看药灶，多收古器在书楼"（张籍《赠王秘书》）、"唯爱图书兼古器，在官犹自未离贫"（朱庆余《寄刘少府》）中可以看出，当时文人雅士热衷于收藏和鉴赏前朝器物。宋代文化再兴，被视为中国考古学前身的金石学，即形成于北宋时期，主要是以青铜器和石刻为主要对象，进行比较系统的分类、著录并加以考证和研究。北宋曾巩的《金石录》最早使用"金石"一词，之后，吕大临的《考古图》及《释文》是现存最早而较有系统的古代器物图录；赵明诚的《金石录》著录金石拓本已多达两千种。至南宋，无论是钱币、玺印、铜镜，还是画像石、砖瓦等物均有著录。于是，金石学开始在我国成为专门之学，为研究五代以前，尤其是研究商周秦汉史，提供了宝贵的资料。

"文物"一词在我国出现较早，最早见于战国初期成书的《左传》，之后，在《后汉书》中亦有所记载，但是从文献记载中可以了解到，"文物"在当时主要是指礼乐典章制度中的礼器和祭器，与现代的"文物"基本是不同的概念。但是到了唐代，杜牧诗："六朝文物草连天，天淡云闲今古同"中所称"文物"即指前代的遗物，其涵义已接近于现代所认识文物的概念。宋代将前朝器物统称之为"古器物"或"古物"；在民间，明代和清代初期比较普遍使用"古董"或"骨董"，到清代乾隆年间又开始使用"古玩"一词。

"文物"准确概念的产生是近代科学兴起与发展的结果。诞生于近代西方的考古学，尝试用科学发掘和断代的办法获取古代遗存，并将那些古代遗存变成科学地复原人类历史和文化的工具，这些古代遗存也就有了"文物"这一具有全新内涵和意义的词汇。在我国，20世纪初通过对古代遗存发掘和研究，而重建古代历史的现代考古学出现，才带来了现代意义上的"文物"的概念，古代遗存的文化内涵和价值通过考古研究得以不断揭示。但是，以上无论是古代文献中所称"古器物"或"古物"，还是民间所称"古董"或"古玩"，以及现代意义上的"文物"，尽管名称不断变换，外延基本相同，即主要是指可移动的古代器物。

与金石学研究已有上千年的悠久历史相比，古代建筑则被视为工匠之作，长期以来未能纳入保护之列。我国古代建筑至少有七千年以上有实物可考的历史。回顾漫长的古代历史，除了个别王朝在改朝换代之时，对前朝的宫殿加以利用之外，大多数的朝代或是将前朝的宫殿付之一炬，或是有意加以拆毁。在历史上许多古代著名的寺观、坛庙建筑，也被人们以重建殿宇、再塑金身的名义，改造得面目全非，甚至推倒重来，使一些古代建筑、塑像、壁画等珍贵文物的历史、艺术价值破坏殆尽。1960年英法联军侵入北京，火烧圆明园，更是犯下了滔天罪行。如此结果，造成我国早期的古代建筑留存数量很少。傅熹年先生指出："现存最早地面建筑中，石构是建于公元1~2世纪以后的几座墓前的残存石阙，砖构是一座建于公元523年的砖砌佛塔，中国古代的建筑虽以木构为主，但现存最早的木构是建于782年的一座小佛殿，绝大多数建筑遗物是10～19世纪间所建"[1]。同时，明朝时期的成片传统民居今天在全国各地也已经难以寻觅。古代建筑保护的这一状况，与我国悠久的古代文明史极不相称，相对于其他一些文明古国保留至今的文物建筑和历史地段而言，存在较大差距。

我国在政府层面开始重视文物古迹的保护至今有百年以上的历史。清光绪三十二年（1906年），清廷设民政部，拟订《保存古物推广办法》，通令各省执行。"早在清光绪三十四年（1908年）颁布的《城镇乡地方自治章程》中，就将'保存古迹'与'救贫事业、贫民工艺、救生会、救火会'一道作为'城镇乡之善举'，列为城镇乡的'自治事宜'"[2]。清宣统元年（1909年），清廷组织官员、学者调查国内碑碣、造像、绘画、陵墓、庙宇等文物古迹。"全国各地现存之古代桥梁、寺庙，几乎绝大部分均在清代进行过修葺"[3]。博物馆事业在我国发展较晚，1905年民族实业家张謇创建的南通博物苑是我国第一座博物馆。直到1912年政府才筹建了国立历史博物馆，1914年在故宫外朝成立古物陈列所。同年，国民政府颁布《大总统禁止古物出口令》。1916年10月，北洋政府内务部颁发《保存古物暂行办法》，要求各地"一面认真调查，一面切实保管"。

在我国，现代意义的文物保护工作始于20世纪20～30年代。随着文物保护观念的建立与社会的进步，衍生出对文物进行科学保护与展示传播等公益性的工作。1922年北京大学成立考古学研究室，是我国最早的文物保护相关研究机构。1925年又有故宫博物院的建立。1930年6月，国民政府颁布的《古物保存法》，是我国历史上由国家公布的第一个文物保护法规。其中明确规定"本法所称古物是指与考古学历史学古生物学及其他与文化有关之一切古物而言"，可见此时"古物"的概念和所包含的内容较之过去大为拓展。1931年7月，又颁布了《古物保存法细则》，开始将古代建筑纳入文物保护的范畴。1932年国民政府设立"中央古物保管委员会"并由行政院颁布《中央古物保管委员会组织条例》，确认该会依法行使古物保管职权，这也是我国历史上由国家设立的第一个专门保护管理文物的机构。

1935年，国民政府颁布《暂定古物的范围及种类大纲》，内容涉及古生物、史前遗物、建筑物、绘画、雕塑、铭刻、图书、货币、舆服、兵器、器具、杂物等12类，其中建筑物又包括城郭、关塞、宫殿、衙署、书院、宅第、园林、寺塔、祠庙、陵墓、桥梁、堤闸及一切遗址。同年，北平市政府编辑出版的《旧都文物略》，所记录内容颇为宽泛，既包括了"城垣略"、"宫殿略"、"坛庙略"、"园囿略"、"坊巷略"、"陵墓略"、"名胜略"、"河渠关隘略"等不可移

---

[1] 傅熹年. 中国历史建筑遗产保护中的问题. 中国文物报, 2007年6月22日: 第8版
[2] 张松. 中国文化遗产保护关键词解. 中国文物报, 2005年12月16日: 第8版
[3] 谢辰生. 文物. 中国大百科全书（文物 博物馆）. 中国大百科全书出版社, 1993: 1

动文物，也包括了"金石略"等可移动文物，甚至包括了"技艺略"和"杂事略"等涉及非物质文化遗产的内容，其中不但记录了建筑、造花、篆刻、塑像、绘画以及各项杂艺，而且包括礼俗习尚、生活状况、杂剧评话、市井琐闻等丰富内容。而"坊巷略"中的记载涉及今日历史文化街区保护的相关内容。① 由此可见，此时对"文物"已经有了初步的整体认识。1935 年还成立了专门负责研究、修整古代建筑的"北平文物整理委员会"。

自 20 世纪初，一些开明人士、进步学者认为我国古代建筑为传统文化之精华，应该进行系统调查，整理出版研究成果，使之发扬光大。早在 1919 年，朱启钤先生在南京图书馆发现宋《营造法式》抄本，详细研究校核后，1925 年由商务印书馆大量印行，引发国内外学术界对我国古代建筑的重视和研究热情。1930 年朱启钤先生创立中国营造学社，大量收集整理相关文献，开启中国古代建筑研究。相继由梁思成、刘敦桢、林徽因先生等主持，开始系统地运用现代科学方法，对我国古代建筑进行"法式"和文献方面的实地调查测绘和研究考证。经过长期努力，揭示出古代建筑的历史、艺术、科学价值，出版了《中国营造学社汇刊》、《清式营造则例》等专门书刊，广泛进行宣传，唤起了社会各界对古代建筑的重视。"营造学社连续工作了 20 年，有两大历史贡献：一是开创了中国古建筑保护研究这门学科，调查测绘了大量实物资料；二是把中国古代建筑列入中国文化遗产加以保护"②。即使在烽火连天的抗日战争中，中国营造学社的先驱们仍推进了中国传统建筑的研究工作。更为重要的贡献是，在从事历史研究的同时，提出了对古代建筑的保护要保持其历史风貌，对古代建筑的维修要保存其历史原状等观点，形成了较为系统的理论体系，奠定了我国文物建筑保护的基本原则。1948 年清华大学梁思成先生主持编写了《全国重要文物建筑简目》，共 450 条，成为以后公布第一批全国重点文物保护单位的基础，其中提出将"北京城全部"作为一个项目列入保护范围，应视为我国历史性城市保护思想的开端。

2.2.2 多层次文物保护体系的建立

新中国建立以后，文物保护才开始作为国家文化事业的重要组成部分，由政府统筹进行管理。由政务院以及后来的国务院所颁布的一系列有关文物保护的法规，均沿用了"文物"一词。1953 年，为保证在"第一个五年计划"基本建设工程中及时做好文物保护工作，政务院颁布了《关于在基本建设工程中保护历史及革命文物的指示》。我国不可移动文物保护管理所实行的文物保护单位

---

① 北平市政府秘书处编著．旧都文物略．北平故宫印刷所，中华民国 24 年（1935 年）
② 罗哲文．"中国营造学社"及其对古建筑保护与研究的功绩．中国营造学研究，2005（第一辑）：1

制度，始于 1956 年国务院发布的《关于在农业生产建设中保护文物的通知》，通知首次提出"保护单位"的概念。要求"必须在全国范围内对历史和革命文物遗迹进行普查调查工作"，首先对已知的重要的古文化遗址、古墓葬、革命遗址、纪念建筑物、古建筑、碑碣等，由省、自治区、直辖市人民委员会公布为保护单位，做出保护标志。这也是由国家文物部门在全国范围内组织进行的第一次文物普查。根据普查的成果，编印了各省、自治区、直辖市文物保护单位名单，共计 7000 多处。1961 年，国务院颁布了《文物保护管理暂行条例》，明确规定根据文物保护单位的价值分为三个不同的保护级别，即全国重点文物保护单位、省级文物保护单位和县（市）级文物保护单位，标志着我国不可移动文物保护单位制度的初步形成。此后，公布文物保护单位成为文物保护的一项重要的基础工作。

　　1981 年，国家文物部门又组织开展了第二次全国文物普查，普查的规模和成果都远远超过前次普查，是我国由政府组织的规模最大，投入人力、财力最多，成效十分显著的文物调查活动，也是全国范围内文物家底的大调查、大汇集，实现了对文物资源的抢救性发现和超常规积聚，对我国文物事业的发展起到了巨大的推动作用。在第二次文物普查的基础上，我国共调查登记不可移动文物 40 余万处。几十年来，文物保护制度不断完善，使大量的不可移动文物依照法定程序公布为文物保护单位①，作为保护的重点，纳入有计划的、科学的和法制的管理之中。同时，对文物保护单位的保护管理工作作出了一系列规定，其中包括划定保护范围，竖立标志说明，建立记录档案，设立保管机构，划出建设控制地带等。目前文物保护单位分为：古文化遗址、古墓葬、古建筑、石窟寺及石刻、近现代重要史迹及代表性建筑、其他等六个类别。其中，古建筑始终被列为文物保护单位中的重要内容，并不断得到加强，特别是在历次国务院公布的全国重点文物保护单位中，古建筑所占比例最大，文物保护资金投入量也最多。但是由于全国各地古建筑数量众多，保护状况仍然堪忧。例如以山西晋南为中心，东到河北蔚县，西到陕西韩城一带，至今保存有相当数量的宋、金、元和明代早期木结构建筑群，但是未能够引起足够的重视，直到近年才被陆续公布为全国重点文物保护单位。

　　1982 年 11 月，《文物保护法》公布实施，这是我国文化领域第一部由国家最高立法机构颁布的法律。该法将"文物"一词及其包括的内容用法律形式固定下来。"文物是指具体的物质遗存，它的基本特征是：第一，必须是由人类创造的，或者是与人类活动有关的；第二，必须是已经成为历史的过去，不可能再重新创造的"②。根据文物的上述特征，结合我国保存文物的具体情况，把

---

① 目前，我国共有全国重点文物保护单位 2351 处，省级文物保护单位 8000 余处，市县级文物保护单位 60000 余处。
② 谢辰生．文物．中国大百科全书（文物　博物馆）．中国大百科全书出版社，1993：1

"文物"一词作为人类社会发展进程中遗留下来的,由人类创造或者与人类活动有关的,一切有价值的物质遗存的总称,其范围实际上包括了可移动的和不可移动的一切历史文化遗存。该法同时规定:"保存文物特别丰富、具有重大历史价值和革命意义的城市",由国务院核定公布为历史文化名城,建立起了历史文化名城保护制度。国务院分别于1982年、1986年和1994年核定公布了第一批至第三批国家历史文化名城名单,目前数量仍有所增加。各历史文化名城普遍制定了保护规划,一些历史文化名城制定了专项保护法规。历史文化名城制度的确立,在城市的规划建设和文物保护方面引发了新的思考,即以弘扬城市文化为基点处理保护与建设的矛盾;从传统文化、地域文化的角度,研究城市的生长过程和发展方向。但是20多年来,历史文化名城保护立法和管理长期滞后,尽管多方努力,国家层面的历史文化名城保护法规始终未能出台,其间伴随着大多数历史文化名城的保护状况日益恶化。

2002年10月,新修订的《文物保护法》公布实施,确立了"保护为主,抢救第一,合理利用,加强管理"的工作方针,为新时期文物事业的发展奠定了坚实的法律基础。该法对于文物的概念进一步深化,文物保护的范围进一步扩大。经过不断调整充实,形成了目前国家立法保护文物的基本范围①。这一鲜明的文物概念的产生无疑是保护认识上的一次飞跃,也为文物事业明确了工作目标和努力方向。该法同时规定:"保存文物特别丰富并且具有重大历史价值或者革命纪念意义的城镇、街道、村庄",由省级人民政府核定公布为历史文化街区、村镇,并报国务院备案。在国家层面上建立起了历史文化街区、历史文化村镇保护制度。至此,我国在文物保护领域形成了单体文物、历史地段、历史性城市的多层次保护体系。

新中国的文物保护工作,取得了旧中国无法比拟的巨大成就。建国之初,面对经济发展和城乡建设高潮,郑振铎、王冶秋先生等文物保护的先驱者们,为保护抢救文化遗产,据理力争,做了大量工作。同时在组建机构、制定法规、科学研究、培训人才、宣传教育等方面,取得了开拓性的工作业绩和理论成果,作出了多方面的重要贡献。逐步在全国范围内,形成了日臻完善的文物保护法律法规体系;形成了与文物保护相关的调查、发掘、记录、保护、展示、传播等工作领域;形成了日趋庞大的文物、博物馆机构和系统;形成了从事文物保护的工作者队伍和专家学者群体。自此以后,我国文物保护事业从未停滞,发展的道路尽管曲折、崎岖、险峻,但是后来人总是在奋勇攀登。特别是改革开

---

① 文物的基本范围,包括具有历史、艺术、科学价值的古文化遗址、古墓葬、古建筑、石窟寺和石刻、壁画;与重大历史事件、革命运动或者著名人物有关的以及具有重要纪念意义、教育意义或者史料价值的近代现代重要史迹、实物、代表性建筑;历史上各时代珍贵的艺术品、工艺美术品;历史上各时代重要的文献资料以及具有历史、艺术、科学价值的手稿和图书资料等;反映历史上各时代、各民族社会制度、社会生产、社会生活的代表性实物。同时,具有科学价值的古脊椎动物化石和古人类化石同文物一样受国家保护。

放以后，文物保护的情况发生很大变化，城乡建设规模不断加大，文物保护要求不断加强，保护与建设之间矛盾冲突不断加剧，破坏文物的行为日有所闻，保护工作的艰巨性和复杂性与日俱增。但是，经过近30年的不懈努力，法规建设不完善、保护规划不到位、文物家底不明晰、人员结构不合理的状况逐渐有所缓解。虽然"我国城市遗产保护已经有了长足的进展，但是从更高标准要求来看，则还显得缺乏完整的体系和丰富的层次，使得城市文化遗产这部交响乐显得单薄并缺乏力度"[①]。

2.2.3 新时期文化遗产保护的实践

面对快速发展的形势，准确把握文化遗产保护的发展趋势，深刻理解正确的保护理念，是关系到文化遗产事业发展全局的重大课题。2005年12月，《国务院关于加强文化遗产保护的通知》发布，体现了我国政府对保护文化遗产的重视，对全面提升文化遗产保护水平具有重要的意义和深远的影响。"国家对文化遗产的保护采取的这些重大举措，标志着新世纪我国文化遗产保护事业进入一个新的历史发展阶段的里程碑"[②]。为此，有必要对通知发布以来的文化遗产保护工作进行梳理和反思，以利于新的实践。

2.2.3.1 "长城保护工程"总体方案的制定

长城是人类历史上修筑时间最长、工程最大；对社会影响最深刻、最广泛；留存历史、文化信息最丰富的古代建筑工程。长城保护状况的好坏，反映出我国文化遗产保护、研究和管理水平的高低。但是，目前长城保护在上述三个方面均存在严重问题。在保护方面，长期以来对长城的人为破坏主要来自于取材性破坏、建设性破坏和旅游开发性破坏。目前，后两种破坏因素所造成的后果更为突出。建设性破坏表现为，在城市建设以及工业、农业、交通等建设项目施工过程中对长城本体及其环境造成的破坏。特别是地方性道路，以及电力、通信、天然气管道等设施建设对长城的破坏尤为严重。旅游开发性破坏表现为，长城沿线在未经审批、缺乏管理的情况下，对长城资源进行无序开发，在长城保护范围内修建旅游服务设施，人工化、商业化、城市化的现象十分严重，破坏了长城及其环境的真实性和完整性。在研究方面，长期以来甚至对长城的一些基本概念仍然存在较大分歧，例如由于对长城性质的不同定义，引发对保护范围和长度界定的明显差异，造成立法和管理方面的困难。在长城长度计算方面，由于历史上多个朝代在同一地段上修筑长城，相互叠压，相互利用的现象十分常见，因此计算方法须要形成统一标准。家底不清已经成为长城保护管理工作深入开展的瓶颈。在管理方面，长城的有些区段为全国重点文物保护单位，有些为省级文物保护单位，有些

---

① 张天新，山村高淑. 从"世界遗产"走向"世间遗产". 理想空间，2006 第15辑：13
② 谢辰生. 关于认识文物价值的一点看法. 中国文物报，2006年8月4日：第3版

为县（市）级文物保护单位，还有更多的区段尚未列入任何级别的文物保护单位，因此在很大程度上造成保护管理状况的混乱。

近年来，将长城作为一项完整的文化遗产保护项目，纳入统一保护管理体制，成为文化遗产保护工作的重要目标。在这一指导思想下，国家文物部门组织编制了《"长城保护工程（2005—2014）"总体工作方案》，方案对长城资源调查、长城保护立法、长城保护规划编制和长城保护抢险修缮等方面作出了系统的安排。对于长城这一巨型、线形文化遗产的保护编制总体工作方案，无疑是跨地域、跨部门、跨学科的重大研究成果，具有开拓性实践意义。这一方案得到了国务院批准，长城保护进入了新的阶段。2006年12月，《长城保护条例》正式实施，这是国务院首次针对特定的文化遗产保护项目颁布的专项法规。该条例针对目前我国长城的现状以及存在的主要问题，制定了操作性较强的保护管理措施，明确了长城所在地人民政府的责任，提出发动社会力量参与长城保护的措施，并对长城的利用行为加以规范。

2.2.3.2 "大遗址"保护国家项目库的建设

"大遗址"是文物工作者根据我国文化遗产的特征以及保护和管理工作的实际需要，提出的重要概念，用于专指文化遗产中规模大、文化遗产价值突出的文化遗址。我国的大遗址具有年代悠久、分布广泛、数量众多、类型复杂等特点，集中代表了传统文化的丰富内涵和发展的历史轨迹，具有不可替代的整体价值和地位，是几千年文明史的重要载体，也是我国文化遗产资源的精髓部分。大遗址保护一直是文化遗产保护工作中的重点和难点，在一些历史性城市问题中更为突出。面对城市规模持续扩大、大型基础设施建设、当地居民生产生活变化、盗掘文物案件频发以及环境污染、地质灾害、风雨剥蚀、生物侵害等方面的冲击和影响，许多大遗址正在逐步残缺甚或灭失。特别是大遗址的保护与城市开发建设、区域经济发展的矛盾日趋突出，多数大遗址已遭到了不同程度的侵占和破坏，形势紧迫。一些原位于城乡结合部的大遗址已基本被现代城市占压，建设规模持续膨胀；一些位于农村地区的大遗址，已处于村庄的包围之中，新的房屋建设正在不断向核心区蚕食。

针对上述情况，近年来加大了大遗址保护研究力度，通过高句丽遗址、殷墟遗址、大明宫遗址等大遗址保护项目的实施并取得积极成效，初步积累起大遗址保护的成功经验。其中高句丽王城、王陵和贵族墓葬以及安阳殷墟先后被列入《世界遗产名录》，为大规模抢救保护大遗址提供了成功范例。目前全面启动大遗址保护已经具备了一些有利条件。因此，从2005年起，国家开始设立大遗址保护专项资金，加大了投入力度，特别是设立大遗址保护国家项目库，首批100处大遗址列入其中。国家项目库和大遗址保护专项资金，将优先考虑那些价值重大、遗址本体保护需求急迫、有较好考古勘查研究工作基础、已编制规划或规划纲要、宣传展示可行性强、地方政府重视并有一定经费配套的项目。通过编制具有较强针对性的大遗址保护专项规划，并纳入城乡建设和经济社会发展规划，可以从全局的角度协调大遗址保护目标与城乡发展目标，制定详细的保护措施，统筹加以安排，最终实现大遗址本体和环境的整体保护。同时，在规划的指导下，尽可能对不合理占压遗址的建筑实施一次性拆迁，对大遗址内的居民、单位实施一次性搬迁，并在保护区外妥善安置，遏制大遗址保护范围内的城市化进程。

2.2.3.3 产业结构调整中对工业遗产的保护

任何一种类型的文化遗产从被理解到积极保护，都经历过渐进的和不断推动的过程，工业遗产也是如此。长期以来人们重视保护农业社会时期留下的文化遗产，而对于工业遗产的保护未能引起重视，特别是由于我国工业化进程起步较晚，时间不长，因此这一时代的历史见证更容易被人们所忽视，以致近年来沈阳、哈尔滨、重庆以及上海、北京等城市的一些重要工业遗产，在城市改造和房地产开发中迅速消失。但是，目前人们逐渐改变对工业遗产的态度，开始认识到应将工业遗产视作普遍意义上的文化遗产中不可分割的一部分。工业文明创造的财富和对世界以及人类生活的影响，都远远超过之前几千年的总和。工业遗产则直观地反映了人类社会发展的这一重要过程，具有历史的、社会的、科技的、经济的和审美的价值，是社会发展不可或缺的物证。保护工业遗产也是保持人类文化的传承，维护文化的多样性和创造性，促进社会不断向前发展的重要举措。因此，在城市建设中不能用单纯的习惯性方法将工业遗产推倒重来，而是应通过仔细甄别、保护、整修、重组等模式，将工业遗产保存于新的环境当中，并按照当代的功能需求进行保护性再利用，创造和设计出既属于现在和未来，同时也记录和体现过去工业成就的空间形态，使工业遗产融入社会生活，再次奉献给人们难得的个性空间。

2006年4月18日"国际古迹遗址日"，百余位文化遗产保护领域的专业人士和来自全国各工业城市的代表，汇聚我国近代民族工业发祥地之一的无锡，召开首届中国工业遗产保护论坛，会议形成的行业共识性文件《无锡建议》向社会各界发出号召，工业遗产是整个人类文化遗产的重要组成部分，在产业结构调整中应加以妥善保护。在保护好历史文化遗产的同时，保护好不同发展阶段有价值的工业遗产，给后人留下近现代工业化的风貌，留下相对完整的城市发展轨迹，这是当代人义不容辞的责任。随后国家文物部门向全国发出加强工业遗产保护的通知，启动了国家层面保护工业遗产的行动。包括在已经启动的第三次全国文物普查中，将工业遗产作为重要的普查对象，对工业遗产的认定、保护和合理利用制定相应的标准；开展工业遗产保护相关法规、规章的制定工作，使经认定具有重要意义的工业遗产通过法律手段得到强有力的保护；对于列入文物保护单位的具有重要意义的工业遗产，最大限度地维护其功能和景观的完整性和真实性，原状保护必须始终得到优先考虑；通过持续性和适应性的合理利用来证明工业遗产的价值，进而使人们自觉地投入保护行列，并引导社会力量进入工业遗产保护领域。

2.2.3.4 新农村建设中对乡土建筑的抢救

我国广大农村地区文化遗产数量众多，各级文物保护单位中，有半数以上分布在村、镇。特别是具有鲜明地方特色的大量乡土建筑，反映了我国源远流长的历史和丰富多彩的民族、民间、民俗文化。当前，正在全国范围内迅速展开的新农村建设，将为我国农村地区带来前所未有的巨变。这场深刻的历史变革，也对乡土建筑保护提出了紧迫的要求。特别是一些地方错误地把新农村建设理解为"新村建设"运动，存在简单的城市化倾向，求新求洋，没有考虑民族文化的传承问题，造成乡村、民族、地域特色的丧失，大批乡土建筑的安全正面临着极大的威胁，"万村一面"的情况已在不少地方成为现实，如不及时加以引导，分散在广大农村地区的各具特色的乡土建筑，将随时面临着被拆、迁、整、改、并等种种危险，其遭受破坏、走向消亡的速度正在逐渐加快。同时，乡土建筑保护在我国兴起较晚，有关的法规制度建设相对滞后，已有的文化遗产保护法规不能适应乡土建筑保护的需要。由于我国农村实行"一户一宅"政策，旧宅不拆，不批新的宅基地，在一定程度上引发村民拆旧建新，导致众多乡土建筑被毁。

如何正确处理新农村建设与乡土建筑保护的关系，使乡土建筑的文化内涵、建筑特色、历史风貌得以有效保全，是事关我国文化遗产保护和新农村建设全局的重大问题。2007年4月，国家文物部门在无锡召开"中国文化遗产保护无锡论坛——乡土建筑保护"会议，来自全国文化遗产保护领域和相关专业的全体代表提出"关于保护乡土建筑的倡议"，呼吁各级政府积极行动起来，动员并依靠全社会的力量，加强乡土建筑的保护，使新农村建设与乡土建筑保护和谐共进，使民族的智慧与品格永远传承。近年来，国家陆续投资对全国重点文物保护单位中的乡土建筑进行了维修保护，各级地方政府也利用财政资金和吸引社会资金用于维修乡土建筑。针对各地大量历史文化村镇被破坏的状况，建设部、国家文物局共同设立了"历史文化名镇"和"历史文化名村"制度，先后公布了三批共150余处国家级历史文化名村、名镇。各级地方政府也陆续将一大批具有重要历史、文化、科学价值的乡土建筑和古村镇公布为相应级别的文物保护单位和历史文化名村、名镇，为乡土建筑的有效保护提供了重要的法律保障。

2.2.3.5 非物质文化遗产保护的起步与展开

我国地域辽阔、民族众多，所拥有的非物质文化遗产绚丽多彩。这些非物质文化遗产源渊于中华文明，根植于民族民间土壤，保护好它们对于民族精神的延续，传统文化的弘扬，具有重要作用。当前我国非物质文化遗产的生存、保护和发展遇到很多新的情况和问题，面临着严峻形势。一方面，由于文化生态的改变，正在使非物质文化遗产逐渐失去赖以生存和发展的环境基础，许多非物质文化遗产正处于生存困难或已处于消亡状态。特别是一些依靠口传心授方式加以传承的文化遗产正在不断消失，许多传统技艺濒临消亡，大量有历史、文化价值的珍贵实物与资料遭到毁弃或流失境外。另一方面，一些地方保护意识淡薄，重申报、重开发，轻保护、轻管理，片面地追求非物质文化遗产的经济价值，随意滥用、机械复制、过度开发的现象相当普遍，致使一些非物质文化遗产显现的某种文明价值，因不合理的利用而中断。甚至一些地方借继承创新之名随意篡改民俗艺术，损害了非物质文化遗产的原真性。同时，法律法规建设的步伐不能与保护的紧迫性相适应，非物质文化遗产保护标准和目标管理以及收集、整理、调查、记录、建档、展示、利用、培训等工作相对薄弱，与保护相关的一系列基础性问题不能得到系统性解决。

近年来，非物质文化遗产保护在我国形成高潮。2005年3月，国务院办公厅发布了《关于加强我国非物质文化遗产保护工作的意见》，要求建立国家级和省、市、县级非物质文化遗产代表作名录体系，逐步建立起比较完备的、有我国特色的非物质文化遗产保护制度。2005年12月，在《国务院关于加强文化遗产保护工作的通知》中，确立了非物质文化遗产保护工作的指导方针，即"保护为主、抢救第一、合理利用、传承发展"。[①] 通知要求积极推进非物质文化遗产保护的各项工作，开展非物质文化遗产普查；制定非物质文化遗产保护规划；抢救珍贵非物质文化遗产；建立非物质文化遗产名录体系；加强少数民族文化遗产和文化生态区的保护。2006年5月，国务院正式公布了《第一批国家级非物质文化遗产名录》，其中包括民间文学、民间音乐、民间舞蹈、传统戏剧、曲艺、杂技与竞技、民间美术、传统手工技艺、传统医药、民俗等，共518项。

2.2.3.6 我国世界文化遗产保护体系的完善

自20世纪70年代以来，世界遗产保护及其相关问题成为国际社会十分关注的领域，鉴于这一体系的先进性、普世性和规范性，很快得到国际社会普遍认同，并获得日益扩大的影响。这一保护体系中的世界文化遗产则是具有突出普遍价值，并受到严格保护的文化遗产对象。我国对文化遗产这一概念的引入并实际运用，是在20世纪80年代，特别是1985年我国政府加入《保护世界文化和自然遗产公约》，1987年长城等6项遗产被列入《世界遗产名录》，实现世界遗产零的突破以后，通过世界文化遗产的申报等项工作，使文化遗产的概念逐渐引起社会广泛关注和普遍接受，并得到迅速普及，成为对我国既有文物保护体系产生较大影响的，既相互联系，又有明显区别的又一保护体系。

2006年12月，国家文化部门颁布实施了《世界文化遗产保护管理办法》，随即《中国世界文化遗产监测巡视管理办法》、《中国世界文化遗产专家咨询管理办法》相继制定实施。这些规章制度的制定经过了反复的酝酿，成为我国多层次文物保护体系与世界文化遗产保护体系相互融合，相互借鉴，相互支撑的

---

① 《国务院关于加强文化遗产保护工作的通知》中明确非物质文化遗产，是指各种以非物质形态存在的与群众生活密切相关、世代相承的传统文化表现形式，包括口头传统、传统表演艺术、民俗活动和礼仪与节庆、有关自然界和宇宙的民间传统知识和实践、传统手工艺技能等以及与上述传统文化表现形式相关的文化空间。

有益尝试，这无疑是一次开拓性的尝试，成功与否还需要经过实践的检验。其中监测巡视管理制度用以保证世界文化遗产的健康发展，专家咨询制度则对世界文化遗产保护管理中的重大问题进行研究论证，为决策提供专业咨询。同时，2006年12月，依照世界遗产委员会评审世界遗产的工作程序和规程，综合考虑真实性、完整性和平衡性，完成了《中国世界文化遗产预备名单》重设工作。在重新设定的世界文化遗产预备名单中，将"杭州西湖·龙井茶园"、"哈尼梯田"等作为"文化景观"的代表；将"大运河"、"丝绸之路中国段"等作为"文化线路"的代表；将"山陕古民居"、"皖南古民居"、"江南水乡古镇"、"藏、羌碉楼与村寨"和"黔东南苗族村寨"等作为乡土建筑的代表，体现了世界文化遗产类型的平衡性和多样性。

2.2.3.7 公布文物保护单位的探索

2006年5月，国务院公布了第六批全国重点文物保护单位名单。这次公布的文物保护单位的数量为1080处，几乎达到了前五批全国重点文物保护单位数量的总和。"但是，这个名单对中国的文化遗产保护的意义绝不仅仅体现在数字上。这些数字的背后有更多的问题值得我们认真思考"①。主要体现在所展示的文化遗产内涵较为丰富，所包括的文化遗产范围较为广泛，所涉及的文化遗产内容更加深化，反映出当代文化遗产事业所应具有的整体性、拓展性和前瞻性。"我们对文物的认识也在不断深化，过去考虑更多的是古遗址、古墓葬、古建筑、石刻等等，但是随着我们认识的深化，文物保护单位应该不仅仅只包括这些，从时代上来说，过去的认识仿佛什么都是越古越好，对近现代就注意不够，在近现代又是重点选择革命文物，而忽视了其他方面。事实上，近现代是一个很重要的历史阶段"②。

第六批全国重点文物保护单位虽然仍沿用了第五批的分类法③，但是，入选单位包括了一些以往较少进入全国重点文物保护单位之列的，反映我国民族文化、地域文化和近现代文化生活、经济活动等方面的文化遗产。例如大生纱厂、汉冶萍煤铁厂矿旧址、青岛啤酒厂早期建筑、石龙坝水电站等工业遗产；玉山古茶场、聚馆古贡枣园、清农事实验场旧址、嵖岈山卫星人民公社旧址等农业遗产；大栅栏商业建筑、高邮当铺、哈尔滨莫斯科商场旧址、国际饭店等商业遗产；柳氏民居、理坑村民居、杨氏民宅、日斯满巴碉房等乡土建筑；马胖鼓楼、大召、康松桑卡林、聂塘卓玛拉康等少数民族遗产；三坊七巷和朱紫坊建筑群、西门街古建筑群、鼓浪屿近代建筑群、烟台山近代建筑群等历史文化街区；郭壁村古建筑群、南屏村古建筑群、上甘棠村古建筑群、阿坝羌寨碉群等历史文化村镇。

---

① 吕舟．第六批国保单位公布后的思考．中国文物报，2006年8月18日：第5版
② 谢辰生．关于认识文物价值的一点看法．中国文物报，2006年8月4日：第3版
③ 包括古遗址、古墓葬、古建筑、石窟寺及石刻、近现代重要史迹及代表性建筑、其他等六类。

另一方面，在第六批全国重点文物保护单位中，对近年来要求加强保护呼声较高的"文化线路"、"文化景观"、"20世纪文化遗产"等遗产类型也进一步作了有益的尝试。例如将井陉古驿道、独松关和古驿道、连城要塞遗址和友谊关、阿坝红军长征遗迹等文化线路遗产；坎尔井地下水利工程、"二十四道拐"抗战公路、仕水碇部、红旗渠等文化景观遗产；中国营造学社旧址、中国西部科学院旧址、抗战胜利纪念堂、集美学村和厦门大学早期建筑等近代遗产；民族团结誓词碑、荆江分洪闸、郑州二七罢工纪念塔和纪念堂、唐山大地震遗址等现代遗产，也列入了保护名单之列。但是，其中也有遗憾，例如在对现代建筑的保护方面，评审时未能给予应有的重视，以致一些重要的现代建筑遗产，甚至建国初期"国庆十大工程"也未能列入全国重点文物保护单位之列，因而面临被拆除的危险，为今后实施保护增加了难度。

2.2.3.8 博物馆总体结构布局的调整完善

随着民众生活水平的大幅度提高，闲暇时间的增多，作为文化遗产重要传承机构的博物馆，在丰富社会文化生活中扮演着越来越突出的角色，已经成为一个地区、一座城市发展水平的形象代表，公众旅游休闲和文化消费的重要选择。目前，我国的博物馆事业进入快速发展阶段，博物馆总数已迅速发展到2300多座，其发展速度在世界博物馆发展史上也属罕见。特别是新建、改建和扩建的近80座大型博物馆，使博物馆的硬件水平和科技含量显著提升，博物馆的藏品保护、研究、管理、展示和服务水平明显提高，并带动了中小博物馆的建设，加之遗址博物馆、行业博物馆、生态博物馆的悄然兴起，形成了当前博物馆建设的热潮，为博物馆事业的可持续发展注入了新的活力。同时，博物馆建设的结构布局不断得到调整，优先鼓励和引导科技类、专题类、民族类以及民办博物馆的建设与发展，特别是填补空白的各类博物馆建设。目前正在积极筹建中的中国科技博物馆、中国妇女儿童博物馆、中国民族博物馆等引起人们的热情期盼。它们的建成有利于形成以国家级博物馆为龙头、省级博物馆和重点行业博物馆为骨干、国有博物馆为主体、民办博物馆为补充，各行业和各种所有制博物馆各具特色、丰富多彩的发展新格局。

自2004年5月1日，"公共文化设施向未成年人等社会群体免费开放"政策实施以来，全国博物馆逐步建立起向未成年人等社会群体免费开放制度，文物系统博物馆已免费接待未成年人观众六千多万人次。文化遗产地和博物馆努力增强为青少年提供优质服务的意识和社会责任感，尊重青少年的心理感受、审美情趣和认知特点，善于与青少年对话、交流和互动。同时，积极探索建立博物馆参与未成年人国民教育体系，纳入中小学生教育体系方面的长效机制，为营造"学习型社会"提供更好的服务，使博物馆真正成为青少年的学习课堂，发挥教育基地作用。通过创意和推出各具特色、个性鲜明、为青少年喜闻乐见的社会普及活动，并借助新闻媒介和互联网络，向社会及所在社区开展广泛宣传，激发青少年的参与意识。

近年来世界文化遗产概念的发展与演变

图 2-1 20 世纪新兴城市——以色列特拉维夫

资料来源：国家文物局

图 2-2 工业遗产——德国埃森的矿业同盟

资料来源：国家文物局

图 2-3 运河遗产——法国杜米第运河

资料来源：国家文物局

图 2-4 文化景观——菲律宾的山间连绵水稻梯田

资料来源：国家文物局

图 2-5 20 世纪遗产——澳大利亚的悉尼歌剧院

资料来源：国家文物局

图 2-6 文化景观——中国庐山

资料来源：国家文物局

图 2-7 东亚地区文物建筑保护理念与实践国际研讨会
资料来源：国家文物局

我国文化遗产基本构成的部分内容

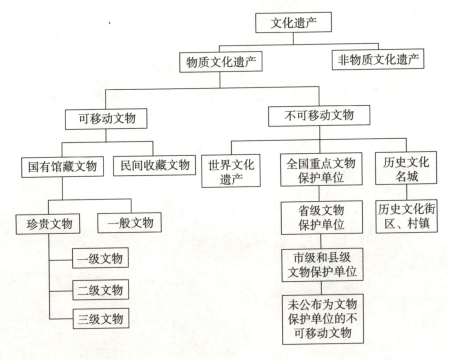

图 2-8 文化遗产分类示意图
资料来源：国家文物局

图2-9 世界文化与自然双重遗产——峨眉山—乐山大佛
资料来源：国家文物局

图2-10 全国重点文物保护单位（文物建筑）——北大红楼
资料来源：国家文物局

图2-11 世界文化遗产——秦始皇陵（兵马俑）
资料来源：国家文物局

图2-12 地下文化遗存——扬州汉墓
资料来源：国家文物局

图2-13 可移动文物——"太阳神鸟"（中国文化遗产标志）
资料来源：国家文物局

图2-14 非物质文化遗产——蒙古族长调民歌
资料来源：国家文物局

第2章 文化遗产保护的历史发展进程与现状

图2-15 历史文化名城——丽江古城
资料来源：国家文物局

图2-16 历史文化街区——国子监街
资料来源：国家文物局

图2-17 历史文化名镇——周庄
资料来源：国家文物局

图2-18 历史文化名村——西递·宏村
资料来源：国家文物局

我国近年列入《世界遗产名录》的文化遗产

图 2-19　明清皇陵——明十三陵（2003年列入）

资料来源：国家文物局

图 2-20　明清皇陵——明孝陵（2003年列入）

资料来源：国家文物局

图 2-21　高句丽王城、王陵及贵族墓葬（2004年列入）

资料来源：国家文物局

图 2-22　沈阳故宫、盛京三陵（2004年列入）

资料来源：国家文物局

图 2-23　澳门历史城区（2005年列入）

资料来源：国家文物局

图 2-24　殷墟（2006 年列入）

资料来源：国家文物局

图 2-25　开平碉楼（2007 年列入）

资料来源：国家文物局

近年来文化遗产保护的探索与实践

图 2-26　实施"长城保护工程"（开展长城资源调查）

资料来源：国家文物局

图 2-27　设立历史文化名镇（名村）制度（张谷英村）

资料来源：国家文物局

图 2-28　启动保护工业遗产的行动（大生纱厂）

资料来源：国家文物局

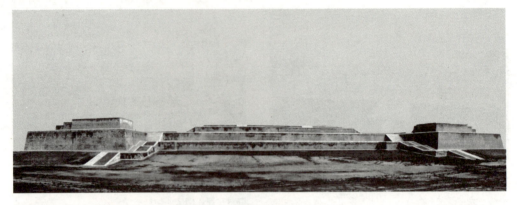

图2-29　设立大遗址保护国家项目（大明宫遗址）
资料来源：国家文物局

图2-30　公布《国家级非物质文化遗产名录》（提线木偶）
资料来源：国家文物局

图2-31　重设《中国世界文化遗产预备名单》（福建土楼）
资料来源：国家文物局

我国博物馆事业进入快速发展阶段

图2-32　世界屋脊上新建的西藏博物馆
资料来源：国家文物局

图2-33　金沙遗址博物馆竣工开放
资料来源：国家文物局

第 2 章　文化遗产保护的历史发展进程与现状

图2-34　南通博物苑百年庆典工程——博物苑新馆
资料来源：国家文物局

图2-35　工业遗产保护性再利用——青岛啤酒厂博物馆
资料来源：国家文物局

图2-36　辽宁省博物馆对未成年人观众免费开放
资料来源：国家文物局

图 2-37　殷墟遗址采取多种方式向公众展示
资料来源：国家文物局

图 2-38　流失海外的珍贵文物子龙鼎回归祖国
资料来源：国家文物局

图 2-39　博物馆向未成年人等社会群体免费开放
资料来源：国家文物局

图 2-40　流失海外龙门石窟文物回归庆典
资料来源：国家文物局

第3章

文化遗产保护的时代意义与发展趋势

文化遗产积淀和凝聚着深厚丰富的文化内涵，成为反映人类过去生存状态、人类的创造力以及人与环境关系的有力物证，成为城市文明的纪念碑。无法复制的特征又使它们具有不可再生的唯一性特征，同时也赋予它们一种难得的文化价值，这种文化价值可以转化为宝贵的文化资源，对现代城市精神生活产生多方面的积极影响。文化遗产的这种双重性质向我们提出了严肃的课题：它们的不可再生性要求我们必须进行妥善而有效的保护；它们的文化价值又要求我们积极而合理地加以利用，为现实的生存和发展服务。

3.1 文化遗产保护的时代意义

到目前为止，人类社会的绝大部分时间是在没有城市的环境中度过的。然而，当人类一旦走进城市，人类社会便进入了快速发展的进程。城市既是人类文明的成果和标志，又是人们日常生活的家园。一座城市各个时期的文化遗产像一部部史书、一卷卷档案，记录着一座城市的沧桑岁月，而唯有完整地保留了这些标志着当时文化和科技水准，或者具有特殊意义的文化遗产，才会使一座城市的历史绵延不绝，才会使今日人类发展的需求不断得到满足，也才会使一座城市永远焕发着悠久的魅力和时代的光彩。

3.1.1 文化遗产见证城市生命历程

我国是世界文明古国，中华文明源远流长，在漫漫历史长河中，留下了浩瀚如海且弥足珍贵的文化遗产，为世界所仅有。这些文化遗产遍布全国各地，它们见证着中华民族自强不息、百折不挠的伟大发展历程，蕴含着中华民族特有的精神价值、思维方式和意识形态，体现着中华民族旺盛的生命力和不竭的创造力，凝聚着中华民族的杰出智慧，是中华民族的魂之所系、根之所在，是联结中华民族情感的牢固纽带。文化遗产既属于一个国家、一个民族，也是全人类的共同财富。

每一个历史性城市都是在特定的自然地理条件和人文历史发展的孕育中逐渐形成的，凝聚着它所有物质文明和精神文明的总和。而每一个历史城区的传统风貌正是它的自然地理特征和人文历史特点的外在反映。具体而言，历史城区的文化特征往往主要体现在以下几个方面。首先是城市的自然地理环境和传统的城市格局以及古代城市遗址。它们以宏观的形象反映出自身与其他历史城区的差异和不同，是城市个性及地方特色得以产生的基础。其次是历史地段。包括历史上形成的商业区、居住区、园林风景区等历史街区，它们成群、成组、成片、成区地反映着历史城区城市生活的场景与状况，为现代人传达着先人们生存的典型片断和信息。第三是文物古迹。它们即包括名人故居、官府宅第、寺庙宫观、亭台楼阁等传统建筑，也包括石刻、壁画、墓、碑、塔、桥等文化遗存，还包括乡土建筑、传统民居，均以个体或群体的形式存在于历史城区之中，真实、具体地展示着城市历史的足迹。第四是丰富多彩的文化遗存和风土民情。包括诗书、绘画、戏剧、音乐等艺术形式，以及在历史长河中积淀下来的衣食住行、婚丧嫁娶、工艺特产、地方风味等风俗习惯，这些是历史城区不朽的灵魂，体现出一方水土的独特性和地域性，其影响远远超出了具体的时空范围。

我国众多历史性城市的文化遗产资源极为丰富，既蕴含了城市文化的深厚底蕴，也体现了城市对中华文明所做出的贡献。世界上没有无源之水、无本之木，任何一座城市都有自己的生命历程，文化遗产体现着城市独特的思维方式和文化价值，是城市生命历程的根基。城市发展和演变的过程，点点滴滴都记录在每一座城市的记忆中。每一处文化遗存以及其背后大量的史实和文献，都承载着丰富的历史、社会和文化信息。更重要的是，在城市中保留下来的传统文化使这种记忆变得更为真实，通过城市风貌、地域风情、市民习俗等，使我们可以实实在在地感受到历史的积淀。因此，一座历史性城市的文化遗产保护要远比一组古代建筑群或一处古代文化遗址的保护复杂得多，同时对我们现实生活的影响也更加明显。例如文化遗产在南京的城市建设中处于举足轻重的地位。因为这里拥有国内保存相对完好的22公里明城墙；在明城墙内拥有列入保护范围的1000多处历史遗迹；特别是拥有龙江宝船厂遗址、江宁织造府遗址等一批具有国际影响的文化遗址，因而备受关注。

文化遗产不但是城市发展的历史见证，而且是城市文明的现实载体。一座古代城市的营建，包括宫殿、衙署、里坊、道路和水系等，是一个规模宏大、布局合理、功能完备的完整的科学体系。它们既是先人活动的遗存，又是今人生活的空间，它们凝聚着一代又一代居民的思想、智慧、生活气息，它们夜以继日地诉说着城市的历史和文化，让人们不但可以了解许多令人难忘的城市故事，而且可以清晰地看到城市生动的成长过程。这些文化遗产是市民世世代代的创造和积累，积淀着他们在各个历史时期的杰出贡献。它们给予人们巨大的物质和精神享受，并启发人们的智慧以开拓未来。它们是先人对后人的恩赐，我们必须感谢它，善待它，呵护它。但是，在经历了大规模"旧城改造"后的今天，人们切实感到城市留存下来的历史街区和传统建筑已经不多，甚至导致城市历史信息难以全面感知。为此，在历史性城市的保护上，不但要强调历史的真实性、风貌的完整性，而且要维护生活的延续性。

3.1.2　文化遗产保障城市文化延续

文化遗产是经过漫长历史进程有幸遗留下来的宝贵财富，反映着城市的历史、社会、思想的变迁，成为今天我们可能体验到的尚未消逝的历史真实。由此，更应该把文化遗产看作是城市生命历程中不可中断的链接。这种链接使今天的生活与历史、与未来紧密地联系在一起，使我们的感情有了物质的和非物质的依托。今天，文化遗产在城市中扮演着越来越重要的角色，成为城市生命的有力见证。城市从何处来？我们如何一步步走到今天？只有传统建筑上的一块块砖瓦、一根根梁柱，可以回答一代又一代居民所共同关心的问题。通过这些文化遗产，我们才能够更加清晰地了解城市的追求，明确城市如何走向明天，走向未来。如今不少历史性城市在城市建设中为了保护一道古代城墙、一座文物建筑、一片传统民居、一条历史街道，不惜代价地调整规划设计方案，加以保存修复，为的就是保留历史的记忆和延续城市的文化。

历史性城市的文化定位，由文化遗产的特质所决定。文化遗产涉及城市文化的身份认同，一座缺少文化资源和历史积淀的城市，不是一座健康和充满活力的城市。正如我们无法想象，一个记忆不健全的人，将如何面对未来的生活；一座文化遗产得不到妥善保护的城市，也将很难找到发展的动力。反之，一座城市有了文化遗产的存在，就有了历史的底蕴，就有了文化的含量，就有了文明的气息。从社会学的意义上说，文化遗产被视同为城市共有的信仰和象征，维系着城市的核心情感和价值。今天，保护文化遗产的目的，不仅仅是保存历史遗迹以满足人们对昔日文化的怀念，追溯过去苍老的往事，更是为了从物质和精神层面上延续我们的城市文化甚至生活本身，使今天和今后世代都能触摸到传统文化"不能消失的未来心跳"。

对文化遗产的重视程度，是城市文明程度的重要标志，体现着城市发展演进的自觉水平。我们保护文化遗产，正是因为它们对城市文化传承、现代社会发展具有重要意义。如果文化遗产遭到损毁，它们所承载的文化就会随之消失，蒙受损失最大的是城市自身和全体市民。因此，延续城市文化是我们共同的历史责任。我们没有权力和理由使文化遗产在当代消失。文化遗产保护有很长的路要走，关键是以正确的理念来平衡不同的利益主体，走可持续发展之路。城市建设与发展不应造成城市文化的缺失，因为城市的本质是人文城市。城市现代生活需要文化遗产。没有继承谈不上发展，不了解自己城市文化遗产价值是城市决策者的悲哀，有的将只能是模仿和抄袭。城市经济可以"跨越式"发展，但是城市文化遗产资源却不可能"跨越式"增长。城市建设奇迹可以创造，城市物质财富容易获得，今天没有达到的经济水平，明天可以达到；今天没有的物质财富，明天可以获得；但是今天失去的文化遗产，将永远不可能再现。因此，对于文化遗产，任何一座城市的任何一任城市决策者，都没有利用手中的特权和现有的优势进行掠夺性开发，甚至毁坏的权力。

历史文化名城制度确立之后，城市建设出现了一种新的模式，新的思维方式。《保护历史城镇与城区宪章》指出：历史城区"除了它们的历史文献作用之外，这些地区体现着传统的城市文化的价值"。以优秀传统文化内涵的保护和弘扬为基点建设城市，即从文化角度，研究城市的生长过程，比之单纯地从物质角度规划建设城市，增加了深层次的更有益于拓展城市文明成果的精神内涵。例如绍兴提出以"全城"的保护为终极目标，就是把"点"、"线"、"面"保护与古城格局、传统风貌的保护结合起来，使得保护空间扩大到 8.32 平方公里的整个古城，体现古城保护的完整性。保护和延续古城的传统风貌，保持"小桥、流水、人家、乌篷船"的生活环境，体现"粉墙、黛瓦、坡顶、青石板"的建筑格调，凸现绍兴地方特色。"通过加强对'全城'的保护，为分散的文物保护单位撑起了'保护伞'，也将孤立的'文物大树'连缀成片，打造了原生态的'文物森林'，发挥了古城保护的整体效应"[①]。

3.1.3 文化遗产促进城市健康发展

今天，继承、保护、弘扬好文化遗产，对于维系中华民族血脉，弘扬优秀文化传统，增进民族团结，振奋民族精神，捍卫国家主权和领土完整，推动人类文明进步和维护全球文化多样性，均具有重要作用。文化遗产的丧失是无法补偿的，其结果将导致精神生活的贫乏、历史记忆的缺失和城市文化的衰退。毕竟，文化遗产的价值与意义，无法用简单的经济社会尺度来衡量，文化遗产对于经济社会的影响力，是潜移默化而又深刻长远的。"'未来奥秘'的答案永远藏在历史中"。文化遗产滋养着现代科学、教育和文化，是民族自尊和获得国际尊严的力量源泉。在全球化背景下的后工业时代，文化遗产资源的积累和保护是文明发展的基础，拥有极高的潜能，是最重要的社会资源之一，为经济建设和社会发展提供强大的精神动力、不竭的智力支持和丰富的经济生长资源，是实现全面协调可持续发展的重要保证。

文化遗产构成城市文化生活的内涵，这种内涵建立在一定的文化时空基础之上，城市居民只有对生活的品味达到一定认知，才会对文化生活的品质提出更高要求。在城市中，文化遗产的价值是多元的，其历史和内涵需要真正的发掘。正是由于这些文化遗产的存在，城市的发展便具有了历史的延续性，它们使城市居民对传统文化有了更深层的理解，使外来参观者对当地历史及文化传统有了更真切的认知。2002 年英国历史建筑和古迹委员会发表的报告《变化的伦敦——一个变化的世界中的古老城市》指出：古建筑不是伦敦经济增长的累赘，而是目前伦敦繁荣的基础。的确，目前伦敦最具有吸引力的地方，人们最愿意居住、工作和参观的地方，就是那些历史环境保持最完整、文化遗产保存最丰富的地方。

在文化遗产保护领域，文化多样性的理念被普遍地接受，文化多样性也为各国开展文化遗产保护相互借鉴，加强合作与协调，实现共赢提供了基本的依

---

① 王永昌. 保护历史之根传承文化之魂. 在第 2 届文化遗产保护与可持续发展国际会议上的发言，2006 年 5 月 31 日

据。从而拓宽了人们的视野，增进了不同国度、不同族群人们之间的相互了解、尊重与平等交流，以健康的文化心态，认同与尊重不同文化存在的合理性与合法性。法国高度重视自己国家的文化遗产，不遗余力地捍卫自己的文化特征，并不断以此加强文化合作；被称为"睡在祖先遗产上"的意大利，把文化遗产问题提升到全球化背景，事关国家意识的重建、国家文化软实力建设、民族文化的复兴，通过不懈的努力使全世界都对其所拥有的每一处文化遗产深怀敬意。

  保护传统文化首先就要对文化遗产保持一种尊重。例如新加坡是一个多元种族、多元文化、多元宗教的国家，建国历史虽然不长，但是其政府在城市总体规划的制定和实施的过程中，重视传统文化、地域文化的保护，并把社会经济发展与本土文化有机地结合起来，追求社会效益与经济效益的双赢。在制定和推行"旧屋保留"计划时，力求在城市发展和保护文化遗产之间求取合理的平衡。在牛车水街区的保护与整治中贯彻了这一理念，该历史街区不仅仅商业繁华，而且具有深厚的文化积淀，吸引着来自世界各地的人们。新加坡政府认为，牛车水作为历史见证，必须采取审慎措施加以保护。经过保护整治，美食街、大排挡等重返牛车水，引来熙来攘往的人潮，同时，传统建筑、庙宇等也恢复了原有风貌，融入社区民众生活。

  历史文脉是一座城市形成、变化和演进的轨迹和印痕，是一座城市文化传统生生不息的象征。人们可以通过书籍、媒体等多种途径了解和接受文化遗产知识，但是一般民众还需要通过文化遗存来直接感受。这些文化遗存所承载的历史文化信息对民众会产生一种深刻的、持续的影响。我们保护文化遗产，就要使生活在这座城市的人们能够直接感觉到历史的存在。例如2002年，一个元朝的永丰库遗址在宁波市中心被发现，随即被列入当年的全国十大考古新发现之一。宁波市政府及时投入6000余万元资金将其妥善保护并加以展示，他们认为这一珍贵文化遗产，对宁波来讲既是物质财富，更是精神财富，它使广大市民对自己城市的文化有了新的价值认同，进而产生一种自豪感和凝聚力。

  文化遗产的物质本体保护固然重要，但是从这一物质本体中提炼出的精神世界的丰富内涵更加重要，因为文化遗产保护不仅是给城市留存一些静态的历史见证物，而且是通过具有活态文化价值的文化遗产推动城市人文环境的塑造。联合国教科文组织的有关文件指出：在生活条件加速变化的社会中，为了保存与其相称的生活环境，使之在其中接触到大自然和先辈遗留的文明见证，这对人的平衡和发展十分重要。文化遗产构成人类生存的人文环境，具有特殊的环境价值。"在西安人的心中，这座包裹着隋唐残垣的明代古城墙其实已远远超出文物和城市标志的物化概念，一位作家说，城墙是西安人心中的乡愁。她承载着历史的情感、记忆和辉煌，也见证着城市的过去与未来"[①]。这种文化空间的巨大浩瀚，这种对历史遗存和文化珍品的保持力，正是城市最大的价值之一。

---

① 张毅. 探寻西安古都风貌保护之路. 经济日报，2005年3月3日：第15版

总之，我国作为历史悠久的文明古国，民族血脉绵延至今从未间断，其中文化遗产的承续传载功不可没。中华民族在全面迈向现代化的历史进程中，固然要积极吸纳人类一切优秀的文明成果为我所用，但捍卫民族文化的独立性及其文化主权，维护人类精神文化的多样性，同样不容置疑。因此，保护文化遗产具有重要战略意义。对文化遗产实施坚强有力地全面保护，不仅符合中华民族发展壮大的自身利益，也符合人类文明发展演进的历史走向，文化遗产既属于一个国家、一个民族、一座城市，也是全人类的共同财富，负责任的和可持续的文化遗产保护符合当代世界潮流。

3.2 文化遗产保护的发展趋势

随着人们对于文化遗产的理解和感受发生深刻变化，对文化遗产的认知也日臻成熟。《国务院关于加强文化遗产保护的通知》，是第一次以"文化遗产"为主题词的政府文件，具有深刻的历史意义和现实作用，加快了我国从"文物保护"走向"文化遗产保护"的发展进程。以此为标志，我国文化遗产保护进入了一个新的发展阶段。在这一形势下，深刻理解文化遗产保护理念，准确把握其发展趋势，并以此推动城市文化建设，关系文化遗产事业的健康发展。

3.2.1 文化遗产保护内涵的深化

今天，文化遗产与社会各个层面的关联程度更加密切，与文化遗产有关的知识和信息的传播更加引人注目，对文化遗产保护的社会参与也更加广泛。人们越来越清醒地认识到，文化遗产是人类健康生存和社会可持续发展的宝贵资源。保护文化遗产，保持文化多样性，归根到底，就是保护人类自己的生存环境，保护子孙后代的生存空间。因此，在文化遗产保护的内涵方面，更加突出世代传承性和公众参与性。

3.2.1.1 文化遗产保护的世代传承性

人类文明在世代的文化创造和积累中不断发展和进步，在各个历史时期，人类都曾有过新的发明和创造，这些发明和创造不仅帮助人们适应不断变化的环境，而且将人类社会带入更高层次的文明社会，使人们过上更加健康、舒适的生活。新的发明和创造出现以后，原有的文明，过去的各种发明和创造的成果，有些作为可以继续利用的因素被传承下来，也有的则被遗存在地下或者遗留在地上，成为考古学、历史学研究的对象。人类文明就是在这种新旧交替、不断变换的过程中传承和发展。当人们适应了新的生活与工作方式，那些留存下来的物质的与非物质的内容，便成为人类的文化遗产。

文化遗产是人类历史发展的见证，它可以再现昨天、前朝甚至远古的历史风貌，是特定历史时期的活化石，代表着一些独特的创造成就和独特的人文价值。当一种社会结构消失以后，文化遗产就显得格外重要。例如每当论及世界文明，除中华文明之外，人们还必然会回忆历史悠久的古代埃及、印度和两河流域文明，以及奠定现代西方社会发展基础的古代希腊和罗马文明，今天这些古代文明都早已消失，但是人们仍然可以通过文化遗产对其灿烂文化进行认识，甚至再认识。很多古代的民族消失后，他们的社会结构和生活方式已经难以再现，但是这些民族的文化却能够通过文化遗产留给我们一些历史和现实的记忆。文化遗产往往和一些人类文化现象或重大的历史事件有着密切的关系。这些文化现象或历史事件若已消失或者被人们所遗忘，通过文化遗产可以让人们回忆起它们以及与之相关的事物。对于人类自身的文化发展和创造来说，没有记忆就没有创造，人类的一切创造都是建立在对过去文化智慧的继承和总结之上。

人类创造出来的一切正如同人类自身，从诞生之日起便进入了消失的过程，无论他们多么富有创造力和生命力。自从人类创造文明以来，曾经在地球上留下过蔚为壮观、堪称丰厚又不可数计的文化遗存，但是由于来自战争力、自然力、人力等诸多因素的干扰与破坏，文化遗产面临着不断消失的威胁，加上文化遗产自身不可再生的特质，其资源的日益稀缺成为必然规律。虽然，世界上的任何事物其最终消失是绝对的，而其存在则是相对的。也正因为如此，人类曾经创造过的文明能继续以物质的和非物质的形态存在于世的数量，实在难以令人乐观。消失造成稀缺，稀缺造就价值。对于幸存下来的文化遗产，更应该格外加以珍惜。对今天的政府和公众来讲，其重要责任之一就是如何想方设法，最大限度地防止文化遗产被破坏与消失。

综上所述，文化遗产保护的世代传承性特别强调，每一代人都应当为社会的发展与进步做出应有的贡献。这种贡献既有自身的文化创造，也包括将文化遗产传于子孙，泽被后世。因此，作为当代人，我们并不能因为现时的优势而有权独享，甚至随意处置祖先留下的文化遗产。我们不仅要为提高自己的生存质量而不遗余力地保护文化遗产，在传承和守望的同时适当地加以利用，而且要为子孙后代妥善保管这些珍贵的文化财富，传之久远，"子子孙孙永葆用"。

3.2.1.2　文化遗产保护的公众参与性

文化遗产是一个国家、民族、区域、城市、社会共同生活人群的"集体记忆"。其中物质文化遗产不仅具有深刻的文化内涵，而且由于一些不可移动文物处于原址，具有更强的有机性和相关性，是人们了解传统文化的理想载体；非物质文化遗产与人们的记忆以及文化传统相联系，使文化及民族精神代代相传，无论是生活方式、居住形式，还是饮食文化、节庆习俗等都具有很强的文化传承作用。如果说物质文化遗产与一些历史、社会事件紧密相连的话，非物质文化遗产则和民众的生活记忆密切相关，它们共同构成文化遗产的整体，并在民众的物质和精神生活中深深地扎根。

我国的文化遗产蕴含着中华民族特有的精神价值、思维方式、想象力，体现着中华民族的生命力和创造力，是各民族智慧的结晶，是全社会共同的文化财富，也是全人类文明的瑰宝。从根本意义上说，各族民众既是这些珍贵文化遗产的创造者，也是文化遗产的传承者。"人类文化遗产是过去很多代人馈赠给现在和未来的珍贵礼物，它帮助后人去识别对与错、好与坏、事物的相关性和不相关性，以及时间的有限性和无限性。享受这一礼物对于世界的每一位公民来说，都是不可剥夺的权利，无论他（她）的地理位置、性别、教育，以及社会与经济地位会是怎样的。这一礼物存在于世界的各个地方，公共和私人生活的各个领域，任何社区、地区、国家或者人群都无权垄断它。它来自大都市，也来自小乡镇；来自主流文化，也来自边缘文化；来自专家，也来自农民"①。民众是文化遗产的第一主人。广大民众的积极参与是文化遗产事业赖以存在和发展的决定性力量。因此，文化遗产保护既要坚持以政府为主导，明确各级政府和有关部门的重要职责；又要广泛动员全体民众，使其真正成为全社会关心、支持和参与的公共事业。

随着我国社会经济事业的迅速发展，民众自觉参与文化遗产保护等社会公共事务的意识逐渐增强，参与的范围和深度日益扩大。文化遗产植根于特定的人文和自然环境，与当地居民有着天然的历史、文化和情感联系，这种联系已经成为文化遗产不可分割的组成部分。我们必须尊重和维护民众与文化遗产之间的关联和情感，保障民众的知情权、参与权和受益权。任何忽视和割断文化遗产与民众的历史渊源和联系的行为，都必将损害文化遗产的自身价值，甚至危及其存在的基础。无论是在历史文化街区或历史文化村镇的保护事业中，在考古发掘或文物建筑修缮等工程中，在博物馆建设或陈列展示等工作中，都应该积极取得广大民众，特别是当地居民的理解和参与。

文化遗产直接表达着民族的、地域的个性特征，具有广泛的认同感、亲和力、凝聚力。因此，文化遗产往往也最能体现人类文化的多样性，对于当代社会的可持续发展，具有多重意义，既有文化的，也有经济的；既有精神的，也有物质的。文化遗产工作者应明确地告知民众，文化遗产就在他们的身边，就在他们的生活里，他们将从文化遗产的保护行动中直接受益。可喜的是，国务院已经决定自 2006 年起，每年 6 月的第二个星期六是我国的"文化遗产日"。"文化遗产日"不仅仅是文化遗产工作者的节日，而且是全民的共同节日，它的设立有利于使文化遗产保护事业成为亿万民众的共同事业，为保护文化遗产提供更广泛、更强大的公众支持和更丰富的物质保障，使文化遗产真正为社会公众所共享，更有力地推动文化遗产所在地经济社会的和谐发展。

综上所述，文化遗产保护的公众参与性特别强调，文化遗产保护是广大民

---

① ［加］D. 保罗·谢弗，高广卿，陈炜译. 经济革命还是文化复兴. 北京：社会科学文献出版社，2006：501

众的共同事业，每个人都有保护文化遗产的权利和义务。在科学民主的时代，尤其是进入知识经济时代后，文化遗产的保护理念和目标需要向社会和公众说明。文化遗产中蕴含着丰富的学科内容，对其加以诠释，并非几个人或一些人可以胜任，需要吸纳众多交叉学科的专家学者、社会贤达和当地民众参与讨论，献计献策，才能收到更好的效果。

3.2.2 文化遗产保护外延的扩展

文化遗产保护内涵的深化促使人们从更广阔的视野、更深入的角度去分析和梳理文化遗产之间的内在联系，探索和建立新的文化遗产类型和相应的保护方式、手段、体系。近年来，文化遗产保护领域对传统保护对象的概念认识也呈现出新的发展变化。在保护的外延方面，文化遗产保护的领域不断扩大，由此引发了其要素、类型、空间、时代、性质、形态等各方面的深刻变革，并将通过开展文物普查，使更多的文化遗产及时纳入保护范畴。

3.2.2.1 文化遗产保护要素的扩展

在文化遗产的保护要素方面，从重视单一文化要素的保护，向同时重视由文化要素与自然要素相互作用而形成的综合要素保护的方向发展。例如兼具文化和自然复合特征的"双重遗产"（Mixed Heritage）、由文化要素与自然要素相互作用而形成的"文化景观"（Cultural Landscape），均成为国际社会加大保护的对象。

1972年《世界遗产公约》倡导对世界文化遗产和世界自然遗产进行国家保护和国际保护。此时，按照这一公约，世界遗产仅分为世界文化遗产和世界自然遗产两大类。1987年联合国教科文组织自然遗产协会考察我国申报项目——泰山时，发现泰山不同于一般世界遗产项目的独特价值，即它不仅符合世界自然遗产的标准，也同时符合世界文化遗产的标准。国际自然保护协会副主席卢卡斯（Lucas）先生认为："世界遗产具有不同的特色要么是自然的，要么就是文化的，很少有双重价值的遗产在同一个保护区内，而泰山便是具有双重价值的遗产。这意味着中国贡献了一件独一无二的特殊遗产，它将使国际自然保护协会的委员们大开眼界，要重新评价自然与文化教育的关系，从而开拓了一个过去从未做过，也从未想过的新领域"[①]。可以说，泰山的申报丰富了世界遗产的内容，从此也改写了世界遗产的分类，即在以往世界文化遗产和世界自然遗产这两大类别之外，增加了"世界文化与自然双重遗产"这一新的品类。

文化遗产的产生和发展与其所在的自然环境密不可分。我国自古即有"天人合一"的思想，崇尚人与自然的和谐共处。在古代建筑和城镇村落的规划设计中风水堪舆之学极为盛行，许多名山大川更是人文胜景荟萃之处，形成了我

---

① 刘红婴，王建民. 世界遗产概论. 中国旅游出版社，2003：106

国文化遗产与自然遗产相互交融的重要特性。因此，继泰山作为世界文化与自然双重遗产列入《世界遗产名录》之后不久，我国的黄山（1990 年）、峨眉山和乐山大佛（1996 年）、武夷山（1999 年）等三项遗产又相继作为双重遗产列入《世界遗产名录》，使我国成为拥有世界文化与自然双重遗产最多的国家。

文化景观保护是 20 世纪 90 年代提出的一个新的问题。这一问题的提出反映了人类对文化遗产认识的发展和深化。文化景观是人类与自然共同作用形成的文化遗产，包括各种人类与自然环境的互动。因此，文化景观的保护相对于其他传统类型的文化遗产，如古遗址、古墓葬、古建筑和历史文化街区而言，更具有综合性。"不同于针对纪念物、建筑群、遗址而采用的传统的类似于博物馆保存、展示的方式，文化景观的保护更强调保护对象生命功能的延续性，即保护、保持文化景观的生命力和原有功能。由于对文化景观的保护涉及对自然环境和人工创造物的共同保护，这对保护工作提出了更高的要求"①。

文化景观的选择应基于他们自身的突出普遍价值，基于明确划定的地理与文化区域的代表性，以及此类区域所具有的表达文化要素的能力。保护文化景观有助于保护文化多样性和生物多样性，提高文化遗产和自然遗产的综合价值。人们已经按照这种理念把一些传统的稻作农业区域、宗教文化集中地区、大型古代遗址群、典型的少数民族村寨等，作为文化景观加以保护，而我国的庐山文化景观已被列入了《世界遗产名录》。

对于文化景观的保护超出了我们原有成熟的保护方式和技术手段，是一项新的挑战。文化景观跳出了一个或一组人工创造物的价值，而从较大的范围、较充分的规模去发现和认识大自然的造化，以及在某种特定自然环境中人的创造和生存状态，从而记录和保留下人类进步历程中具有不同特色的片断；及其与大自然的结合与奋战。"例如，对红旗渠和坎儿井的保护，不仅仅需要保持其原有的形态、保持它们与特定的自然环境之间的关系、保持它们的功能、保持它们的传统工艺，而且需要保持特定的自然和生态环境，包括它们的水源，这种自然和生态环境是它们存在的依据"②。

3.2.2.2 文化遗产保护类型的扩展

在文化遗产的保护类型方面，从重视现已失去原初和历史过程中使用功能的古迹、遗址等"静态遗产"（Static Heritage）的保护，向同时重视仍保持着原初或历史过程中的使用功能的历史文化街区、历史文化村镇、工业遗产、农业遗产、文化景观等"动态遗产"（Dynamic heritage）和"活态遗产"（Living Heritage）保护的方向发展。

文化遗产并不意味着死气沉沉或者静止不变，它们完全可能是动态的、发展变化的、充满活力的和具有生活气息的。许多文化遗产仍然在人们的生产生

---

① 吕舟. 第六批国保单位公布后的思考. 中国文物报，2006 年 8 月 18 日：第 5 版
② 吕舟. 第六批国保单位公布后的思考. 中国文物报，2006 年 8 月 18 日：第 5 版

活中发挥着重要的作用,甚至不断地吸纳更多的新鲜元素,充满着生机与活力。"近年来一些正在被使用的古城(丽江、平遥)和现代城市(如巴西的首都巴西利亚)被列入世界遗产,恰恰表明世界遗产的范围和内涵正在向活的遗产、向生活空间不断扩大和渗透的趋势"①。通过调查可以发现,遍布全国的历史文化街区、历史文化村镇中大部分的传统建筑都在被使用,如果将其从生活中割裂出来,并不能达到很好的效果。对它们的保护应该是积极的、动态的和持续的。保护并不是要冻结这些文化遗产的现状,而是要让它们融入现代生活之中,继续发挥作用,这也是继承和延续传统文化、地域文化,实现文化遗产保护可持续发展的必然选择。

"静态遗产"是历史上一定时代的遗存,是历史的化石而不可能再生。我们不可能再回到诞生这些文化遗产的历史环境中再塑造它们,这是"静态遗产"的特征。但是"动态遗产"和"活态遗产"恰恰相反,它们是活在人们现实生活中的文化遗产类型,必须延续和传承它们的生命历程和生活习俗。生命历程不延续这些文化遗产就将自动衰亡,生活习俗不传承这些文化遗产就将快速消失,只有生命和生活存在,"动态遗产"和"活态遗产"才能持续存在。因此,"动态遗产"和"活态遗产"与"静态遗产"之间,在其保护理念、保护方式、保护技术,以及管理方法等方面都具有明显区别,应有针对性地加强研究和保护。如果将"动态遗产"和"活态遗产"当作"静态遗产"实施保护,甚至终止其生命,将其改变为"静态遗产",那么将意味着保护工作的失败。我国的"动态遗产"和"活态遗产"资源十分丰富,例如第六批全国重点文物保护单位中"京杭大运河"和"聚馆古贡枣园"的列入,格外引人注目。

大运河是世界上开凿时间最早的人工河,也是我国历史上最重要的南北交通大动脉,虽然它历尽沧桑变化,但顽强地生存下来,江南河段目前仍在利用,日夜奔忙,为民众造福。大运河有血、有肉、有灵魂。大运河本体是它巨大的身躯,流淌的运河水是它的血脉,运河两岸的文物古迹、历史文化村镇是它的骨肉,而博大精深、绚丽多彩的运河文化则是它的不灭灵魂。流淌了2000多年的大运河,见证了沿河历史性城市的成长与变迁,奠定了城市格局、拓展了城市空间、促进了对外交流、繁荣了城乡经济、丰富了城市文化。今天,大运河穿越我国南北两个最富活力的经济带和经济圈,至今仍在航运、排洪、灌溉、输水等方面发挥着重要的作用,保持着旺盛的活力。大运河沿岸的城市和村镇,因傍依水系而充满了变化和生机,凭托大运河这条黄金水道,经济得以流通,商品得以交换,文化得以传播,因此说大运河是"活着的、流动着的文化遗产"。正因为大运河是一幅活的历史画卷、一条流动的文化走廊,因此,它的保护与众多古遗址、古墓葬、古建筑的保护有着不同的方式和方法。如何保护和合理利用好大运河的历史故道;如何保护和切实管理好现在使用的大运河本体;

---

① 张天新,山村高淑. 从"世界遗产"走向"世间遗产". 理想空间,2006年第15辑:13

如何解决河道淤积、水源短缺、水质污染、湿地修复等问题；如何加强对大运河沿岸的文物、景观、生态实施综合保护；如何使那些充满魅力的古城、古镇、古村与大运河交相辉映，都是需要从整体上重视和研究的问题。

而对于聚馆古贡枣园来说，更是从未列入过文物保护单位的新的类别。其核心保护内容是那些数百年高龄的古贡枣树，以及这些古贡枣树所形成的景观环境。聚馆古贡枣园是为明清两代帝王提供贡枣的枣园，从明代弘治皇帝钦定聚馆冬枣为"贡品"，年年进贡直至清末。至今在大约1000亩的枣园内，生长着具有600多年历史的古冬枣树198株，每株树均冠以名称，还有100年以上的古冬枣树1067株。因此，聚馆古贡枣园见证了古代枣农栽培、嫁接冬枣树的全部过程，是古代农业科技发展成果的重要实物例证，具有较高的历史、文化、鉴赏、林业科技和经济价值。因此，对于这些古贡枣树形成的总体景观环境，以及古贡枣树的生长甚至果实的质量、口感等都应当是保护的内容。这种保护已经远远超出了"静态遗产"保护的范畴，体现了保护观念和方法的综合性，也对保护的技术手段提出了新的要求。

3.2.2.3 文化遗产保护空间的扩展

在文化遗产的保护空间尺度方面，从重视文化遗产"点"、"面"的保护，向同时重视因历史和自然相关性而构成的"大型文化遗产"和"线型文化遗产"等文化遗产群体保护的方向发展。文化遗产保护的视野扩大到空间范围更加广阔的"遗产地"（Heritage Sites）、"文化线路"（Cultural Route）和"系列遗产"（Serial Heritage）等，甚至文化遗产的空间尺度还在向跨地区、跨国家方向发展。

今天，人们对于文化遗产事业的企望越来越高，从最初动员国际社会保护那些日渐消失的具有全球突出普遍价值的文化遗产，到通过文化遗产事业去发掘和增进人类互相的交流与融合，保护共同的文明，实现全人类的和平、合作与发展。在这一背景下，应运而生的"文化线路"类文化遗产受到普遍的推崇和鼓励。

文化线路是集文化遗产保护，以及生态与环境、休闲与教育等功能为一体的线性文化遗产元素，包括河流沿线、峡谷沿线、道路沿线以及铁路沿线等。它们代表了早期和此前人类的运动路线，并将人类活动的中心和节点联系起来，体现着文化的发展历程，是不同时期民族发展历程在大地上的烙印。在我国文化遗产宝库中，具有文化线路特征的潜在文化遗产项目十分丰富，从早期山区先民用于交通和商贸的古栈道和河边的纤道，到辐射中华大地的驰道，再到横贯南北的运河系统和近代的铁路系统，众多具有数千年或数百年历史的文化遗迹，被文化线路串联起来。除举世闻名的丝绸之路和大运河外，还有玉石之路、茶马古道、秦直道、剑门蜀道、太行古道、京张铁路等等，它们记录了沿线文化的相互交流、融合和碰撞，汇聚了相关区域的多重文化要素，也构成了对社会、经济、文化系统全面的见证。

今天，众多线型文化遗产的保护，已经成为城市化快速进程背景下，建立前瞻性的文化遗产保护体系，建设高效生态基础设施的迫切需要。然而，如今"文化线路"这一文化遗产种类的突出价值，尚未得到普遍认可，保护方面的需求也没有得到应有的回应，其弊端已经凸现于一些重要文化线路的保护状况之中。随着区域人口的增长、开放空间的丧失、城市的持续扩张以及交通方式的改变，特别是现代高速交通路网的纵横穿行，使一些线型文化遗产被无情地切割、毁弃。即便其中一些节点被列为国家和地方的文物保护单位，甚至世界文化遗产，但是它们却早已成为一些与文化线路原有环境和脉络相脱离的"散落的明珠"，失去了应有的文化内涵。只有通过文化线路才能将这些散落的明珠重新串联起来，将文化与自然要素重新整合，构成区域尺度上价值无限的文化"宝石项链"，成为未来人们开展生态教育、文化休闲以及科学考察的最佳场所。

丝绸之路是一项历经2000多年，覆盖大半个地球，体现人类历史活动和东西方文化交流的载体。它揭示了东西方不同民族、不同文明之间交流互动、共存共荣的历史过程。保护这个历史过程遗留下来的珍贵文化遗产，将使我国与相关国家增进了解，扩大交流协作。丝绸之路分为"沙漠丝绸之路"、"草原丝绸之路"和"海上丝绸之路"，沿途涉及西亚、非洲、欧洲、东亚、东南亚等数十个国家和地区，是人类不可多得的巨型文化线路，必须实施国际保护。近年来，丝绸之路文化线路的保护成为社会各界瞩目的焦点。在联合国教科文组织世界遗产中心的支持下，我国和丝绸之路沿线国家密切合作，启动了丝绸之路跨国联合申报世界文化遗产计划，并达成了我国与中亚国家率先联合申报的行动纲领。丝绸之路文化线路的保护应当被看作是一个新的保护体系的有益试验，它的保护将会为我国线型文化遗产保护积累宝贵的经验。

"系列遗产"是指"属于同一类型历史—文化群体"的文化遗产。这一概念对于我国文化遗产保护具有重要意义，有利于以新的空间概念整合文化遗产的保护和管理。例如多年以来，我国以"明清皇陵"的概念，先后将位于河北、湖北、北京、江苏、辽宁等地的明清皇陵文化遗产资源加以整合，逐步扩展，陆续列入《世界遗产名录》，获得更为妥善的保护和管理。

作为系列遗产保护的重要项目，近年来加强了海峡西岸文化遗产的研究和保护。海峡西岸文化遗产是指能够直接反映台湾与祖国大陆地理、经济、民族、文化等关系，印证台湾自古以来是我国领土不可分割的一部分的文化遗产。它不同于通常按照年代、地域、类型、形制等的文化遗产分类，而是以文化遗产与台湾地域文化之间固有内在联系的认定为标尺，建立的一种新的文化遗产类型①。其中，福建与台湾一水之隔，有着深厚的历史渊源和密切的文化联系，是

---

① 海峡西岸文化遗产内容包括：与台湾史前文化有相同元素或承袭关系、反映台湾与祖国大陆地理关系或地理变迁的史前遗址；反映祖国大陆传播到台湾或台湾传播到祖国大陆的宗教信仰、民间习俗及各种行业史迹等；反映台胞迁徙进程或祖籍史迹，如祖祠、祖坟、故居等；反映台湾重大历史事件或重要人物的史迹；与近现代台湾名人、历史事件相关的史迹；台湾同胞在祖国大陆捐建的各种公益设施或是创办的有影响的实业旧址。

我国海峡西岸文化遗产资源最为丰富的地区，初步认定全省海峡西岸文化遗产1076处，内容涵盖了不同时期、不同地域、不同性质的文化遗存，在保护方式和手段上有着自身的特点。如何加强这一类型文化遗产的保护和研究，是文化遗产保护面临的新课题，对文化遗产事业的发展将产生重要影响。

3.2.2.4 文化遗产保护时代的扩展

在文化遗产保护的时间尺度方面，从重视"古代文物"、"近代史迹"的保护，向同时重视"20世纪遗产"、"当代遗产"保护的方向发展。当前，我国经济社会的快速发展，使社会生活的各个方面都在发生急剧变化，原有的生产生活方式及其实物遗存消失速度大大加快，如不及时加以发掘和保护，我们很可能将在极短的时间内，彻底忘却刚刚过去的昨天这段历史。

每一个历史时期都有自己独特的文化背景，形成独特的文化风格。仅就近现代而言，清朝末期、民国时代、建国之初、"文革"时期，改革开放以来，以及21世纪初都展现出不同的特征，都不可互相替代。从古到今，文化发展演变形成完整的文化链条，不应在近代和当代发生断裂。"如果说文化遗产在价值上是无价的，在数量上是巨大的，在内容上是丰富的，那么在时间上它是演变着的。每天这座宝库都在接受来自世界各地的贡奉，从东到西、从南到北。另外，它还不断地得到更新和反复挖掘，因为它总能作为新的知识源泉得到开发，作为新的素材和丰富成果得到不断研究。这使之成为鲜活的遗产，如果人类在未来想要从中得到最大的利益，那么就必须使它永远得到保存、保护、更新和反复挖掘，使它远离时间和地点所造成的危害"[①]。虽然20世纪遗产与我们相距时间不长，与古代文化遗产的悠久历史无法相比，但是由于这一时期文化多元、技术多样、形式多变，而具有特殊的时代价值，成为文化记忆的重要组成部分。因此，不应让它们简单地随着城市化的发展和时间的流逝而消失，必须予以认真鉴别，充分关注。只有留住这一部分文化遗产，城市才具有丰富年轮，才会充满记忆。今天，虽然人们对保护20世纪遗产的兴趣日益增强，但是对其价值判别和保护计划仍然过于笼统，缺乏对20世纪遗产的总体评价和识别判断的综合性标准体系。

南京十朝遗迹以民国遗迹最为丰富，现存民国建筑千余处，其中119处是我国近代史上的优秀建筑。这些民国建筑多分布在中山大道两侧，从中山北路至中山东路，出中山门，绵延至紫金山麓，保护状况良好。南京民国建筑既是我国传统建筑向现代建筑转换，创造民族建筑新形式的实物研究资料，也是我国城市率先向现代城市迈进的重要历史见证。比较上海、天津、广州等城市民国建筑的"西化"，南京民国建筑参酌古今，兼容中外，融汇南北，体现京城文化的王者风范，是西风东渐特定历史时期，中外建筑艺术融合的缩影，全国首屈一指，在世界范围内亦有典型意义。

---

① [加] D. 保罗·谢弗，高广卿，陈炜译. 经济革命还是文化复兴. 北京：社会科学文献出版社，2006：499

城市优秀近现代建筑一般是指从19世纪中期至今建设的、能够反映城市发展历史、具有较高文化价值、体现一定时期城市建设水平的建筑物和构筑物，以及重要的名人故居。但是，随着多年来城市化发展，一些修建于晚清、民国时期的学校、厂矿、名人故居等，由于未被列入文物保护单位而处于保护失控状态，或因年久失修而损毁，或因城市建设而拆除。即使建于20世纪50年代末，被誉为"国庆十大工程"的经典建筑华侨大厦，也早已被拆除，其遗址为新的宾馆建筑所取代，留下了永久的遗憾。近年来，建国初期代表性建筑之一的北京儿童医院的命运再次引起人们的关注，虽然在建筑界、文化界有识之士的积极呼吁下，这一曾经面临被拆除厄运的优秀现代建筑得以暂时保留，但是至今仍然未被列入文物保护单位之列。

尽管21世纪的到来促进了对20世纪成就与教训的重新评价，但是这一段历史遗留下来的文化遗产，依然仅占所有受法律保护内容中很少部分。特别是长期以来，人们往往没有把当代遗产列入受到威胁的文化遗产范畴。近年来，针对现代建筑的隆隆爆破声，人们开始醒悟。于是，不少城市开始修订法规，颁布新的保护标准。例如上海市于2003年将列入保护建筑的时间标准，由原规定的1949年以前，扩展至建成使用30年以上的建筑，全市共确定了398处优秀近代保护建筑；南京市于2006年立法保护具有历史、文化、科学、艺术价值，存在50年以上的建筑物、构筑物；成都市也于同年做出规定，将近现代建筑保护的时间截止到1976年，30年以上的优秀建筑被纳入了保护范围，100多处承载着成都历史和文化的近现代建筑首次被纳入保护范围。各地的这些措施无疑使大量珍贵的近现代文化遗产得以保护，而2005年3月北京市在审议《北京历史文化名城保护条例》草案时，去掉了"历史建筑"中的"历史"二字，表明在文化遗产保护理念上发生了重要变化，即强调今后对文化遗产的保护，将主要考虑其本身的价值，而不仅仅凭它的年代。

实际上，保护现代建筑在我国已有传统。例如1961年，国务院在公布第一批全国重点文物保护单位时，即将刚刚竣工3年的人民英雄纪念碑列入其中，表明对当代遗产的重要性已经有了初步认识。但是总体来看，长期以来对年代久远的古代文化遗产最为重视，近现代文化遗产的保护则主要集中在少数重要史迹和代表性建筑上，对反映近现代社会生产生活的文化遗产则关注较少，对20世纪遗产、当代遗产的保护意识就更加薄弱。进入新世纪以来，一批具有代表性的20世纪遗产、当代遗产被列为各级文物保护单位，得到了有效保护。例如东交民巷使馆建筑群、清华大学早期建筑、大庆第一口油井、第一个核武器研制基地旧址等，在中国近现代史上具有代表性的文化遗产，先后被公布为全国重点文物保护单位。

2002年11月，湖北省将向阳湖五·七干校以"中国向阳湖文化名人旧址"名称纳入保护之列。上个世纪的60年代末到70年代初，长达五年的时间里，这里汇集了我国文化文物、新闻出版、广播电视等文化领域的众多名人，他们当中包括冰心、萧乾、沈从文、郭小川、臧克家等当代文化巨匠，还有许多著名的专家学者，其中包括王冶秋、傅振伦、朱家溍、单士元、王世襄等文物博物馆界的诸多前辈。位于福建的漳州体育训练基地建于1972年，是我国第一个排球训练基地。1981年，中国女排以7战7胜的骄傲成绩获得了世界杯冠军，率先填补了三大球冲冠的空白，实现了我国体育界冲出亚洲，走向世界的夙愿。从1981年至1986年，我国女排先后参加了5次世界大赛，连续5次荣获冠军，创造了赫赫战功和光辉业绩，而她们每次大赛前都将漳州作为最后的强化训练营地，在这里走出了曹慧英、郎平、陈招娣、杨希、孙晋芳等世界女排名将。以上两处文化遗产都应及时列入全国重点文物保护单位。

深圳诞生于改革开放大潮，城市虽然年轻，但是颇具前瞻性的深圳人已经意识到，从现在起就应该关注和善待自己的历史和文化，为城市保存一份值得珍重的记忆。2005年，在庆祝深圳经济特区建立25周年之际，举办了"深圳改革开放十大历史性建筑评选（2005）"活动。在数十万市民的热情参与下，10座在特区改革开放和城市发展进程中，具有重要地位与影响的建筑脱颖而出。这一活动的成功举办，对于探索"改革开放历史性建筑"保护与利用的新思路，增强市民的家园意识，都起到了积极的作用。2008年在北京将举办第29届奥运会，"北京奥运会将为北京、中国和世界体育留下一份独特的遗产"，这是我国申办2008年奥运会举办权时所做出的庄重承诺，对此人们抱以热切期盼。

3.2.2.5 文化遗产保护性质的扩展

在文化遗产的保护性质方面，从重视重要史迹及代表性建筑，例如皇家宫殿、帝王陵寝、庙堂建筑、纪念性史迹等的保护，向同时重视反映普通民众生活方式的"民间文化遗产"，例如"传统民居"、"乡土建筑"、"工业遗产"、"农业遗产"、"老字号遗产"以及"与人类有关的所有领域"的文化遗产保护的方向发展。

《威尼斯宪章》提出要保护"能够见证某种文明、某种有意义的发展或某种历史事件的城市或乡村环境"，其中不仅包括"伟大的艺术品"，也包括"由于时光流逝而获得文化意义的在过去比较不重要的作品"，这种文化遗产保护理念，至今仍然具有非常重要的现实意义。民间文化遗产过去常常被认为是普通的、一般的、大众的而不被重视。但是它们却是养育了一代又一代民众的生活文化，反映了他们最真实的生活状况，记录了他们平凡的喜怒哀乐，具有广泛的认同感、亲和力和凝聚力。它们具有鲜明的民族性、地域性特征，是人类文化多样性的重要表现形式。北京大学张天新博士和日本京都嵯峨艺术大学山村高淑博士联合撰文指出"城市遗产保护，不仅要关注世界遗产，还要关注世间遗产①"。他们认为，如果说被列入遗产保护体系的是"骨"，这些被剥离在遗

---

① "世间遗产"是由日本奈良的一个福利团体首先提出，意指平民百姓生活中的日常空间和普通风景，几乎可以涵盖生活空间的所有类型，包括具有地方特色的民居商铺、胡同巷道、工矿企业、手工作坊等。

产范围之外的真实生活世界就是"肉",二者相连才能构成一个完整的城市遗产有机体。城市遗产不应脱离普通市民的"真实生活世界"而存在,这个真实生活世界本身不仅构成世界遗产的背景环境,而且其本身也应该被视为是一种遗产,其普遍存在于世间,可以称之为"世间遗产"①。

过去,只有杰出的、在历史上或艺术上占有重要地位的纪念性建筑才能得到妥善保护,大多数的管理、资金与技术都投入到它们的保护方面,而大量未能列入文物保护单位的传统民居、乡土建筑、工业遗产和老字号遗产却难以得到保护。但是,民间文化遗产与平民百姓的日常生活息息相关,对于城市居民以及城市的未来发展都具有潜在的价值。这些充满生活气息的民间文化遗产如果不能受到应有的重视,不能在法律上确定其获得保护的权利,不能采取切实有效的保护措施,不能建立资金筹措渠道和维护机制,它们将难以避免地被拆除或被遗忘。例如开平碉楼是我国近代建筑历史中一个分支,它是记载着开平乃至五邑地区历史发展的实物载体。开平碉楼始建于明末清初,随着开平华侨历史的发展,在上世纪30年代,已建成碉楼多达3000多座,但是由于时代的变迁,在2001年普查时,碉楼仅存1833座,约占40%数量的碉楼已经消失。因此,保护好开平碉楼,对于地区整体历史脉络的延续意义重大。为此,2001年"开平碉楼"被公布为全国重点文物保护单位,并于2007年6月召开的第31届世界遗产委员会会议上,"开平碉楼与村落"成功列入《世界遗产名录》。

从文化内涵来说,任何民族的文化都是由两个部分所组成。一方面是精英文化,另一方面是民间文化。前者往往是民族历史创造的文化经典,而后者则是民众共同创造的文化资源。因此,民间文化遗产从真实生活的角度形成对原有文化遗产的补充,把人类社会的诸多要素作为文化基因保留下来,以达到教育后人的目的。民间文化遗产为文化遗产的保护提供了空间上的过渡、时间上的缓冲以及资源上的储备,有助于构筑起文化遗产完整的类型体系和保护框架。对于民间文化遗产,决不能因其不具有典型性和代表性就任其自生自灭,更没有理由因"旧城改造"或"新村建设"而加速其消亡。民间文化遗产的保护,在本质上是对真实生活世界的尊重,是把文化遗产保护看作一个渐进的过程,而不是一蹴而就的结果。目前,许多城市陆续将具有一般文化意义,但是见证了社会经济发展的传统民居、乡土建筑列为保护对象,这是社会进步和文化遗产认识水平不断提高的体现。例如2003年7月北京市开始对四合院挂牌保护,挂牌保护的"现状条件较好,格局基本完整,建筑风格尚存,形成一定规模,具有保留价值"的四合院达658处,使旧城区内一些传统民居纳入保护范围。

与传统建筑、乡土建筑所面临的情况相同,长期以来,对于反映各时代社

---

① 张天新,山村高淑. 从"世界遗产"走向"世间遗产". 理想空间,2006年第15辑:12

会生产、市民生活的老字号遗产的保护，同样未能给予应有的重视。商业老字号作为城市的有机组成部分，展现着城市一份与众不同的独特风貌，蕴含着传统文化的气息，是城市商业文化中极具特色和代表性的内容。但是，近年来商品市场竞争日趋激烈，经济全球化的浪潮正以前所未有之势冲击着传统商业，大规模城市改造打破了原有的地域结构。随着城市改造，特别是修建穿越历史城区的交通干道，使一些商业老字号的传统建筑被拆改，一块块百年老店的牌匾被摘下。同时，随着生产手段的改变及传统工艺的失传，一些商业老字号逐渐失去了特色，有些甚至名不符实，改变了原有性质，经营起与自身特色毫不相关的商品，甚至更换门庭让位于新主人。实际上，每一家老字号都有数十年甚至数百年的发展史，它们栉沐了历史的风风雨雨，代代相传。它们的产品经受过市场一次又一次的检验，屹立不衰。这些老字号所创造的文化，有着古远的历史渊薮和深厚的文化内蕴。它们的商品源远流长，继承了丰富的历史经验，凝结了历代经营者的智慧和汗水。老字号的形成和发展具有自身的规律和特色，只有正确认识并掌握这些规律和特色，才能找到老字号保护与发展的正确途径。因此，今天加强老字号的保护和发展具有重要意义。

3.2.2.6　文化遗产保护形态的扩展

在文化遗产的保护形态方面，从重视"物质要素"的文化遗产保护，向同时重视由"物质要素"与"非物质要素"结合而形成的文化遗产保护的方向发展。将文化遗产的内容由物质的、有形的、静态的，伸延到非物质的、无形的、动态的，显示了当今人类对于文化遗产认识的进步。

物质与非物质文化遗产的区分只是其文化的载体不同，二者所反映的文化元素仍然是统一的和不可分割的。因此，物质和非物质文化遗产必然是相互融合，互为表里。如果说"城市本身就是文化遗产"，那么对于任何城市，历史都是最具个性的非物质文化遗产。"物质文化遗产记忆的是传统中的文化，而非物质文化遗产保持的是文化中的传统。'传统'也许可以帮助物质文化遗产与非物质文化遗产获得某种统一性，但逝去的与活着的又如何统一在广义遗产概念中呢"[①]？巍峨的故宫、壮美的天坛，每一个细微处都体现着对上天的敬畏和皇权的至高无上；水乡的昆曲、草原的长调，每一次演奏和吟唱都离不开自古相传的曲谱、二胡和马头琴。

文化遗产往往在精神的层面上具有重要的价值，例如对红旗渠的保护在关注物质层面文化遗产保护的同时，也应充分关注其精神层面文化遗产的保护。这是因为它对我国当代社会的影响远远不止于创造了一个物质环境，解决了一个地区农业和生活用水的问题，它所反映的人们的英雄气概，反映的社会的进取精神，构成了当时我国社会面貌的真实写照。因此对红旗渠的保护应当包括当时所有相关文件报刊报道、学习参观记录、影像录音资料等内容，这样才能

[①] 苏东海. 建立广义文化遗产理论的困境. 中国文物报, 2006年9月8日：第5版

构成一个折射我国社会特定发展时期、特定人群的完整影像。

物质文化遗产与非物质文化遗产同属于文化现象，这是它们之间同质的方面，但是文化遗产存在的形式却具有较大的差异性。今天，人们对非物质文化遗产的关注与兴趣与日俱增。非物质文化遗产在不同程度地依附于物质文化遗产的同时，也给物质文化遗产以更生动的展示，延续着不同族群特有的传统文明，体现着生存与进步的价值与活力。认识、抢救与保护非物质文化遗产，并使之与物质文化遗产事业统筹一致，这在当前尚处于起步阶段。无论是基本概念的界定，还是保护准则的研制，以及传承人制度的设立等等，都在积极探索、求证和尝试，还不能标示这一新兴事业已经步入成熟，但是其魅力无限的前景则已展现。

我们在着力保护文化遗产的物质载体的同时，必须重视发掘和保存其蕴涵的精神价值、思想观念和生活方式等非物质文化遗产，必须更积极地探索物质与非物质文化遗产保护相结合的科学方式和有效途径。例如加强对"文化空间"的保护与研究，以及深入开展"生态博物馆"（Ecological Museum）的保护实践。贵州省地处我国西南，境内现有苗、侗、布依等19个少数民族。他们大多生活在比较偏僻的山区，对外联系极为不便，因而生活、习俗等受外界影响较小，民族文化保存较好。同时当地气候温暖，山清水秀，大片的原始森林和奇特的喀斯特地貌构成一幅人间仙境。独特的民族文化加之得天独厚的自然环境，使其具备发展生态博物馆的良好基础。目前，在国内外专家学者和当地政府积极推动、民众理解和积极参与下，建立起以六枝梭嘎苗族村寨、花溪镇山布依族村寨、黎平堂安侗族村寨等为中心的生态博物馆群，并进行了颇具理论建树的创新实践。

综上所述，文化遗产是一个内涵十分深刻并且不断发展丰富的概念。随着我国文化遗产保护理念的发展和实践的深入，乡土建筑、工业遗产、农业遗产、文化景观、文化线路、系列遗产、20世纪遗产、非物质遗产等等，都已成为文化遗产的重要组成部分。而这些品类限于我们过去的认识水平，没有得到应有的重视，导致大量文化遗产在相当长时期内没有纳入保护的视野，造成一定程度的损失。今天，文化遗产保护意义从对艺术品的欣赏行为，到对"文物"的保护，进而扩展到保护"人类共同的文化遗产"；保护的范围从文物本体扩大到历史环境，从"建筑遗产"扩展到"城市文化遗产"。文化遗产概念的扩大和深刻，以及保护文化遗产的全球行动，是当代人类最富有历史智慧的行动之一。

文化遗产保护的社会参与更加广泛

图3-1 侗族村民自发抢救地坪风雨桥文物构件
资料来源：国家文物局

图3-2 戒备森严的文物考古工地
资料来源：国家文物局

图3-3 保护出土文物的农民群体受到国家表彰
资料来源：国家文物局

图3-4 "文化遗产日"特别节目现场直播
资料来源：国家文物局

图3-5 "文化遗产日"是全体民众的共同节日
资料来源：国家文物局

文化遗产保护范围外延扩展的趋势

图3-6 文化景观——红河哈尼梯田

图3-7 文化线路——茶马古道遗址

图3-8 世界文化与自然双重遗产——泰山

图3-9 动态遗产——红旗渠

图3-10 活态遗产——聚馆古贡枣园

第 3 章 文化遗产保护的时代意义与发展趋势

图 3-11 系列遗产——海峡西岸文化遗产

图 3-12 20 世纪遗产——酒泉卫星发射中心

图 3-13 文化景观——杭州西湖·龙井茶园

图 3-14 花溪镇山布依族村寨

图 3-15 镇山布依族生态博物馆保护规划

图 3-16 隆里古城生态博物馆开馆

图 3-17 南丹里湖白裤瑶民族村寨

117

图3-18　黎平堂安生态博物馆景观

图3-19　老字号遗产——商业老字号（烤肉季）

图3-20　北京地区的商业老字号

中 篇

城市文化建设的探索与追求

  我国绵延几千年的优秀传统文化正面临着严峻的考验，"城市文化危机"的现实客观存在。今天，物质生产的能力已经逐渐满足需求，而精神文化需求则前所未有地巨大而突出。随着物质生活水平的提高，社会公众对精神文化生活的要求日益增长，文化在人们生活中占据着越来越重要的位置。城市不仅在物质领域，在文化领域也应追求可持续发展。为此，每一个城市都应该通过深入发掘城市文化内涵，进行融贯的综合研究，从而对城市文化发展战略做出积极回应，探索实现城市文化复兴之策。

第4章 城市文化建设面临的形势和问题

未能经受200多年工业文明洗礼的我国城市，在20世纪末的20年间，快速接受了工业文明的成果，同时，也突如其来地受到了工业文明成果的冲击。今天，对于正处于城市化快速发展中的每一座城市来说，城市自身应该具有什么样的人文尺度和文化特色，成为城市决策者在"热发展"中的"冷思考"。人们越来越认识到，城市不仅要在城市化快速进程中为人们身体的栖居提供物质的场所，还要为人们心灵的栖息提供精神的空间，任何违背人的全面发展的做法，都是与城市追求的终极目标相违背的。

4.1　城市文化建设面临的形势

在快速融合的世界文化潮流中，经济上的强势和政治上的强权，衍生出文化霸权主义，传统文化、地域文化面临着前所未有的危机。城市化带来的不可避免的交流、西方模式的示范、城市功能的趋同等，都不同程度地泯灭着城市的独特性。大规模的城市建设迅速改变了众多城市的空间结构，同样的"城市病"在不同的城市中蔓延，特别是一些城市不是从建设中获得了充分的发展，反而更多地否定了自身，甚至在一些情况下，城市发展成为良好人居环境和人性化文化空间的对立面。

4.1.1　信息化加快现代信息传播

在今天的社会中，信息传播网络大大方便了人们之间的互动。人们不必离开电脑便可读万卷书，不必行万里路便可知天下事，不同文化之间的相互交流与交锋，因此而变得日趋快捷。如今，一款时尚服装、一首流行音乐、一部首映电影，甚至一个新颖的建筑设计方案等，都会迅速地向四方传播，在极短的时间内为人们所欣赏和模仿。信息产业的高速发展，加快了全球的信息流动。每年全球由纸张、胶片及磁、光存储介质所记录的信息生产总量达数万亿兆字节，足以填满数以万计的图书馆。置身于知识经济和网络时代，面对经济全球化的大势所趋，人们生活的方方面面都发生着不以自身意志为转移的巨大变革。

随着资本运动的全球化及跨国公司的发展扩大，西方经济强国借助对商品输出的主导权，实际上支配着全球以信息为载体的文化产品的输出。美国的电影占世界市场份额的50%以上，电视占70%以上。1985年，其影视和音像产品产值在国民经济中排行第11位，1994年跃居第6位，成为仅次于飞机出口的第二大出口产品，2000年前后则又超过航天航空业，成为第一大出口产品。当今世界的全球信息流量中，90%以上的新闻为西方发达国家所控制。在文化产品中，欧美国家在世界上的占有量达到86%以上。在这一背景下，美国制造的电影、电视节目风靡全球，家喻户晓，流行音乐无国界传播，媒体文化充斥屏幕，严重的不对称性，导致全球文化产品的单一化。

上述趋势直至扩大到思想教育领域，扩大到认识世界和改变世界的方式。现代网络科技的普及，使人们过多地注视荧屏，而西方文化中的一些腐朽、消极的内容，也借助这些现代传播手段在全球到处泛滥。这一情势，将使人们的文化生活与本土的优秀传统和鲜活的民间艺术渐行渐远，造成传统文化和地域文化基因逐渐萎缩，直至消亡。事实上这种担心正在成为现实，在不同文明、文化之间互动的加速过程中，文化多样性面临着越来越严峻的挑战。早在工业革命时期，C. 狄更斯（C. Dickens）就曾经说过："当今是一切时代之最好，又是一切时代之最坏"，表明了时代发展的复杂性。如果说西方文化中拜金主义、享乐主义的倾向，在过去离我们还比较遥远，那么今天，这一倾向正以惊人的速度侵入我国的电视文化、网络文化，甚至所有文化领域，并迅速扩散于民众的文化生活之中，加深了人们对自己传统文化的漠视。值得注意的是，所有这些恰恰也是各种腐败和违法活动产生的一个重要思想根源。

今日世界，全球文化一体化的发展与地域文化日趋脱节，每一天都可能有一首民歌、一种技艺、一种语言永远地从地域文化中消失。例如语言，20世纪70年代全世界通用的语言有8000多种，可是30年后的今天，已有2000余种消失，互联网的普及使语言的灭亡以加速度飙升。据专家预测，如果按目前的消失速度，在未来100年间，世界上现存的6700多种语言将有一半消失，另有2000多种语言的生存也将面临极其严重的威胁。19世纪中期，J. 格林（J. Grimm）曾经呼吁建立语言的法则，因为"构成民族界限的，不是河流，也不是山脉，而只能是跨越河流和山脉的语言"。F. 詹姆逊（F. Jameson）则认为，"语言的灭亡意味着民族文化样式的消逝，在语言丢失的同时，以这种语言为载体的文化也可能丧失。那些丢失文化家园的民族，不得不为了生存，加入到全球化的潮流中"。"我们不难想象，一个只存有一种语言的地球，一个只流行一种文化的地球该是何等的枯燥和贫瘠"[①]。

目前，城市文化在其物质层面上，由于各国之间的经贸合作、社会交流的普遍开展，已经达成了不少共识，但是城市文化在精神层面上，由于各个城市的文化传统与社会发展进程的差别，以及社会制度与意识形态的差异，更由于旧的国际文化秩序的存在，话语权掌握在少数发达国家手中，使得现实的文化交流具有极大的不平衡和不对等性。人们普遍担心全球文化一体化推广的结果，使各个城市的传统文化和地域文化失去其自主性，甚至被外来文化所同化。对于这种潮流可以称之为世界范围内城市文化的"趋同现象"。面临席卷而来的强势文化，处于弱势的传统文化、地域文化如果缺乏内在的活力，缺乏明确的发

---

① 李舫. 文化多样性：全球化中的中国立场. 人民日报，2005年12月23日：第14版

展方向和自强意识，不自觉地保护与发展，就有可能丧失自我的创造力与竞争力，淹没在全球文化一体化的大潮中。

4.1.2 城市化引发城市建设高峰

当前，一些城市存在着片面的城市化率决定论，以致出现"城市化急躁症"，追求城市规模的高速增长，提出各种不切合实际的发展指标，认为城市化到了什么程度，经济就能发展到什么程度。事实上，城市化并不是一个轻松的话题，西方发达国家城市化过程中已经出现过的种种弊病，我们应该引以为戒。一般认为："城市化，是由于城市工业、商业和其他行业的发展，使城市经济在国民经济中的地位日益增长而引起的人口由农村向城市集中的社会进步过程。由于城镇人口的增加是城市化的最显著的特征，因而城镇人口在全国总人口中的比例不断提高是衡量城市化程度的基本指标"①。实际上，答案并非如此简单。城市化水平不是一个简单的百分比数字。仅从科学研究和理论架构上说，就涉及社会、文化、经济、建筑、城乡规划、能源材料和环境保护等方方面面。从表象看，城市化主要表现为农村人口大量向城市聚集的现象，实质上城市化所带来的最主要问题，已经不完全是城市物质环境或体形空间的问题，而更多的是社会和文化问题。

目前我国城市化率还低于世界平均水平，长时期形成的城市化滞后的状况，不可能在短时间内完全改变，循序渐进的城市化过程应当更符合我国城市发展的规律，加速城市化发展必须在满足社会和谐、稳定的基础上进行。经济学研究中普遍认为，人均GDP3000美元是一个重要的发展临界点，不仅标志着城市经济已达到中等收入国家的水平，而且也预示着城市发展开始发生结构性的变化，并进入相应的转型期，成为城市发展的关键时期。2005年以后，我国东部地区相当多的城市人均GDP超过了3000美元，中西部地区的部分城市也接近或超过了这一指标。今后若干年，我国将有越来越多的城市遭遇转型的挑战。这一时期，城市居民的需求层次由发展型向享受型过渡，住房消费、私人购车将出现爆发性增长，消费结构升级势头强劲，劳动投资结构和生产结构随之发生变化。"有一个哲学家讲过'一个人在饿肚子的时候只有一个烦恼，吃饱饭以后便会生出许多烦恼。'第一个烦恼是生存的烦恼，在生存当中食品非常重要；第二个烦恼是发展的烦恼，解决发展的烦恼，文化很重要"②。

经过20年来的发展，我国城市集聚规模已经积累到一定程度，各类"烦恼"也就逐渐呈现，引发了一系列"城市病"，如交通拥挤、环境污染、能源紧张等问题愈加突出。我们的城市在经历了住房、交通、环境等几大难题之后，

---

① 中国大百科全书（简明版）（修订本）．北京：中国大百科全书出版社，2004（第2卷）：662
② 孙家正．文化境界：与中外友人对谈录．上海：文汇出版社，2006：157

下一个难题将是城市的社会和文化问题。在今天的城市建设和改造中，一些城市决策者不切实际地追求过高的城市化发展目标，违背客观规律地建设城市，靠长官意志推动城市化进程，他们只注重地皮和楼盘的价格而不知道历史和文化的价值。一些城市仅仅注重物质利益，而忽视文化生态和人文精神；仅仅注重功能城市的建设，而忽视文化城市的培育；导致城市中独具地域特色的传统民居和源远流长的历史街区，正在逐街逐巷地从城市版图上消失，不少城市的个性特征和文化魅力被荡涤殆尽，市民们熟悉的城市景观和城市形象不断更换主题。人们越来越感觉到，这已经不是单纯的城市景观和城市形象问题，而是城市传统文化能否继续存在下去的问题。

4.1.3　全球化伴随文化霸权主义

顾朝林先生曾将全球化概括为五个主要方面的特征：一是全球性资本流快速增长；二是不同国家的文化产品随处可见；三是国家不再是唯一影响人们政治生活和思想的实体；四是所有经济活动、文化、信息的跨界连接；五是通讯媒介产生交流和流动。并进一步指出，全球化不仅仅表现为经济的全球化，它还包括文化的全球化、技术的全球化以及政治的全球化[①]。文化市场的全球化、文化产品的跨国界流通与消费，使得以往以国家、民族为限的文化边界渐趋模糊，文化霸权伴随文化产品向我们的城市袭来，致使人们的价值取向和审美心理都在发生着偏移，传统意义上的文化传承，在全球化过程中，越来越失去了固定的空间和受众。

今日世界，强势文化对弱势文化的侵蚀正在逐步加剧。经济强国的文化产品在所谓自由贸易的旗帜下，伴随资本在全球流动和扩张，波及世界的每一个角落。它造成的后果是文化产品的标准化，致使一些国家的文化基因流失。目前，强势文化正在逐渐包围越来越多的人类活动领域，"原因是它企图促进所有符合它的东西，而破坏所有抵制它的东西。它对某些思路获得的知识给予优惠，而损害其他形式的知识；它使某些价值占优势，无论它们是属于美学范畴，还是伦理范畴；它激起某些领域的活动的飞跃，鼓励某些才华和感情的发展，而无视其他一切。这样，整个的创造性领域遭受压制，社会的个性和独特形态遭到破坏"[②]。当然，人类历史不会完全按照他们的逻辑和愿望发展，但是不能回避的是，世界文化交流的不平等现象确实严重存在。

文化霸权主义以自我文化价值为尺度，以世界文化主宰自居，压制、否定并试图改变其他文化，以便在事实上控制、削弱和消灭其他文化和价值观念。文化霸权主义拒绝对话，要求所有"弱势"文明附属于其所谓的主导文明。

---

① 顾朝林．城市化的国际研究．城市规划，2003（6）：22
② 吴良镛．广义建筑学．台北：地景企业股份有限公司，1994：52

美国前国家安全顾问布热津斯基（Brzezinski）认为，美国在军事、经济、技术和文化等四个方面的力量居于全球首屈一指的地位，而"美国的民族文化绝无仅有地适宜于经济的增长"。美国哈佛大学教授S. P. 亨廷顿（S. P. Huntington）在《文明的冲突？》中坦称：西方的普世主义信念断定全世界人民都应当信奉西方的价值观、体制和文化。因为它们包含了人类最高级、最进步、最自由、最理性、最现代和最文明的思想。这一理论的潜在逻辑是，世界文化和文化多样性所需要的和平共存的土壤根本不存在，弱势文化只能接受被淘汰的命运。

今天的确有一些人热衷于创建所谓"世界文化"。他们希望创建一个全球经济体，建立一种世界贸易、金融和商业体系，把英语作为世界通用语言，他们认为在世界文化中，每个人最终都会共享一种语言、世界观以及价值体系。他们甚至相信，一旦消除了宗教、文化、政治和教育之间的差异，世界将变成一个更好、更安全并且更具保障的"人间天堂"。然而，人们从现实中更加深刻地体会到，"世界文化"绝非必然，也绝不是人类的期望所在，如果"世界文化"一旦成为现实，那么世界的发展就会缺少创造力和多样性。因为世界早已形成丰富多彩的传统文化、地域文化，并且已经深深地扎根于人类的生存环境之中，扎根于人们的生命和灵魂之中。因此，"世界文化将是魔鬼的诅咒而不是世界的福佑"，"他们最终的结论是，需要'具有反抗精神的民族文化'来抗击目前世界上正在进行的标准化、集中化和纯一化的发展，特别是对于这样一些人民和国家来说，这种需要就更为迫切，因为他们正处于失去自己的文化、认同、价值观以及生活方式的危险之中"①。

全球化的确在文化方面造成了巨大的冲击，这种冲击的结果是逐渐侵蚀了人们的身份认同、传统习俗、生活方式和文化价值观，最终将会使各国的社会制度、地理边界，甚至整体民族文化逐渐消失。虽然人类社会的发展实践已经证明，西方社会的发展模式和文化范式，并非是全世界所有国家实现社会发展的唯一道路和文化发展的唯一模式，西方社会的价值观念也绝非唯一的价值判断标准。但是，目前一些发展中国家为了在西方文化领域中占有一席之地，取得对方的认同与对话资格，自觉不自觉地放弃了自己的文化理想和价值体系，转而以西方文化为楷模，努力在文化理念与实践等诸多方面进行所谓"重新整合"，其结果，是本国传统文化个性和地域文化特色的丧失，人类文化多样性遭到破坏，这已成为发展中国家普遍面临的严重问题。

---

① ［加］D. 保罗·谢弗. 经济革命还是文化复兴. 高广卿，陈炜译. 北京：社会科学文献出版社，2006：507

4.2 城市文化传承存在的问题

进入城市化快速发展阶段,传统文化、地域文化的载体在急遽消失,特别是十分丰富然而又十分脆弱的文化遗产消失得更快。对于任何民族来说,特别是对于那些弱势民族来说,失去了自己民族文化的特性,就等于失去了自己民族的文化根脉,失去了自己民族的精神家园。如果传统文化、地域文化长期得不到尊重和传承,不断遭受伤害和损毁,世代积累的人类文化和精神世界无疑将因此受到威胁。

4.2.1 传统文化保护面临现实困境

千百年来,人们重视物质利益,为生存而奋斗。"路人问渔夫:你打这么多鱼干什么?渔夫答:赚钱买船。买了船干什么?打更多的鱼。打更多的鱼又干什么?买更大的船,打更多更多的鱼……"。人类从动物界脱颖而出。但是,在相当长一个时期,依然受食物短缺之困。生计问题一直束缚着人们的手脚和灵魂,思维沿着惯性滑行:劳作,不停地劳作。今天人们的生活状况有了很大改善,绝大部分地区早已解决了温饱问题。但是在以经济发展为主导范式的社会价值追求中,在一些情况下,物质财富的积累和经济发展的指标又成了唯一的评价标准。"路人问老板:你盖这么多房子干什么?老板答:赚钱买地。买了地干什么?盖更多的房子。盖更多的房子又干什么?买更多的地,盖更多更多的房子……"。"发展"问题又一次束缚住人们的手脚和灵魂,思维继续沿着惯性滑行:建设,不停地建设。这种片面的社会追求和评价标准,严重地冲刷和遮蔽了人类的精神世界。

目前,一些城市还没有形成健康合理、积极向上、特色鲜明的文化理念,在单一的经济价值观念下,片面强调经济的快速发展而忽视了自身传统文化的消失,忽视了文化资源与文化生产力的创造价值。城市处在严重的发展矛盾和冲突之中,对经济发展乐观展望和对文化发展悲观期待并行。在城市中,一方面是城市风貌的日新月异,呈现出物质财富的增长和经济的繁荣;另一方面,则是传统文化的黯然失色,呈现出文化财富的锐减和精神生活的浮躁。人们在失去了丰富的文化资源和广阔的文化空间的同时,也失去了形成文化共识的基础和文化创造的能力。

这一状况产生的主要原因在于,人们常说中华文明是绵延不绝,没有断裂的、是具有强大生命力的,但是在现实中却对传统文化缺乏应有的认知,视而不见,未能使传统文化在城市发展中得到应有地传承与弘扬。"尽管情况错综复杂,其共同点则可以归结为对传统建筑文化价值的近乎无知与糟蹋,以及对西方建筑文化的盲目崇拜，而实质上是'世界范围各种思想文化的相互激荡'，是所谓全球化与地域文化激烈碰撞的反映"①。影响传统文化传承与弘扬的另一个重要因素，是一些人将传统文化与封建文化相提并论。由于我国的文化遗产价值观在近代以来曾经发生过多次断裂，一个时期以来曾把传统文化看成是封建、落后、愚昧的东西，一度还以政治运动否定传统文化的价值。因此长期以来，在对待传统文化的问题上，批判多于继承，否定多于肯定，导致一些人对自己民族传统文化的无知，缺少自尊与自信。

面对经济全球化的浪潮，置身于城市化快速进程之中，很多人在对待传统文化上存在着一种矛盾的心态：一方面为中华民族拥有悠久的历史和灿烂的文化而感到自豪；另一方面又感到传统文化似乎是今天前进道路上的羁绊，成为一种沉重的历史包袱。毋庸讳言，传统文化作为一个复杂的系统，在数千年的发展中，也逐渐积淀了某些不良因素。其中也有消极的、同现代生活不相适应的内容，应当剔除或逐步改造。面对未来我们必须不断研究和回答三个问题，即传统文化在漫长的历史演进中形成了哪些基本特征，哪些一直在发挥着最根本的作用？目前传统文化在城市和社会生活中处于怎样的地位，以及它们具有哪些优点和缺点？传统文化未来应当如何发展，怎样适应不断变化的时代要求？虽然，对这些问题取得认识一致的答案并非易事，但是需要不断地探索。事实上，只要认真研究就会得出结论，传统文化的主流不但不是封建文化的产物，而且是先进文化的代表，是现代城市建设与发展取之不竭的资源、财富和动力。

4.2.2 地域文化保护面临严峻挑战

自古以来，地球上就存在着拥有不同文化的人类群体。但是由于生产力水平的低下和地理环境的制约，在相当长的历史阶段，这些群体之间处于相对隔离状态，彼此很少相互接触，各自保持着生活上的独立性和文化上的独特性，具有较强的地域文化特色。无论高山还是大海，都曾直接阻隔了不同文化群体之间的往来，客观上起到了不同文化之间的保护作用，从而使世界各地拥有着丰富多彩的文化特征，也正是这种文化差异使人类葆有丰硕的精神财富和多姿多彩的生活方式。

随着时代的变迁，人类活动范围逐步扩大，世界变得越来越"小"。随着物资、交通、电信等条件的改善，人流、物流、信息流大大加强，地域文化特色随之逐渐削弱。一些具有相对优势的城市文化渐渐跃出原有的狭小空间，影响到越来越广大的城市和地区，成为另外一些城市和地区借鉴的对象，于是，这些优势的城市文化便越来越获得某种普遍性，甚至世界性，文

---

① 吴良镛. 论中国建筑文化研究与创造的历史任务. 城市规划, 2003 (1): 12

化生态环境也随之发生了根本性的变化。今天，人类社会正在向只有单一文化背景的世界滑去，经济全球化使世界成为一个统一的市场，城市文化也出现了所谓"单城性"现象。同时，由于各具特色的地域文化是动态的、散见的，很容易随着时空的转换而衰落、消失。现代生活方式的急剧变化，强势文化的侵袭，往往使它们在不经意间遭到污染与损害，有些目前已经濒临"断流"的危机。

盲目的开发改造使一些历史性城市的原有格局发生了巨大的变化，使地域文化特色面临灾难性破坏，甚至使一些文化品位极高的历史文化名城向毫无特色的城市行列滑去。由于一些城市决策者缺乏对城市历史的全面认识，缺乏对本土文化的应有感情，不能够深入调查和思考城市自身原有的地域文化基础，挖掘和体会城市历史文化精髓和特色，因此，在开发建设中全然不顾及项目所在地域的气候特征、地形地貌、城市文脉以及生活习惯，缺少对本土文化的继承，反而淡化地域文化特色，将西方文化视作现代化的标志，由此相互攀比，流弊甚深，引发了诸多问题。更为严重的是，以这种概念建造的城市，正在潜移默化地影响着人们对传统文化的尊重，造成目前地域文化保护面临的困境。"在全球化的文明演进中，城市的面貌和生活方式从没像今天那么雷同和千篇一律。因而，保存和营建城市独特的文化魅力，不仅是一种属于历史的、地域的、民间的文化的自我拯救，也是城市现代化建设中的一个严肃课题，一个重大的挑战"[1]。

地域文化特色的消失已成为当前城市规划建设中的突出问题，不仅是沿海城市，而且在内陆城市，甚至少数民族地区也出现了同样的问题。例如近年来，西藏拉萨的城市建设，无论其建设规模还是速度，都进入了史无前例的高潮。尽管各方面成绩很大，但是，原有城市特色的维护却引起人们的关注。"现在，拉萨市区的建筑与内地城市区别不大，众多的援藏项目，未能按保持西藏地方特色的要求去设计，只是简单地把沿海平原的房子式样搬到拉萨"。"对拉萨城市建设出现的问题，联合国教科文组织提出：如果拉萨继续这样建设下去的话，布达拉宫没有几年时间就会被包围在一堆没有任何特色的现代建筑中间，这样一来布达拉宫风貌的整体性就会遭到彻底破坏"[2]。而"银川市市长就认为他现在最大的烦恼，就是作为回族自治区首府的城市里找不到代表伊斯兰风格的建筑，现在到处是高楼大厦"[3]。上述情况说明，这些城市地域文化特色正在慢慢消退，原本特色鲜明的城市正在退化成为"失去记忆的城市"。造成这一问题的原因，既由于城市规划缺少对文化特色的维护，也由于建筑设计缺少对文化内涵的理解，还由于城市建设缺少对文化肌理的尊重。

---

[1] 杨东平. 城市季风. 上海：上海三联书店，1998：11
[2] 仇保兴. 城市经营、管治和城市规划的变革. 城市规划，2004（2）：12
[3] 仇保兴. 面对全球化的我国城市发展战略. 城市规划，2003（12）：5

4.2.3 文化多样性面临生态危机

当前，在经济全球化背景下，国际形势正在发生深刻的变化，安全问题不再仅仅是单纯的军事、政治问题，已经涉及文化、经济、金融、科技等诸多领域，文化安全就是在这一背景下提出的一个重要课题。同时，越来越多的国家认识到，经济全球化不等于文化全球化，经济的强势不意味着文化上的霸权，尊重和承认文化多样性已经成为当今世界大多数国家所普遍接受的国际关系准则。

文化安全首先就国家而言，主要是指国家的文化主权神圣不可侵犯。一个国家的文化传统和文化发展选择权必须得到尊重，包括国家文化立法权、文化管理权、文化制度和意识形态选择权、文化传播和文化交流的独立自主权等。由两极对抗的意识形态战略转变为"文明的冲突"的世界，不以国家制度为标准发展国家关系，成为许多国家的现实选择。于是，文化安全就成为国家战略的重要存在方式。同时，"文化软实力"作为一种重要的国家力量被提到国家战略的高度，更使文化获得了在全球化背景下的一种战略身份和地位，成为国家战略不可缺少的重要组成部分。

面对经济全球化，各国相互依存性日益加深，而互补性源于文化多样性。相互依存性存在于文化多样性之中，并通过文化多样性表现出来。没有文化多样性，就没有相互依存性，所以坚持世界的相互依存性就必须承认和尊重文化多样性。任何一个国家和民族，如果站在自己文化的背景上对异己文化指手画脚，或自恃实力强大而把自己的意志强加于其他国家和民族，都很容易趋向文化殖民主义。同样如果片面强调世界的相互依存性、统一性，无视或忽视文化多样性和特殊性，或因弱小而自卑自弃，放弃自主自立而依附于别的国家，都将使其自身的文化利益受到损害。而之所以出现这种现象，其根源就在于世界上存在着不平等的经济秩序、政治秩序的同时，还存在着不平等的文化秩序。

保护文化多样性不仅仅是对文化本身的保护，而且要对文化的原生态环境进行保护。时有古今，地有南北，每一种文化现象都会因时间的不同和空间的差别而发生质或量、内容或结构的变化。俗话说"橘逾淮则变枳"，自然界物种的变异是这样，人类地域文化的变异也同样如此。这些年我国地方戏剧种退化萎缩的速度非常之快，根据目前的调查，20世纪60年代还有360多个剧种，现在已锐减到267个。体现黄河文化、中原文化的河南地方戏曲原有40种，现在仅有豫剧、曲剧、越调等六、七个剧种还存活在舞台上，其余大部分都已经萎缩或者消亡。

必须看到，在当今世界，以国际垄断资本为主导的经济全球化，绝非一个纯粹的经济过程，它同时又是一个通过经济扩张而推行文化扩张的过程。经济上的单边主义，也是文化上的单边主义。因此，文化多样性的重要意义在国际社会已被提升到抗衡强权、抵制霸权,以及人类多元文化生死存亡的高度。目前,在多边贸易谈判中,越来越多的国家提出并坚持"文化例外论",反对无限制开放本国文化市场,从经济全球化大潮中提出"文化例外论"到形成成熟的"文化多样性"理念,国际文化领域始终存在着剧烈的冲突。人们在经过无数深刻教训后意识到:世界文化的发展绝不能像世界经济一体化那样实现全球文化一体化,而以西方所谓的"先进"文化取代、统一全球不同民族的文化,无疑是人类的一场灾难。

4.3 城市文化特色存在的问题

在世界范围内迅速推进的城市化进程,一方面全面提升了不同国家、地区经济社会发展的现代化水平;另一方面,由于所谓现代化城市"国际标准"的推广,引发城市文化的"单质化"与"同质化"比以往任何时代都更加严重,"特色危机"现象在全球城市中蔓延。今天城市所面临的这一挑战是世界性的问题,特别是发展中国家,城市的文化特色和精神个性迅速消亡,在空间与功能上日益趋同。在我国,波及全国的"千城一面"现象也日趋严重。

4.3.1 "无地方性"城市空间大量增加

20世纪80年代以来,我国城市呈现高速发展态势,城市数量从1978年的约200座发展到2006年的661座。不仅数量在增加,城市的面貌也在日新月异地发展,城市不仅在"长大",而且在"长高",向从地上到地下的立体化、复合化方向发展,出现了大量"无地方性"的公共场所和城市空间,这些场所和空间在人们的生活中占据着越来越显著的位置。从地下轨道到高速公路、从集装箱到超级市场、从步行街到购物中心、从大广场到景观大道,林林总总,来势迅猛的现代化城市建设硬件,正在迅速改变着城市的生活环境、工作方式和市民心态。与此同时,在城市建设和发展中存在着一个带有共性的问题,就是城市面貌正在急速地走向趋同,城市文化特色的缺失成为当前城市规划建设中最大的遗憾。吴良镛教授在《城市特色美的认知》一文中,援引前英国皇家建筑学会会长帕金森(Parkinson)的话:"中国历史文化传统是太可珍贵了,不能允许它们被西方传来的这种虚伪的、肤浅的、标准的、概念的洪水所淹没。我确信你们遭到了这种危险,你们需要用你们的全部智慧、决心和洞察力去抵抗它"[①]。

今天,在我国各个城市中正在涌动着城市景观建设的新热潮,不少城市不

---

① 吴良镛. 吴良镛学术文化随笔. 北京:中国青年出版社,2001:205

是根据自身条件和发展的需要，进行富有特色和个性的城市规划设计，而是不假思索地学习经济发达国家和城市的建设模式，"文化趋同化"已经成为当前城市建设中可悲又不可逆的文化走向。千百年来各具特色的城市景象大量消失，而经过改造后的城市又都似曾相识。只要身处商业繁华的城市中心区或纵横交错的汽车交通网络系统之中，就会发现各地的城市景观何其相似，走在一些城市的街道上，确实会产生不知身在何处的感觉。相同风格的商品住宅区、相同风格的购物中心、相同风格的星级酒店、相同风格的高档写字楼。原本是"无地方性"的复制品，建成后却往往被标榜为当地的标志性建筑。但是，不久人们就深刻地体会到，这些"无地方性"城市空间的大量增加，正在瓦解和颠覆着构成他们社会生活基础的传统文化、地域文化和多样性文化，使传统记忆构成元素受到损坏，地域文化品质受到伤害，城市正在逐渐丧失曾经引以为自豪的文化特色。

4.3.2 "千城一面"的现象日趋严重

十几年前，一些专家、学者就曾警告："特色危机"已经在我国出现。如今这一问题变得更加严重，一座座历史性城市的文化特色正在消失，"千城一面"的景象正在成为城市中市民们不得不面对的视觉灾难。布局雷同、风格相仿、个性皆无、过目即忘的城市街区在全国各地随处可见。"甚至一些相当优秀的历史城市，在市场经济和社会的转型过程中，也按捺不住'寂寞'去赶时髦，在名城中心开花，大拆大改，建大高楼、大广场、大草地，以至于'旧日无限风光不在'，让人叹息不已，如绍兴、济南、桂林等地，这种遭遇绝非孤立现象，何止一二之地？不但难以辨认城市的'历史'脉络，而且'千城一面'说也并非危言耸听"①。在一些城市，鳞次栉比的摩天大楼破坏了丰富壮美的城市天际线，趾高气扬的推土机切断了赓续绵延的文化脉络，城市景观正在被大量的"二流的舶来品"所侵蚀，许多历史性城市的传统风貌已经难以寻觅。于是，人们开始产生强烈的文化失落感，这无疑是我国城市文化的悲哀。

如今，整个城市建设过程像现代工业生产一样，预先规划设计好它的每一个部分，使局部的建设和整体的城市能够在规划控制过程中形成。J.雅各布斯曾指出："在整整四分之一个世纪中，我们的经济和社会中没有哪个部分像城市一样曾被这样有目的地加以控制，以准确地达到我们正达到的状况；政府对城市给予了特殊的财政优惠，但最终的结果却是出现如此程度的单一、僵化和粗俗"②。应该说，当前城市面貌趋同、城市空间"异化"的问题并非孤立现象，这是我国传统文化危机的一部分。由于西方文化是当今国际社会的主流，因此

---

① 吴良镛. 论中国建筑文化研究与创造的历史任务. 城市规划，2003（1）：12
② ［加］J.雅各布斯. 美国大城市的死与生. 金衡山译. 南京：译林出版社，2005：5

可以说，这也是一次中西文明的冲突与对话。但是，正因为城市面貌和城市空间是城市最直观的表现形式，因而格外引人注目。例如日本建筑师矶崎新就认为，他从水墨画和苏东坡诗篇里面体会到的杭州，在今日已淹没在全球化的浪潮之中，正失去自己原有的个性。由于城市规划建设不注意保护和延续自身的文脉，使一座座历史悠久的城市，正在毁掉经漫长的历史演进逐渐积淀而成的文化特色，替代以趋同为特点的城市形象。

4.3.3　城市规划缺少对文化特色维护

城市发展从来都是累进的，而不能是断代的。但是很多城市却忽略了这一点，他们在选择快速发展道路的同时，往往以牺牲自身的优势，牺牲表现力、想象力、感召力丰富的城市文化特色为代价，以城市决策者自己的意愿规划建设城市。在当前轰轰烈烈地"造城运动"中，一些城市不是深化自己的文化内涵，而是外化自己的城市景观，甚至为迎合某种流行或时尚，将城市景观庸俗化，导致城市传统文化、地域文化与城市文化景观脱节，城市整体文化品位下降。一座城市如果失去了传统文化、地域文化，就意味着失去了一个丰富多彩的世界。我国的城市如果不改变思路，城市建设千篇一律的现象将愈演愈烈，其结果必然造成文化品位的降低，文化面貌的趋同，文化特色的减弱，文化价值的缩水。当前大量出现的伤害城市文化景观的短视建设行为，将使城市在未来的城市更新中付出更高代价。

城市建设是百年大计，是社会财富的积淀。L.芒福德曾经警告："城市已不能分开它的社会染色体，使分裂成各自带有一部分原始遗传体的新细胞，它只能无活力地继续发展下去，没有有机结构，说真的，这是肿瘤般地生长，老的组织不断地崩溃解体，新的无定形的组织又生长得太快"[①]。令人遗憾的是，我们守望的本是世界上唯一未曾中断过的文明，我们拥有的本是弥足珍贵的文化遗产，但是，却不懂得如何去珍视和弘扬它们。产生城市面貌趋同的原因固然涉及复杂的社会背景，但是最重要的则是缺乏对城市文化特色的正确认识。这些现象已经引起人们对城市文化特色、生存环境和发展方式的反思，发出"许多规划正在变成城市魅力的敌人"[②]的严厉批评。人们呼吁城市规划建设要走出"千城一面"的尴尬，必须要摒弃盲目克隆的陋习，努力营造自己的特色。的确，今天太需要重新发现城市文化特色的真实价值，重新唤醒人们心中对美好城市的理想追求。

---

① ［美］刘易斯·芒福德著.城市发展史——起源、演变和前景.宋俊岭，倪文彦译.中国建筑工业出版社，2005：556
② 徐世丕.文化力在城市竞争力要素构成中的地位和作用.中国文化报，2005年7月26日：3

4.3.4 建筑设计缺乏对文化内涵理解

我国正处在一个城市建设空前发展的时代，有的城市每年的建设量甚至超过整个欧洲每年的建设总量，对建筑设计而言无疑是一个黄金时代。城市建筑在不断向高、向大发展，然而，在大量新建筑相继落成之后，却鲜见既具有传统文化特色，又不乏现代气息的，形神兼备的"中而新"的建筑。这一状况引起人们的强烈不满，于是不少城市又转而寄希望于世界设计名师和各种建筑流派，但是效果却常常事与愿违，城市面貌恶化的情况非但没有解决，反而出现新的千篇一律。而产生这种情况的根源，就在于在城市规划、设计与建设中，自觉不自觉地以西方城市建筑为标准或摹仿对象。"现代形形色色的流派劈天盖地而来，建筑市场上光怪陆离，使得一些并不成熟的中国建筑师难免眼花缭乱；与此同时，由于对自己本土文化又往往缺乏深厚的功力，甚至存在偏见，因此尽管中国文化源远流长，博大精深，面对全球强势文化，我们一时仍然显得'头重脚轻'，无所适从"[①]。

建筑设计是艺术创造的过程，它不仅要满足城市生活的需要、生产的功能，更是城市历史、文化和精神的建筑语言表达，需要精雕细琢。而目前城市建设速度不断加快，建筑师们静心思考设计的时间越来越短。于是，越来越多的建筑设计不分气候特点与自然条件、不分地理位置与环境关系、不分历史渊源与文化背景、不分原有风貌与特色景观，不分城市性质、规模、布局的种种差异，而是采取简单的模仿、盲目的复制，以及立足于推平头式拆迁后再重新建设的方式。这种快餐式的建筑设计既缺乏自身文化特色，又在一步步地破坏着城市原有的文化特色。更多的建筑设计不能透过纷杂多变的当今社会环境，从本国传统文化和地域文化的土壤中汲取营养，而是对我国建筑文化缺乏应有的自信，舍本求末地追逐国际流行，牵强附会地注入与自己城市文化特色格格不入的东西。人们普遍认为，好莱坞、迪斯尼以及麦当劳是典型的西方生活方式的代表，实际上，目前西方建筑文化对我国城市文化的影响恐怕远比这三者的后果严重。我国传统建筑文化自古就是开放的，但是借鉴并不等于盲目模仿，模仿只能导致城市形象的雷同、刻板、僵化。

4.3.5 城市建设忽视对文化肌理的尊重

近年来，我国城市建设速度之快、规模之大、范围之广已远非过去任何历史时期所能及。但是一些城市建设不是在特色和品质上做文章，而是在建设项

---

① 吴良镛. 中国建筑文化的研究与创造. 新华文摘，2003（3）：135

目的"高、大、全","新、奇、怪"上相互攀比,只满足于表面上轰轰烈烈,不是以尊重和保障每个市民的生活发展权利为前提,结果出现脱离社会发展现实的短期行为。历史性城市的原有文化特色也逐渐被大量尺度巨大、形体生硬、色彩夺目的新建筑群所湮没和冲淡,而新建成的地区,更由于程序化的建设导致城市特征趋同,毫无特色可言。正是由于对历史的遗忘,对文化的忽略,对人本的淡漠,造成了今天城市风貌的千篇一律。

今天,我们的不少城市都忙于扩大城市规模,"拷贝"一些发达国家的"市容",而有意无意地回避与城市发展密切相关,甚至制约城市发展的其他相关问题。有些历史性名城,在建设和改造中商业氛围越来越浓,而文化氛围却日益淡化,看上去似乎是一派新的气象,其实缺乏文化品质。于是房屋盖得越多,越形成新的雷同,越失去自身的特色,千城一面,千街一面,千楼一面就更为严重。使著名的历史文化名城逐渐沦落为缺乏历史景观和文化特色的新兴商业城市。正如一位美国政要所说:"要把纽约变成北京,1000年也做不到,而要把北京变成纽约,用不了100年就可以了"。另一方面,少数人决定城市风格的决策机制更使大量城市建设工程不经科学论证就仓促上马,除了加剧城市固有个性与文化的灭失,还导致城市盲目开发、盲目引进、盲目发展的恶果。2005年的中国城市规划年会明确指出:城市面貌不应当是"一年一小变、三年一大变",城市建设应持之以恒地继承当地历史文脉,创造全球化时代独树一帜的城市风貌。

4.3.6 注重使用功能而忽视精神追求

长期以来,我国城市重视各项功能的发挥,关注城市物质性需求,比如城市的居住、办公、交通、水电、商业网络等,毋庸置疑,这些都是一座城市必须妥善解决的必不可少的功能。然而,对于城市精神性需求,即城市的历史、传统、习俗、记忆以及特色等,具有文化内涵与价值的方面,则没有给予应有的重视,导致一些城市建设漠视传统,缺乏个性。许江先生认为:现在的城市建设追求各种指标——绿化指标、空气指标,等等,但没有给人们留下多少文化的记忆,人在这样的城市里生活,没有记忆,没有乡愁。他认为建城如建园,三分工匠七分主人,人决定了城市建成什么样。可惜的是,当前城市建设是"四有四没",即有绿化,没山水;有建筑,没诗意;有规划,没特色;有指标,没记忆,很多城市建设都太过注重功能化。①

随着城市化步伐的加快,传统特色的逐渐消失,不少城市的文化定位越来越模糊。城市中的一些传统街区盲目遵循利益导向发展,成千上万的商业信息充斥道路两侧,无处不在的广告和灯红酒绿的喧嚣,不断刺激着人们的感官,

---

① 许江. 城市建设应补一堂美术课. 人民日报, 2006年8月18日: 第11版

到处弥漫着强烈的世俗化气息，使城市文化形象的差异性弱化。甚至一些原本很有地域文化风情的历史文化街区，由于规划管理不到位，各种服装商店和风味饭馆穿插期间，五花八门的字号和招牌将文化景观淹没，忽视了城市传统街区的文化功能。一些少数民族地区城市，近年来兴建了大量新的房屋和设施，促进了当地的经济发展和生活水平提高，但是，如果说还存在遗憾的话，就是不少建设项目，未能科学地继承和弘扬优秀的民族传统文化，未能处理好城市建筑与当地人文生态之间的和谐统一，而是简单照搬内地建筑模式，甚至只满足建筑本身的功能要求，不考虑建筑的文化审美需要，不顾及当代建筑与传统文化的协调，忽视城市内在肌理的存在。例如不少城市在建设中一律实施开发小区模式，一律布置塔式、点式、板式建筑的排列组合，结果造成民族地区城市建筑内地化。又如玻璃幕墙存在光污染问题，在发达国家使用时已经非常审慎，但是在这些城市却被当作新工艺、新材料使用，导致城市景观不伦不类。

4.4 城市文化环境存在的问题

在我国，当前一些城市和地区出现的城市文化粗鄙化、城市景观浅薄化、城市历史虚拟化、城市消费奢华化、城市休闲低俗化、城市娱乐商品化等种种不良倾向，正在消解着我们对于优秀传统文化的理解和继承。城市文化的民族性和传统性受到压抑，并且开始迅速消失。我们并不是要拒绝文化交流，但是当西方文化逐渐趋向城市文化生活主流的时候，我们就需要反思我们的文化责任，探讨如何在全球化的背景下保持和弘扬城市文化中的民族特色。

4.4.1 城市建筑文化的粗鄙化倾向

近年来，"文化全球化"的趋势在我国规划建筑界也有集中表现，面对国际强势文化的渗透，当前各种建筑流派、各种学术思想异彩纷呈，导致新一轮的建筑文化危机，其中最突出的是"洋设计"在全国各地逞风行之势。这些"洋设计"既包括了西方设计师的设计作品，也包括我国建筑师受欧美建筑思潮影响的设计作品。在这些新建筑中有两种倾向值得关注：一是把流行风格当作高档的标志。"媚俗、跟风、抄袭、追求时尚，使建筑形式变化之快，差不多赶上时装的流行周期"[1]；二是把奢华作为美观的标志。不仅模仿外国的现代建筑，欧美古典建筑也被奉为最新时尚，一时间城市中充斥着希腊古典式柱廊、罗马穹顶、巴洛克装饰。到处"欧陆风"建筑的兴起，堆满了"罗马花园"、"巴黎广场"、"伦敦小镇"，破坏了历史性城市的风貌。

---

[1] 阮煜琳. 中国不应"千城一面". 中国建设报，2005年12月14日：8

今天，越来越多的地方政府机构驻扎在欧陆风格的大厦内，越来越多的居住小区弥漫着洋名和洋风，开发商们津津乐道的是英国的维多利亚风格、法国的路易风格、德国的巴伐利亚风格以及美国的现代风格等。城市往往成为"最不计成本堆砌设计游戏的最大市场"，许多外国城市都不敢接受的奇特方案正在这里变为现实。实际上，追求形式上的独特和怪异，还有一种心理就是唯恐别人说自己不够现代化，然而这恰恰反映出对我国城市文化传统缺乏应有的自信。建筑文化危机以及伴随而来的种种不良现象，究其深层次原因，是文化认同感和文化立场的危机。如果离开了城市的终极目标，城市建设必然陷入盲目和混乱之中，引发城市文化的粗鄙化倾向加重，败坏健康的城市生活，影响市民的长远利益。

4.4.2 城市景观设计的浅薄化倾向

如今各地盛行的拷贝风、模仿风，极大地伤害了城市文化环境和地方特色，导致城市文化品位急剧下降。近年来，许多城市在城市中心区开辟巨型市民广场，互相攀比，越来越大，又以草地为主，辅以大面积石材铺装地面，建造大型花坛、大型音乐喷泉等；有的还建造豪华巨大的纪念廊、巨型雕塑及其他装饰性构筑物。有的小城市建设了数公顷甚至数十公顷的下沉式或者高架式广场，草多树少，大而不当，平时暴晒，下雨积水，下雪结冰，利用率很低，忽视了广场休闲、纳凉、人际交流等社会功能。有的专家总结了我国城市广场设计的八股化："低头是铺装，平视见喷泉，仰脸看城雕，台阶加旗杆，中轴对称式，终点是政府"。

数年前，我国西部的一座古都建设了据称是"亚洲第一大喷泉"广场，每年需要动用巨额的维护费用。时隔不久，我国中部地区另一座古都的"亚洲第一大喷泉"诞生，再次刷新了喷泉广场纪录。专家们担心也许不久某个严重缺水的城市还会建设更大的"亚洲第一"。近年来还形成了建造城市雕塑的热潮。无论大小城镇为了美化城市纷纷树立巨型城市雕塑，在城市中心广场、城市入口、重要路段、重要街区以及商业街区，层出不穷地涌现出一批批崭新的不锈钢或汉白玉雕塑，不少都以"飞翔"、"腾飞"、"奔腾"等为主题，体现出城市决策者面向未来的决心和意志。但是令人遗憾的是，其中设计失败的多，成功的少，可称为城市垃圾和文化败笔的比比皆是。不少雕塑在主题、造型、尺度、色彩、质感乃至加工工艺等方面都存在问题，不但没有给城市带来好的形象，反而使人们对城市文化品位产生质疑。

4.4.3 城市历史传统的虚拟化倾向

近年来，一些城市受商业利益驱动，出现再造历史民俗文化的行为，而制作或再现历史名人、历史事件的动机往往是为了营利,而不是为了恢复传统文化真正有价值的内容。诸如争抢文化名人的闹剧、虚构伪造历史事件的怪事,屡见不鲜。有的地区争夺老子,有的城市争夺西施,更多地区和城市争夺诸葛亮,梁山伯与祝英台的"原发地"之争也由来已久。再如在我国所有的传统节日中,"七夕"最具浪漫色彩,表达出民众对忠贞爱情的理想与诉求。正因为这一特点,"七夕"也成为最容易被商业利用的节日。2006年恰逢农历闰七月,各地此起彼伏的"相亲会"、"情人会"令人目不暇接,更有多达十几个城市纷纷宣布,本地才是牛郎织女传说的发源地。相同的故事,却指称着不同的起源地,令人迷惑。牛郎织女的故事只是在民间广泛流传的神话传说,追溯哪里是他们的故乡本身就很荒唐。

　　如此文化资源之争,大都旷日持久、耗费巨大。有的地方无视文化的严肃性,以文化名人的名字抢先为自己的产品注册商标。如此争夺和抢注,尽管打着弘扬文化的招牌,但是却涂抹了太多的功利色彩,造成对文化的亵渎。全社会应共同承担民族文化责任,而不是陷入争夺文化资源的混战。实际上,透过纷纷扰扰的历史名人热,不难看到对利益的追逐和商家的炒作。[①] 一些城市注重的只是外表,既缺乏心灵上的认同,也缺乏情感上的共鸣。他们以当代的轻浮和矫揉造作,损害侵蚀着真实而厚实的传统文化。在某种意义上,他们不是传承和弘扬,而是败坏了城市文化的品味和内在价值。同时,各地那些粗制滥造的所谓"民俗文化村"、千篇一律的人造景观点、大同小异的工艺纪念品等等,除了引发消费者的审美疲劳,并不能让人们真正找到心灵的家园。

4.4.4　城市消费观念的奢华化倾向

　　当前,在文化设施的建造中也存在一些值得注意的倾向。首先是重规模,轻功能,建设规模盲目攀高比大。不少地方想方设法建设比邻省、邻市规模更大、规格更高的同类设施。不顾当地的经济实力,不顾实际使用需求,投资规模动辄上亿元,多则超过十多亿元。结果造成建成后实际使用需求不足,能源耗费巨大,营运不堪重负。其次是重形式,轻设计。为了将文化设施建成地方的标志性建筑,甚至视为政府的形象工程,一些地方过分追求建筑的外观造型,刻意表现建筑的象征性,搞标新立异的设计。相反,对文化设施最重要的使用功能则不做精心设计,导致建筑功能适应性差,或相关设施不配套,或建筑空间浪费巨大。最后是重建设,轻经营。不少文化设施在建造之前,并没有对其功能作用以及管理进行充分的论证,对建成后需要多少管理人员和运行经费也没有心理准备。结果造成一些文化设施建成后不能发挥其应有的社会作用,或陷入财政困境,成为政府的包袱,损害了文化设施的社会形象。

---

① 李舫. 天涯何处共七夕？人民日报,2006年9月6日:第11版

另一方面，曾几何时我国商品包装保持着质朴实用的风格，随着市场经济的发展，商品包装逐渐被提高到显赫的地位。图书出版也不例外，封面开始出现铜版纸、大开面、精装的形式，发展到现在，亚光铜版纸、进口艺术纸、软面精装纸、布纹纸都只能算是寻常材料，甚至有用高级布料、羊皮等做封面。然而，图书包装的奢侈豪华并不能提升内在品质，有些越是"品相"出众的，其内容注水现象就越严重。除此之外，生活日用品豪华包装、食品豪华包装现象比比皆是。商品注重包装本无可厚非，可以提高其品味，便于使用、保存和收藏。但人为地将注水商品换一身豪华外壳，借以抬高身价、刺激销售却不足取。不可避免地增加消费者的经济负担，严重影响人们健康的消费文化心理。

4.4.5 城市休闲方式的低俗化倾向

如今城市文化生活伴随着高科技的发展而出现急剧变化，其中休闲方式的低俗化倾向令人关注。许多休闲活动不仅内容贫乏，而且品位低下。虽然在所谓搞笑原则、狂欢原则、零痛苦原则等理念的支配下，一些低俗的休闲活动会在一定人群中产生直接的、短暂的快感体验，但是广大民众真正普遍期待的是更高层次的城市休闲方式，因为，过度的低俗的休闲活动将导致公众文化品位和生活质量的下降。特别是青少年教育事关文化前途，无论是迪斯尼乐园还是可口可乐和麦当劳，它们都做到了"从娃娃抓起"。"今天的孩子们在肯德基、麦当劳、《哈里·波特》、迪斯尼……的影响下成长，他们正在以一种前所未有的亲昵态度，认同着另一种与他们从未有过血脉之亲的文化"[1]。

今天，越来越多的城市文化生活被情人节、圣诞节所占领。有关专家认为，我们对很多节日的认识还没有上升到延续传统文化的高度。与西方民众庆祝圣诞节的丰富、深入、隆重相比，如今我们很多传统节日从形式到内容都变得单调、乏味。对忙忙碌碌的城市人来说，一些传统节日只剩下遥远的回忆，而对于一些年轻人来说却只记住了"月饼节"、"粽子节"等与食物有关的节日内容。再如，黄金周制度从1999年9月确立至今已经8年，人们对于黄金周早已没有了初始的兴奋。据调查，不少市民或是把休闲当成邀请亲朋好友打麻将的良机，黄金周变成了"麻将周"；或是同事之间你请我邀沉迷酒场，黄金周变成了"醉酒周"。无论是"麻将周"，还是"醉酒周"，都背离了黄金周制度设立的本意，产生了诸多副作用。创新休闲方式，转变休闲观念，成为人们的期盼。只有当更多的人不仅有对休闲的热切需求，也有对休闲文化的丰富理解，把视线拓展到更多的健康文化消费上，文化生活才会过得更加充实。

---

[1] 李舫. 寻找文化中国. 人民日报，2005年2月16日：第4版

4.4.6 城市娱乐活动的商品化倾向

当前文化市场的某些商业化倾向，正无声地吞噬着民族传统文化鲜活的灵魂，影响着青少年一代的健康成长。一些城市的文化市场存在着健康不足，庸俗有余，甚至恶俗盛行的状况。大量内容低劣的所谓娱乐活动、文艺节目、图书报刊，在强劲的利益驱动下，抢市场、占地盘、争时间，供销两旺，泛滥成灾。一些大众传播工具在文艺节目制作过程中，过分迎合收视率、点击率、票房率等指标，导致庸俗低档的节目过多过滥，不伦不类的娱乐垃圾比比皆是。在其影响下，一些人整日里不停地寻求刺激，沉溺于满足私欲的宣泄和狂欢，又有一些人只顾自娱自乐，在娱乐中麻木沉沦，远离天下苍生。这种状况的蔓延造成恶劣的文化环境，以至排斥甚至拒绝优秀的民族的高雅文化。让缺少精神主题，缺少时代气息的文化泛滥成灾，就会造成整个民族文化修养的滑坡。

此外，在城市中越来越多的酒吧、歌舞厅、游戏厅、洗浴中心等场所，由于利益驱动，往往是经营者迎合某些消费者的低级趣味，提供低俗的服务。目前，我国网络市场处于发展的初期，还不够成熟，存在许多不容忽视的问题，调查显示有37.9%的网民将休闲娱乐作为上网的最主要目的，超过了获取信息的目的，其中网络游戏玩家为2340万人[①]。我国青少年中迷恋网络难以自拔或存在严重网瘾倾向的高达613万人。甚至相当多的大学在校生放弃了受教育的机会，投身并陷入网络游戏之中。网瘾不仅仅耽误青少年的学习，更为令人担心的是青少年教育，容易导致缺乏自制能力的青少年深陷其中，不能自拔，甚至出现严重的性格扭曲。这是一场看不见硝烟的战争，已经涉及上千万家庭，成为一个非常严重的社会问题，不能不给全社会敲响警钟。

---

① 根据2005年中国青少年网络协会发布的《中国青少年网瘾数据报告》显示，"青少年中有网瘾的比例高达13.2%，另外有13%的青少年存在网瘾倾向。如果按此计算，目前1833万未成年网民中，仅13～17岁这一年龄段就有近313万人沉迷于网络难以自拔，另外，还有300万人有严重的网瘾倾向"。

城市文化特色存在的突出问题

图4-1 你能分别认出它是哪个城市?
资料来源:清华大学."城市化"与"城市文化"课题综合报告

图4-2 城市主干道破坏历史城区传统风貌
资料来源:北京市规划委员会

图4-3 旧城内穿城而过的城市交通主干道
资料来源:北京市规划委员会

图4-4 新建的"欧陆风"形式政府办公楼

资料来源：北京市规划委员会

图4-5 占地大、耗水多、绿量少的广场绿地

资料来源：北京市规划委员会

图4-6 政府办公楼前的亚洲第一大喷水广场

资料来源：北京市规划委员会

图4-7 颐和园背景环境中的高层建筑

资料来源：北京市规划委员会

图4-8 不断涌现的建筑群逼近故宫

资料来源：北京市规划委员会

图 4-9 历史城区内的大体量建筑物、大规模建筑群

资料来源：北京市规划委员会

图 4-10 历史文化街区中的高层住宅

资料来源：国家文物局

图 4-11 建设中的商务中心区建筑群

资料来源：国家文物局

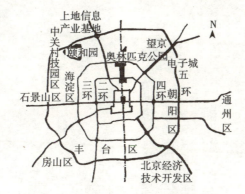

图 4-12 北京市区圈层式扩展示意图

资料来源：任致远. 透视城市与城市规划

文化遗产保护与城市文化建设

图4-13 巴黎历史城区中唯一一栋超高层建筑

资料来源：国家文物局

图4-14 "现代塔林"景观在各大城市中随处可见

资料来源：国家文物局

讽刺城市建设种种弊端的一组漫画

图4-15 文化遗产在地下室保护着呢

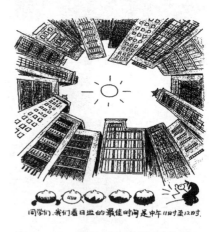

图4-16 我们看日出的最佳时间

图4-17 都市别墅

图4-18 就是砸锅卖铁也要建设标志性建筑

图4-19 千城一面，名"城"实亡

资料来源：张松.历史城市保护学导论

图4-20 我们这里也要建成那样！

城市文化环境存在的突出问题

图4-21 城市历史建筑旁边的洋品牌

资料来源：国家文物局

图4-22 拿什么欢迎来宾?——古都北京、西安(机场广告)

资料来源:国家文物局

图4-23 千篇一律的城市雕塑未能增加文化气息

资料来源:国家文物局

图4-24 传统民居——四合院前的现代雕塑

资料来源:国家文物局

图4-25 "九曲十八弯"——害人的盲道

资料来源:国家文物局

第 5 章

国际社会关于城市文化的探索与实践

人类历史是延续的，是不断发展的，城市作为人类发展的产物，标志着人类进步的程度。城市发展的过程，也是城市文化孕育的过程，城市文化作为不断更新的动态文化，随着城市的不断发展而向前推进。同时，城市文化又是一种强大的力量，深深地熔铸在城市的创造力和凝聚力之中。我们研究国际社会关于"城市文化"的探索与实践，就是为了吸纳城市文化建设的经验，延续城市文脉，同时，以史为鉴，不再重复历史性城市衰落的悲剧。

5.1 共同的理想追求与不同的探索道路

千百年来，人类一直在追求着城市的理想模式。两千多年前的哲人亚里士多德（Aristotle）就曾说过：人们为了活着而聚集到城市，为了生活得更美好而居留于城市。正是这个古老的城市定义，揭示了城市最基本的内涵，也体现出城市的终极目标。纵观人类城市的发展，可以看到，最新的人类文化成果总是产生在城市。无论是西方古希腊、古罗马创造的城市文化奇迹，还是同时代我国春秋战国时期所形成的文化黄金时代，直至近代城市规划学科的形成、现代城市规划思想的产生，城市文化始终引领着城市的发展。

5.1.1 古代理想城市模式的追求与探索

在我国，城市规划具有悠久的历史传统，"当西方城市规划科学尚处于粗放阶段，我国早在公元前11世纪左右，业已建立了一套较为完备的、具有华夏文化特色的城市规划体系"[①]。两周社会的八百年间，是中国封建社会思想和制度的产生、发展和成熟时期。根据历史文献和考古发掘资料，周代的城市建造和建筑活动已经十分活跃，成为社会生活中的重要组成部分，并在总结前代都邑建设经验的基础上，制定了营国制度。《周礼·考工记》是研究中国古代城市规划建设的重要文献。其中关于都城规划叙述有"匠人营国，方九里，旁三门。国中九经九纬，经涂九轨。左祖右社，面朝后市。市朝一夫。"等内容，虽然目前考古发掘成果尚未获得对上述记载的详细证明，但是也有学者推断"如果说不是反映了周初王城建设的大致轮廓，至少也是对周王城一种理想模式的描绘"[②]；其中包括对后世产生重大影响的井田方格网系统规划方法。"大约六个世纪之后，古希腊城市规划专家希波达姆斯（Hippodamus）始创方格网系统规划结构型式，并用来重建希波战争中被毁的城市"[③]。中国传统城市设计理念还反映出人们对美好自然环境的向往，形成了诸如"相土"、"形

---

① 贺业钜. 中国古代城市规划史. 北京：中国建筑工业出版社，1996：3
② 刘叙杰主编. 中国古代建筑史（第一卷）. 北京：中国建筑工业出版社，2003：209
③ 贺业钜. 中国古代城市规划史. 北京：中国建筑工业出版社，1996：3

胜"、"择中"等城市选址与建设思想和"天人合一"、"象天法地"、"辨方正位"等基本理念，与中国特定的地理环境和传统文化紧密结合，总结出一系列人居环境建设理论，反映出尊重自然、讲求实际、具有可持续发展原则的城市文化理念。

　　从西方历史看，古希腊是西方古典文化的先驱、欧洲文明的摇篮。柏拉图（Plato）的《理想国》是西方世界诞生的第一个乌托邦，他希望通过提倡一系列公共美德建立起社会正义和公正。古希腊人对城市的定义是：城市是一个为着自身美好的生活而保持较小规模的社区，社区的规模和范围应当使其中的居民既有节制，又能自由地享受轻松的生活。古希腊早期诸多城市的突出特征是符合人的尺度，以及同自然环境的协调。城市并不追求平面视图上的规整、对称，而是顺应和利用各种复杂的地形，构成生动活泼的城市景观。城市中大量公共活动场所的设立，促进了市民平等、自由和荣誉意识的增长，这里经常组织音乐会、诗歌会、体育竞技和演说等公共活动，浓厚的人本主义氛围对希腊政治、经济、文化、科学、艺术等各个方面的发展起到了极大的促进作用。公元前5世纪，希波达姆斯提出了深刻影响此后西方二千余年城市规划形态的"希波达姆斯模式"，他在所规划的以棋盘式道路网为骨架的城市布局形式中，遵循古希腊哲理，探求几何图像和数字的和谐，以取得秩序和美。这种几何化、程序化的规划方法，虽然确立了一种新的城市秩序和城市理想，但是在形式上表现得过于严谨而呆板，甚至为了构图的形式美而不顾自然地形的多样化存在。

　　古希腊与古罗马两种文化形态之间存在着明显的思想性差异，集中地表现于城市规划理念与建设活动之中。虽然在城市建设、市政技术等方面，古罗马的成就均大大地超过了古希腊，但是古罗马在由共和制转变为君主制的国家扩张过程中，将所积累的巨大财富无度地挥霍到奢华、腐朽的物质生活领域，使人们的精神世界日益世俗化。古罗马将广场塑造成为规模巨大的开敞空间，通过轴线系统建立起壮观的空间序列，从而体现出城市规划中强烈的人工秩序思想。公共浴池、斗兽场、府邸和剧场等实现物质享受的建筑大量出现，凯旋门、铜像和纪功柱等纪念性设施成为城市景观核心。"罗马人的梦想一直是努力将城市造就成一个巨大的、舒适的享乐容器，却在根本上忽视了城市的文化与精神功能，忽视了城市环境所应具有熔炼人、塑造人的特质要求"①。公元前27年，古罗马建筑师维特鲁威（Vitruvius）在《建筑十书》中，对城市选址、城市形态、城市布局等方面提出了精辟的见解，并阐述了城市建设的基本原则，主张一切建筑物都应当恰如其分地考虑"坚固、方便、美观"，奠定了欧洲建筑科学的基本体系。同时，他继承古希腊的哲学思想和有关城市的论述，提出了"理想城市"模式，把理性原则与直接感受结合起来，把理想的美与现实生活的美

---

① 张京祥著. 西方城市规划思想史纲. 南京：东南大学出版社，2005：7

结合起来，强调城市建筑局部与整体之间的比例关系。这些理念对西方文艺复兴时期的城市规划建设有着极其重要的影响。

在东方，中国的城市演变发展过程中，曾经出现过战国迄秦，前唐盛世，明朝前期等三次黄金时代。秦汉开创了影响中国两千年的大一统政治格局，也改变了战国时期诸侯割据混战时期的狭隘的文化观念，而促使统一的文化观念迅速形成。在此期间，丝绸之路的开通、外来佛教文化的传入和道教的出现，进一步丰富了城市文化，扩大了文明的交流，促进了人文精神的觉醒，最终促进了城市文化繁荣。公元7世纪和公元8世纪的唐代都城长安和洛阳，不但是我国的政治、经济中心，而且是文化中心，对世界特别是对亚洲具有重大影响。丝绸之路将中国的丝绸、茶叶、瓷器等源源不断输向中亚和欧洲，同时，大量被称为"西域胡人"的外国人来到各大城市，使文化交流空前活跃。大唐盛世的城市文化不仅体现在建筑、园林、服装、艺术等表现形式上，更体现于它所拥有的丰富文化内涵中。明朝前期在都城规划设计上，无论是南京还是北京，都体现出理想化都城模式的最高水平，既顺应了地理环境的制约，又实现了城市生活的需要。郑和下西洋是中国航海史和外交史上的重大事件，也是地理大发现之前人类征服海洋的壮举，同时带来了城市文化交流中的新体验。除此之外，中国宋代的东京与临安、元代的大都等都是当时居于世界前列的大城市，都拥有为世人所颂扬的城市文化。从不同时代访问过中国城市的外国人的著作中，如唐代日本僧人圆仁所著《入唐求法巡礼行记》、元代意大利马可波罗所著《马可波罗游记》等书籍中，可以看到他们所到之处，不但城市规划先进，景观宏伟壮丽，更体现出中国传统文化中"意蕴美大于形式美"这一区别于外国城市文化的特点。

5.1.2 近代城市规划学科的形成与实践

15至16世纪的文艺复兴，是人类社会思想的伟大变革，也是城市文化精神的全面提升。这一时期所创造的大量典范之作，无论是城市、建筑、雕塑、绘画等等，均构成了人类文化遗产中的重要部分。这一时期，"理想城市"的理论得到发展。建筑师L. B. 阿尔伯蒂（L. B. Alberti）的《论建筑》是文艺复兴时期第一部完整的城市规划与建筑理论著作，表现出对体现秩序、几何规则的"理想城市"形态的追求。另外，菲拉雷特（Filarete）著有《理想的城市》一书，他认为应该有理想的国家、理想的人、理想的城市，他在名著《建筑论说》中阐述了一座理想的文艺复兴城市，对后来欧洲国家许多城市设计都产生过重要影响。V. 斯卡莫齐（V. Scamozzi）设计的理想城市方案中，城市中心为宫殿和市民集会广场，两侧为两个正方形的商业广场，反映了对当时城市文化生活的考虑。16世纪，T. 莫尔（T. More）针对当时英国的封建制度面临解体，城市迅速膨胀，并吞噬周围农村，城市中出现了居住拥挤、卫生条件恶化等问题，提出了著名的"乌托邦"，意为乌有之乡，理想之国，他用它来与当时的社会和城市相对照。

18世纪开始的工业革命导致世界范围的城市化，大工业的建立和农村人口向城市集中促使城市规模不断扩大，城市居住、就业、环境等问题相继产生。人们开始从各个方面研究对策，在这一背景下形成了近代城市学科，出现了形形色色的思想家，他们针对当时社会与城市存在的种种问题提出各自的设想。如法国C.傅立叶（C. Fourier）提出的理想社会的基层组织单位为"法郎吉"，以社会大生产替代家庭小生产。英国R.欧文（R. Owen）提出了"新协和村"理想方案，把城市建设和社会改造联系起来，重视城市居民的公共生活，提出建立多种新型的公共建筑和设施等，这些都对现代城市学科发展具有深刻影响。

19世纪中叶，法国G. E. 奥斯曼（G. E. Haussmann）主持制定的巴黎改建工程产生较大影响，这项城市规划建设对古老的巴黎实行了一次"大手术"，再次拆除城墙，建造新的环城路，在旧城区里开出许多宽阔笔直的大道，建造新的林荫道、公园、广场。此后，欧美一些城市也纷纷效法。例如W. B. 格里芬（W. B. Griffin）的堪培拉规划，将"激动人心"的巴洛克式规划和古典主义构图结合在一起，追求具有强烈秩序感的城市景观，但在城市功能上却很少考虑市民居住和就业的要求。

针对工业化快速发展时期，城市建设忽视空间艺术性的状况，奥地利建筑师C.西谛（C. Sitte）于1889年出版了著名的《建设艺术》一书，提出了城市建设的艺术原则，主张通过研究古代的作品以寻求"美"的因素，来弥补当今艺术传统方面的损失，从而建立起丰富多彩的城市空间，并实现与人的活动空间的有机互动。他反对工业社会中以超人的尺度来设计城市，主张城市环境应容纳人的个性，呼吁向自然学习、与环境合作。强调"自然而然、一点一点生长起来的"城市，比在图板上设计完了之后再到现实中去实施的城市，更符合人们的视觉与生理感受。他关于城市形态的研究，在欧美产生了广泛的影响，也为近现代城市设计思想的发展奠定了重要的基础。

19世纪末欧美许多城市，针对日益加速的郊区化趋向，为恢复市中心的良好环境和吸引力而进行景观改造活动。1893年美国芝加哥为纪念美洲发现400周年举办世界博览会，在总规划师D. H. 伯汉姆（D. H. Burnham）的主持下，湖滨地带修建了宏伟的古典建筑、宽阔的林荫大道和优美的游憩场地，使人们看到了宏大的规划对美化城市景观的作用，影响所及，在美国掀起了"城市美化运动"，并在欧洲大陆广泛传播。"城市美化运动"的目的是期望通过创造一种新的物质空间形象和秩序，以恢复由于工业化的破坏性发展而失去的城市景观与和谐生活，来创造或改进社会的生存环境。这些物质规划和城市设计虽然反映了人们对美好环境的渴望和追求，但是从实际效果来看，这种单纯追求城市景观的规划有很大局限性。"E. 沙里宁就说，这些城市美化工作对解决城市的要害问题帮助不大，因为并不能为城市整体提供良好的居住和工作环境"①。

当人类即将跨入 20 世纪时，城市在全世界得到了较快的发展。此时，英国社会活动家 E. 霍华德（E. Howard）第一次将观察城市的目光投射到城市之外的周边区域，提出了"田园城市"的设想。他在 1898 年出版的《明日，一条通向真正改革的和平道路》一书中认为田园城市是为健康、生活以及产业而设计的城市，它的规模能足以提供丰富的社会生活。他倡导一种全面社会改革的思想，提出用城乡一体的新社会结构形态，来取代城乡分离的旧社会结构形态，他认为"城市和乡村的联姻将会迸发出新的希望、新的生活、新的文明"，融生动、活泼的城市生活优点和美丽、愉悦的乡村环境为一体的"田园城市"将是一种"磁体"。他认为"社会变革"对城市文化的塑造，包括物质的或精神的，均非一朝一夕之举，应该是永远的追求。他所提倡的"社会城市（social city）"实际上开创了区域规划、城乡结构形态、城市体系的探索，开始了围绕旧城中心建设卫星城、用快速交通联系旧城与新城等新的规划模式的思考。

5.1.3　现代城市规划思想的产生与争论

20 世纪初，西方国家经历了一系列的艺术改革运动，试图对自西方古典文化诞生以来不断发展完善的传统文化进行全面、彻底的改革，范围包括哲学、美学、文学、艺术、建筑等所有城市文化所涉及的领域。在以"现代艺术运动"为代表的思潮影响下，继后印象主义之后，城市中又涌现出大量诸如立体主义、野兽主义的作品。意大利文学家 F. T. 马里内蒂（F. T. Marinetti）于 1909 年在巴黎《费加罗报》发表《未来主义宣言》，表达了对工业化、机器主导社会的向往，认为"工业社会的城市图景远比传统的任何绘画都要美得多"。意大利建筑师 A. 圣泰利亚（A. Sant'Elia）于 1914 年发表了著名的《未来主义建筑宣言》，认为今后的城市景观必须与旧的城市形式完全决裂，而以高度集聚的城市景观作为城市的基本特征。他主张未来的城市将由摩天大楼和高架多层交通系统组成，新的功能造就新的形式，新的形式代表新的生活方式，因此，历史和传统对于未来城市的规划和发展都毫无借鉴作用。"未来主义运动"以机械为未来的审美中心，主张与传统决裂的思想方法，对现代主义规划与建筑的产生具有深刻影响。1925 年 B. 墨索里尼（B. Mussolini）提出改造罗马城市的方案，扬言要将"新罗马"建设成为一个"大理石的城市"。这个方案粗暴地在古罗马的历史中心开辟了宽阔的大道，严重毁坏了传统的城市格局和风貌。

这一时期，城市内部结构发生的根本性变化，促使人们从理论上研究城

---

① 吴良镛. 城市规划. 中国大百科全书·建筑　园林　城市规划. 北京：中国大百科全书出版社，1988：17

市的功能和城市规划的任务。英国社会学家 P. 盖迪斯（P. Geddes）倡导综合规划的概念，把城市看成是一个社会发展的复杂统一体，其中人与人、人与周围的环境以及他们的生活方式都具有有机联系。强调城市规划不仅要注意研究物质环境，更要重视研究城市文化传统与社会问题，以及更为广义的城市科学，要把城市的规划和发展落实到社会进步的目标上来。他把生物学、社会学、教育学和城市规划学融为一体，创造了"城市学"的概念。在1915年出版的《城市之演进》一书中，他把城市看成人类文明的主要"器官"，把环境看成是多种元素的一种构成物，是在不同地址上人类进行多种活动的场合。他提倡"区域观念"，认为城市规划师首先要"学习、了解、把握"城市，然后再"判断、诊治或改变"城市，他主张城市规划要以居民的价值观念和意见为基础，尊重当地的历史和特点，避免大拆大建。他认为城市规划不仅是地点规划或工作规划，如想取得成功，必须是人的规划，应关注城市中广大居民的生活条件，强调规划是教育居民为自己创造未来环境的宣传工具。他指出人类社会必须和周围的自然环境在供求关系上相互取得平衡，才能持续地保持活力。

在中国，从19世纪末到20世纪初，一些有识之士努力从不同角度进行城市文化的理论探讨与实践探索。从张之洞实施"湖北新政"、张謇经营南通，到哈锐经营天水、卢作孚建设北碚，这些都是中国城市早期现代化历程中有典型文化意义的案例。而它们的共同之处在于"是中国人基于中国理念，比较自觉地、有一定创造性地、通过较为全面的规划、建设、经营的有代表性城市"。特别是清末状元张謇在家乡南通兴实业、办教育，创造性地开展城市建设，领时代潮流，开风气之先，影响及于全国。当时的南通是一座各项事业全面推进的城市，建设成果涵盖了生产、生活、文化、教育等诸方面内容。在濠河畔兴建的博物苑，成为今天中国博物馆百年事业的骄傲。从城市建设的价值取向来看，南通是一座充满人文关怀的城市。"张謇比较自觉地将城市文化、古代光辉的社会与伦理思想作为城市发展中重要原则，其中国文化、东方哲学思想与方法论的底蕴随处可见"[①]。

随着工业化社会的快速发展，20世纪初世界人口以及城市人口都呈现出几何级数增长的态势。这一时期也正是西方国家城市化高速发展的阶段，大量人口聚集于城市，导致大规模的城市建设发生，为了满足急剧膨胀的居住、就业、交通等空间需求，人们开始探索新的体系与方式。现代主义规划与建筑应运而生。现代主义规划与建筑从诞生伊始就呈现出功能主义特征。强调功能是全部设计的中心和目的，而不应该以形式作为设计的出发点，即"形式服从于功能"的原则。同时，在形式上提倡简单的几何造型与非装饰性，即"少就是多"的原则。在建设方式上，主张标准化、模块化的原则，依靠现代技术的支撑。法

---

① 吴良镛. 张謇与南通"中国近代第一城". 城市规划, 2003（7）：9

国建筑师 L. 柯布西耶（L. Corbusier）于 1923 年出版了论文集《走向新建筑》，认为最代表未来的是机械的美，未来世界基本应该是按照机械原则组织起来的机器的时代，房屋只是"居住的机器"。他希望利用现代设计来为社会稳定做出贡献，利用设计来创造美好社会的理想，表现出了一种非常典型的现代主义思想。

这一时期，一些建筑师在城市结构和形态方面也进行了较多探索，努力寻求最佳的模式。有人认为城市宜集中建设，其代表人物是 L. 柯布西耶，他于 1922 年在《明日的城市》中主张充分利用技术成就，建造高层高密度的建筑群，使城市集中发展，以求得最好的生活环境和最高的工作效率，这种思想被称为城市集中主义。他提出一个 300 万人口的城市规划方案，设想城市中有可以应用现代交通工具的整齐的道路网，中心区有摩天大楼，外围是高层和多层楼房，高楼之间有宽阔的绿地。也有人主张城市宜分散建设，其代表人物是美国建筑师 F. L. 赖特（F. L. Wright），他目睹城市化进程中的诸多问题，1932 年在《正在消失的城市》一书中提出了"广亩城市"的纲要，认为城市应与周围的乡村结合在一起，平均每公顷居住 2.5 人，被称为城市分散主义。以上这两种城市模式影响甚广，也引发了长期的不同观点的争论。

5.2 从《雅典宪章》到《马丘比丘宪章》

从 1933 年的《雅典宪章》到 1977 年的《马丘比丘宪章》，历经 44 年，在这一过程中，城市规划从注重物质形态规划的功能理性思想，逐渐转变为注重城市人文生态功能的理念，呈现出良好的发展趋势。通过对两个宪章的比较，可以概括出城市规划发展的若干趋势，例如由单个城市规划走向区域规划；由单纯物质规划走向综合规划；由静态规划走向动态规划；由政府规划走向公众参与规划。

5.2.1 "功能城市"的宣言：《雅典宪章》

1928 年 L. 柯布西耶与 W. 格罗皮乌斯（W. Gropius）、A. 阿尔托（A. Aalto）等建筑师发起成立了国际现代建筑协会（CIAM）。该组织认为：建筑是人类的基本活动，同人们生活的变化和发展密切相关。1933 年国际现代建筑协会召开第 4 次会议，主题是"功能城市"，通过了由柯布西耶倡导并亲自起草的《雅典宪章》。该宪章依据理性主义的思想方法，对当时城市发展中普遍存在的问题进行分析，重点研究了现代城市在居住、工作、游憩和交通"四大功能"方面的实际状况和缺点，提出了改进的意见和建议。即从功能分析出发，用"功能分区"的观念规划城市，并指出城市的四大功能要协调地发展，在发展的每个阶段中要保持各种功能之间的平衡。其核心是提出了功能主义的城市规划思想,并把该宪章称为"现代城市规划的大纲"。

《雅典宪章》产生的背景是西方发达国家的工业革命已经发展到了顶峰,城市化快速发展中的种种弊端,引发了综合"城市病"的产生并愈发恶化。由于该宪章的规划思想,对于解决当时城市中出现的一些问题具有较强针对性,引起了国际社会的普遍重视。其中最突出的内容就是城市的"功能分区"思想,而且对以后的城市规划发展影响也最为深远。由于这一思想是建立在"物质空间决定论"的基础之上,期望通过对城市活动进行分解,划定不同功能分区,然后再通过一个简单的"模式"和交通系统的连接作用,将已分解的功能分区重新结合在一起,从而复原成一个完整的、秩序的城市。但是,随着实践的发展,人们逐渐认识到,对于复杂的城市系统,不进行深入地剖析,仅仅用功能分区作机械的、简单化的处理,反而会导致忽视人的生活复杂性等新问题。事实证明,《雅典宪章》并没有能够有效地解决现代城市的种种问题,其根源在于对"功能城市"的过分强调。

现代城市规划受到传统建筑学思维方式和方法的深刻影响,认为城市规划就是要描绘城市未来的终极蓝图,并且期望通过城市建设活动的不断努力而达到理想的空间形态,这是一种典型的物质空间规划思想。这一点在 L. 柯布西耶主持的昌迪加尔规划,以及 L. 科斯塔(L. Costa)主持的巴西利亚规划中得到充分表现。昌迪加尔于 1951 年开始规划建设,是现代城市规划运动中完全按照图纸实施的第一个城市。其城市空间具有超人的尺度,并曾以其布局规整有序而得到了广泛的赞誉,即"在以喜马拉雅山为背景的高原之上形成了一座纪念碑式的城市景观"。但是,随之却出现了严重的社会问题。由于人为地将西方文化理念强加于东方民族传统文化之上,而导致严重脱离国情;过于生硬的宏大布局,导致城市空间环境冷漠;刻意追求功能分区,导致社会阶层分化等等,是现代主义城市规划无视具体地点、具体环境、具体人文背景问题的集中暴露。巴西利亚于 1956 年开始规划建设,并在非常短暂的时间内完全按照规划建成。城市建设追求理性、秩序和象征意义,注重功能分区和机动车交通。城市总平面模拟飞机的形象,象征一个高速腾飞的发展中国家首都;机头为国会、总统府和最高法院组成的三权广场,长约 8 公里的"机身"是城市交通的主轴,其前部为宽 250 米的纪念大道,两旁配有政府、议会等高层建筑群;两侧为沿着湖畔展开的长约 13 公里的机翼,布局为商业区、住宅区、使馆区;飞机尾部是文化区和体育运动区等。这一规划是功能城市的《雅典宪章》在城市建设中最忠实的实践。但是城市建成以后,当人们置身其中,感到城市形象过于刻板,夸大的空间尺度缺乏亲和感,忽视了人们的心理感受,甚至不惜以牺牲生活的实际需要为代价,追求物理性功能及视觉功能。

5.2.2 对现代城市规划理论的挑战与反思

20世纪40年代，城市规划学家E. 沙里宁（E. Saarinen）在对城市形象进行分析研究的基础上提出"城市设计理论"，要求把物质环境设计放在社会、经济、文化、技术和自然条件之中加以考虑，以创造满足居民基本生活需要的良好环境。他于1942年在《城市：它的生长、衰退和将来》一书中认为，城市与自然界的所有生物一样，都是有机的集合体，因此城市规划建设所遵循的基本原则也应与此一致。有机疏散的城市结构既要符合人类聚居的天性，便于人们过共同的社会生活，感受到城市的脉搏，而又不能脱离自然，使人们居住在一个兼具城乡优点的环境中。在他的规划思想中，城市是一步一步逐渐离散的，新城不是"跳离"母城，而是"有机"地进行着分离运动，即不能把城市的所有功能都集中在市中心区，而应实现城市功能的"有机疏散"，多中心地发展。他认为城市如同一本打开的书，从中可以读出市民们的文化气质和抱负，这种文化气质也是决定城市之间差异性的重要方面。

在中国，自1927年建立第一个建筑专业①以来，建筑专业教育基本上属于巴黎美术学院体系，即重艺术，重建筑样式，就建筑论建筑等。1929年朱启钤先生创建中国营造学社，集合一批志同道合人士，以宋《营造法式》和清工部《工程做法则例》作为两部"文法课本"，在现代建筑学、美术学和文献学的基础之上，开展中国古代建筑研究工作，并取得了辉煌的成就。1945年，梁思成教授认识到过去建筑教学体系的保守，有志于进行改革。1947年，他从美国讲学、考察建筑教育回国后，开始倡导"体形环境论"（physical environment），对建筑学的教育改革形成较为完整的设想。他指出："近余年来从事于所谓'建筑'的人，感觉到已往百年间，对于'建筑'观念之根本错误。由于建筑界若干前进之思想家的努力和倡导，引起来现代建筑之新思潮，这思潮的基本目的，就在为人类建立居住或工作时适宜于身心双方面的体形环境。在这大原则大目标之下的'建筑'观念完全改变了。""以往的'建筑师'大多以一座建筑物本身，忘记了它与四周的联系；大多只为达官、富贵的高楼大厦和只对资产阶级有利的厂房、机关设计，而忘记了人民大众日常生活的许多方面；大多只顾及建筑的本身，而忘记了房屋内部一切家具，设计和日常用具与生活和工作的关系。换一句话说，就是所谓'建筑'的范围，现在扩大了，它的含意不只是一座房屋，而包括人类一切的体形环境"②。

在20世纪60年代，国际上一批以社会学家为主体的学者，开始关注到复杂的社会文化问题对城市发展的深刻影响，对自上而下的规划提出挑战，认识到

---

① 1927年，在南京国立第四中山大学设立建筑工程科，次年更名国立中央大学建筑系。
② 吴良镛. 人居环境科学导论. 北京：中国建筑工业出版社，2001：155～156

城市更新政策表面上为了解决城市历史中心的环境问题、改善穷人的生活，事实上是地产商牟利的工具，把穷人赶出城外。他们从人文生态学、社区、邻里等角度阐述了对城市规划建设的新的认识，美国城市理论家 L. 芒福德（L. Mumford）于1961年出版了《城市发展史》一书，强调"城市的主要功能是化力为形、化能量为文化、化死的东西为活的艺术形象、化生物的繁衍为社会创造力"①。他始终认为城市中人的精神价值是最重要的，而城市的物质形态和经济活动是次要的，认为"储存文化、流传文化和创造文化，这大约就是城市的三个基本使命"。他在"世界城市的文化功能作用"一节中进一步指出"那种巨大浩瀚，那种对历史和珍品的保持力，也是大城市的最大价值之一"。"城市有包涵各种各样文化的能力，这种能力，通过必要的浓缩凝聚和储存保管，也能促进消化和选择"②。

就在同一年，J. 雅各布斯（J. Jacobs）的《美国大城市的死与生》问世。她大力抨击"现代城市规划和建筑设计正统理论"的三个主要类型：一是认为 E. 霍华德的"花园城市"理论，"创立了一套强大的、摧毁城市的思想"，"特别是，他一笔勾销了大都市复杂的、互相关联的、多方位的文化生活"③。二是针对 L. 柯布西耶提倡的"垂直城市"，这种被浪漫渲染的城市由摩天大楼、高架桥、绿色公园构成。她讽刺此等设计除了"制度化、程式化和非个性化"以外，毫无价值。三是针对 D. H. 伯汉姆的"城市美化运动"，"城市美化运动的目的是建立城市标志性建筑"。主要内容是在大城市建设诸如市政中心、文化中心、大型纪念碑、城市广场等。她认为这些建筑大部分把城市的"某些文化或公共功能建筑分离出来，消除其与日常城市的联系，"鹤立鸡群却大而无用。J. 雅各布斯建议一种新的城市重建原则。她提出要增加城市人口的多样性、密度和活力，营造能够聚集各种人群和活动的空间，并列出了一个生气勃勃的城市在形态上的四个要点，即"用途混杂、街区小、路网密，不同年代、环境和用途的建筑物并存以及建筑密度高"。

随着人类社会对人文、社会、环境因素的日趋重视，人们逐渐认识到，城市规划建设所要解决的实际问题并不仅仅是唯一、确定的物质对象，它还是活生生的城市社会、丰富的城市文化生活。现代城市规划思想受到了越来越多的怀疑与批判。在付出了一系列惨痛教训和代价之后，人们普遍认为现代城市规划，对城市的认知只停留在纯粹的物质空间层面，而对各种丰富多彩的社会现实却不予理睬。由于过分追求理性、庄严与构图完整，而否认城市日常活动所需要的流动和连续的空间。致使那些明确的功能分区、巨大的公共社区、超凡

---

① ［美］刘易斯·芒福德. 城市发展史——起源、演变和前景. 宋俊岭，倪文彦译. 北京：中国建筑工业出版社，2005：582
② ［美］刘易斯·芒福德. 城市发展史——起源、演变和前景. 宋俊岭，倪文彦译. 北京：中国建筑工业出版社，2005：574
③ ［加］J. 雅各布斯. 美国大城市的死与生. 金衡山译. 南京：译林出版社，2005：16~18

的街道尺度、"纪念碑"式的建筑群等，像"一种陌生的形体强加到有生命的社会之上"，并不符合城市动态的演进发展与人们现实的生活需求。又由于很多城市建设行为只是为了展示政绩与财力，或者将建筑仅仅看作是功能机器，将城市仅仅看作是物质产品，而对文化、社会和传统缺乏考虑，造成对城市历史中心进行几乎全部推倒重来的改建规划，更丧失了城市的历史渊源和人文生气。

5.2.3 城市人文生态理念的构建与发展

20世纪50年代，希腊建筑师C.A.道萨迪亚斯（C.A.Doxiadis）创立了"人类聚居学"理论，着重研究人与环境之间的相互关系，强调把人类聚居作为一个整体，从政治、经济、社会、文化、技术等各个方面，全面地、系统地、综合地加以研究，而不是像城市规划学、地理学、社会学那样仅仅设计人类聚居的某一部分、某个侧面。他认为人类聚居是一个综合体，由自然、人、社会、建筑、支撑网络等五项元素组成，而涉及人类聚居问题的学科可归纳为五个基本方面，即经济学、社会科学、政治行政学、技术学科、文化学科。他还按规模大小把人类聚居分成15级层次单位，这些单位上下互相联系构成人类聚居系统，要想解决各层次中的问题，必须对整个系统进行研究[1]。同时，人类聚居学以研究人的需要为第一出发点，判断一个聚居的好坏首先要评价它满足人类需要的程度。关于文化，他认为"应当尽可能地保存现有聚居中所具有的地方文化和传统价值"，"对于东方国家的聚居来说，最大的问题是，在毫无准备的情况下西方文化和科学技术大量涌入，导致了现代技术与地方传统文化的冲突，这样东方的聚居文化就有可能连同文化一起消亡的危险"[2]。

1954年，现代建筑师会议中的第10小组（Team10）提出以人为核心的"人际结合"思想，指出要按照不同的特性去研究人类的居住问题，以适应人们为争取生活意义和丰富生活内容的社会变化要求。其中的代表人物史密森（Smithson）夫妇提出"簇群城市"（Cluster city）的概念，这种城市的发展充分体现了流动、生长、变化的思想。他们认为城市需要固定的记忆，并应该以此作为城市发展变化评价的基准参照，每一代人仅能选择对整个城市结构最有影响的方面进行规划和建设，而不是重新组织整个城市。1960年，K.林奇（K.Lynch）出版《城市意象》一书。认为城市美不仅要求构图与形式方面的和谐，更重要的是来自于人的生理、心理的切实感受，因此他将城市分散为可感受的各种空间特征，建立了"城市认知地图"概念，强调要通过路径（Path）、

---

[1] 后来，C.A.道萨迪亚斯在《建设安托邦》一书中又把15级单位归并为10个层次，即家具、居室、住宅、居住组团、邻里、城市、大都市、城市连绵区、城市洲、普世城等。

[2] 吴良镛. 人居环境科学导论. 北京：中国建筑工业出版社，2001：270

边界（Edge）、区域（District）、节点（Node）、标志（Mark）来组织人们对城市的意象体系。

1965年，C. 亚历山大（C. Alexander）在《城市非树形结构》一文中，反对把城市各组织层次的等级看成"树形结构"的传统理念，而提出实际的城市生活是交织在一起、互相重叠的"半网状结构"（Semi-lattice）。而大规模改造所采用的统一形体规划否定了城市文化价值。他认为"不应当把城市当作一系列的组成部分拼在一起来考虑，而必须努力去创造一个综合的、多功能的环境"。1966年，R. 文丘里（R. Venturi）的文章《建筑的复杂性和矛盾性》发表，被认为是后现代主义城市规划思想诞生的标志。后现代主义城市规划思想倡导对城市深层次的社会文化价值、生态环境和人类体验的发掘，呼吁城市为了保持它的持久魅力，必须实现历史的延续，返璞一种被现代主义所割裂的历史情感。

1971年T. L. 舒玛什（T. L. Schumacher）在《文脉主义：都市的理想和解体》中提出文脉主义理论，认为文脉就是人与建筑之间的关系、建筑与城市之间的关系、整个城市与其文化背景之间的关系，它们相互之间存在着内在的、本质的联系。城市规划的任务就是要挖掘、整理、强化城市空间与这些内在要素之间的关系。1975年，C. 罗伊（C. Rowe）和F. 考特（F. Koetter）共同著述了《拼贴城市》，认为城市的生长、发展应该由具有不同功能的部分拼贴而成，强调"以小为美"的原则和"居民意象拼贴决定论"，采用多元内容的拼合方式，构成城市的丰富内涵，使之成为市民喜爱的"场所"，认为这样城市才有生机与活力。

5.2.4 《马丘比丘宪章》对功能城市的反思

20世纪70年代，西方国家经历了平稳高速的经济增长期，社会呈现出了竞相发展的氛围。但是许多城市单纯强调以经济增长为本，追求财富的积累，致使人口过度膨胀、土地过度承载、居住条件恶化、文化设施稀少、出现了一系列"现代城市病"。城市化的加速发展和快节奏的生活方式，也对人们的心理状态和精神生活产生很大压力。如何振兴城市经济与文化，继续成为许多国家，尤其是西方国家关系经济社会发展的重要问题。特别是石油危机的出现，更加剧了西方城市的危机。同时，由于系统论、信息论、控制论三门学科的发展，交叉科学、边缘科学的建立，深刻广泛影响着人类自然、社会科学发展的一切领域，不少学者对解决城市问题开展了更加深入的研究。

1977年一些国家的建筑师、规划师、学者和教授在秘鲁首都利马集会，签署了具有宣言性质的《马丘比丘宪章》。该宪章摒弃了功能理性主义的思想基石，宣扬社会文化论的基本思想，强调物质空间只是影响城市生活的一项变量，而且这一变量并不能起决定性的作用，真正起决定性作用的应该是城市中各类人群的文化、社会交往模式和政治结构。与《雅典宪章》认识城市的基本出发点不同，《马丘比丘宪章》强调："一切有价值的说明社会和民族特性的文物必须保护起来。保护、恢复和重新使用现有历史遗址和古建筑必须同城市建设过程结合起来，以保证这些文物具有经济意义，并继续具有生命力"。其核心实质是让历史充满活力，让未来与传统融合。

《马丘比丘宪章》对公众参与也给予了前所未有的高度关注，指出"城市规划必须建立在各专业设计人士、城市居民以及公众和政府领导人之间的系统的不断的互相协作配合的基础上"。该宪章不仅承认公众参与城市规划的极端重要性，而且更进一步"鼓励建筑使用者创造性地参与设计和施工"，提出了"人民的建筑是没有建筑师的建筑"等论断。《马丘比丘宪章》还指出规划的实施应能适应城市这个有机体的物质和文化的不断变化，每一特定城市和区域应当制定适合自己特点的标准和方针，防止照搬照抄来自不同条件和不同文化的解决方案。在建筑设计思想方面指出，现代建筑的主要任务是为人们创造适宜的生活空间，应强调的是内容而不是形式，不是着眼于孤立的建筑，而是追求建成环境的连续性，即建筑、城市、园林绿化的统一。

在我国，吴良镛教授结合人类学的研究以及受 C. A. 道萨迪亚斯的人类聚居学思想的启发，于 1989 年创立了"广义建筑学"理论，提出采用融贯的综合研究基本方法，指出建筑学所包括的内容早已螺旋式地不断发展，大大超过旧建筑学的领域。他认为我们所说的人的要求，包括两个方面：作为"自然的人"，生活要求阳光、空气、水、食物等；作为"社会的人"，人们需要聚居，并构成大小内容不同的社区（Community），要求提供生产、交换、集会、学习、娱乐等等条件的建筑环境。没有这些，就不能促成社会发展。实际上，在"广义建筑学"的研究框架中就包括了解决人们的"物质需求"和"文化需求"的问题。即："我们的研究不能仅满足于房屋——聚落的'空间'以及其'实体'的一方面，还要看到生活于其中的人们的'行为'等。另一方面，还要广泛地汲取人类学、社会学、经济学、美学的观点来深刻理解聚落的多种含义。这样，我们对于聚居问题，就不会满足于形式，还要深究其内容；不满足于现象的观察，还要探索其本质，并持此观点建设实践，这是'广义建筑学'的基本出发点"①。这一理论与《马丘比丘宪章》宣扬的注重城市人文生态功能的理念神韵相通。

5.3 国际社会新的共识与新的行动纲领

回顾近 30 年来国际社会关于城市文化探索的艰难历程，深刻理解文化城市构建的前瞻性实践，分析其中兴衰成败的经验与教训，使城市文化发展路径更

---

① 吴良镛. 广义建筑学. 台北：地景企业股份有限公司，1994：16

加清晰地展现。众多历史性城市凭借着深厚的文化根基，引领着城市文化的发展方向。今天，人们欣慰地看到，人居环境理论不断达成新的共识，文化意识正在迅速觉醒，各国积极调整文化发展战略，文化城市的发展展现出美好前景，这是时代的召唤和神圣的使命，对于这个使命，应该信心百倍而又十分审慎地给予期望。

5.3.1 人居环境科学理论的认知与共识

近半个世纪以来，人类面临越来越突出的生存问题，例如生态环境的退化、地区差异的加大等，各类全球性的问题和相互联系的危机日益尖锐，这已引起各国政府和社会公众的广泛注意，人们开始对工业革命以来形成的传统的发展观念、模式、道路等进行反思。这一时期，第一位引起人们对自然环境予以关注的是 R. 卡森（R. Carson），她于 1962 年在经典著作《寂静的春天》中提醒人们注意这样的事实，即由于对环境脆弱本质和相互依赖的特点认识不足，人类正在以惊人的速度破坏着自然环境。同时，全球化的发展又使世界各国和城市的命运更加紧密地联系在一起。在这样一个社会转型时期，人们开始更加关注人类的未来，其各种思潮均表现出超前性和预测性的特征。"只有一个地球"，每个地区和国家的思考和行动都应当着眼于全球。全球意识日益成为发展中的一个共同取向，这为文化交流、融合带来了前所未有的机遇，同时也出现了种种问题。1971 年罗马俱乐部发表了《增长的极限》的报告，认为地球上人口的增长、工农业生产的增长都应该设定极限，否则地球总有一天难以承受。报告中列举了诸多问题，如人口爆炸、资源枯竭、能源消耗、生态危机等，提出了人类必须转变观念，立即停止掠夺式开发，实行经济的"有机增长"甚至是"零增长"。

1972 年，联合国在斯德哥尔摩召开"人类环境"大会，第一次将环境问题纳入世界各国政府和国际政治议程。会议最终就人类必须保护环境达成一定共识，发表了《人类环境宣言》。1976 年，联合国在温哥华召开了"人类住区"大会。会议所形成的《人类住区温哥华宣言》指出："一个人类住区不仅仅是一伙人，一群房屋和一批工作场所。必须尊重和鼓励反映文化和美学价值的人类住区的特征多样性，必须为子孙后代保存历史、宗教和考古地区以及具有特殊意义的自然区域"。之后，人类环境和文化保护问题更加引起世界范围的重视。

美国未来学者 A. 托夫勒（A. Toffler）1980 年出版了《第三次浪潮》，认为人类已经经历了两次巨大的变革浪潮：第一次是农业革命，第二次是工业革命，而电脑的发明标志着人类进入了第三次浪潮，即信息革命时代，并将从根本上影响人们的生产方式、政治准则、生活方式、社会传统及意识形态等。美国经济学家 J. 奈斯比（J. Naisbitt）于 1982 年出版了《大趋势——改变我们生活的十个新方向》，提出了未来社会的十个发展方向。在诸多学派中，人文主义学派强调城市空间秩序最终是生态秩序的产物,人类社会在生物学和文化的两个层面上被组织,从而发生着类似于生物界的竞争、淘汰、演替等过程。生态主义学派强调城市是一种生态系统,人的生活要从自然界的背景中得到理解。因此人不再是中心,而只是自然界的一个组成部分,人类必须放弃那种认为科学和技术能够解决所有问题的错误想法,变得谦虚、温和与适度。

20世纪末,可持续发展成为人们普遍关注的社会主题。1987年由挪威C. H. 布伦特兰(C. H. Brundtland)夫人领导的世界环境与发展委员会起草的报告《我们共同的未来》提出了可持续发展的概念。报告提出:"可持续发展是既满足当代的需求,又不危及后代满足需求能力的发展"。其内涵包含五个方面的基本原则:发展原则、公平性原则、可持续性原则、主权原则和共同性原则。经过较长时间的探索,联合国环境规划署理事会在1989年通过了《关于可持续发展的声明》,明确了"可持续发展"的思想,这一思想正逐渐成为人类社会的共同追求。1992年里约热内卢"世界环境与发展大会"上又通过了《里约热内卢宣言》和《21世纪议程》两个纲领性文件。我国也把可持续发展作为基本国策之一,于1994年制定并公布了《中国21世纪议程——中国21世纪人口、环境与发展白皮书》。

1993年,吴良镛、周干峙、林志群在分析当时建设事业的形势和问题的基础上,正式提出建立"人居环境科学",着重探讨人与环境之间的相互关系,强调把人类聚居作为一个整体,而不像城市规划学、地理学、社会学那样,只涉及人类聚居的某一部分或是某个侧面。学科的目的是了解、掌握人类聚居发生、发展的客观规律,以更好地建设符合人类理想的聚居环境。"人居环境科学"认为,"人创造人居环境,人居环境又对人的行为产生影响"[①]。从"广义建筑学"到"人居环境科学",在实践上,吴良镛教授从最基本的盖房子做起,后来认识到不能孤立地就建筑论建筑,需要研究城市,于是面向大规模的城市建设,从事城市设计、园林景观和城市规划问题的研究。在这过程中,又逐步认识到必须具备区域观点,试从更大范围内来研究城市,例如对长江三角洲、滇西北、三峡库区,以至于对大北京地区的研究,等等,"其实都不是囿于哪一个学派,而是参考吸取西方建筑思潮,面对中国的现实,以中国的问题为导向,探索未知,逐渐得到初步的结论,在寻求一条有中国特色的道路上始终不渝"[②]。

世纪之交,城市作为一种人居环境,更成为世界关注的焦点。1993年,联合国东京会议称"21世纪将是一个新的城市世纪"。1996年在伊斯坦布尔召开了联合国第二届世界人居大会,起草全球行动计划,提出有关"可持续的人居环境"的论述。会议确定了21世纪人类奋斗的两个主题:"人人有适当的住房"

---

① 吴良镛. 人居环境科学导论. 北京:中国建筑工业出版社,2001:24
② 吴良镛. 八十回顾 一得之愚. 城市发展研究,2002(3):3

和"城市化世界中的可持续的人类住区发展"。会议还明确地指出了人居环境和城市复兴的发展方向，以及保护传统文化和建成环境的多样性。

5.3.2 人类基本需求和生活质量的新追求

长期以来，人类基本需求的定义主要体现在经济物质条件上。上个世纪中叶，文化人类学家 B. 马林诺夫斯基（B. Malinowski），经过对世界各地的文化，尤其是特罗布里恩岛屿居民的文化进行细致研究之后，确定了 7 大"人类基本需求"，即食物、生育、肉体安逸、安全、娱乐、运动，以及人类成长。然而随着时代的进步和社会的发展，人们发现以往的定义忽视了许多根本因素，以及这些因素之间至关重要的关系，因此人们开始思考更加全面、更加完善的人类基本需求的定义，并通过对人类基本需求的新认识，使文化需求成为人类基本需求的重要组成部分，也就是说满足人类基本需求的过程将成为促进文化发展的过程。

近年来，一些专家学者对人类基本需求的问题进行了多角度的探索，试图从系统的、整体的、可持续的角度提出新的观点。早在 1988 年，社会理论家 J. 高尔腾（J. Galtung）就在《从人性角度看国际发展》一书中，试图界定"人类基本需求"的内容。他虽然并不否认对于生存而言必然存在一种"最低的物质需求"。但他强烈反对以此作为一种手段使经济需求优先于所有其他需求，因为这带来的可能性便是经济需求将主宰所有其他的需求，并造成过度的经济、商业、技术和物质第一主义的习惯。他认为，如果人类准备继续生存下去，并有效地发挥其社会职能，那么它所拥有的多样化需求也必须引起注意。这些需求中的许多方面必须同时得到满足，而不是按先后顺序加以解决。

1995 年发展理论学家 M. 乌尔·哈克（M. ul. Hap），在《人类发展沉思》一书中认为："发展的基本目的是扩大人们的选择。原则上，这些选择可以是无限的并且可以随着时间的流逝而变化。人们通常看重的成就并不是全都很明显地或者直接地体现在收入或数字的增长上：掌握更多的知识、更好的营养和健康服务、更有保障的生活、对付犯罪和肉体暴力侵害的安全感、享受更多的休闲时光、更多的政治和文化自由，以及更多参与群体活动的愿望。发展的目标在于创造更多的赋能化环境，使人们能够享受长寿、健康和充满创造力的生活"[①]。他在研究中把注意力放在人类需求的满足与发展方面的 4 个关键要素上，即平等、可持续能力、生产率和赋能化。为此他创建了人类发展指数（HDI）代替国民生产总值来衡量人的整体生活标准。国民生产总值的基础是经济指数，

---

① 转引自：[加] D. 保罗·谢弗. 经济革命还是文化复兴. 高广卿，陈炜译. 北京：社会科学文献出版社，2006：245

如收入，并以此作为人们生活标准的唯一决定因素，而人类发展指数则除了收入之外还包括了寿命和知识，以此来衡量人的生活标准。今天，人类发展指数已经被越来越多的国际组织，用于评估人们的生活标准和城市中市民的生活满意度。

文化学者 D. P. 谢弗（D. P. Schafer）于 2004 年在《经济革命还是文化复兴》一书中指出："我们得到的结论正是人们通常所谓的'畸变危机'或者'富足中的精神贫穷'。生活在'发达国家'中的人们已经发觉，高水平的收入、财富、消费和物质主义并非保障精神满足和幸福生活的必需品。事实上，人们拥有的生活消费品和物质财富越多——以及人们参与经济生活越多——他们越发现自己在精神、知识、感情和宗教需求方面越贫穷和匮乏，而这些需求对于幸福和健康的生存而言是必需的。""从这一观点上讲，如果要使人类的幸福和福利得到保障，那么我们就必须小心谨慎地处理好经济、商业、技术和物质机会与社会、美学、教育和精神机会之间的融合、互补和平衡"①。

由此人们进一步认识到，要解决形式多样、表现各异的所有的人类需求而不考虑追求文化生活质量是根本不可能的。在人类社会成长过程中，文化始终体现出对生活质量的关心，而对实现更高生活质量的关注程度远远高于对物质需求的关注。尽管增加收入、创造财富和享受娱乐等是决定生活质量的重要因素，但是如果要过上更高质量的生活，就需要更多的内容。通过对人类基本需求的探讨，人们清楚地看到了文化生活质量的意义。其中的关键在于要在生活的物质和非物质或者数量和质量等维数之间，取得一种和谐的平衡。"历史的和现时的经验还表明，过多数量的物质财富带来的是巨大的压力、紧张、异化、失望，并且令人缺乏满足感。这是因为大量的财富只能带来短暂的而不是持久的幸福，因此，令人无法获得生活真正的幸福感和满足感"②。这就必然要求人们能够用丰富的知识、高度的智慧，构成一种内容多样的、相互关联的，并且富于文化意义的整体状态，只有通过文化才能把生活的数量和质量，或者物质和精神等因素巧妙地融合在一起，并建立起平衡和协同关系。因为，无论是一个国家还是一座城市，缺乏文化带给人们的愉悦，便不能真正提高生活的质量，也不能使人们发挥出应有的潜力。

5.3.3 "文化多样性"格局的坚守与维护

人类进入现代社会以来，越来越多的国家意识到，文化疆域里有一场不见

---

① ［加］D. 保罗·谢弗. 经济革命还是文化复兴. 高广卿，陈炜译. 北京：社会科学文献出版社，2006：207，248
② ［加］D. 保罗·谢弗. 经济革命还是文化复兴. 高广卿，陈炜译. 北京：社会科学文献出版社，2006：207，250

硝烟的战争。国家的安危不仅仅系于城池的得失，更涉及文化的存在方式与制度、共同的语言和文字、共同的艺术和道德、共同的传统和理念，这是社会发展和国家进步的最宝贵资源。联合国教科文组织长期以来积极呼吁各国要尊重不同社会、不同民族和不同种族之间的文化差异和传统，以避免他们的传统文化被全球化浪潮淹没。1989年在科特迪瓦举行的联合国教科文组织"人之思想中的和平"国际大会上首次提出了"和平文化"（Culture of peace）的概念。"和平文化"从其内涵到外延都有着极其宽泛的概念，要真正实现"和平文化"这一任务，就必须与人类文化的可持续发展结合起来。

目前，全球化浪潮正在席卷全世界，各个城市都在这一进程中努力寻找自己在未来世界城市格局中的地位。在各种理论研究中，S. P. 亨廷顿于1993年发表的《文明的冲突?》一文是最富争议的国际关系理论。关于文化和文明的区别，S. P. 亨廷顿认为，文明被看作是一个文化实体，他以"文明"或"文化"的差异及冲突作为理解世界格局的范式，认为人类之所以有差别是因为"文化"而非因"种族"，"文明的冲突取代了超级大国的竞争"[1]。他指出："在后冷战的世界中，人民之间最重要的区别不是意识形态的、政治的或经济的，而是文化的区别"。多年来，国际社会对S. P. 亨廷顿的文明冲突理论褒贬不一，不少学者提出了质疑甚至批判。

目前世界上众多的国家转向对自己的历史和传统的尊重，寻求自己的"文化特色"，试图在文化上重新自我定位，已经成为国际社会发展的一个重要趋势。S. P. 亨廷顿也认为：对于世界城市发展来说，文化也将会逐渐取代意识形态和经济因素，成为区分城市之间差别的最根本的因素。如果说现阶段世界各城市之间的竞争，首先是城市功能和经济地位的竞争，那么，未来世界各城市之间的竞争，必然是文化的竞争。S. P. 亨廷顿敏锐地看到了文化因素在塑造全球政治格局的核心作用，却错误地指出文明的冲突将不可避免。这是他的理论局限，也是西方文明历史逻辑的局限。实际上，重倡文明对话，很大程度产生于对"文明冲突论"的反驳。

1994年10月，就在《文明的冲突?》发表一年之后，由20多个国家知名人士组成的全球治理委员会通过了《天涯若比邻》报告，呼吁"建立一种新的文明对话"，表明"文明的冲突"不仅可以避免，而且文明是可以和解的，是可以共容的。1995年5月，一些亚洲和欧洲国家的学者，在罗马尼亚举行第二次"锡纳亚对话"，提出"不同文明中心"的对话和交流。同年10月，德国总统赫尔佐克（R. Herzog）发表了"以文化对话代替全球文化战争"的讲演。2000年9月在联合国千年首脑会议前夕，许多国家元首和著名学者参加了不同文明对话圆桌会议，会议通过的《联合国千年宣言》指出："人类有不同的信仰、文化和语言，人与人之间必须相互尊重。不应害怕也不应压制各个社会内部和社会之

---

[1] 亨廷顿. 文明的冲突与世界秩序的重建. 北京：北京新华出版社，1998：4~7

间的差异，而应将其作为人类宝贵资产加以爱护。应积极促进所有文明之间的和平与对话文化。"由联合国倡导和推动的文明对话，是人类文明史和国家关系史上的重要里程碑之一。

在国际竞争、信息共享、技术趋同的社会背景下，世界各国越来越认识到民族文化多样性和丰富性正在受到严重威胁，各个城市的文化传统都在随着时间的推移发生着变化，这些变化包括一些文化的兴盛和衰亡。人们普遍认识到保持文化的多样性是全人类的共同责任。各国积极参与文化保护的双边和多边会谈，以对抗全球文化均质化的威胁。随后各类国际会议相继展开，旨在讨论和呼吁加强对各国和各民族传统文化的保护。1992年的世界环境与发展大会在《21世纪议程》中首次提出"文化多样性"的概念。1995年联合国教科文组织出版的《我们的文化多样性》的报告中指出：世界上的许多历史城市，居民来自不同区域、不同国家、不同种族。文化多样性丰富了"城市"的含义，从广义上来讲，也是一种生物多样性。

2001年11月，联合国教科文组织第31届大会通过了《世界文化多样性宣言》，表明了该组织对此问题的重视。该宣言被世界众多国家认为是联合国教科文组织所倡导的新的道德标准，也可以说是一个创造性的法律性标准。宣言将文化多样性视为"人类的共同遗产"，认为它"对人类来讲就像生物多样性对维持生物平衡那样必不可少"。2002年9月，在约翰内斯堡召开的联合国"可持续发展首脑会议"上，法国总统 J. 希拉克（J. Chirac）提出，文化是"与经济、环境和社会并列的可持续发展的第四大支柱"。会议形成的宣言中指出："文化多样性是人类的集体力量，在可持续发展思想体系中具有重要价值"。2005年10月，联合国教科文组织第33届大会通过了《保护和促进文化表现形式多样性公约》，这一国际公约的诞生是对经济全球化的逆向思考的结果。

5.3.4　各国文化发展战略的调整与更新

文化发展战略和文化政策是推动国家和城市文化发展与建设的重要举措。从国际发展背景来看，1982年联合国教科文组织在墨西哥城召开"世界文化政策大会"，把推动文化发展作为各国政府面临新世纪应当做出的承诺。联合国教科文组织成员国对文化采纳了下列定义："现在可以说，文化是由表明一个社会或者社会团体特点的各种独特的精神、物质、理智和情感特征所组成的一个整体。它不仅包括艺术和文学，而且包括生活方式、人的基本权利、价值系统、传统和信仰"[①]。世界文化发展十年委员会和世界文化与发展委员会分别于1989年和1993年由联合国教科文组织和联合国成立，其宗旨是研究文化在全球发展

[①] 联合国教科文组织. 墨西哥文化政策宣言——总结报告. 巴黎：联合国教科文组织，1982：第4部分：41

和人类事务中所具有的关键作用，以及为文化发展和政策制定系统的、可持续的和有效的方案。

世纪之交，世界各国纷纷将制定文化发展战略和文化政策提到政府的议事日程。"近年来值得重视的一个西方城市发展趋向，就是认识到文化在城市发展中的巨大潜力。文化不仅仅是城市发展物质与精神产物的汇集，而且在全球城市竞争中作为发展的动力扮演着越来越重要的角色"[1]。1993年，英国政府以《创造性的未来》为题发表了"国家文化艺术发展战略"。1994年，澳大利亚政府第一次推出了自己的文化政策，制定出以"创造性的民族"为核心的国家文化发展战略。1995年，日本在《新文化立国：关于振兴文化的几个重要策略》的报告中，确立了21世纪的文化立国方略，为加强对文化的领导，设立了文化咨询机构，将文化发展战略作为城市发展战略的核心。意大利政府也积极促使文化政策成为推动国家和城市文化发展的重要举措。

自20世纪90年代以来，科学技术不断进步，经济全球化日益加深。新的一轮全球化被认为是全球文化的"麦当劳化"，文化领域存在着极大的发展不平衡。为此，一些处于相对弱势的发达国家，如加拿大、法国等，率先提出在新一轮WTO文化贸易谈判中应该实行"文化例外"。1998年，联合国文化与发展委员会在斯德哥尔摩举行的"促进发展的文化政策"会议制定了行动方案，"敦促世界各国设计和出台文化政策或更新已有的文化政策，将它们当作可持续发展中的一项重要内容"。1996年的第四届CNU大会签署了《新城市主义宪章》，标志着新城市主义的宣言和行动纲领正式得以确立。新城市主义提出了三个方面的核心规划思想，一是重视区域规划，强调从区域整体的高度来看待和解决问题；二是以人为中心，强调建成环境的宜人性以及对人类社会生活的支持性；三是尊重历史和自然，强调规划设计与自然、人文、历史环境的和谐性。在规划设计方面提倡将多样性、俭朴性和人性尺度等传统价值标准与当今的现实生活环境有机地结合起来。他们提醒人们"与其挖空心思去一味求新、求异，不如把目光转向那些早已存在的、历经时间考验而生命力依旧的东西，去探究蕴藏在其中的持久不变的特质"。

近年来，文化在城市发展、城市生活中的重要性已经得到了充分的认同。随着全球范围内国家、区域、城市间竞争的加剧，从文化层面来认识，进而提升制度的竞争力日益受到人们的高度关注，因而文化被视作为当今世界的"第一竞争力"。目前，越来越多的国家重新审视和思考自己的文化，并采取积极的行动加以推动，使文化政策对国家和城市发展的重要意义形成普遍共识。1999年，英国再次制定了"文化与创新：未来十年"的文化发展规划，提出了"创意英国"的国家文化战略。2000年，新加坡制定新世纪文化发展战略——《文

---

[1] 吴良镛. 总结历史，力解困境，再创辉煌. 国家图书馆编. 部级领导干部历史文化讲座. 北京：北京图书馆出版社，2005：348

艺复兴城市》，提出新加坡将发展"成为一个充满动感与魅力的世界级艺术城市"，目标是"21世纪的文艺复兴城市，即国际文化中心城市之一"。新加坡这个文化战略目标提出的背景在于，相比新加坡的经济已经在全球经济体系中占据一定的地位而言，文化影响力和繁荣程度则不足。为了改变这种状况，新加坡政府近年来将发展目标定位于文化和艺术领域，采取追赶型的文化战略，长远目标直指纽约和伦敦。

5.3.5 《北京宪章》与《北京宣言》的诞生

近年来，城市规划、建筑和城市文化、文化遗产领域的两个重要国际会议相继在北京召开。一个是1999年6月，召开的国际建协第20届世界建筑师大会；另一个是2007年6月，由中国建设部、文化部、国家文物局共同举办的"城市文化国际研讨会"。两个会议同样令人难忘，同样意义深远。会议召开之后都留下了智慧的结晶、珍贵的遗产——《北京宪章》和《城市文化北京宣言》。宪章和宣言，都是集中体现人们思考的庄严形式，从一个侧面记录了城市、建筑与文化遗产保护事业发展的历程。对于《北京宪章》，"如果说《雅典宪章》和《马丘比丘宪章》的签署地分别以希腊文化和印加文化——西方文化与拉美文化的摇篮——为背景，那么，《北京宪章》则有着东方文化的底蕴，应突出强调发展中国家的声音"[①]。对于《城市文化北京宣言》，由国家建设、文化和文化遗产部门首次共同推动城市文化问题的深入探讨，意义重大。

国际建协第20届世界建筑师大会一致通过了由吴良镛教授起草的《北京宪章》。宪章对即将告别的20世纪城市发展状况有着正确评价，指出20世纪经历了"大发展"和"大破坏"，既是伟大而进步的时代，又是患难与迷惘的时代。宪章对世纪之交城市面临的诸多问题有着清醒认识，指出当今的许多建筑环境仍不尽人意，人类对自然和文化遗产的破坏正危及自身的生存。在发达地区，"建设性的破坏"始料未及，屡见不鲜，而在贫困地区，褴褛众生正垒筑自己的城市，以求安居。人口爆炸，农田被吞噬，空气、水与土地资源日渐退化，环境祸患正威胁人类；贫富分离、交通堵塞、污染频生等城市问题日益恶化。同时，技术和生产方式的全球化愈来愈使人与传统的地域空间相分离，地域文化的特色渐趋衰微；标准化的商品生产致使建筑环境趋同，建筑文化的多样性遭到扼杀。

《北京宪章》对新的世纪更有所展望，指出在21世纪，城市居民的数量将首次超过农民，"城市时代"名副其实。全球化与多元化的矛盾、冲突将愈加尖锐。建筑学又走到了新的十字路口，变化的进程将会更快，也更加难

---

① 吴良镛．国际建协《北京宣言》——建筑学的未来．北京：清华大学出版社，2002：37

以捉摸。宪章认为，我们所面临的挑战是复杂的社会、政治、经济、文化过程在由地方到全球的各个层次上的反映，其来势迅猛，涉及方方面面。宪章注意到：世界的空间距离在缩短，地区发展的差距却在加大。用历史的眼光看，我们并不拥有自身所居住的世界，仅仅是从子孙处借得，暂为保管罢了。

"城市文化国际研讨会"反思城市发展的历程，重新评价城市文化与城市发展的关系，会议通过的《城市文化北京宣言》认为，城市作为一种文化现象，在人类文明史上具有独特的重要地位。回顾城市发展的历史，文化始终是城市最主要的功能之一，城市不仅是一定地域的经济和政治中心，也是这一地域的文化中心。同时注意到，城市化、全球化在带来经济发展、文化繁荣和生活改善的同时，也给当代人带来巨大的挑战。城市发展正面临着传统消失、面貌趋同、形象低俗、环境恶化等问题，建设性破坏和破坏性建设的威胁依然存在，城市文化正处于转型过程之中。宣言认为，城市是市民的居所，也是市民的精神家园。普通市民是城市的主人，是城市规划、建设的出发点和归宿点，也是城市文化的智慧源泉和驱动力量。城市发展的本质应使市民生活得更美好。

《城市文化北京宣言》指出，城市规划建设必须特别重视城市文化建设，城市的形态和布局要认真吸取地域文化和传统文化的营养；城市的风貌和特色要充分反映城市文化的精神内涵，城市的建筑和设施要努力满足普通市民精神文化和物质的基本需求。建设形神兼备、浑然一体的城市，实现城市建设形式与城市文化内涵的完美结合，是城市规划建设的基本要求和目标。宣言强调，特色赋予城市个性，个性提升城市竞争力。继承基础上的创新是塑造城市特色的重要途径。要拒绝雷同，彰显个性；也要反对有损于传统、有碍于生活的荒诞媚俗。成功的城市应该具备深厚的文化积淀、浓郁的文化氛围、美好的城市形象，成功的城市不仅是当代的景观，也将成为历史的荣耀、民族的骄傲。

古代理想城市模式的追求与探索

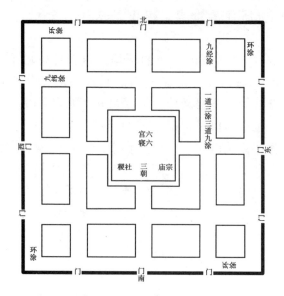

图 5-1　戴震所绘的《考工记图》王城图
资料来源：朱祖希．营国匠意——古都北京的规划建设及其文化渊源

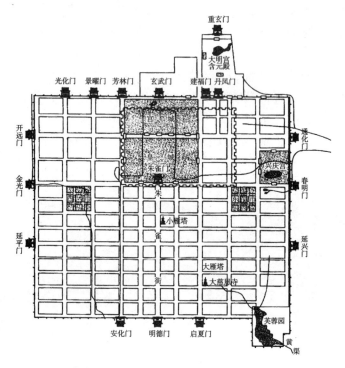

图 5-2　唐长安城平面示意图
资料来源：朱祖希．营国匠意——古都北京的规划建设及其文化渊源

第5章 国际社会关于城市文化的探索与实践

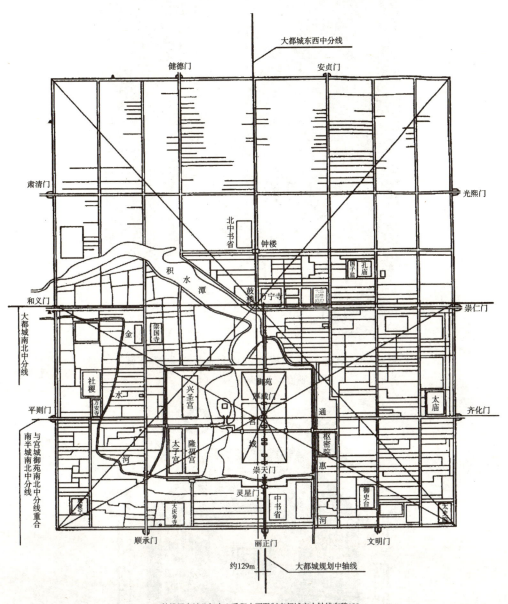

鼓楼居全城几何中心受积水潭限制南部城市中轴线东移129m

图5-3 元大都城市平面分析图
资料来源：傅熹年．中国古代城市规划、建筑群布局及建筑设计方法研究

图 5-4 希波达姆斯模式的代表——米利斯都城
资料来源：张京祥. 西方城市规划史纲

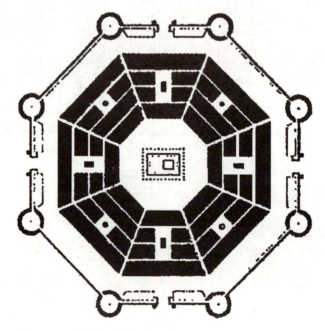

图 5-5 维特鲁威的"理想城市"
资料来源：张京祥. 西方城市规划史纲

近代城市规划学科的形成与实践

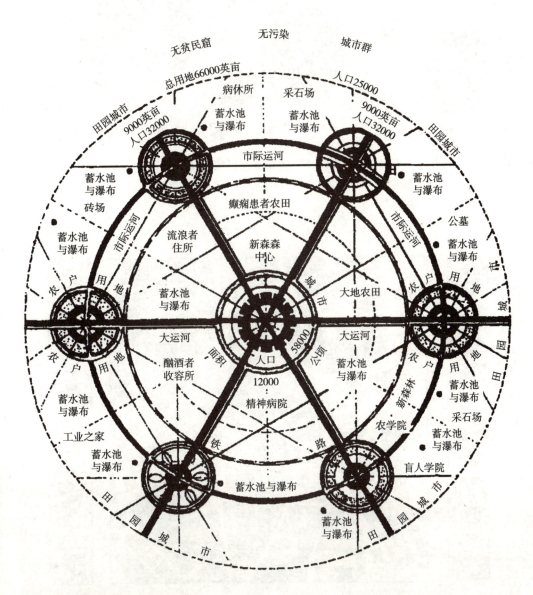

图 5-6 霍华德田园城市图解
资料来源：吴良镛. 人居环境科学导论

图5-7 对奥斯曼外科手术式粗暴改建的讽刺

资料来源：张京祥. 西方城市规划史纲

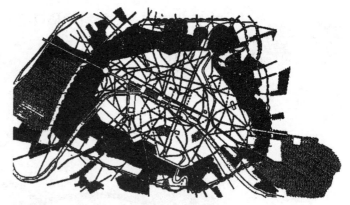

图5-8 奥斯曼的巴黎改建规划

资料来源：张京祥. 西方城市规划史纲

图5-9 文艺复兴时期对中世纪城市的微细部改造

资料来源：张京祥. 西方城市规划史纲

现代城市规划思想的产生与争论

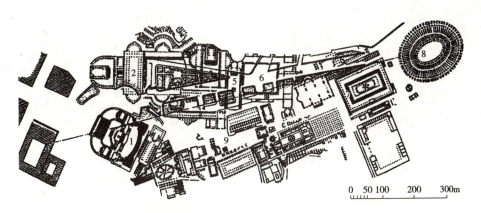

图 5-10　墨索里尼时期粗暴开辟的帝国大道
资料来源：张京祥. 西方城市规划史纲

图 5-11　饥饿的"建筑师"
资料来源：美国建筑师 M. 韦尔斯绘

图 5-12　雄心勃勃的城市规划
资料来源：张松. 历史城市保护学导论

图 5-13 柯布西耶的"光辉城市"设想
资料来源：王鹏. 城市公共空间的系统化建设

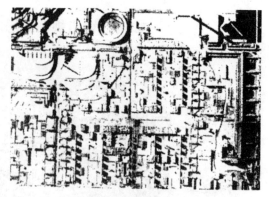

图 5-14 赖特的"广亩城市"模式
资料来源：[美] 凯文·林奇. 城市形态

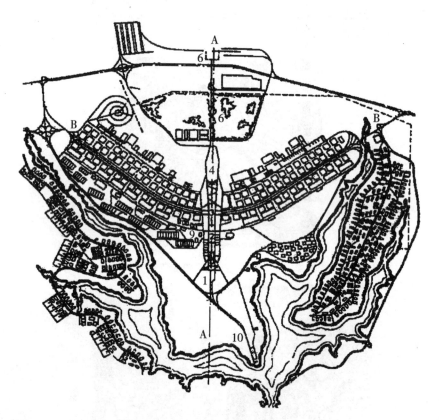

图 5-15 巴西利亚城市规划总平面
资料来源：张京祥. 西方城市规划史纲

城市人文生态理念的构建与发展

图 5-16 沙里宁的"有机疏散"模式
资料来源:张京祥. 西方城市规划史纲

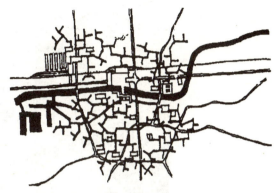

图 5-17 城市尺度的簇群示意
资料来源:张京祥. 西方城市规划史纲

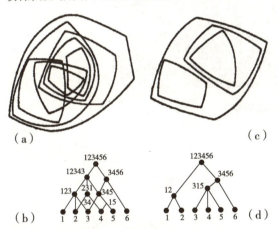

图 5-18 亚历山大对城市复杂性的表述
资料来源:张京祥. 西方城市规划史纲

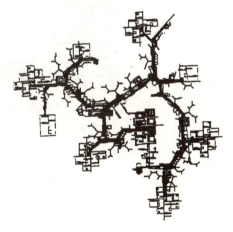

图 5-19 "拼贴城市"示意
资料来源:张京祥. 西方城市规划史纲

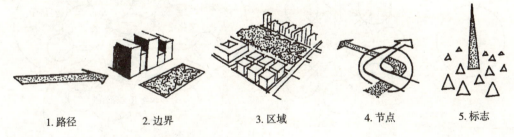

1. 路径　　2. 边界　　3. 区域　　4. 节点　　5. 标志

图 5-20 K. 林奇提出的城市意象五要素
资料来源:张京祥. 西方城市规划史纲

图 5-21 21 世纪城市的设想
资料来源：Frank. E. Paul 绘制

人居环境科学理论的认知与共识

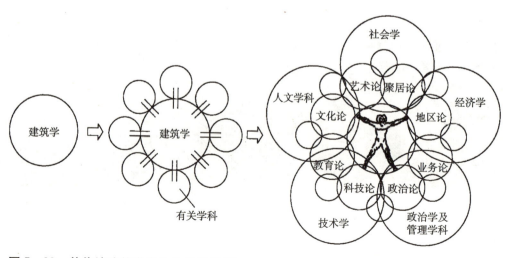

图 5-22 从传统建筑学走向广义建筑学
资料来源：吴良镛．广义建筑学

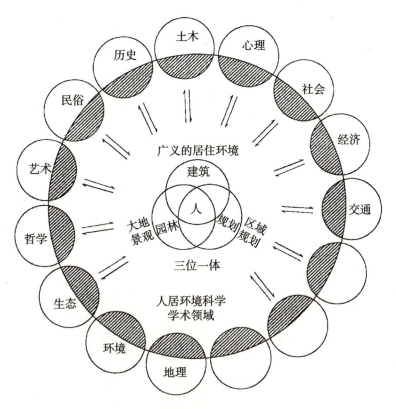

图 5-23　人居环境科学的学术框架

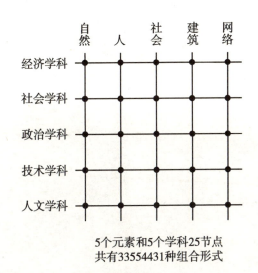

5个元素和5个学科25节点
共有33554431种组合形式

图 5-24　人类聚居研究中的元素与学科

资料来源：吴良镛. 人居环境科学导论

第6章 城市文化建设的时代意义与发展要求

城市是一个展示着人口的、经济的、地理的、社会的以及人类的诸多特征的，开放的复杂的巨系统，因此对于城市发展过程的理解和考察也必然是多视野、多层次、多角度的，不能把复杂的社会文化现象简单化，仅仅着眼于个别问题，而应当从整体的角度入手，从城市文化方面系统地加以研究。人们日益感受到城市文化与自身生活的多方面密切关联，许多需要求得解决又难于解决的问题，实际上都和城市文化的进步与发展有关，内容极其广泛而深刻。特别在当前经济全球化的形势下，城市的可持续发展应该同时围绕物质环境与文化环境全面展开。

6.1 城市文化建设的时代意义

城市文化从城市诞生之日起，经过漫长的历史过程，在原有基础上不断积淀和发展形成。城市文化忠实反映城市发展脉络，有着多重内涵和表现形式。一座城市能够延续和发展，越来越取决于城市文化的延续。城市不仅体现着它所具有的物质功能，而且体现着社会发展的复杂进程，包含着深刻的文化意义。因此，要用新的先进的城市文化理念引导城市今后的发展，不断丰富城市自身特有的文化内涵，找到属于城市自己的文化发展路径，努力创新和发展属于城市自己的城市文化。

6.1.1 城市文化建设保存城市记忆

一般来说，在城市的发展和延续过程中，必然会形成一些被人们有意或无意间保留下来的历史遗存，留下所代表的时代的文化印痕，人们可以直接读取它们的"历史年轮"。随着时间的推移，这些历史遗存的文化内涵会更加丰富，其文化价值也更加突出，并与当代城市文化和城市生活建立起千丝万缕的联系。其中有的成为城市的文化标志，有的则融入了社区居民的日常生活，尽管这些历史遗存的价值表现形式多种多样，但都是维系一个城市生命的重要细胞。因此可以说，城市既是物质的果实，更是文化的结晶。

每个时代都在城市中留下了各自的记忆，包括古代遗址、传统建筑、历史街区，以及民间艺术和市井生活，都是构成一座城市记忆的重要因素。哲学家R. W. 爱默生（R. W. Emerson）指出：城市"是靠记忆而存在的"。冯骥才先生也认为："城市和人一样，也有记忆，因为它有完整的生命历史。从胚胎、童年、兴旺的青年到成熟的今天——这个丰富、坎坷而独特的过程全部默默地记忆在它巨大的城市肌体里。一代代人创造了它之后纷纷离去，却把记忆留在了城市中"①。从这个意义上说，一座城市从它诞生之日起就有了生命。越是历史

---

① 冯骥才. 思想者独行. 石家庄：花山文艺出版社，2005：22

悠久的城市，其文化积淀越是深厚，生命体系越是完整。正如生命体的发展离不开遗传信息的传递，城市的发展也离不开它的文化传统。城市的生命与性格、历史与记忆就存在于城市的每一寸肌理、每一方土地、每一座建筑、每一条街道、每一片城市空间。保存城市的记忆，保护历史的延续性，保留文明发展的脉络，是现代城市发展的需要。

城市的历史告诉人们，城市不是历史教科书中枯燥的数字和资料，而是有内涵、有个性、有感情，是活生生存留于城市空间和时间中的生命的热度、岁月的痕迹、文化的积淀。"人类的每一种功能作用，人类相互交往中的每一种实验，每一项技术上的进展，规划建筑方面的每一种风格形式，所有这些，都可以在它拥挤的市中心区找到"[①]。城市文化也就是经过这样长期的历史演进，在各种文化融合中逐步发展，并以其独有的历史背景和人文传统，给城市留下难以抹去的文化烙印。其中文化遗产及其生态环境是城市文化的重要载体，人们对故乡的记忆与认知，与故乡的传统文化紧密相连。从可持续发展的角度，一座城市既要保护好自然生态环境，也要保护好文化生态环境，保护好文化多样性。如此，城市中的人们才有一种归属感、自豪感。

6.1.2 城市文化建设决定城市品质

城市的产生和发展来自于聚集效益。有了聚集，就有了专业化的社会分工。有了专业化的社会分工，才能使人的知识积累速度大大加快。在这一进程中，城市集中了更多的高等学府、科研机构和文化设施。高层次文化机构和设施的聚集，带来高层次文化人才的聚集，其实质是城市文化的塑造，有力促进了城市品质的提升。人类生活的内涵十分丰富，概括来说，可分为物质生活和文化生活。物质生活是人类最基本的需要，文化生活则是人类最基本的价值。当前，文化成为城市社会生活的重要组成，是一个城市赖以生存和发展的重要智力资源和精神动力。作为城市生存和发展的方式，文化能够使人们的生活更有质量、更有品味、更有档次。以此作为城市文化发展的根本目标，从满足人们最基本的物质生活需要，到进一步满足人们更高层次的文化生活的需要，则是城市文化的时代追求。

现代城市是现代文明的聚集地，但是，任何城市的文化品质和精神风貌都不是一蹴而就的，更不能等待经济发展、物质丰富以后再重视文化问题。事实上，市民们每时每刻都在创造着城市文化，城市里的一切经过人们创造的事物和成就都是人们文化意识追求的结果，人的文化追求在其艺术的、知识的、科学的和观念的作用下有着无数的突出表现。城市科学技术的进步，经济实力的

---

① [美]刘易斯·芒福德. 城市发展史——起源、演变和前景. 宋俊岭，倪文彦译. 北京：中国建筑工业出版社，2005：573

增长都离不开人文创新的引导,离不开文化的繁荣。同时,城市文化的地域性,构筑了文化的多样性。正是由于文化多样性的存在,才构成了不同城市各具特色的文化生态。人们在浓郁的城市文化氛围中耳濡目染,熏陶其脑,浸润其心,使一代代市民传承着城市的文化基因,也培育着每一位市民对城市文化的眷念。

文化的力量,深深地熔铸在城市的创造力和凝聚力之中。一座不重视文化遗产保护和文化建设的城市,是不可能持久生存和发展的。因此,每一个城市在追求经济建设与生态环境协调发展的实践中,应更加关注人的生存环境,提高生活质量;在追求城市建设与人文环境协调发展的实践中,应更加关注城市的文化品质,提升人文素养。正如吴良镛教授所指出:"像中国这样一个历史悠久的国家,除列入保护名册的历史名城与历史地段外,可以借题发挥大做文章的城市、地段几乎所在皆是,就看你如何去因借创造。有了丰富的历史、地理、文化知识,就好像顿生慧眼,山还是那个山,水还是那个水,但一旦你发掘出李、杜题韵,东坡记游,立即光彩照人"①。

6.1.3　城市文化建设展示城市风貌

城市文化是城市人群生存状况、行为方式、精神特征及城市风貌的总体形态,是属于这个城市生活的完整价值体系。城市文化隐含在城市的方方面面,造就着扑面而来、鲜明可感的印象和记忆,赋予城市特有的品格和气质,折射出城市居民的价值共识、生活态度、审美水准。城市文化是指城市外在形象与精神内质的有机统一,是历史文化与现代文化的有机统一,在物质环境和人文环境二者之间互为依存、双向互动中展现出完整的城市风貌。因此,不仅城市中的那些有形的物质实体,鲜明地展示出城市的精神面貌,而且城市的布局形式、城市的空间结构也形象地反映出一座城市的文化特征。

城市是一个文化空间,有其发生、发展、衰落的过程,有着过去、现在、将来漫长的历史。不同社会环境、历史环境、自然环境中的人有不同的生活方式,从而使城市风貌呈现出不同的文化特征。城市作为人类文明的成果和标志,由城市中可感知的、有形的各类城市空间及设施所构成,包括城市布局、城市建筑、城市广场、城市道路、城市基础设施以及构成城市景观的各类要素,如河道、树木、草坪等。这些物质现象之所以被纳入城市景观的范围,不仅是由于它们体现了人类各项活动中产生的典型文化特征,而且也因为它们是一个城市风貌的最生动、最直观、最形象的呈现。城市文化是反映一个城市历史传统和精神世界的窗口,文化交流是增进不同城市相互了解和友谊的重要桥梁。城市不能只是各类房屋的布置,不能只是各种交通的叠加,它应是建筑艺术和环境优美和谐的结合,应该体现城市的历史传统风情。从某种意义上讲,城市的

---

① 吴良镛. 论中国建筑文化研究与创造的历史任务. 城市规划, 2003 (1): 15~16

文化形象决定了人们对一个城市的第一印象和整体印象。

城市特色是一定时空条件下，城市社会为了自身的生存和发展，以当时所达到的文明手段，所创造的有别于其他城市的，包含物质和精神成果的表现形式。城市特色与社会生活和历史风貌息息相关，蕴含着人与社会的内在素质。只有突出个性和特色，我们的城市才会生机勃勃，丰富多彩。城市的魅力在于特色，而特色的基础又在于文化。亦可以说城市魅力的基础在于文化，而城市魅力的关键则在于文化特色。文化特色既是城市景观中极具活力的视觉要素，又是构成城市形象的精神和灵魂。特别是历史性城市经过几百年、上千年的积淀，逐渐形成独特的城市文化特色，尤为珍贵。世界上没有完全一样的城市，我们研究城市和建设城市，首先就是要发现这些城市的文化特色，并在城市发展中保持这些特色，失去文化特色的城市是没有生命力的。

6.1.4 城市文化建设塑造城市精神

城市文化分为三个层面。表层的文化是可视的城市形态，中层的文化是种种城市特有的习俗，深层的文化是城市的集体性格。如果说表层而可视的文化可以再造，那么深层而无形的文化则是历史的积淀。城市一旦形成深层的文化，形成市民的集体性格，这个城市便有了魅力，也就有了城市精神。城市精神不仅写在历史书上，而且活生生地存在于市民的集体性格之中。在挖掘城市文化特色时，不但要研究城市外貌、建筑特征以及文化遗产等能给人直观感受的文化，更重要的是研究蕴涵于市民集体性格中的城市精神。城市精神体现在城市社会生活的方方面面，它能在城市街道、广场、车站、商场、剧院、音乐厅、博物馆、图书馆和居民社区中触摸到，能在城市市民的淳朴、善良、勤劳、智慧、诚信、友好、爱国、守法的优秀品质中体会到，能在城市的作家、画家、雕塑家、表演艺术家的作品中领悟到，能在人与自然、人与社会、人与人的协调发展的氛围中体验到，能在世代相传的物质的和非物质的文化遗产中感受到。正如 E. 沙里宁（E. Saarinen）的名言："让我看看你的城市，我就知道你的人民在文化上追求什么"①。

城市文化代表着一座城市的精神核心，一座城市的创造力品质，一座城市的社会价值观念，一座城市的行为方式。一般来说，城市文化所反映的是整个社会的前沿文化，是一种最能体现时代特征、具有强烈时代感的文化，如先进的科学技术、发明创造等都能直接反映出城市文化。世界上任何城市的文化都有其民族性和地域性，具有能够反映民族精神、地域特性的思维方式、生活品质、人格追求、伦理情趣等城市文化的本质特征。对于城市文化的发展状况，也需要高屋建瓴，远见卓识地加以引导并给予有力的政策回应。

---

① 方可. 当代北京旧城更新：调查·研究·探索. 北京：中国建筑工业出版社，2000：126

城市发展的过程中同时也在孕育着城市文化，丰富着城市精神，所以也应注意研究现实，研究文化对社会的作用，文化对民众的整合，以及文化对人们生活方式、审美趣味、价值观念的影响。城市文化会通过对个人思想和情趣的净化、对心理及行为的渗透影响市民整体的素质，正如我们肯定环境对人的影响一样，文化对人的发展具有潜移默化的作用。现代城市应成为高尚文化的沃土，主流文化应贴近生活、紧扣时代脉搏，应将每一个城市单元都融入主流城市文化之中。深厚的文化积淀是城市发展进步的重要源泉，也是城市的重要资源。同时，优秀文化产品是城市文明健康向上的动力，亦应给予高度重视。

6.1.5　城市文化建设支撑城市发展

今天，城市的最大功能是在以更快的速度和更密集的方式聚集各种人才、技术、资金以及信息，使城市成为一个地区、一个国家的政治、经济、文化的中心。在社会的进步、经济的发展、文化的繁荣等方面，城市起到了巨大的作用。城市是人类创造的一种环境，因此人类必然还将根据社会经济的进步，对城市进行持续建设，以达到可持续发展的目的。城市的可持续发展与城市文化有着非常密切的关系。城市文化与城市经济、城市管理互相作用，成为决定城市发展的三项要素；而城市文化的发展则推动着城市经济的发展和城市管理的提高，成为解决城市发展的重要因素。城市文化又是一种强大的力量。在城市化快速进程的今天，城市文化更成为重要的社会资本，支撑和决定着城市的发展进程。城市文化的发展水平往往代表着一座城市文明程度所能达到的最高水平，城市文化的提升则是城市发展的最终任务。通过了解城市文化，可以提高市民对于所在城市的认同感、满意度，进而产生自豪感、优越感，逐渐转化为城市的凝聚力，产生更大的感召力，最终形成人们热爱城市、建设城市的热情，使城市居民积极参与城市发展进程，这些是城市文化发展的根本动力，也是城市文化发展的根本价值。

一座蓬勃向上的城市不仅需要有旺盛的经济实力，还要有深厚的文化底蕴和高度的文明成果。文化对城市的发展、城市的综合竞争力的形成和强弱，具有重要的地位和作用，显示出日益重要的影响。某一城市文化如果经过长时间的洗礼仍然存在和发展，说明它必然是具有价值的，是值得保存、延续的优良文化；如果排除保护不利等因素外，而被湮没在历史发展的长河中，则说明它反映的只是当时某个特定阶段的特征，已落后于城市经济、社会的发展，是有悖于社会文明进步的。随着社会的不断进步，城市产生出大量新的文化内容，其中，有些是能够与传统文化和谐共生的，有些是与传统文化相矛盾的，但是只要经过时间的检验是正确的，是代表了人类文明进步的，终会得到历史的肯定。

文化遗产资源是一座城市最为宝贵、最为独特的文化优势。今天，当我们环顾世界众多综合实力雄厚的城市时，会发现它们中的绝大多数拥有非常深厚的历史文化积淀。作为一种不可复制的稀缺资源，文化遗产不仅使这些城市享誉全球，也为其城市文化的繁荣发展提供了永不枯竭的艺术营养。要提升城市文化就必须对现存城市文化的底蕴、特点进行认真分析和研究，找到切实有效的途径进行精心保护与弘扬。当前，不仅城市文化遗产的保护应该更加引起人们的重视，城市文化的创新也应放在突出重要的位置，深入研究城市现实的文化生产力，对城市文化发展作出总体规划安排。正是由于城市和文化的这种结盟，城市文化才应运而生，并在城市发展进程中占据特殊重要的地位，产生出强大的辐射力，其影响力不仅局限于城市自身，而是波及到整个社会，渗透到人类生活的方方面面。

6.2 城市文化特色与文化城市建设

城市文化特色反映着城市社会现实，是构成一座城市社会文化和物质环境的总体特征。一座城市的存在表明它对自然和社会所具有的适应能力，而城市文化特色的存在则体现了一座城市的生存优势。城市文化特色主要体现在两个方面：在外观上给人们以特有的文化形象；在内涵上体现出鲜明的文化气质。城市文化特色不仅局限于美学意义，更重要的是它所具有的社会意义。培育一座具有文化魅力的城市，在于对城市文化特色的发掘与认知、保持与维护、传承与弘扬、重塑与营造，

6.2.1 城市文化特色的发掘与认知

世界上任何一座历史性城市，都积淀了深厚的文化底蕴，遗存有丰富的历史街区、文物古迹和传统民居，荟萃了文化遗产的精华。我国的历史性城市尤其如此，它们或是历代王朝的都城，或是历史悠久的文化古城；或是自古繁华的商贸中心，或是南来北往的交通枢纽；或是中外交流的重要港埠，或是兵家必争的军事重镇；或是风景秀丽的游览胜地，或是别具风情的民族都邑。任何一座城市都有着她的光荣与辉煌，任何一座城市的发展也不可避免的存在着矛盾与问题。我国是世界上拥有历史性城市最多的国家，北京城更被称为世界城市史上的"无比杰作"，是中国古代都城建设的"最后结晶"。这些城市今天往往又是千百万民众生活于其中、充满活力的大城市，因此肩负着"保护"与"发展"的双重任务。

正确定位城市文化特色，是城市文化建设的前提。世界上没有完全相同的城市，不同生成环境中的城市有着不同的文化特色。城市如人，每个人虽然都有四肢，都有五官，都有大脑，都会表达，但无论相貌、性格、品位，还是经

历、素质、修养,都有所不同。同样,由于每一座城市都有各不相同的地理环境、气候环境、自然环境,以及各不相同的历史背景、社会背景、人文背景,因此每一座城市都必然拥有自己的景观、自己的形象、自己的空间,以及自己的氛围、自己的气质、自己的灵魂,从而使城市文化呈现出不同的个性特征。同时,城市如同生命循环一样,遵循有机进化规律。每一座城市都应对经济和社会发展,演绎着各自独特的文化历程,形成城市连续的、真实的文化发展轨迹。

城市从诞生之日起,就打上了各自传统文化和地域文化的烙印。不同城市的文化特色理所当然地应当有所区别,而不应千篇一律。众多留存至今的物质文化遗产和非物质文化遗产等共同构成城市的文化要素,充分体现出传统文化的底蕴和地域文化的特色。例如河南安阳,以殷商文化作为城市文化特色的主题,在建筑创作、雕塑、壁画和环境艺术等各个方面,寻找殷商文化研究与城市建设实践的结合点,努力使城市的综合素质、环境质量、文化内涵得到提升和丰富。而苏州作为江南古城文化类型的代表,体现出山水形胜、精致入微的城市文化特质,体现出淳朴素雅、秀丽柔和的城市文化个性。同时,每一座城市鲜明的文化特色来自于生活,不同城市中的人们有着不同的行为方式和价值观念。一方水土养一方人,一方城市的生命根植于一方水土。因此,还要从民众的现实生活中发掘与认知城市文化特色。

今天,我们需要对城市历史做出准确和可靠的解读,其价值不仅在于对城市的发展历程获得深刻的了解,而且还在于对城市历史的解读能够给当前迫切需要解决的问题提供正确的答案,顺利推进城市面向未来的发展。缺乏对城市历史准确和可靠的解读,就意味着我们不可能正确地认识过去,不可能恰当地把握现在,也不可能成功地走向未来。我们研究城市、规划城市、建设城市,首先就要深入发掘和准确认知城市文化特征,真正体会城市的文化特色和个性,并在城市文化建设中保持和弘扬这些特色和个性。城市犹如一件巨大的艺术品,文化特色是艺术品的点睛之笔、魅力所在。它在人们的社会生活中或强或弱地存在着,在于人们去发掘与认知,并有意识地加以梳理与强化。吴良镛教授指出:"认知城市是第一步,这是我们美学分析的极为重要的一步。城市模式的提出是认知的结晶,不只是个别人的认知的结晶,而是综合归纳提高,从历史人物到今天多方面人认知的结晶"①。

我国众多历史性城市,人文、风俗、传统各具特色,城市人居环境的建设也各有千秋。千百年来,人们通过对各类文化与自然环境,以及历史遗迹等人文因素的发掘与认知,展现出鲜明的城市文化特色,如李斗所著《扬州画舫录》中载:"杭州以湖山胜,苏州以市肆胜,扬州以园林胜,三者鼎峙,不可轩轾"。表明古人对突出城市文化特色已有明确的认识,并在城市人居环境建设中加以

---

① 吴良镛. 吴良镛学术文化随笔. 北京:中国青年出版社,2001:223

体现。城市人文景观是城市传统文化和地域文化的集中体现。在历史性城市的人居环境建设中，普遍表现出强烈地文化追求，诸如北京的"燕京八景"、杭州的"西湖十景"、常熟的"虞山十八景"、南京的"金陵四十八景"等人文历史景观，均是由人文与自然环境共同构成城市景观的主体，是城市文化特色的杰出代表。同时，遍布各地的民间传统建筑和园林，尊重所处城市的历史文脉，承载着政治、经济、文学、艺术甚至哲学等精神层面的文化内涵，反映城市的标识性特征，给人们带来美的享受，增加城市的文化特色，提升城市的综合价值。

每个城市都有市民们值得自豪的特色，人们对一些城市文化特色的感受长留心间。例如就自然特色而言：有"水乡泽国"之称的绍兴、有"泉甲天下"之称的济南、有"戈壁绿洲"之称的敦煌、有"塞上江南"之称的银川，更有"山水甲天下"之称的桂林；就物产特色而言：有"鱼米之乡"之称的常熟、有"瓜果之乡"之称的喀什、有"酒城"之称的泸州、有"瓷都"之称的景德镇、有"南国陶都"之称的佛山，还有"盐都"之称的自贡；就气候特色而言：有"春城"之誉的昆明、有"日光城"之誉的拉萨、有"避暑胜地"之誉的承德，即使是"雾都"重庆、"冰城"哈尔滨，也给人以鲜明的印象；就位置特色而言：有"万里长江第一城"之称的宜宾、有"九曲黄河第一城"之称的同仁、有"万里长城第一关"之称的山海关、有"海上丝绸之路起点"之称的泉州；就文化特色而言：有"孔孟之乡，礼仪之邦"之誉的曲阜、有"三楚文化故里"之誉的江陵、有"天府之国"之誉的成都，还有"上有天堂，下有苏杭"之誉的苏州和杭州。这些别称和美誉都是相应城市特色的客观表述和真实写照，因此，具有极高的文化价值。

城市文化特色是多方面的，体现在物质的或非物质的文化形式之中，这种文化越具有传统特色，越具有地域特色，越是民族的，也就越是世界的。当今国际上一些历史性城市，在人口数量、城市规模或是经济实力方面并不突出，但是它们却是名副其实的世界文化城市。由于这些城市是文化和艺术的集聚之地，是文学家和艺术家的集聚之地，因而这些城市形成了自己独特的文化精神。如维也纳历史城区的规模不大，却是一个举世闻名的文化城市。国家歌剧院的"金色大厅"不但是古典音乐的象征，也成为维也纳这座"音乐之都"的象征。然而，维也纳的文化特色远远不止于此，在这座城市里诞生或生活过众多世界文化史上具有重要影响的人物，莫扎特、舒伯特和施特劳斯这些音乐巨擘的灿烂光辉，使这座城市始终笼罩在温馨迷人的文化氛围之中，也正是这种独特的文化气质，确立了维也纳在世界上不可动摇的文化地位。

城市文化遗产是城市文化特色的集中体现，展示出传统的文化生活和独特的民俗风情。每一座城市都应把反映不同时代特征的文化遗存保留下来，这样的城市才是一座积累文化知识的宝库，充满着文化气息，充满着健康情趣，充满着进取精神，令人流连忘返。众多欧洲城市在漫长的发展过程中始终恪守和谐发展、保持特色的理念和信条，长期以来对文化传统的尊重、对文化遗产的厚爱，使之能够通过时间的积淀来培育城市文化特色，也成就了这些城市在传统与现代完美结合后的独特魅力。走进这些城市的历史街巷，随处可以看到镶嵌在街门上方的建筑年代标志，表明人们普遍认同年代愈久远愈值得保护的理念。那些裸露着的断壁残垣，无需覆盖遮挡，展示着古老沧桑，表现出最有价值的本色。这些建筑即使易主他人，也不会被拆旧建新，因为人们懂得传统建筑具有不可复制的历史气息。

今天，欧洲一座座保存完整的千年古城，它们既像一座座巨大的博物馆，又像一件件完整的艺术珍品，它们的每块砖、每棵树、每个石阶、每栋房屋、每条街道都镶刻着历史的印记，都透射出勤劳智慧的当地居民的独具匠心。这些古城和文化遗产之所以能够留存至今，在很大程度上既得益于市民们强烈的保护意识和参与意识，也得益于城市决策者的远见卓识。从日本和韩国这两个亚洲现代化程度较高的国家来看，现代化本身就伴随着对文化传统的自我认定和不断强化，而绝不是对自身文化传统的自轻自贱或全盘否定。

城市文化特色是长期以来城市外在形象与精神内质的有机统一。例如当年张謇以一种诗人情怀经营南通，使南通成为一座充满人文关怀的城市。吴良镛教授作出南通是"中国近代第一城"的科学论断，不仅是对南通在我国近代城市发展史上独特地位的客观评价，也是一个具有丰厚历史内涵的文化论断。不仅关系到南通历史文化的发掘和认知，而且关系到城市文化特色的定位，进而关系到未来南通城市的发展走向。今天的南通城市决策者，认识到独特的历史渊源、文化内涵、发展理念和建设风貌，是这座城市的特色资源和生命力之所在，是南通人难得且宝贵的精神资源和动力源泉。于是，他们抓住南通博物苑建苑100周年的机遇，举办了中国博物馆事业发展一百周年纪念活动，将已融入于工业、农业、商业、交通、建筑、文化、教育等各个领域的南通博物苑、钟楼、商会大厦、女工传习所、军山气象台、大生纱厂等珍贵的"中国近代第一城"遗迹，保护好、展示好，以存续独具特色的近代城市风貌，为现代南通发展增加了历史文化的厚度。

6.2.2 城市文化特色的保持与维护

我国古代人居环境建设重视因地制宜地规划城市，例如《管子·乘马》中对城市与建设用地之间的关系就提出"凡立国都，非于大山之下，必于广川之上；高毋近旱，而水用足；下毋近水，而沟防省；因天材，就地利，故城郭不必中规矩，道路不必中准绳"，指出在城市规划中应考虑"天材"、"地利"等因素，强调城市的形制应根据自然环境的实际情况而定，不必强求形式的统一与规整，突破了此前城市规划中礼治的桎梏，这对于充分利用自然条件营造丰富多彩的城市，打下了理论基础，也是古人强调城市特色的体现，使我国众多历史性城市能够根据不同的历史地理条件，创造自己城市的特色。

城市特色有着静态与动态的双重含义。静态地看，城市特色表现为一种状态和结果；动态地看，城市特色则是一个内涵不断丰富的自然历史过程。孟子曰："充实之谓美"（《孟子·尽心下》）。城市特色还在于它的丰富性和多样性。人们的聚居地有城有郊，城镇有大有小，各具不同的功能和结构，城市的生活多种多样，城市的文化兼容并蓄。在城市中，各类建筑形象有醒目有平淡，建筑色彩有朴素有华丽，建筑历史有古老有现代，等等，正因为如此，城市才丰富多彩，各具特色。

城市文化的延续在于对原有城市文化特色自觉地加以保持和维护。城市文化特色来自于历史文化传统、自然环境条件、城市功能定位和地域人文精神。因此应对构成城市文化特色的上述要素进行细致的观察和分析，从而形成更为深刻的理解，形成协调有序的城市整体风貌，经过不懈的努力和长期的积累，城市文化特色就必然会得到保持与维护。"一幅巨大的城市'镶嵌'图案，其构成是需要把一块块石子精心点缀、赓续完成的。特别是一些重点建筑物，它对城市风貌及特色的形成起着重大作用，它可以强化原有的特色，或者构成新的特色，倘若处理不好也可能破坏城市的特色"[①]。因此，要在城市格局、街巷肌理和建筑风格等方面注重城市文化特色的保持与维护，并将涵盖建筑、园林、文学、绘画等多种艺术手法巧妙地融入城市规划设计。

城市的形成，从选址、设计、早期发展到历代建设，城市文化特色与之共生，并逐渐变得鲜明而丰满，这些成长信息被大量地保留和记录在了文化遗产之中。文化遗产既是一座城市的文化积淀，也是一座城市的文化起点，更是一座城市的文化载体。城市正是依赖于不同的文化传承才形成了自己的文化特色，这种文化特色是无法再生的资源。任何城市的繁荣与发展，都是以先人创造的城市文化作为依据，进行再创造的过程。因此，城市文化特色是今天城市建设与发展可资借鉴的科学依据和重要财富，对它们的整理、研究和保护，不仅关系到城市文化脉络的完整性，也关系到城市文化传统和独特魅力的延续。

个性，指一事物区别于其他事物的个别的、特殊的性质。文化的个性就是文化的差异性，对城市而言，就是一个城市与其他城市不同、具有本地民众基础的、具有自身发展模式的文化特色。经济和科技可以全球一体化，但是文化不能全球一体化，文化应保持自己的个性，要有自己的特色。在科学技术高度发展的今天，多么壮观、豪华和精美的高楼大厦都可能被克隆，但是鲜活的城市个性与特色永远无法被模仿。一个城市的规模、布局可能会趋同，但是正如每个生命体都拥有不同的遗传基因一样，每座城市都有自己独特的历史，历史不可能被随意复制、改造或加工。任何割断历史，轻视自己城市文化特色的行为和态度，都是文化虚无主义的表现。任何城市无论当前多么繁荣兴旺，但是

[①] 吴良镛. 广义建筑学. 台北：地景企业股份有限公司，1994：131

如果丢失了文化特色，就是丢失了最为巨大的财富和最为珍贵的资源。

今天，保持与维护城市文化特色已经成为世界城市发展的基本趋势。一座城市文化特色的保护，不仅包括对其中个别重要历史建筑的保护，而且在于对城市的空间特征、整体环境以至人文精神等方面的保护。在希腊，为了保持雅典古城的特色，国家实施了严格的高度控制，在市区内不允许新建高层建筑，以避免历史风貌受到伤害。在西班牙，政府早在1859年就对巴塞罗那的城市特色保护和城市发展进行研究，提出新的城市建设要完全避开历史城区的思路和措施。150年后的今天，人们看到巴塞罗那历史城区的文化特色依旧，美观而协调，成为欧洲最具中世纪风格的特色城市之一。在意大利，经过长期努力，罗马整座城市呈现出以古代遗址为基本特征的"古罗马"，以历史街区为主要特征的"老罗马"和以现代建筑为鲜明特征的"新罗马"，形成三种风格并存的独特城市文化景观。

当我们穿越欧洲，可以感受到很多历史性城市都有自己的魅力，都有丰富的内涵，都有清晰的文化脉络，人们能够轻易地识别到城市的历史中心。城市中的建筑尊重周边的环境，新、老建筑之间，不存在谁要超过谁的竞争，而是和谐有机地对话。尽管城市中不少建筑本身并不出类拔萃，但是其设计的功能、空间、尺度、与周围环境的关系等都堪称典范。虽然这些建筑并非出自同一建筑师之手，甚至不是同一时代的产物，但是它们源自人们的生活需求，源自当地的自然条件，因此有着同样的文化特征。虽然这些建筑采用的是当地非常普通的材料，但是同样满足着人们使用所需功能，上百年的建筑并没有影响人们的现代化生活。城市与建筑就是这样沿着城市文脉前行，一路上谨慎而小心。

虽然这些城市的历史城区寸土寸金，但是城市决策者依然冷静地对待城市发展，避免盲目出卖土地进行开发建设，反而为了保护城市的文化尊严和长远利益，阻挡了来自各方面的开发投资诱惑。显然他们并不认为改变自己城市的面貌和特色就意味着"发展"，他们绝不会为追求"现代化"形象，而毁掉最有价值的文化特色。在这些城市的历史城区，没有高楼大厦，没有高架道桥，没有高速公路，看不到所谓"现代化"的外表，但它们富有的是积淀了几百年、上千年的文化特色。人们在保持着传统文化氛围的历史环境中，享受着更具品味的现代化生活，这种生活宁静、平和、动人。正是因为这些城市拥有如此丰厚的文化财富，才使它们成为市民心中永远的故乡，成为世界仰慕的文化城市；也正是由于特色鲜明、令人难忘的文化形象，使它们成为世界各地人们向往的地方，成为旅游者观光的首选。

城市文化特色是城市风貌与文化特征的完美结合，是历史文化与现代文化的有机统一。综观世界闻名遐迩的文化城市，无论古代、近代还是现代，之所以能给人们留下深刻的印象，都是因为它们在立足于本土文化和区域特点的基础上发展。如土耳其的伊斯坦布尔以完好保持城市轮廓线而闻名，高耸在天际线中的众多建筑穹顶和尖塔，呈现出美妙的文化景观。美国的芝加哥舒展有序、张弛有度的城市天际线，构成纵横相宜的城市空间形态，充满生机与活力，给人留下深刻的印象。这些例子都充分说明，一座有生命力的城市、一座可持续发展的城市，首先应该是一座具有独特品格的城市。如果破坏了传统文化景观，也就是割断了城市的历史、失去了城市的个性和风格。

当人们路过或暂居一座城市，必然会探究这座城市的文化特色。无论是浪迹天涯的游子，还是叶落归根的故人，令他们魂牵梦绕的正是对城市文化特色的记忆。吴良镛教授就曾在《城市特色美的认知》一文中回忆了50余年前，火车沿着严整的城墙徐徐停下后走出北京站时的激动心情；初临重庆临江门码头的经历；去昆明过金马碧鸡牌楼和雄伟的近日楼的感受。他认为"一般人往往会有类似经历：某些具有特色的城市，曾经在某方面给自己留下难忘的印象。具有特殊城市文化特色，并在民众心目中产生好感的城市，往往才能成为人们怀念和向往的地方"[①]。如果一座城市仅仅给人们留下"道路很宽"、"楼房很高"的印象的话，必然会因为这座城市缺少文化特色而令人感到乏味。这样的城市更无法满足市民的文化需求，也就谈不上全面提高人们的生活质量。

我国地域辽阔，地貌、气候变化丰富，人文资源、生活习俗各有不同，城市文化特色的确立更应因时因地制宜。城市文化特色在更本质的层面上，是一种与人们生存方式密切相关的文化追求。人们向往和憧憬一座城市，很大程度上是为这座城市的文化特色所吸引。在北京，千顷灰色居民屋顶衬托着红墙黄瓦的宫殿建筑群，使人们为其载满历史沧桑而感动。在上海，沿黄浦江外滩的建筑轮廓线和近代文物建筑所构成的城市形象，深深地留存于市民及来访者的记忆中。在拉萨，"自然融入建筑，建筑归于自然"的建筑理念，使人、建筑与自然有机融合，形成和谐共生的整体。人们很难想象，如果失去了北京平缓开阔的城市空间布局，失去了上海外滩优美的城市轮廓线，失去了拉萨传统建筑的民族风格特色，这些城市还会有激动人心的文化气质和文化魅力吗？

一座城市不同于其他城市的清晰的文化概念，不仅是城市的外在形象，还包括使人们留下深刻印象的文化特点。例如十个朝代曾在南京建都，虽然城址不断变化，但文脉一直相承，至今还保留着历史上形成的三条轴线。城市空间中"山、水、城、林"四大特色要素，经过历代的积累和自然的组合早已"融为一体"，形成南京城市空间的整体特色。景德镇作为以制瓷为主的特色城市，陶瓷文化就成为整个城市文化的主题。陶瓷不仅仅是一种产品，需要保护的也不仅仅是瓷窑遗址、古作坊、古窑坊等地上和地下的遗存，而且还包括与陶瓷文化相关的民居、会馆、寺庙、码头、街区等，以及陶瓷产生所涉及的物理、化学、工艺、文学、美学、哲学等自然科学和社会科学的诸多方面。

---

① 吴良镛. 吴良镛学术文化随笔. 北京：中国青年出版社，2001：205页

6.2.3 城市文化特色的传承与弘扬

联合国教科文组织早在 1976 年就通过了《关于历史地区的保护及其当代作用的建议》，其中指出："当存在建筑技术和建筑形式的日益普遍化可能造成整个世界的环境单一化的危险时，保护历史地区能对维护和发展每个国家的文化和社会价值作出突出贡献，这也有助于从建筑上丰富世界文化遗产"。但是这一呼吁并未引起国际社会的应有重视，在全球化快速进程中，城市面貌和生活方式从来没有像今天这么"同质化"和"趋同化"，在世界范围内城市正在面临着"特色危机"。为此，人们呼吁城市文化特色的传承和文化城市理想的回归。

城市是人们聚集的一种形式，城市文化特色在形成伊始就带有强烈的群体性质，是市民共同的心理需求，也是市民共同拥有的宝贵资源。人们在城市里成长，在城市里相互交往，相互影响，建立共同的情感模式和行为规范，拥有共同的思维习惯和价值观念，形成共同的文化性格和文化特征。K.J. 巴顿认为："地方上和文化上的联系显然是重要的，人们往往乐于在同一地理区域内的各城市中心之间迁移，却不愿迁到国内其他的地方去。这些人对熟悉的文化环境，对故乡的社会准则和特点给予高度积极的评价"[①]。久而久之，人们对城市产生出难以割舍的感情，表现出强烈的城市意识，这种感情和意识在一代又一代的市民之间传承，根植于人们心脑，在传承中逐渐积淀，缓慢演变发展形成城市的文脉。因此，城市文化性格和文化特征是产生市民认同感、归宿感的基础，也是城市文化特色形成的根本原因。

城市文化特色与城市发展历程密不可分。城市文化特色，不但来源于城市的历史底蕴和文化资源，也来源于城市的地理环境与人文环境，还来源于市民的精神风貌和道德风尚。帕克指出："随着时间的推移，城市的每一部分，每个角落都在一定程度上带上了当地居民的特点和品格。城市的各个部分都不可避免地浸染上了当地居民的情感。其效果便是，原来只不过是几何图形式的平面划分形式，现在转化成了邻里，即是说，转化成了有自身情感、传统，有自身历史的小地区"[②]。无论是城市物质层面的社区环境、公共设施、各类建筑，还是城市文化层面的价值标准、思想意识、风俗习惯，无不对市民起着熏陶、教育和影响作用。人们自幼便在家庭熏陶、学校教育和社会影响之下，在社会生活和生产实践之中，耳濡目染、潜移默化，逐渐接受城市传统的情感模式和行为规范。其中，除了良好的生态环境之外，浓郁的文化氛围也对市民的影响至

---

① ［英］K.J. 巴顿. 城市经济学——理论和政策. 上海市社会科学院部门经济研究所城市经济研究室译. 北京：商务印书馆，1984：28
② ［美］帕克等著. 城市社会学——芝加哥学派城市研究文集. 宋俊岭，吴建华，王登斌译. 北京：华夏出版社，1987：5

为深刻，对健全市民的文化心理，提高市民的文化素质具有极大作用。同时，市民的文化心理和文化素质也成为城市文化特色的有机组成部分。

新时期的城市文化特色应是整合不同时期的文化要素，形成自己的风格。在城市建设中更需要保护不同风格的代表性建筑，尽可能使不同时期的文化要素和不同风格的代表性建筑长久叠加、和谐共存，而不应为当前的建筑潮流和时尚风格所左右。城市的景观建设也是如此，任何盲目的效仿拼凑，任何大拆大建的短期冲动，都难以塑造出文化特色鲜明，文化气质独具的景观形象，都将因缺乏文化内涵而丧失生命力。因此，既不能从某一时段的城市形象变化，来衡量城市文化特色的水平，以几栋"标志性建筑"或"形象工程"的建设，来代替城市文化特色的育成，也不能从某一地段的城市形象变化，来衡量城市文化特色的整体水平。

城市文化特色与地理因素和经济因素相比，更能决定一座城市的吸引力。这也正是当前越来越多的城市希望通过挖掘传统文化资源，塑造个性化形象的原因。只有具有独特的城市个性，才会拥有独特的城市魅力。举世闻名的"音乐之都"维也纳、"影视之都"洛杉矶、"时尚之都"巴黎以及"水上之都"威尼斯等城市，都是以独一无二的城市文化特色取胜。优秀建筑作品在这方面也能体现出重要的意义，它们可以成为城市整体文化高度的象征。"你只需要想想北京的紫禁城、阿格拉的泰姬陵、维也纳的竞技场、纽约的帝国大厦、毕尔巴鄂的古根海姆博物馆、悉尼的歌剧院和巴黎的埃菲尔铁塔，就足以证实这一点，因为它们分别象征着中国、印度、奥地利、美国、西班牙、澳大利亚和法国的文化"[①]。因此，文化特色是一座城市让人们留下最深刻印象的原因，也是城市文化的生命力所在。有灵魂的生命力才具有活力，有城市文化特色的城市才具有灵魂。

任何一座城市只要把地域文化忠实反映到城市建设和发展之中，自然就会形成自己的文化特色。例如北京与上海各具风采的文化特色，就浸润着浓郁的地域人文精神。北京作为有着800多年建都历史的文化古都类型，处处体现出庄严雄伟、主次分明的城市文化特质，以及雍容大度、热情豪放的城市文化个性，从而形成独具特色的"京味文化"；上海作为现代化的商业城市类型，处处体现出兼收并蓄、多元共存的城市文化特质，以及讲究实际，善于创新的城市文化个性，从而形成中外文化融汇的"海派文化"。今天人们常常自觉或不自觉地把北京和上海进行比较，结论虽然难以一致，但是进行比较的本身就表明这两座城市在文化类型、文化特质和文化个性等方面具有各自不可替代的城市文化特色。

我国传统城市设计理念融入对于自然要素的审美，将山水、园林等融入城

---

① ［加］D. 保罗·谢弗. 经济革命还是文化复兴. 高广卿，陈炜译. 北京：社会科学文献出版社，2006：302

市景观营造之中，产生诗情画意的效果，并深入到城市生活的各个层面，也深刻地影响了我国传统美学观念。诸如西北城市的依山布局，江南城市的临水设街，平原城市的平缓开阔，沿海城市的随海就势等，各具特色的城市空间格局使生态文化成为地域文化的重要组成。一些文化城市之所以给人们以良好的印象，关键在于它们认真把握山川地貌、历史遗迹、房屋建筑、生活设施等地域资源特点和城市功能要求，使城市中既有自然的鬼斧神工，又有人工的艺术创造，草坪、树木、巨石、山丘、河流、湖沼、海洋等，不但未因城市建设有所伤害和破坏，反而在城市载体中，和谐并存、交相辉映，发挥出其他城市难以取代的地域文化特色，这就是它们成功的关键。

任何城市都处于特定的地理位置，拥有不同的自然环境，人类要生存就必须学会适应特定的环境。对于热带城市、温带城市及寒带城市，规划设计时均应充分尊重其固有差异。例如平原城市结构除强调平缓开阔、街巷通直外，还注意将河湖水面引入城市，并在城市内外布置绿化以调节温度、风向和环境气候，利用人工环境使自然风带走城市中的污染物；南方城镇在密集的建筑布局中，往往南北向设置"火巷"空间，在解决交通、防火问题的同时，提供避雨、遮阳便利；西北干热地区则通过设置地下室、院落绿化和增建通风塔等调节室温和湿度，利用植物使城市降低热岛效应和使居住环境更凉爽。这些简单而高效的技术方式，在传统建筑设计中普遍运用，既满足了生活需要又避免破坏自然环境，是具有地域特色的可持续发展的建设途径。

各地的传统建筑往往保持"自适应"发展状况，在很大程度上是因为人们基于实际的生活需要，根据自身可以承担的经济条件，可以获得的建筑材料，可以达到的技术水平，参照周围人们已有的实践经验和已经盖好的房屋，再结合自身生活特点加以模仿建造。由于他们本身并非从事建筑职业，因此，大量出现的是"没有建筑师的建筑"。这些"地域建筑"、"民间建筑"、"乡土建筑"源于生活，建造中由于受人力、财力、物力以及具体条件的限制，反而更能切合实际，既千姿百态，又和谐统一，因此魅力无穷。在对城市文化特色保持与维护的同时，也要传承与弘扬由市民创造、在市民中传衍的优秀地域文化。

6.2.4　城市文化特色的重塑与营造

城市文化特色如何重塑与营造？至今众说纷纭。城市文化特色包含外在形象与内在素质两个层面，城市的外在形象由建筑、道路、广场、山水、绿地等形体语言所构成；内在素质则包括精神风貌、经济活力、文明程度等因素。以往对城市特色的研究，多从城市地理环境、功能布局、景观形象、建筑风格等方面进行探讨。这些虽然都能构成一定的城市文化特色，但是表达的只是外在的形式。过于依赖外在形式，容易流于表面文章，而不可避免地出现雷同，只有外在形式与内在素质和谐统一才能凸显城市特色的本质。J. 雅各布斯认为：

"只知道规划城市的外表,或想像如何赋予它一个有序的令人赏心悦目的外部形象,而不知道它现在本身具有的功能,这样的做法是无效的。把追求事物的外表作为首要目的或主要的内容,除了制造麻烦,别的什么也做不成"[①]。这无疑是给一些今天仍在"制造麻烦"的城市以警示。因此,城市文化特色既指城市的景观外貌,更指城市的精神风貌。

城市不仅有体有形,还有神有韵,具有无形的一面。城市文化特色拥有超越形体之外的意境之美。以往对城市形象和建筑艺术的理解,很大程度上停留在"欣赏"的阶段,常常以是否美观作为评价的标准。"这样的思维逻辑,已经导致了我们对艺术文化的极大误读。在房地产开发和城市建设中,艺术总是作为最后一道工序,成为建筑和环境的'点缀',如同厨师做完菜需加的'调料',实在把艺术文化的功能与价值弱化到了极致"[②]。实际上,无论是城市设计,还是建筑设计,都应把传统文化、地域文化和现代文化融为一体,注重历史与现实的对话,形成综合的概念。即不仅仅是人们所理解的城市形象本身,而是涵盖了人与自然、人与社会、人与人之间的沟通与对话。也就是说,城市文化特色应以更加开放和融合的姿态,参与到社会生活中,与空间、与环境、与市民形成更强的互动体验,吸引更多的市民参与城市文化建设。

城市文化特色不但具有艺术审美功能,还具备文化认知功能。"周干峙先生说:'城市美的问题说到底是城市文化的问题'即指出了文化特性对于城市核心特色塑造方面的重要性。'设计遵从文化',是美学原则的重要内容"[③]。城市如人,"外在的美"是它的面貌、形象,"内在的美"则是它的气质、品格,失去了城市这些"内在的美",城市的文化特色就会大打折扣。正像齐白石先生所说:学我者生,似我者死。这个道理同样适用于城市文化特色的重塑与营造。弘扬城市文化特色,就必须把它们"内在的美"的价值充分体现出来。

早在20世纪80年代,一些专家就提出,城市要发展,特色不能丢。城市不在于规模大小,而在于特色是否鲜明。苏州的园林、济南的泉水、杭州的西湖、昆明的滇池,永远是这些城市得以延续和发展的依据。[④] 例如青岛市注重弘扬传统文化、外来文化和现代文化相互交融的城市文化特色,对以八大关为代表的历史文化街区实行积极保护,进一步挖掘其历史特征。在城市规划建设中,突出城市历史文脉、营造新的文化特色。按照"显山、露水、通海、透绿"的原则,塑造以海滨步行道为轴线的黄金海岸线,并进一步融入海洋科普、旅游度假、文化休闲等新的主题。再如若干年前,南京市鉴于物换星移,昔日"金陵四十八景"有的已不复存在,重新经市民评选,经专家细评,评出"南京新四

---

① [加] J.雅各布斯著.美国大城市的死与生.金衡山译.南京:译林出版社,2005:14
② 杨乐渝.艺术在城市中的魅力.中国建设报,2006年2月15日:第6版
③ 卢涛,李先逵.城市核心可持续发展研究的多学科调适理念.城市发展研究,2002(1):30
④ 宋和景.苏北地区城市化问题的思考.城市发展研究,2002(4):49

十景",并在城市建设中妥善加以保留。

在国际上,众多历史性城市如今也在努力重塑与营造自己的文化个性,提升城市的吸引力和竞争力。如法兰克福保持举办国际展览和会议的城市文化特色,如今每年至少有5万个会议在此召开,来自世界各地的260万人涌入各类会场,成为欧洲大陆最繁忙的会议中心。正是由于悠久的历史和今天的努力,使法兰克福成为全球闻名的文化城市之一。法国里昂历史中心区保留有罗马时期、中世纪、文艺复兴时期、古典主义时期、工业革命时期,以及20世纪以来各个阶段的文化遗产与城市肌理。由于文化遗产和城市特色得到了良好的保护与合理的利用,使城市保持着旺盛的生命力。为了充分展示城市的悠久历史和灿烂文化,该市将每年12月的第一周定为灯光节,通过绚烂的灯光效果与古老的建筑交相辉映,构成独具魅力的城市景观。2003年3月,美国芝加哥公布了"2020芝加哥中心区规划",其发展定位为:全球的芝加哥、区域的芝加哥、家乡的芝加哥和绿色的芝加哥。其中家乡的芝加哥的城市定位引人注目,其表述为:"芝加哥中心区支持经济和社会的多元化,保护建筑遗产,成为一个有活力,可步行及人们工作、居住、娱乐和欢聚的场所"[1]。华盛顿虽然只有二百多年的建城历史,但是长期以来坚持了尊重传统、保持特色的原则,使它在世界各国的首都中保持着自己的特点。

数世纪以来,众多历史性城市,应对经济和社会发展,体验了大量的自我更新,但是它们始终保持着自己的文脉。在这些城市中,许多历史遗存至今仍在发挥着积极作用,依然延续着曾经的辉煌,传递着历史的回响。保护和利用好这些历史遗存,传承和弘扬好这些精神遗产,有利于进一步理清城市发展的思路,增添城市建设的文化内涵,并在传承的基础上更好地加以创新,塑造融历史辉煌与现代文明于一体,高雅而独特的城市形象。只有以对历史负责的精神和真正科学的态度保护好城市自身的文化传统,保持城市发展的连续性,才能创造出城市恒久的文化魅力。

在我国,虽然不少城市在文化特色方面已经失去了很多,但有许多正在崛起的中小城市仍处于快速发展的初期,特别是我国的西部城市,正在针对城市文化特色加强研究和保护,避免重蹈覆辙。1998年清华大学师生到位于滇、川、藏大三角交汇地带的迪庆考察,为那里优美的环境、淳朴的民风、独特的文化所吸引,产生了"一个近乎浪漫的畅想",即把迪庆建成香格里拉理想城。"我们要用理想的激情来规划理想城,这种理想的境界,在现代条件下可归纳为社会公平、和谐;生态环境健全;科学技术进步;文化艺术繁荣。人居环境既保留传统同时又富于创新"。吴良镛教授特别指出:"在建设中不要一味地追求高楼大厦,21世纪的建筑是走向人与自然的和谐,不要认为高楼大厦、冲天的烟囱就是发展,就是现代化。现在那些被认为是"二等舶来品"的高楼大厦已经

---

[1] 黄玮. 空间转型和经济转型——二战后芝加哥中心区再开发. 国外城市规划, 2006 (4): 58

在不少城市破坏了山的轮廓,自然的风貌,令人腻味。我们各地要追求自己的风格,自己的设计,借鉴传统发展未来。一组组建筑要像从这里的土地上茁长出来的,成功的城市建设要与这里的山岩、溪流、草地、树木、云天交织在一起,把迪庆香格里拉理想城建设好"[①]。

城市是一个巨大的物质载体,它的构成具有门类繁多,体形庞大,寿命长久等种种特征。每一座城市都存在着深层次的文化差异,因而文化发展目标迥然不同。对传统文化与城市文化遗产应进行切实而深入的研究,不仅侧重于个体,还应研究群体,乃至对城市空间环境进行整体研究,同时这些研究,不仅从城市规划和建筑领域出发,而应进行多学科的思考,尤其是从文化角度进行探索。城市文化特色的发展和演变,有时间的积淀,更有深刻的文化背景,一般不应该是"大手笔"的城市规划建设所创造的产物,而应该是复杂、细致、连续的育成过程的结晶,因而那种希望"毕其功于一役"的想法,那种希望通过大规模的"旧城改造"去"打造"崭新的城市文化特色的做法,都是不切合实际的。

城市决策者对城市文化特色的认同和定位,在一定程度上决定了城市的建设方向。事实证明,越是文化品位高雅、文化积淀深厚、文化特色鲜明的城市,就越被视为理想的人居环境,无论国外的罗马、巴黎、维也纳、巴塞罗那,还是国内的苏州、杭州、青岛、厦门,都因鲜明的城市文化特色和良好的人居环境而获得城市快速发展。因此,城市文化特色不但是城市形象的标志,而且是城市经济社会发展的助推器,是聚集人才的宝贵资源。当人们的物质生活逐渐由温饱走向富裕,必然对城市环境和文化品位提出更高的要求。对城市地域文化特色的重塑与营造,必然进一步激发市民对城市更高发展目标的追求。

建设文化城市,应该成为城市发展的重要主题,而城市文化特色的维护和发展,则是文化城市建设的先期条件。今天,无论是城市战略规划的编制,还是城市公共政策的确立,都受到全球化的影响。在这一背景下,具有鲜明文化特色的城市,更具有全球竞争的能力,更能捕捉到发展机遇。例如历史文化名城泉州,以"海上丝绸之路"作为带动城市发展的主题文化,鼓舞了海外侨胞关注家乡发展的热情,产生了巨大的文化凝聚力,同时也带来了可观的综合效益。

城市文化特色的重塑与营造既要符合实际,符合当地的社情民意,在当地具体环境下生根发芽,开花结果;又要兼顾社会各方的利益,照顾不同人群的诉求,考虑社会公平,使广大市民喜闻乐见。不应以单纯的技术性蓝图和笼统的规划指标,掩盖城市文化特色形成过程中的多方文化诉求。正如 S. 科斯塔夫 (S. Kostof) 所问:"谁有资格和能力去'设计'城市天际线?谁能代表公众去

[①] 吴良镛. 吴良镛学术文化随笔. 北京:中国青年出版社,2001:200

决定城市在地平线上的形态？这是一个根本性的问题"①。城市是大众的城市，属于生活在城市中的每一个人。城市文化特色的重塑与营造要得到市民的积极认同、支持和参与。如果脱离当地实际情况，没有当地市民的认同、支持和参与，则这种城市文化特色没有价值，也没有实施动力，更没有发展前途。因此应该增加构建城市文化特色决策中的透明度，鼓励公众积极参与。唯有如此，才能让公众的意愿真正代替少数人的意志，成为重塑与营造城市文化特色的决定性力量。

6.3 城市文化环境与文化城市建设

当前，全球化已经成为社会发展不可忽略的问题，无论是产品生产还是商品消费，国家和地域的界限越来越模糊，世界市场正在逐步形成一个整体。经济活动的全球化，势必影响文化领域的无国界趋势，主要表现为经济发达国家和地区的价值观念和生活方式，正在不断地向经济相对落后的国家和地区输出、普及，以至于影响到理想信念、思想行为和道德准则等精神层面。在这一情势下，如何正确树立城市文化理想，是一个需要深入思考的问题。

6.3.1 城市要关注"文化生态保护"

今日世界，霸权主义的侵略扩张，不必动用武力，而是以不战而胜的方式实现文化侵入，通过对价值观念以及思维方式的控制，来取得经济与政治上的利益。一些发达国家凭借着自身经济上的优势，确立其在文化交流中的强势地位，与发展中国家往往不能在平等对话的基础上实现相互融合、取长补短，致使当地的传统文化随之节节败退，被动接受代替了相互交流。同时，人们更加清楚地看到，在一些西方学者对文明思考的背后，隐含着的是西方文明优越论。他们不能以健康的文化心态，认同与尊重不同文化存在的合理性与合法性，甚至有意识地或潜意识地认为，如果没有西方价值观念的引入，就不会有任何国家和地区可以真正地实现现代化。

由于发达国家占有的金融市场、信息科技和军事资源的份额不断增多，文明的交融与交流难以平衡，发展中国家的传统文化在全球文化传播的版图上日趋边缘、模糊和式微。弱势文化面临着被强势文化同化的危险，这一同化与反同化、霸权与反霸权的矛盾异常尖锐，进一步增加了发展中国家寻找自身发展模式的难度，甚至一些发展中国家也有不少人开始怀疑本国的文化传统，试图对自身核心价值观念进行全盘否定。"城市文化危机"已经成为各国城市进入21

---

① 黄焕. 解读芝加哥的城市天际线. 国外城市规划, 2006 (4): 66

世纪发展所面临的战略焦点。

经济全球化并不意味着城市文化发展必然出现趋同的趋势。反而，在日益变"小"的世界里，一方面，人们更加渴望体会自己城市文化的差异性，维护自己城市独有的精神文化领域；另一方面，人们比以往更需要丰富多彩的精神生活，更加渴求多样性的城市文化。人们呼吁在保护自然生态的同时，"也应该更响亮地倡导'维护地球的文化色泽'——关注文化生态保护，旨在维护人与人之间的和谐与促进相互间的交流。遗憾的是它尚未引起人们足够的重视"。"面对这样的情势，我们不免会像自然科学家面对着林木滥伐、水土流失而思虑着黄河、长江的水源有朝一日是否会枯竭一样，思虑着人类'精神植被'的荒漠化危机"[①]。

在城市现代化进程中，如何使城市经济发展富有文化内涵，城市社会环境形成文化生态，城市生活质量突出文化个性，城市民众发展追求文化品位，这些都是十分值得思考的问题。"当前，我们正处在一个思想大活跃、观念大碰撞、文化大交融的时代，先进文化、有益文化和落后文化、腐朽文化同时并存，正确思想和错误思想、主流意识形态和非主流意识形态相互交织，各种思想文化有吸纳有排斥，有融合有斗争，有渗透有抵御，这种交流、交融、交锋不仅发生在国际而且发生在国内。对不同文化的冲突、碰撞、摩擦，如果不注意协调、妥善解决，就会引起思想混乱，甚至导致社会危机"[②]。实践证明，解决上述问题的重要途径，就是给予自身传统文化、地域文化以更多关注，给予先进文化、有益文化以更好的生态环境，给予落后文化、腐朽文化以更加有效地抵制。

今天，我国城市与世界各国城市一同，进入了21世纪城市发展的"十字路口"。在经济取得长足发展，人民生活水平显著提高的同时，也出现了一些社会、文化、环境、生态等方面的问题，大大降低了社会可持续发展的能力。虽然一些城市规模发展很快，但是同时却忽视了人与自然、人与社会、人与人的关系，在精神生活、文化生活方面未给予足够的关注，文化能源的供给相对于民众日益增长的精神文化需求而言，已经形成"战略性短缺"。另一方面，由于经济、社会以及不同群体的文化差异等复杂原因，落后文化、腐朽文化客观上已经形成了一定的社会基础和市场。

新时期娱乐文化的恢复、发展，其积极价值有目共睹。但是，如果在两个方面把握不好，就会出现消极甚至灾难性的后果。一个是娱乐文化的质；一个是娱乐文化的量。目前，我国的娱乐文化在质和量两个方面都存在着不容忽视的问题。在质的方面，娱乐文化中充斥着大量商品性的、快餐式的、低俗化的

[①] 资华筠. 面对新世纪的文化生态保护. 中华文化画报, 2005 (3): 56
[②] 刘云山. 建设和谐文化巩固社会和谐的思想道德基础. 人民日报, 2006年10月24日: 第2版

流行文化；在量的方面，娱乐文化存在着泛化的倾向，渗透进社会生活的方方面面，不断填充着缺乏文化追求的人们的精神空间。虽然积极健康的文化娱乐是每个人的生活需要，但是只是人们全部生活内容的一部分，而且应该是很有限的一部分，当娱乐活动超出了一定的量，即使内容健康也会走向反面。

上述状况的改变，关系到建设良好文化环境，关系到国家的文化安全。"文化生存状态积淀着一个民族、国家或地区全面的文化创造和文明成果，而且蕴含着走向未来的文化基因，在全球化世界中，面临席卷而来的强势文化，地域文化如果缺乏内在的活力，没有明确的发展方向和自强意识，不自觉地保护与发展，就会显得被动，有可能丧失自我创造力与竞争力"①。我国目前城市发展现状的诸多遗憾之处，正是由于忽视城市文化传统支撑而自食其果。一些城市决策者面对所遭遇的不断的"建设性破坏"，仍然对保护城市"文化生态"缺乏应有措施，对延续城市"文化根脉"缺乏自觉分析，对确立城市"文化主题"缺乏主动研究，对制定"文化战略"缺乏深入思考。

文化需要坚守，更需要继承和传播。今天，社会发展速度之快，变化之大，使人们必须面对大量新的体验和挑战。人们在享受高度发展的现代物质文明的同时，也承受着竞争激烈、节奏急速、世态多变的巨大精神生活压力，这一方面能够激发人们奋发进取，顽强拼搏的精神，另一方面容易产生急功近利、心浮气躁的心态和人情淡漠、生活单调的失落感。使人们感到生存状态不如过去那么安逸舒适，甚至给人群带来某些意想不到的生理、心理疾病。因此，要通过长期不懈的努力，恢复文化生态的色泽，使民众在文化权益上各得其所，在文化享有上各获其利，在文化创造上各显其能，使文化形态的生成与发展过程成为提高人的素质、促进人的全面发展的过程。

6.3.2 城市要讲述"自己的故事"

纵观人类文化历史，城市是文化精华的载体，城市文化经过世世代代积淀而成，凝固了千百年的文化基因，孕育了一处处历史城区，一条条古老街巷，一座座传统民居。这些文化的载体都在默默地述说着曾经发生的故事，见证着城市的历史和今天。每个城市都有不同的故事，它们启迪人们对城市文化更加深入理解，可以使城市文化变得更加鲜活，可以使城市生活更加引人入胜，可以使过往宾客长久驻足。"每种文化都拥有自己要讲的故事。在大多数国家，年龄13~14岁之间的少年儿童是聆听和了解把他们的文化结合为一体的那些故事长大的：神话、传说、民间传奇、历史典故、英雄和坏蛋的传说、神奇的故事和那些振奋人心的关于丰功伟业的事迹。这些大家耳熟能详的故事是文化认同

---

① 武廷海，鹿勤，卜华. 全球化时代苏州城市发展的文化思考. 城市规划, 2003 (8)：61

中最中心的内容"①。因此,"城市故事"成为城市的宝贵资源,是全体市民的共同财富,应该认真加以挖掘和弘扬。

每一座城市个性化的自然空间、人文景观和历史遗存,都具有文化资源意义。每一座城市都应该"讲述自己的故事"。在丽江博物馆陈列展览入口处,前言中写道:"很久很久以前,开天九兄弟、辟地七姐妹开辟了天地。从此,纳西人民永远传诵着人类与自然是同父异母兄弟,藏族、白族、纳西族同一个祖先的故事。很久很久以前,渊源于氐羌族群的纳西先民,在上下几千年,纵横数千里的时空大跨越中,百折不饶,自强不息,创造了东巴文化,谱写了中华灿烂文明历史画卷中光耀的一页"。这是纳西族人民世代讲述着的一个永恒不变的神话,一个属于全人类的东巴文化故事。丽江如今成为我国唯一同时拥有世界文化遗产、世界自然遗产、世界记忆遗产三项荣誉的城市,就是这个神话创造的奇迹。今天当人们驻足纳西族东巴故事的历史时空,聆听那"很久很久以前……"的故事,已经转化为守望精神家园的理想和动力。

德累斯顿号称"德国最美的城市",它以17世纪、18世纪丰富精美的巴洛克艺术闻名。但是在1945年2月13日,这座文化古城遭到炮火的猛烈轰炸,全城陷入一片火海,有七成以上历史建筑遭受摧毁,被称作是"在7分钟之内就被毁灭的城市"。但是今天,当人们走在这座城市的街头,依然能够看到矗立着的大教堂、剧院和博物馆。这个城市是有理由骄傲的,因为这里的人们以不可思议的执著,为自己的城市创造了一个奇迹。今天这里大部分建筑都是黑白斑驳的颜色,它们都是根据照片和历史资料重新修建的。废墟中被熏成了黑色的砖石依然被用在原来的位置,而白色则是重新补上的部分。于是,这些建筑黑白相间,黑色记录了这个城市曾经的伤痛,而白色代表了德累斯顿人不惜一切代价恢复城市记忆的荣耀,"美"和"美的毁灭"两大体系在这里并存,成为德累斯顿独特的城市景观,也构成了令人难忘的城市故事。

在我国,也有"美"和"美的毁灭"并存的城市故事。圆明园自清康熙四十八年始建,历经150年的苦心经营,成为古今中外园林建筑的典范,被誉为"万园之园"。1860年被英法联军焚毁后,绝大部分建筑化为灰烬,1900年再次遭到八国联军的破坏。此后的50年间,圆明园遗址先后受到八旗兵丁、土匪地痞的打劫,以及官僚、军阀、奸商的盗掘,使之成为一片废墟。"悲剧不仅仅是悲怆感,悲剧的美感才是极其重要的!世界上没有一处园林能如此感人地向游人诉说一个伟大民族的历史悲剧,也没有一处园林能如此淋漓尽至地展现其悲剧之美"。"美"和"美的毁灭"同样令人震撼。"在游人们流着眼泪的游赏中,在直观的观感中,引发出悲愤与崇敬,引发出悲剧中的正义感与崇高感,一个

---

① [加] D. 保罗·谢弗. 经济革命还是文化复兴. 高广卿,陈炜译. 北京: 社会科学文献出版社,2006: 315

伟大民族的伟大历史感"①。

在历史性城市里，几乎每一个院落都有很多故事，每一处历史街区本身就是一部关于城市与城市人的书。这些街巷、里弄、胡同叠印着多少代人的无数脚印，饱含了多少代人的音容笑貌。众多市民世代居住于此，对这里的历史与现状了如指掌，他们是城市故事的保有者和权威的诉说者，也是城市文脉的主要体验者和传承者。他们永远难忘"原本那些胡同里荫荫古槐下乘凉老人的絮语，院里邻居们一起上房摘枣时的说笑，掠过晴空的鸽哨声和早已融入老屋的那些回忆"②。徜徉在这些历史街巷中，触摸着这里的一砖一石，都会勾起无数遐想，它们的存在向人们述说着活生生的历史，引起人们的回顾和感动，引起人们的发散性思考。历史街区因生活延续而伟大，传统建筑因居民存在而精彩。为此，应该尽可能维持历史街区内原住居民的基本构成。

2005年初，在北京有过一场关于胡同名称的争论。有的人大代表提出了一个"实用"的建议：对北京的部分道路、胡同以数字编号，舍弃少数难记的胡同名称。理由是目前北京的一些城市路牌、胡同名称容易混淆，给人们出行添了不少麻烦。但是，更有人认为，该建议过于草率，忽略了城市的文化积淀。地名也是一种文化遗产，是讲述城市故事的重要元素符号，是不可或缺的城市文化关键词。特别是对于历史性城市来说，街巷的名称饱含着历史沧桑，有着特定的文化涵义，已经成为传统文化的组成部分。仅仅因为方便记忆而随意修改历史文化元素，后果不可想象，技术落后能重新改进，文化断裂将无法弥补。

直至今日，一些人仍然经常以"现代化发展需要"、"使交通方便快捷"和"改变落后现状"等理由来为破坏文化遗产和历史城区辩解。但是，人们越来越认识到，城市若保证有序和繁荣发展，必须首先尊重历史记忆和文化内涵，确保城市文脉的连续性，这样，城市才能保持自己的个性和气质。如今北京大栅栏地区的命运再次引起人们的广泛关注。该地区方圆1平方公里，成片的传统建筑和上百条胡同都历经了漫长的文化变迁。这里的许多斜街、交会点是金、元以来几百年真实的历史遗存；这里的传统建筑不仅式样丰富，有店铺、会馆、戏楼、四合院、庙宇等，而且仍然基本保持了历史原貌，透过门楼、雕花、门墩、门闩，能体味出老北京人的讲究和丰富的市井文化。大栅栏地区的价值就在于它是一部北京民俗史话，这里有着永远也讲不完的城市故事。

全国各地保留至今的城墙都有着坎坷的经历，它们无声地讲述着自己城市的难忘故事。城墙作为军事防御设施，在早期城市发展过程中成为不可或缺的重要组成部分。但是，随着冷兵器时代的结束，城墙作为军事防御工事的作用逐渐淡化和消亡，成为一些人眼中阻塞交通、妨碍城市建设的累赘和桎梏。许多地方开始逐步拆除城墙，用来拓宽道路，修建房屋，拆下的城砖成了建筑材

---

① 赵光华. 圆明园遗址的保护和利用. 北京政协，1996（8）：31
② 龚迪嘉. 什刹海因"野趣"而精彩. 理想空间，2006（15）：118

料。居民和单位被动员来为城市建设义务劳动拆墙取砖取土。大片的古城墙就在这场热火朝天的"建设运动"中轰然倾倒。在一些人为此兴奋不已的同时，另一些人却承受着民族文化被摧残的撕心裂肺的痛楚。梁思成先生曾感叹："拆掉一座城楼像挖去我一块肉；剥去了外城的城砖像剥去我一层皮"，这掷地有声的话语令多少人为之扼腕叹息！

时过境迁，30年后，北京市文物部门为抢救北京城最后一段明代城墙开展了轰轰烈烈的"爱北京城、捐城墙砖"活动，从1996年至2001年实施的北京明城墙遗址保护工程，得到了市民的热情支持。上至八旬白发苍苍的老专家，下至不足十岁稚气未脱的学童，络绎不绝前往捐赠城砖。一家市民祖孙三代在87岁的马宗臣老人带领下，一次次把城砖运到城墙遗址；有的市民行程几十里从通州用自行车送来了两块城砖；有的市民坚持每天下班驮运几块古城砖到城墙遗址，先后捐赠了数百块城砖；更有数以千计的北京市民冒着严寒、踏着残雪到明城墙修复工地义务劳动。2002年北京明城墙遗址公园建成，古老的城墙再度走进人们的生活，流淌着城市的血脉，诉说着历史的沧桑，延续着城市的故事。

中英街及界碑，位于深圳市东部的沙头角镇内，自1898年中英签署《中英展拓香港界址专条》后，英国殖民者又强行租借九龙半岛北部及附近岛屿，统称"新界"，租期99年。在边界上竖立"中英地界"碑石，其中桐芜墟（即今沙头角镇）西侧河岸上立有8块。后因河道干涸，逐渐形成街道。改革开放后，"一街两制"的中英街成为举国闻名的购物天堂。这条长250米，宽约4米的街道，无声地述说着一百年来的坎坷历程。中英街及界碑，既是十九世纪末中国贫穷落后、清王朝腐朽没落的历史见证；又是帝国主义疯狂侵略、瓜分中国的历史见证；还是我国改革开放、走向繁荣富强的历史见证。如今又见证了香港回归祖国并实行"一国两制"后的可喜变化，成为向广大民众进行爱国主义教育的生动教材。延续中英街及界碑的故事，并妥善加以保护，具有重要的历史和现实意义。

6.3.3 城市要培育"健康市民文化"

每一座城市在发展历程中所形成的文化，都首先由城市中的民众去承载和弘扬。市民是城市的主体，是城市文化的创造者和体现者，也是城市文化的载体。市民文化是城市文化的重要内涵，其意义在于有效传承传统文化和弘扬地域文化。城市文化必须具有广泛的民众基础，其衡量标准是，城市中的大多数市民都能够喜爱自己城市的文化，都能够积极参与自己城市文化的建设，也都能够从自己城市的文化中真正受益。这是城市文化发展的基本条件，也是城市文化发展的根本价值。与城市文化的发展相适应，市民的文化素质，包括思想道德素质和科学文化素质是城市进步的推动力，而要达到这一要求，城市文化就必须是健康先进的文化,而不能是庸俗落后的文化。

随着城市居民物质生活条件的改善和居住质量的提高,文化需求也日益强烈,他们迫切希望居住环境不再是冷寂的钢筋混凝土建筑群落,而应该拥有完善的文化设施,充满温馨的文化氛围,成为满足多样文化需求的精神家园。目前,我国广大民众的文化需求呈现出五个明显的变化,"一是文化需求总量呈现较大幅度增长,二是社会对文化产品和文化服务质量提出了更高的要求,三是文化消费更加多样化和市场化,四是文化产品的制作、传播、消费手段和方式更加科技化和现代化,五是不同文化相互交往的要求和程度日益加深"①。而健康先进的城市文化,首先要满足三个条件:必须符合社会发展方向和城市长远利益;必须符合广大市民全面发展的需求;必须具有有益的内容和有效的形式。

文化属于人民大众,文化来自于民间。市民的整体素质如何,直接决定着一个城市的文化形象。只有广大市民具有浓郁的崇文意识、具有健康的文化心态,具有良好的行为习惯,这个城市才能顺利迈向现代化的明天。市民文化是建立在社会微观层面上的城市文化。市民文化的价值在于,它是城市文化的根脉,是城市的母亲文化。市民文化往往在人们日常生活的公共空间中展开,由街道上、社区里、市场中、公园内的社会交往所产生,并随着时代而发展,处于不断变化之中。一座城市之所以能够自立于城市之林,就在于这座城市拥有真正体现鲜活民族精神和地域特色的,人们在生产生活实践中创造的市民文化。

随着科技的进步、交通的改善、信息的加强,城市文化也面临着全球化的历史过程。因此,传承城市优秀传统文化和地域文化,成为城市文明程度提高的重要标志。市民文化的传承,从形体上,基本可以分为两类:一类是物质文化遗产,是有形的,例如民居、寺庙、商号、戏院;另一类是非物质文化遗产,是无形的,例如民间口头文学、戏曲、音乐、美术等。由于这些市民文化的表现形式来自于民间,往往显得粗糙而零散,但是,它们处于原生状态,比起正式文化机构的传承,更加鲜活、更加生动、更少修饰。因此,研究城市文化,不能不研究市民文化,不能不研究来自市民阶层的活生生的文化形式。

市民文化包括城市居民广泛参与的各种文化活动,其形式多样、内容广泛,符合当地的民情,最为市民喜闻乐见。例如澳门特区政府注重向城市居民传播文化遗产保护知识。面向市民及教师、学生开展的大型"全澳文化遗产推广计划"及"文化保护年"活动,形式多样,主体丰富,针对性强,富有教育意义,而且深入社区、校园,受到广泛欢迎。"文物大使培训计划"作为上述系列活动之一,在澳门的青年学生中培养出一批批既有文化遗产保护专业知识,又热心宣传保护文化遗产意识的"文物大使"。"澳门文物之旅"路线设计比赛则面向

---

① 孙家正. 追求与梦想. 北京:文化艺术出版社,2007:6

全体澳门市民,不分年龄性别、阶层职业,吸引了众多本地居民积极参与。参加者反应热烈,亲身前往文物古迹,寻幽探胜,在感受文化遗产魅力的同时,还设计出许多别具风貌特色的文物路线。

每一座历史性城市都拥有自己的文化名人,他们由于为国家或为本城市的文化发展作出卓越的贡献而备受人们尊敬,他们出生和成长的场所应成为人们进行缅怀的纪念地。可以通过展示名人生前典型的生活场景,叙述他们的生平,揭示该地点的文化意义。在这方面,欧洲一些城市有着成功的经验。例如走在伦敦的历史街巷里,就会发现许多建筑物上悬挂着精致的标志,讲述历史上某位对社会有杰出贡献的人物曾经在此生活或工作,我国著名作家老舍在那里住过不长时间的房子也挂上了保护标志牌。在巴黎,就有750多个名人故居作为城市文化的重要组成部分受到精心呵护。与巴黎有关的历史名人数不胜数:莫里哀、雨果、巴尔扎克、大仲马、小仲马、左拉、莫奈、罗丹等,每一位文化名人都令人们对这座城市充满敬意。因此城市政府小心翼翼地保护着他们的故居,很多地方都挂有纪念牌匾,述说着街区的骄傲。走在街巷中,人们会感到仿佛走进历史,不经意之间接受了一次次文化的熏陶与洗礼。

我国是一个人口大国,目前18岁以下的未成年人约有3.67亿,占总人口的29%左右。在"升学"和"就业"的压力下,一些学校的教育内容和教育形式都变得枯燥而乏味。青少年的学习压力变得越来越大,而学习动力却变得越来越小,个性和创造力明显缺失。物质生活的逐渐丰富只能使他们的生活空间得以改善,但是社会提供给他们的心理生长空间却并不开阔。[①] 青少年教育应是市民文化的重要组成部分。对青少年的教育应从他们身边生动、鲜活的城市故事说起,这无疑是一条极其重要的途径。应该把城市的传统文化、历史名人、风土民俗写入学校课本,请进教学课堂,通过多种途径,发掘多种资源,滋润、化育青少年们的心灵,培养他们从小就对自己的城市产生深入骨髓的情感,形成难以割舍的情怀。日后,他们虽然要走向不同的人生道路,但是弘扬城市传统文化、地域文化,将成为他们的自觉意识,他们的心也将会更多地留在故乡这片文化底蕴深厚的土地上。

6.3.4 城市要改善"公共文化服务"

城市的文化资源、文化氛围和文化发展水平,在一定程度上决定着城市是否具有活力和竞争力,决定着城市的未来。近年来,公共文化服务问题受到广泛的关注,作为新的文化发展理念,反映了我国深化文化体制改革的基本思路。发展公益性文化事业,构建公共文化服务体系,成为政府的一项主要职责。城市文化设施是公共文化服务体系不可或缺的载体,其数量多少、规模大小、水

---

① 黄琛. 走进博物馆 体验博物馆 爱上博物馆. 中国文物报,2006年9月1日:第6版

准高低以及功能齐备程度，标志城市文化品位的档次和市民文化生活的质量。建设门类齐全、功能完善的城市文化设施，有利于完善城市功能，提升城市价值，增强城市吸引力，是造福于民众和社会的长久事业。

文化遗产地和博物馆是公共文化服务体系的重要组成部分，是保护、收藏人类文化的殿堂，具有经典性、纪念性和永久性的特征，往往作为一座城市的文化坐标和文明形象而存在。它们以其深厚的人文积淀，以及无可比拟的文化内涵优势，赋予城市以精神气质和文化品位。同时，文化遗产地和博物馆根据独特的性质、任务，利用直观、形象、感染力强的特点，向市民传播自然、历史、考古、艺术、科学和综合人文信息，是人们提高文化修养的重要场所，在丰富市民文化生活的同时，发挥着教育、激励、凝聚、娱乐、审美等多种功能，在潜移默化中陶冶市民的情操，并为市民进行科学研究和艺术创作，提供丰富的资料及珍贵的借鉴。

文化遗产地和博物馆应该是文化教育中心，而不应该仅仅是文物收藏中心，同时，应该成为让人们流连忘返的地方。要树立"感受文化遗产地"、"享受博物馆"的理念，积极探索新的展示方法和环境设计，让人们感觉来到文化遗产地和博物馆是一种精神享受，自觉参与到这里的文化活动中来。科学展示是体现文化遗产价值和功能的基本方式，是文化遗产与社会、公众联系的重要渠道。今天，科学展示是我国文化遗产保护的薄弱环节，其重要性在一些文化遗产地和博物馆往往受到轻视或忽视，这些文化遗产地和博物馆也因陈列陈旧、内容枯燥而失去对公众的吸引力。事实证明，如果缺乏广泛普及和卓有成效的展示，文化遗产保护将难以得到社会公众的自觉支持。因此，科学展示不仅是文化遗产保护的应有内容，而且其重要性应更加强化，应将贴近实际、贴近生活、贴近群众作为不懈的追求，成为文化遗产事业的一项重要使命。

文化遗产地和博物馆应对城市文化发展做出更大贡献。在英国，包括大英博物馆、国家画廊、格林尼治天文台等在内的顶级博物馆和美术馆都实行免费开放。英国政府认为国家博物馆和美术馆免费开放，是政府关于"建设一个更美好的英国"的承诺之一，其目的在于增强文化艺术在国家生活中的地位与作用。事实上，博物馆在英国被视为最重要的教育机构之一，参观博物馆也成为绝大多数民众一生中最重要的文化体验。自2003年，罗马市利用周末双休日举行"不眠之夜"活动，吸引了数百万市民与游客参与。"不眠之夜"是指市内所有博物馆、画廊和艺术古迹当晚延长开放时间，免费向游人开放，极大地活跃了人们在双休日的文化生活，带动旅馆、餐饮和其他服务业的发展。意大利总理还呼吁所有内阁部长在国庆节这一天自行选择参观至少一座博物馆，以带动全体公民增强珍爱文化遗产、保护文化与自然环境的意识。在我国，杭州市属国有博物馆于2003年免费开放，2004年省直博物馆免费开放，取得了良好的社会效益，观众人次从2003年的116万人次、上升至2004年的269万人次、2005年的317万人次。

文化遗产地和博物馆作为社会教育机构，拥有十分丰富的教育资源，应当通过在校外教育中所扮演的特殊角色，充分发挥在素质教育中的优势。在墨西哥，政府把本国的文化遗产地和博物馆作为教育儿童和青少年的大课堂，向他们提供免费开放，学生们在生动活泼的课外教育中，潜移默化地接受文化、历史和爱国主义教育。在印度，为了防止传统文化艺术后继无人，学校与文化遗产地和博物馆合作，开设了包括传统舞蹈、器乐、瑜伽等课程，使孩子们从小就开始接受传统文化的艺术熏陶。今天，应将博物馆社会教育功能纳入国民教育体系，参观文化遗产地和博物馆应该成为中小学生教育的一个重要环节，引导青少年感受文化遗产地和博物馆的氛围，逐步养成参观习惯，进而实现彼此间的相互认知，建立良好的互动关系，使他们实现从"走进文化遗产"，到"体验文化遗产"，再到"爱上文化遗产"的情感跨越。

　　目前，一些城市十分重视"建筑外的博物馆"建设，积极探索通过城市规划、环境设计和文化建筑创作，展示历史性城市的文化内涵，实现城市文化品位的整体提升。在以文化设施建设促进城市文化发展方面，曲阜孔子研究院的规划设计进行了积极的探索。吴良镛教授从研究城市的总体规划入手，在此基础上提出建议，在曲阜中心核心地区形成"儒学文化区"。这一建议得到城市决策者的赞同，并规划发展为旧有"三孔"（孔庙、孔府、孔林），新有"四院"（孔子研究院、论语碑苑、曲阜博物院、曲阜书画院）的完整格局。为曲阜城市文化的物质要素勾勒出全新的视角，也为完善当地的详细规划乃至历史文化名城保护规划的编制提供了重要的依据。

　　早在1951年梁思成先生就在《北京——都市计划的无比杰作》一文中，针对前苏联诺夫哥罗德城的"历史性文物建筑比任何一个城都多"，被称为"俄罗斯的博物院"，而提出"怎样建设'中国的博物院'的北京城"①。近年来，不少历史性城市通过积极保护历史建筑并加以合理利用，同时结合地域文化特色，注重专题类博物馆的建设，努力将自己的城市建设成为博物馆城市。作为中国博物馆事业发祥地的南通，除南通博物苑新馆的成功建设以外，还拥有女工传习所、纺织博物苑、建筑博物馆、珠算博物馆、给水博物馆、蓝印花布艺术馆、风筝博物馆等各类博物馆23座，其中不少博物馆独具特色，城市也因此被誉为"博物馆之城"。素有"海滨邹鲁"之称的潮州，为展示自身传统文化，合理利用文化遗产资源。例如将学宫辟为"潮州历史名人陈列馆"，展示潮州历代名人的生平、书、像、事迹，以显示潮州的贤才辈出和文化昌盛；将许驸马府辟为"潮州民俗博物馆"，展示潮州民风、民俗、传统服饰、家具、工艺品等；将梨园公所辟为"潮州戏剧陈列馆"，让来访者看潮州剧、听潮州音乐、吃潮州小食，饮潮州功夫茶等，使文化与旅游相互渗透交融。

---

① 左川，郑光中编．北京城市规划研究论文集（1946—1996）．北京：中国建筑工业出版社，1996：29

世界文化遗产城市的特色景观

图6-1　意大利·佛罗伦萨
资料来源：国家文物局

图6-2　法国·巴黎
资料来源：国家文物局

图6-3　匈牙利·布达佩斯
资料来源：国家文物局

图6-4　奥地利·维也纳
资料来源：国家文物局

图6-5　秘鲁·库斯科
资料来源：国家文物局

图6-6　摩洛哥·菲斯
资料来源：国家文物局

图6-7　西班牙·托莱多
资料来源：国家文物局

城市文化特色反映不同的地域文化

图6-8 因斯布鲁克
资料来源：国家文物局

图6-9 意大利·锡耶纳
资料来源：国家文物局

图6-10 印度·新德里
资料来源：国家文物局

图6-11 马来西亚·吉隆坡
资料来源：国家文物局

图6-12 摩洛哥·卡萨布兰卡
资料来源：国家文物局

图6-13 美国·丹佛
资料来源：国家文物局

图6-14 印度·果阿
资料来源：国家文物局

城市要关注文化生态的建设与保护

图6-15 南京明城墙遗址公园内的休闲市民

资料来源：国家文物局

图6-16 北京明城墙遗址成为城市"文化绿地"

资料来源：国家文物局

图6-17 美国纽约中央公园是城市难得的绿色空间

资料来源：国家文物局

图6-18 曲阜孔子研究院规划设计突出城市特色

资料来源：国家文物局

图6-19 殷墟大型城市遗址公园吸引大批观众

资料来源：国家文物局

图6-20 平遥古城在城墙外侧设立缓冲地带

资料来源：国家文物局

图 6-21　奥地利格拉兹高地上的历史照片

资料来源：国家文物局

城市文化要"讲述自己的故事"

图 6-22　德国——贝多芬故居

资料来源：国家文物局

图 6-23　肯尼亚——卡伦故居

资料来源：国家文物局

图 6-24　智利——聂鲁达故居

资料来源：国家文物局

图 6-25　扬州——朱自清故居

资料来源：国家文物局

图 6-26　绍兴——蔡元培故居

资料来源：国家文物局

图 6-27　福建漳州中国女排训练基地

资料来源：国家文物局

图 6-28　美国费城独立宫

资料来源：国家文物局

图 6-29　日本东京浅草讲述城市难忘的故事

资料来源：国家文物局

图 6-30　奥地利维也纳市民回忆战后艰苦岁月

资料来源：国家文物局

城市要培育"健康的市民文化"

图 6-31　意大利纳沃纳广场永久保持城市记忆

资料来源：国家文物局

图 6-32　俄罗斯红场上散步的游人

资料来源：国家文物局

图 6-33　意大利城市广场上的艺术品市场

资料来源：国家文物局

第 6 章 城市文化建设的时代意义与发展要求

图 6-34 奥地利格拉兹城市广场上的年轻人
资料来源：国家文物局

图 6-35 德国斯图加特城市广场市民雕塑创作
资料来源：国家文物局

图 6-36 德国亚森城市广场的市民活动
资料来源：国家文物局

图 6-37 秘鲁利马城市广场的市民活动
资料来源：国家文物局

令人难忘的城市建筑与城市雕塑

图 6-38　意大利罗马的万神庙
资料来源：国家文物局

图 6-39　奥地利维也纳的歌剧院
资料来源：国家文物局

图 6-40　缅甸仰光的大金塔
资料来源：国家文物局

图 6-41　印度德里的莲花庙
资料来源：国家文物局

图 6-42　融入城市文化的城市雕塑
资料来源：国家文物局

青少年教育是城市文化环境的重点

图 6-43 奥地利文化遗产教育"从娃娃抓起"

资料来源：国家文物局

图 6-44 日本小学生参观世界文化遗产奈良东大寺

资料来源：国家文物局

图 6-45 美国洛杉矶小学生参观盖蒂基金会博物馆

资料来源：国家文物局

图 6-46 意大利中学生参观阿克里真托考古区

资料来源：国家文物局

图 6-47 青少年观众参加博物馆的活动

资料来源：国家文物局

图 6-48　澳门少年儿童参加文物保护年活动
资料来源：国家文物局

图 6-49　苏州的青年志愿者与国际会议代表在一起
资料来源：国家文物局

下 篇

文化遗产保护与城市文化建设的战略转型

  21世纪是人类社会的新纪元。世纪之中人类社会有着共同的发展走向，国际建协《北京宣言》列举了一些发展趋势，如从"工业社会"走向"后工业社会"；从"工业化时代"走向"信息时代"；从"机器时代"走向"生命时代"等，人们依据各自的经验与学识，自觉思考着新世纪的发展趋势。尽管分析研究的视角、概念并不一致，但有一点体会是共同的，即我们正处于变化之中。可以预言，在我国从"文物保护"走向"文化遗产保护"、从"大规模改造"走向"有机更新"、从"功能城市"走向"文化城市"，将是历史发展的必然。

第7章
从『文物保护』走向『文化遗产保护』

今天，随着经济的发展、科学的昌明、社会的进步，人们对于文化的理解和感受发生了深刻的变化，文化遗产事业也随之处于重要的战略转型期。一方面，人们认真回顾上个世纪既充满艰辛曲折，又不断开拓进取的难忘历程，对新的世纪文化遗产事业满怀憧憬和希望。另一方面，社会各界对文化遗产的认知理念日臻成熟，逐渐成为一种充满智慧的理性行为，更加鼓励多样化地理解文化遗产的概念、评价文化遗产的价值、完善文化遗产保护的理念。

7.1　文化遗产保护认识的转变与进步

进入新的世纪，人类对文化遗产价值的认识日益深化，文化遗产保护的领域日益扩大。从"文物"到"文化遗产"、从"文物保护"走向"文化遗产保护"之间，不是相互取代，而是继承发展。古物—文物—文化遗产，这一概念的发展逻辑，不仅是人类历史发展进程的体现，而且与人类认识由注重物质，向注重文化、注重精神领域的进步密切相关，这些无疑将对文化遗产保护理论与实践产生重大影响。

7.1.1　文化遗产的概念更为宽广

与文物的概念相比，文化遗产的概念更为宽广。可以作为文化遗产保护的对象比文物保护的对象更加普遍，不仅是人类过去遗留的物质遗存被视为文化遗产的组成部分，而且一切与人类发展过程有关的工艺、技术、礼仪、风俗习惯等非物质形态的传统文化也被视为文化遗产的组成部分。人们对文化遗产的内容及其所包含的信息、价值等的认识在不断提高，从而使这一概念所承载的文化意义也更加广泛。"在可以充分清理历史遗产的某些间歇后面总是紧随着重新揭示的浪潮，那个间歇似乎正在缩短：它曾经是一百年，现在它大约是三四十年"①。

文化遗产作为一种特殊的资源，它的价值认知和评估首先在于发现，发现是一切文化遗产认知的前提和基础。"当从整体的角度去认识人类文化遗产时，最清楚地突出在我们眼前的是其数量之巨大和无所不包的丰富，并且它无处不在"②。今天，任何国家、地区、城市在其社会经济和文明程度发展到一定水平的时候，往往都会提出最大限度地寻找本地域现存文化遗产的调查要求，构想发现为数甚多、弥足珍贵的文化遗存，找寻人类昨天曾经创造的辉煌。"这些令

---

① ［美］凯文·林奇著. 城市形态. 林庆怡，陈朝晖，邓华译. 北京：华夏出版社，2001：183
② ［加］D. 保罗·谢弗. 经济革命还是文化复兴. 高广卿，陈炜译. 北京：社会科学文献出版社，2006：494

人感奋不已的寻找文明之举，充分体现国际社会对保护文化遗产的高瞻远瞩和非凡气度，深受许多国家政府和民间组织的积极响应"①。

目前，我国的世界遗产数量在全世界名列第三。但是，在联合国教科文组织的《世界遗产名录》中，大约有1/3是各国的历史性城市或历史城区，而我国100余座国家历史文化名城中，却只有平遥和丽江两座城市列入其中。造成这一现象的重要原因，就是因为我们许多历史性城市和历史城区在城市建设和改造中遭到破坏。就文化遗产而言，与众多欧洲城市相比，我们所保护的数量不是太多，而是太少。例如在伦敦，市区内泰晤士河上共计有32座历史桥梁，仅市中心区就有8座桥梁受到保护；在巴黎，市区有3115座历史建筑受到法律保护；在柏林，政府规定凡80~100年以上的传统建筑都必须无条件的保留；在马德里，任何单位和个人均不得对市中心的历史建筑进行任何改动，并且每隔20年必须按照原状重新进行维修和粉刷，否则将课以重罚。

我国虽是文明古国，但是文化遗产的保护数量并不值得我们自豪。"早在20世纪90年代中期，有人就严肃地提出了'文物大国的忧患'，多次发出了'我国文物匮乏'，'博物馆贫血'，'文物事业持续发展困难'的警告与呼救"。"中国，作为世界四大文明古国之一，确有其历史悠久，文物丰富的优势，并以此为世界各国所共尊。但是，盛名之下，其实难符"②。这一严峻的现实，并未能引起人们足够的关注。一些地方在自我陶醉于"文化遗产大省"、自我炫耀为"文化遗产强市"的同时，得到保护的文化遗产数量却日见减少，历史文化街区被拆除、古代文化遗址被占压、地下珍贵文物被盗掘、文化遗产环境被破坏等等，文化遗产所遭受的人为与自然的破坏日趋严重。更有一些城市决策者，至今仍然没有把文化遗产作为当地的文化资源、宝贵财富和发展动力，而是将文化遗产视为影响城市建设和经济发展的包袱，错误地坚持不申报或少申报文物保护单位。例如笔者在江西景德镇市调研时，该市领导就公开反对将具有珍贵历史和科学价值的御窑厂窑址申报为全国重点文物保护单位，理由就是担心影响城市开发建设。

事实上，我国文化遗产资源的内涵十分深刻，外延十分宽广，应该而且必须赋予创新认知。文化遗产的价值研究，随着人们认识的进展，还会有新的提炼、概括和提升。因此，采取各种可能的技术手段对文化遗产特征进行记录是一项最基本的保护措施。只有确定文化遗产的核心价值内容，以及构成这些价值的相关要素，才能对文化遗产进行有效的保护。拓宽文化遗产保护思路，加大文化遗产保护力度，不应有"盲区"或"死角"，既要重视古代文化遗存，也

---

① 董贻安. 重绘中华文化遗产"地图"构建文化遗产大资源观. 中国文物报, 2005年11月25日: 第5版
② 谢辰生, 彭卿云. 文物大国的危机. 中国文物学会通讯 (1): 15

不能忽视近现代文化遗存；既要重视物质文化遗存，也不能忽视非物质文化遗存，不能割裂历史，更不能人为地制造"断层"，特别是要加强对以往文化遗产保护中未能引起重视或根本未加保护的部分。

7.1.2 文化遗产的概念更为综合

与文物的概念相比，文化遗产的概念更为综合。经济越发展，社会文明程度越高，文化遗产保护就越得到重视。从保护供人们欣赏的铜器、玉器等艺术品，到保护宫殿、府邸、教堂、寺庙等古代建筑艺术，再发展到保护反映普通人生活的民居、作坊、店铺、仓库等一般传统建筑；从保护单体的文物建筑，到保护文物建筑周围的历史环境和成片的历史文化街区，再发展到保护完整的历史性城市，保护领域愈加丰富、保护内容愈加复杂，体现出文化遗产保护的发展轨迹和认识过程。对此谢辰生先生指出："文物工作不能拘泥于仅仅是考古、仅仅是古建筑等等，还要从宏观上，全面地来看待它、认识它。文物是特定的东西，它本身是物质的，所起的作用却是精神的。它有自己特定的内涵、表现形式、管理方法等，需要进行综合研究"①。

文化遗产概念的递进不仅表明人类的文化包容性在不断扩大，同时其态度和方法也更加科学。"正如所有环境都是自然的一部分，所有事物都是历史的——它们都早已存在，都与某些人和事相关联，因此都具有某种历史意义"。"只要是经得起时间考验的就值得保护"②。在文化遗产保护实践中，各方面的发展趋势往往是交织在一起的，从而继续推动着文化遗产向综合化方向发展。例如红旗渠不仅具备"文化景观"类型文化遗产的基本特征，而且同时还是"动态遗产"、"线型文化遗产"、"农业遗产"和"20世纪遗产"，并且具有精神层面和教育方面的重要意义。

正是由于文化遗产的综合性，对于其文化价值构成的主要内容进行分析、研究、评估就显得尤为重要。任何一件或一处，物质或非物质文化遗产所蕴含的历史信息都不会是单一的，而必然是综合的。因而每件或每处具体文化遗产都往往具有多重价值，需要采用多学科的研究手段进行综合研究，只有这样才能从深度和广度上，揭示其蕴含的全部历史信息，从而对文化遗产的综合价值作出全面的评价。选择文物保护单位的具体标准，也不应该是一成不变的，而是应当随着人们认识的变化而变化，应客观、全面、真实地反映文化遗产的固有特质，从而对文化遗产资源丰富的内涵和外延进行科学辨识。

我们应注重对文化遗产保护领域各类新成员的研究。随着新成员的加

---

① 谢辰生. 关于认识文物价值的一点看法. 中国文物报，2006年8月4日：第3版
② ［美］凯文·林奇著. 城市形态. 林庆怡，陈朝晖，邓华译. 北京：华夏出版社，2001：183

入，各类文化遗产在城市中相互交织融汇在一起，保护实践也呈现出三种新的趋势，即保护的对象呈现出由"单体"向"群体与环境"，再向"整体"方向扩展的趋势；保护的范围呈现出由"点"向"线与面"，再向"系统"方向扩展的趋势；保护的领域呈现出由"物质"向"物质与非物质"，再向"综合"方向扩展的趋势。正是文化遗产保护这一整体性、系统性、综合性的发展趋势，推动着文化遗产的概念更加清晰完整，也使城市文化的内容更加丰富多彩。城市既是人们日常生活的家园，又是人类文明的成果和标志。城市聚集了最集中的物质财富和文化资源，文化的创造活动也最为频繁地发生在城市中，并对周边地区产生辐射与影响。因此，从某种意义上说，"城市本身就是文化遗产"。

7.1.3 文化遗产的概念更为深刻

与文物的概念相比，文化遗产的概念更为深刻。任何文化遗产都具有历史、艺术、科学价值。就此而言，文化遗产的保护首先是对其价值的保护。文化遗产涉及的事件与人物，可能关系历史上的成功与失败，美好与丑恶，这些会有正面与负面之分。然而，文化遗产作为知识信息的载体，保护应首先突出真实性和完整性。"文化遗产价值与生态环境价值在本质上是类似的。在天然生态环境中，既有平原，又有高山，既有森林、草原，又有沙漠，等等。人们不能简单地断言，平原价值高而山地价值小，森林草原有正面价值而沙漠则有负面价值。究其自然价值而言，它们是平等的，均是正面的，均需要保护。遗产价值亦应作如是观"[1]。在文化遗产领域既有古遗址、古墓葬、古建筑、石窟寺及石刻，也有近现代建筑等，既有农业遗产、工业遗产，也有商业遗产等，人们不能简单地断言，古代建筑价值高而近代建筑价值低，农业遗产价值大而工业遗产价值小等等，也不能简单断言，古遗址有正面价值而古墓葬则有负面价值，就挖掘和保护而言，它们是平等的，均需要加强保护。

文化遗产保护体系，是针对与保护对象有关的内部、外部考察范围所确定的定性、定量、定形态的科学研究体系，也是一个发展着的动态体系。伴随着人类社会价值观念的演变，文化遗产观念必然不断发生变化，对文化多样性和生物多样性的尊重必然更加突出，文化遗产的外延种类和评价体系也必然不断丰富。因此，应建立起新的文化遗产资源观，既要以对我国文化遗产资源的深刻认识为基点，又要站在中华文明应对人类文化遗产事业做出卓越贡献的高度，使认知水平不断提高，认知领域不断扩大，建立起多元一体的文化遗产资源认知体系，构建起负责任的文化遗产保护国家的应有形象。

"文化多样性"的重要意义在国际社会已被提升到人类多元文明生死存亡的

---

[1] 徐嵩龄. 第三国策：论中国文化与自然遗产保护. 北京：科学出版社，2005：15

高度。在文化遗产领域，这一理念被普遍接受，从而也拓宽了人们的文化视野，增进了不同国度、不同族群民众之间的相互了解、尊重与平等交流。"假如我们把保护历史当作一个感受的问题——作为一种丰富我们的时间概念的方法——那么该运动的某些令人困惑的矛盾之处就会烟消云散。我们保护旧事物，既不是为了它们自身的缘故，也不是像堂吉诃德那样企图阻止变化，而是为了更好地传达某种历史感"①。

我国是幅员辽阔的文明古国和现代发展中国家，既有悠远多姿的古老文明与文化遗产资源；又有日渐增长的综合国力和国际影响。只要我们借鉴成熟的国际文化遗产保护经验，成功地从整体上提升文化遗产保护水平，其工作成果的价值必将是永恒的，并最终为影响和推动全球文化遗产事业的进一步发展做出积极的贡献。要时刻关注国际社会一切与文化遗产相关的新视点，不断针对我国文化遗产保护实际加以研究分析，应对新挑战，提出新观念，谋求新发展。可以预言在 21 世纪，我国文化遗产的内涵和外延必将继续发生深刻的变化。

7.1.4　文化遗产保护理念的进步

文化遗产是一个动态的内容。无论是文化遗产的保护理念、保护对象，还是文化遗产的保护措施、保护技术等，都不是一成不变的，它们产生于丰富的实践之中，又要在不同文化背景、不同自然环境、不同技术传统和不同文化遗产类型的保护与研究过程中不断被检验、被证明、被修正、被丰富，从而衍生和变化出新的、更具有时代气息和地域特点的，更具有针对性的，也更符合实际的新内容。因此，文化遗产保护应不断研究保护内涵的深化和保护外延的拓展。在新的世纪里，仅仅把文化遗产狭义地当作一件物品或一组实体"保留下来"是不够的，更重要的是发现、发掘、发扬文化遗产所蕴含的历史的、艺术的、科学的价值，使文化遗产进一步融入人们生活、融入社区发展、融入城市文化，既给专业人士，但更多的是给民众以精神的、情感的、美的享受和启迪。应把文化遗产的社会效益放在第一位，把保护放在第一位。在此前提下，还要主动地发挥文化遗产的多方面作用。

文化遗产是一个博大的系统。伴随着社会价值观和文化遗产观念的演变，文化遗产保护的认识一直处于发展变化之中，文化遗产的保护范围和标准体系也在不断丰富，在实践中不断产生出更符合实际的新内容，几乎涉及与人类有关的所有领域。对于文化遗产保护的理念，既不可能脱离特定的时空而形成，也不可能抛开人们对文化遗产价值的判断来认识。生活环境的急速变迁引发人们对传统文化的精神回归，使文化遗产在人们的物质和精神生活中深深扎根，与广大民众建立起紧密的文化与情感联系。人们对于文化遗产保护的观念正在

---

① ［美］凯文·林奇著. 城市形态. 林庆怡，陈朝晖，邓华译. 北京：华夏出版社，2001：184

迅速觉醒，认识的不断深化推动着保护工作的实践，呈现出令人欣喜的发展轨迹。文化遗产保护对象和范围的不断扩大，标志着城市文化的发展趋势，其蕴藏之丰富、品种之繁多、门类之齐全，必将深刻影响城市文化的发展方向，体现出城市文化所应提倡和践行的社会道德、社会责任和社会使命，也符合国际文化城市发展的潮流。

文化遗产是一个发展的概念。发展是集社会活动的一切方面因素于一体的完整现象，是综合各方面的辩证统一，是人类生存质量及自然与人文环境的全面优化，而文化遗产事业的发展则应当作为实施这项伟大任务的积极力量。在现代化进程中，城市优秀的文化遗产也是城市现代化的重要内容。城市现代化不仅仅意味着具备完善的基础设施，良好的生态环境，更要求拥有深厚的文化底蕴和内涵。对文化遗产的继承、保护、弘扬和利用，将为经济建设和社会发展提供强大的精神动力、不竭的智力支持和丰富的经济生长资源，是经济和社会可持续发展的重要保证。在现实城市生活中，所有的人都生活在过去城市的"文化积累"之上，文化遗产是一个城市共同生活人群的"集体记忆"。对于城市文化来说，一切发展和创造都是建立在对过去文化、智慧的继承和总结之上，没有记忆就没有创造。有了这样的共识，就必然引发人们在城市现代化进程中，竭力保护城市文化传统与文化遗产的渴望与努力。

文化遗产是一个开放的体系。文化遗产中蕴含着哲学、历史、文学、宗教、艺术、天文、地理、经济、民俗等众多学科门类的内容，需要各类专家学者和民众共同参与才能得以诠释。文化遗产既是历史的，又是现实的，还是未来的，同时，文化遗产更是大众的。城市化快速进程中，越来越多的民众进入城市，更多的人开始分享城市的一切文明成果，并参与到城市文明的传承和创造中来。在这一过程中，城市中的文化遗产扮演着非常重要的角色，成为公众的共同财富。文化遗产寄托了国家、民族或文化群体的普遍感情。它们是城市文化发展的证据，是活态的城市文化的组成部分。今天应当努力扩大文化遗产保护的专业视野与职业范围，探索更积极、更合理、更有效的途径，为文化遗产保护提供更广泛、更强大的舆论支持和更丰富的物质保障，使文化遗产真正为社会公众所共享，更有力地推动文化遗产所在地经济社会的和谐发展。

文化遗产是一个永恒的话题。对于祖先留给我们的文化遗产，在合理利用以利于造福当代社会和民众的同时，更应该妥善保护以利于完整地移交给后代，这一保护与利用的过程要传之永远。对于文化遗产，任何时代、任何人都没有进行不可持续利用、甚至毁坏的权力。城市在发展过程中更应格外珍惜自己的文化遗产，只有保护文化遗产和发展两者并重，城市才能获得真正意义上发展。"当历史的尘埃落定，一切归于沉寂之时，唯有文化以物质的或非物质的形态留存并传承下来，它是我们民族独立品格的历史凭证，也是我们满怀信心走向未来的坚实根基和力量与智慧之源"①。遍布城市的文化遗产和蕴含于其中及传承于民间的非物质文化遗产，是我们民族的宝贵财富。正确处理文化遗产保护与发展的关系，就是对科学发展观的忠实实践。因此，要强调文化遗产保护的"整体的观念"和"融贯的综合研究"，将传统的文物保护理论扩展为全面发展的、兼容并蓄的、开放的文化遗产保护理论。

7.2 建立中国特色文化遗产保护新体制

今天，从"文物保护"走向"文化遗产保护"的现实价值在于，中华文明的传播与影响在中华大地上留下为数甚重的珍贵文化遗存，当前我们完全应该，而且有能力通过寻访、调查、整合，全面、多维地展示我国文化遗产领域的非凡气魄与绰然风范。我们必须致力于以新的观念对待新时期文化遗产学科的发展，强调分析与综合的辩证统一，开拓文化遗产保护领域，使文化遗产事业的发展成为推动文化复兴伟大使命的积极力量。

7.2.1 树立文化遗产保护"整体的观念"

文化遗产是一座城市文化价值的重要体现，而文化遗产依赖于背景环境而存在，有背景环境的烘托，文化遗产才能真正成为城市文明的载体，才能更加受到社会的尊重、民众的珍爱、国家的保护。文化遗产和背景环境的保护，如同树木和土壤的关系一样，树木失去了土壤，就失去了生存的条件，就失去了生机，就变成了枯树。同样，失去背景环境的文化遗产，就不能反映或不能全面反映其应有的价值，就会成为孤立的"盆景"。我们常常看到一些历史街区，由于周围布满高楼大厦，步行其中，犹如井底观天，难以体现原有的文化意境；一些传统建筑群，由于周围过度商业开发，致使其背景环境所反映的城市肌理以及建筑风貌等损失殆尽。尽管一些文化遗产本身得到保护和修缮，但是仍然丧失了往日的光彩，其原因就在于文化遗产的环境被破坏，影响了文化遗产所依托的社会生活方式或者是文化传承基础，直接导致文化遗产本体价值的损害。谢辰生先生指出："以往从事文物保护工作的关注点总放在一座庙、塔等文物单位保护上，但文化遗产并不仅仅是这些，需要保护的更多的是历史文化环境风貌，这些往往是历史文化遗产完整性和真实性的集中体现"②。

对于城市化快速进程中的历史性城市来说，"保护与发展"的矛盾更为突

---

① 孙家正. 从故宫保护工程谈文化的作用及传统文化的保护与传承. 中国文物报，2006年3月17日：第1版

② 田远新. 谢辰生谈保护北京历史文化遗产和古都风貌. 中国文物报，2003年11月7日：第5版

出,整体保护的责任更为艰巨。对此徐苹芳先生指出:"对历史文化名城的保护,城市规划部门提出的不整体保护完整的古代城市规划'遗痕',而是有选择的保护一些主观规定的历史文化街区的思路是错误的。历史文化街区的概念是自欧洲移植过来的,根本不符合中国古代城市重叠式发展的历史特点"①。虽然将历史性城市中较完整保存真实历史信息和历史风貌,集中反映一定历史时期和地方特色的地段,确定为历史文化街区加以保护的做法,在现阶段具有抢救性保护意义,但是,徐苹芳先生整体保护历史性城市的观点,无疑是十分正确和非常重要的,实际上是在告诫我们不能用历史文化街区的保护,来取代历史性城市的整体保护,特别是当前大规模城市建设对历史性城市和文化遗产环境造成重大冲击,整体保护更加成为亟待加强的问题。

陕西西安、河南洛阳曾是我国众多古代王朝都城的所在地,是大型古代城市遗址集中分布的城市。西安片区的秦咸阳城遗址、秦阿房宫遗址、汉长安城遗址、隋大兴唐长安城遗址、唐大明宫遗址等;洛阳片区的二里头遗址、尸乡沟商城遗址、汉魏洛阳故城、隋唐洛阳城遗址、邙山陵墓群等均是我国大遗址保护的重中之重。但是,当前城乡建设的迅猛发展,使这些大遗址群保护面临严峻挑战。一方面,大遗址保护与城市开发建设、地区经济发展的矛盾日趋突出,每处大遗址都遭到了不同程度的侵占和破坏。另一方面,大遗址保护区内居民的生产生活未能与大遗址保护协调发展,经济收入和生活水平较为低下,与保护区外居民之间的差距越来越大,大遗址的保护工作未能惠及当地民众的生活,也很难得到当地民众的支持和理解,致使大遗址保护与城市发展和居民生活改善之间处于两难的境地。

同样不容忽视的是,现有的行政区划和管理制度十分不利于大遗址的整体保护,已经成为大遗址保护的障碍。以西安为例,汉长安城遗址规划保护面积近60平方公里,主要分布于未央区汉城、未央宫、六村堡、三桥等4个街道辖区内,还有约5.4平方公里的礼制建筑遗址分布在莲湖区枣园街道辖区内;唐大明宫遗址总面积约3.11平方公里,其北半部在未央区大明宫街道辖区内,南半部在新城区自强路街道辖区内。由于这些大遗址被分割归属于不同行政辖区,条块分割,各自为政,无法形成保护和管理的合力,土地利用调整、环境整治、人口搬迁和村庄改造等关系到大遗址保护的重大问题也不能顺利开展。这一状况不仅严重制约大遗址保护水平的提升,而且也严重影响大遗址文化功能的发挥。

大型古代城市遗址中往往深藏着我国历史上最辉煌、最灿烂、最壮阔的历史记忆,也保存有最能够代表和反映中华文明成就的历史遗存。保护好、研究好、展示好这些遗址、遗迹和遗物,对于今日文化城市建设和丰富民众文化需求具有十分重要的意义。对于古都西安、洛阳来说,大遗址更是城市宝贵的财

---

① 李政. 徐苹芳谈基本建设与考古发掘和文物保护. 中国文物报, 2003 年 11 月 21 日: 第 5 版

富和发展的动力,而不应成为包袱。保护好这些大遗址并实现它们的社会价值,是加强城市文化建设、改善人民生活和实施可持续发展的重要内容。同时,通过大遗址的妥善保护和合理展示,形成大型古代城市遗址公园,必然产生震撼人心的文化景观,凸现出其他城市所不具有的文化特色和生态特色,不但为市民提供极为难得的绿色空间和文化休闲环境,还为国内外旅游者提供在世界其他城市难以获得的文化体验。

为此,应在西安、洛阳的大遗址群集中地区设立"国家大遗址保护特区",调整原有行政区划,制定各项扶植政策,设立专项保护资金,成立统一保护管理机构,协调文化遗产保护与城乡规划、土地利用、经济发展、环境保护、社会管理等各项工作,并通过合理规划大遗址保护范围外侧城市发展空间,分流保护范围内的人口和产业,带动周边可建设用地综合效益的提高,使当地民众直接受益,并"反哺"大遗址保护,实现大遗址保护与周边地区的协调发展。实践证明,大型古代城市遗址能够成为城市最美好的文化景观,成为改善人们生活环境贡献最大的地方,成为推动社会进步、经济发展、生活提高的宝贵资源。同时,有利于丰富城市文化内涵,使城市摆脱"千城一面"的规划形态,真正成为形神兼备、古今辉映、名副其实的世界文化遗产城市,有力提升城市的国际知名度和文化影响力。

国际社会从1964年的《威尼斯宪章》到1994年的《奈良真实性文件》,都侧重于对文物本体的保护。[①] 在我国,现行的《文物保护法》和历史文化名城保护制度中,也偏重于对文物保护范围内各项历史要素的保护,仅在确定保护范围的同时,根据需要设立一定规模的建设控制地带来控制其周围环境。应该看到,这些措施都是很有限的。许多文化遗产所涉及的历史沿革、历史事件、历史面貌均与其背景环境密切相关,如果背景环境受到损害或者消失,文化遗产的完整性及其本身价值也必然受到影响,它所反映的文化内涵,必将处于孤立的、局部的和不完整的状态。因此,所有这些远远不能满足维护我国历史性城市的真实性与完整性的需要,致使上百座国家历史文化名城都受到不同程度的破坏,其中一些严重的已经面目全非。

自从2005年1月,新的一轮《北京城市总体规划(2004—2020年)》中明确"旧城整体保护"以来,北京市政府进行了一系列努力。其中世界文化遗产故宫保护"缓冲区"[②] 的制定最为突出。2005年7月这一方案在第29届世界遗产委员会大会上获得审议通过,并从备案之日起正式生效。方案包括故宫保护范围86公顷、缓冲区范围1377公顷,总计面积1463公顷。其中含皇城、什刹

---

① 注:1964年的《威尼斯宪章》提出历史古迹的保护不仅包括单体建筑物,还应包括一定规模的历史环境,即在保护中第一次正式引入了"历史环境"的概念。之后1976年的《内罗毕建议》中"历史地区"概念的提出,1987年的《华盛顿宪章》中"历史城镇与城区"概念的提出,都是对保护历史环境的理念的进一步扩展和延伸。

② 注:"缓冲区"是指在世界文化遗产周边的规定范围内保持其周围原有的历史环境的区域。

海、南北锣鼓巷、国子监等多个历史文化保护区。"站在故宫三大殿的平台上，往四周眺望时，应该看不到任何破坏景观的高层建筑。"这是联合国教科文组织对故宫保护缓冲区实现效果的要求。缓冲区内将限制对历史街巷和传统民居的大拆大建，禁止建设高度超过9米的新建筑，并逐步整治不符合规定的建筑。近两年来，北京市在故宫缓冲区内开展了一系列保护整治项目，例如缓冲区内的市房管局6层办公楼，由于与周边风貌不协调，而拆掉了上面3层，为缓冲区的实施贡献了经验；地安门商场也作了类似的降层处理，改善了传统中轴线的景观；作为国家重点文化工程的国家话剧院，为了符合缓冲区的要求，选址从原定于地安门外大街东侧的位置撤出，另觅新址建设。

"旧城保护在当前的确困难重重，但大方向一旦理顺，克服短期困难就会转入康庄道路，并且越走越宽。如果畏难、怕事，畏缩不前，旧城就再难有复兴之策"[①]。应探讨将北京历史城区作为"国家文化遗产保护特区"实施统一保护的可行性。目前62.5平方公里的历史城区，分别由东城、西城、崇文、宣武等4个行政区负责管理，在整体保护方面难以形成合理目标。而今天随着城市总体规划的实施，历史城区内居民人口逐渐减少，为实现统一管理不断创造条件。在"国家文化遗产保护特区"，文化遗产保护和城市文化建设应作为领导责任制考核中的主要内容，树立保护文化遗产、建设城市文化就是发展生产力的观念，避免片面追求GDP的增速和短期的项目效应，真正扭转历史城区保护的被动局面，实现保护与发展的全面协调发展。

7.2.2 实现文化遗产保护的多重价值

我国在几千年的封建社会中，曾在特定人群内保持着收藏古董、保护古物的传统。然而"从根本意义上来说，所有这些都未冲破古玩、古董专供少数人把玩自赏或附庸风雅的局限。至于深藏宗庙、殿堂以至在争战中胜者'俘厥宝玉'，败者'载宝而行'的历史现象，更是视文物为权力、财富、神圣的象征，不能同今天的文物保护同日而语"[②]。今天，我们认识到文化遗产的深层价值难以用经济价值衡量。文化遗产保护对于城市经济和社会发展的贡献，往往并不是简单投入和直接产出的关系，相对于工业、农业、商业等传统产业，文化遗产事业的贡献难以直接统计，特别是与一些新兴产业相比，其综合效益更不容易使人们清楚地认识。

但是，今天人们仍在执著地思考和研究文化遗产事业对国民经济和社会发展的贡献和促进作用。希望填补长期以来缺乏文化遗产事业的综合贡献测算和

---

① 吴良镛. 总结历史，力解困境，再创辉煌——纵论北京历史名城保护与发展. 部级领导干部历史文化讲座，2005：350
② 谢辰生，彭卿云. 文物大国的危机. 中国文物学会通讯（1）：15

定量标准体系的空白,为各级政府及相关机构提供决策依据,使文化遗产事业在社会上确立应有的地位,让社会更加理解、支持文化遗产保护,从而达到文化遗产事业与社会经济的同步发展。人们已经越来越认识到文化遗产的多重价值的重要性和必要性。世界各地的政府在制定相关文化政策时,不可回避地要考虑投入维护文化遗产可能带来的综合效益。社会学家、经济学家们运用社会学、经济学的原理、方法和模型来评估文化遗产的价值,研究探讨维护文化遗产的成本和潜在的效益,帮助政府制定合理的文化经济政策。

人们普遍认为,合理利用文化遗产,可以向社会提供各种文化服务,提高人们的生活质量,同时为提高社会的就业率,提高国民的收入作出贡献。保护永远是第一位的,只有在保护的基础上,才能谈得上合理利用,才能将文化遗产转化为服务于现实生活的文化资源。文化遗产成为文化资源是有条件的。尽管文化遗产的形态成分各有殊异,价值作用各有所别,但是均应按其不同的特征与属性,实施相应的保护措施,实现继承和弘扬的目的。虽然文化遗产为世人所珍视,受到国家的保护,但是在它们的文化内涵未被阐释的状态下,在人们正确认识、理解和利用它们之前,文化遗产并不能自行转变为可以为人类生存服务的文化资源。由于文化遗产机构和专家的努力,通过对文化遗产进行系统的记录整理和深入研究,才使其文化内涵得以逐渐揭示,并采取生动通俗的方式向社会广泛传播,正是这一系列努力,创造了文化遗产向文化资源转化的条件。

对于一座城市来讲,保护文化遗产不仅仅是为了保存珍贵的物质遗存,用作展览、旅游,开展文化活动,而是为城市的未来保存历史,为城市的发展保存文化资源。一座城市经济越发达,社会文明程度和现代化水平越高,保护文化遗产就越显重要。在转型期,人们对于真正的生活质量、文化品位等还普遍缺少正确的认识,文化遗产对广大民众的吸引力更有一个逐步提高的过程。对文化遗产价值的认识会随着市民综合素质的提高而提高。1967年英国颁布的旨在保护城市文化遗产的《城市文明法》,原文直译就是"有关市民舒适、愉悦的法律",表明文化遗产保护可以促进城市文明素质的提升。

人们的知识水平、鉴赏水平越高,从文化遗产中获取的文化信息就会越多,得到的艺术享受就会越多,便会越来越喜爱文化遗产。经济发展水平越高,人们便会越有经济实力和休闲时间来欣赏文化遗产。"人们已经开始注意他们的现有环境,喜欢并欣赏它们。城内的早先趋向于投资减缩和放弃的地段正在修复,并将得到充分的利用。保护能提供经济利益,不仅因为这样能吸引旅游者,而且还由于这样做节省了昂贵的自然资源,否则那些资源就会被浪费。城市因而变得更加多姿多彩和令人感兴趣"[①]。保护历史性城市也不仅是为了留下城市的建筑精华和城市景观,而是通过保护这些文化资源,从中可以滋养出具有鲜明

---

① [美]凯文·林奇著. 城市形态. 林庆怡,陈朝晖,邓华译. 北京: 华夏出版社,2001: 184

的传统文化与地域文化特色的文化城市来。

值得注意的是，文化遗产包括物质的和精神的两方面内容。文化遗产转化为文化资源的障碍，往往是因为对于文化遗产的认识过于物质化。因此，关于文化遗产保护，长期以来存在着一些不正确的看法，认为文化遗产保护和城市发展是一对不可调和的矛盾，城市发展势必要牺牲文化遗产，文化遗产迟早要成为城市发展的弃物，保留只是暂时的，当城市发展需要时必然会让路于城市开发建设。目前这种认识仍然大有市场，并经常被来自城市决策者的错误决策和房地产开发商的野蛮开发行为所证实。应该说，这种认识既缺乏正确的城市发展理念，也缺乏对文化遗产价值的全面理解。随着人们文化生活质量的提升，今天真正有价值的文化遗产的损毁，必将成为明天市民永久的遗憾。

从世界历史性城市的发展趋势看，文化遗产保护与城市现代化发展并不矛盾，处理得好反而相辅相成、互相促进。城市现代化的方方面面都不可能凭空而降，它的每一项因素都离不开文化，历史与现代是继承与发展的关系。法国人认为巴黎不仅是文化艺术的保存地，更重要的是人类文化艺术精华的创新地。这些文化遗产构成一个城市的文化资源，成为跨越历史与时代的精神主题。一个文化本位的城市，是有价值的城市，同时，这个城市的经济社会发展也必然充满活力。因此，文化遗产应该作为城市发展的文化资源，作为创造文化城市的基础力量。

今天，人们进一步认识到文化遗产不仅仅属于当代人所有，我们只是后代委托的文化遗产保管人，我们无权定夺它们的命运。在美国，面对城市规模和高速公路的不断扩展，文化遗产也在以不断增长的速度流失，或遭受实质性的改变并受到忽视。对此，联邦政府认为，现有的保护计划无法确保其后代拥有真正的欣赏及享用国家丰富遗产的机会。于是在2000年修订了《国家历史保护法》。该法规宣称，为了给美国人民以方向感，联邦的历史与文化基础应被视作我们公共生活与发展的组成部分得以留存；对不可替代的历史财富的保护符合公众利益的需要，所以它们在文化、教育、美学、经济和精神等方面的价值，将为了美国的后代而得到保存和丰富。该法规将文化遗产保护的目的定位于公众利益和后代利益，具有鲜明的特色。

7.2.3 变"少数的抗争"为"共同的努力"

"民众的参与是最好的保障"，这是印度文化遗产界对外宣传的一句口号，目的是号召更多的民众加入到保护文化遗产的行列。撒巴瑞玛拉（Sabarimala）寺是印度著名的朝圣地之一，当地政府希望将旅游作为地方的支柱产业而大力开发寺庙地区，但是，却在工程动工当天遭遇了印度最著名的民间组织——"拥抱运动"。工程区域内，每一棵可能会被砍伐的树木都被人们紧紧地抱在怀里，他们准备用自己的肉体去阻挡工程人员的刀斧。这种颇具印度特色的"拥抱运动"在印度已经有30多年的历史。这项"非暴力不合作"运动在印度迅速蔓延开来，吸纳了从农民到城市白领，成千上万来自印度各个社会阶层、种族、年龄和性别的拥抱者。今天，以该民间组织为首进行的极具印度传统特色的"拥抱运动"在印度随处可见，并被普遍加以应用。尽管"拥抱运动"不是专业性的文化遗产保护组织，但这种独具特色的捍卫保护家园的组织和运动，在集结并发挥公众力量参与保护的同时，其本身也是对印度传统文化的继承与发扬。[①]

欧洲一些国家的过去和我国的今天一样，也经受过城市化快速发展的冲击。如19世纪中叶，当时巴黎市政长官G. E. 奥斯曼主持的巴黎改造工程，对历史城区进行了一次大规模的剧烈改造，和今天我国一些历史性城市的改造有着很多相似之处。但是巴黎市民从惨痛的事实中汲取教训，使许多历史街区和文化遗产得以留存下来。例如在20世纪五六十年代，超高层建筑要在巴黎市中心立足，数量快速增长的汽车要在传统街区内冲出宽阔的大道，房地产开发商们策划拆除历史城区内狭窄的历史街道和设施陈旧的传统建筑。但是当这场文化灾难即将来临时，首先是市民们挺身而出，在报刊上发表文章，举办城市历史展览，成立街区保护组织，宣传保护文化遗产。他们认为正是这些传统建筑和历史街区，构成了城市独特的历史文化空间，他们的全部精神文化之根都深深地扎于其中。因此，他们为保卫这一文化空间而努力奋争了数十年，终于这些观点成为今天全体巴黎市民的共识。国际视野能够让我们看到差距。实际上，根本的问题在于经济崛起的我国城市在21世纪是否有意识、有信心和有能力保护和弘扬自身文化，而其中能否拥有正确的发展理念则更为关键。

最早确立文化遗产日的是法国，后来遍及欧洲。法国的"文化遗产日"活动始于20世纪80年代，旨在使参观者近距离接触、了解文化遗产，从新的角度认识文化遗产的深远价值。于是，1984年9月的第三个星期日成为法国也是全世界第一个"文化遗产日"，并立法规定：对于文化遗产，国家不再是它的唯一保护者，国家地方行政机构、各种组织与协会和每个公民都有义务和责任保护和热爱文化遗产。因此，"文化遗产日"活动对于参与者增强文化遗产保护意识具有重要意义。法国每年有1000多万人主动参加这一盛大的文化活动，公众是这一天的主人。1985年以后，许多国家开始效仿法国的做法。到2000年，全球已有47个国家举办"文化遗产日"活动。在这一天，大到城市，小到乡镇，民众以各种方式举办各种丰富多彩、富于创意的活动，设法把这一天的文化活动开展得有声有色，从而丰富人们的文化情怀，提高人们对各自文化的荣誉感。2005年法国文化遗产日的主题为"我爱我的遗产"。法国文化部R. D. 德瓦布雷

---

① 戚思文. 全球化背景下的印度文化遗产保护浅谈. 理想空间，2006（15）：97

斯（R. D. de Vabres）部长宣称：该主题"是使每一个法国公民能表达他们对文化遗产的热爱"。在面对全球化带来的文化趋同的浪潮中，文化遗产日大大提高了各国民众对文化遗产的关注与自觉保护。

我们面对的保护对象，经过了数十年、上百年，甚至上千年的风雨历程而有幸留存至今，文化遗产本体往往早已满目疮痍，其原生环境也已发生了天翻地覆的变化。但是我们不能忽视另一方面的变化，即随着时光的流逝，世代的更迭，一些文化遗产对于民众来说渐渐难以理解，当地民众与文化遗产之间的相互关联日渐疏远，文化情感日趋淡漠。对于前者，文化遗产保护工作者正在专注于通过保护技术和工程手段，竭力遏制文化遗产及周围环境的进一步破坏和恶化，而对于后者，如何避免当地民众与文化遗产之间的"关联疏远"和"情感淡漠"，却往往没有引起重视。例如当考古学家在村庄附近的考古现场拉起禁入线，竖起"发掘现场，请勿入内"牌子，随后进行考古发掘的时候，是否曾想到深埋地下的文化遗存，与村庄中的民众之间可能存在的历史的、血缘的、情感的某种联系；当小心翼翼地将这些出土文物运离当地的时候，是否曾想到应该对村庄的民众进行某种方式的展示和宣传，使他们了解考古工作的意义和考古成果的价值。这不仅仅是维护他们应有的权利，更有助于使他们在今后的人生中对家乡充满敬意与自豪，让他们的后代对故乡充满怀念与自尊。再例如当古建筑专家进入一个社区开展文物建筑修缮的时候，是否曾想到这组建筑在社区民众心目中的地位和有哪些情感关联；当完成修缮工程准备离开的时候，是否曾想到应该将此次对文物建筑的处置情况进行详细记录，正式出版后反馈给社区和民众，不但使他们理解修缮工程所遵循的理念，而且让社区的民众在今后的生活中自觉成为这组文物建筑的捍卫者和守护神。

长期以来，我国政府是最强有力的保护主体，"自上而下"的保护机构和行动贯穿于文化遗产的保护事业之中。相比之下，在政府保护的同时，充分调动民众的积极性加强文化遗产的保护，早已成为世界各国的普遍做法。特别是一些发达国家，在政府的引导下，民间力量对文化遗产保护发挥着越来越重要的作用。只有民众倾心地、持久地自觉守护，才能实现文化遗产的真正保护。只有众多民众积极投入到维护自身文化权益的事业之中，才能变"少数的抗争"为"共同的努力"。正如苏东海先生所指出："文化遗产是有情感内涵的，不论是文化遗产形成过程中蕴含着的固有的情感，还是人们对它的情感的共鸣，文化遗产的情感价值都应该引起更多的重视"[1]。尤其是在当前经济社会发展的关键时期，文化遗产更无法藏身于世外桃源或自外于当代社会，保护不意味着与当地民众和当代生活的隔绝与封闭。每一处文化遗产的兴衰，都应该与民众的利益息息相关，都应牵动着千家万户。

---

[1] 苏东海. 文物与历史——兼谈博物馆的学术研究. 中国文物报，2006年2月10日：第5版

国际古迹遗址理事会在纪念《世界人权宣言》50周年而发表的《斯德哥尔摩宣言》（1998）中指出："人们的遗产权力是其整个人权不可分割的组成部分"，"人们有权更好地认识自己和他人的遗产"，"人们有权明智和恰当地利用遗产"。徐嵩龄教授认为："遗产地社区理应成为遗产的一个重要组成部分，它不仅反映着遗产保护和管理的传统实践，同时也要求遗产保护与遗产地社区发展应当兼顾，应当融为一体，应当彼此促进"①。D.保罗·谢弗则认为："今天我们需要的，比从前更加迫切需要的是公共、私人和专业领域能够达成共同的意愿，那就是人类大家庭中的所有成员都能够共享人类的文化遗产。对于人类的未来而言，这种诉求太重要了，以至于绝不应当受到忽视或者轻视"②。

今天，珍惜和保护文化遗产的境界与能力，已成为国际社会对国民素养的评价标准之一。由于文化遗产无法依靠自身获得发展，必须通过政府和民众的共同努力，才能够确保其在未来得到全面发展。因此，必须使民众在生产、生活中不断加强对文化遗产价值和意义的了解，增强自觉保护意识，进而影响和带动更多的民众来关注、参与文化遗产的保护。在很多情况下，文化遗产往往被包装的高深、虚玄、甚至神秘，"锁在深闺人未识"。实际上，文化遗产是大众的，它们为大众所创造，也应为大众所了解。而要做到这一点，就需要文化遗产保护工作者放下身段，经常与民众进行平等地交流，积极向他们讲述文化遗产的过去、今天和未来，用平民化的方式说明自身工作的意义，这样才能让民众了解文化遗产与他们今天物质与精神生活之间的密切关联，使文化遗产保护能够为民众所理解。在这些方面学术大师早已做出示范，"贾兰坡先生很早就出版了关于北京人的科普读物并被翻译成外文；考古学泰斗苏秉琦先生最后的著作《中国文明起源新探》以通俗易懂的形式总结了毕生研究所得，被他自称为'一本我的大众化的著作，把我一生的所知、所得，简洁地说出来'，是向大众的一个交代"③。文化遗产应该在被民众所理解、所观赏和所分享中被保护、被利用和被传承。

综上所述，一座城市中现存的文化遗产往往可以构成一部物化了的城市发展史，是城市灿烂文化的稀世物证和重要载体，也是市民与遥远祖先联系、沟通的唯一物质渠道。文化资源的积累是一座城市文化品位的重要表现，也是一座城市文化个性的生动体现。文化遗产作为城市文化特征的载体，对它们的保护就是对文化资源的丰富。文化遗产保护作为一项庞杂而系统的社会工程，其性质和内容都决定了它无法成为一门孤芳自赏的学科，而必然受到民众广泛的

---

① 徐嵩龄. 第三国策：论中国文化与自然遗产保护. 科学出版社，2005：38
② ［加］D.保罗·谢弗. 经济革命还是文化复兴. 高广卿，陈炜译. 北京：社会科学文献出版社，2006：503
③ 郭立新，魏敏. 初论公众考古学. 东南文化，2006（4）：54

关注。文化遗产只有通过合理地发挥作用，通过特定的方式被大众所关注与分享，才会得到可持续地保护，也才会具有更加强盛的生命力。

7.3 加强文化遗产保护的能力建设

通过对当前文化遗产保护形势的整体把握，国家明确提出了新时期的总体目标，即"通过采取有效措施，文化遗产保护得到全面加强。到2010年，初步建立比较完备的文化遗产保护制度，文化遗产保护状况得到明显改善。到2015年，基本形成较为完善的文化遗产保护体系，具有历史、文化和科学价值的文化遗产得到全面有效保护；保护文化遗产深入人心，成为全社会的自觉行动"①。这一总体目标的确立，为文化遗产事业的发展明确了方向，同时，也对文化遗产保护的能力建设②提出了更高的要求。

7.3.1 加大摸清文化遗产资源力度

当前，我国文化遗产事业的发展正处于关键时期。作为提高文化遗产保护能力建设的关键之举，开展全国文物普查，摸清文化遗产资源家底，将为夯实文化遗产保护工作基础，实现文化遗产保护的可持续发展，提供宝贵的机遇。全国文物普查应努力实现三个目标，即将全国文物普查作为促进文物系统能力建设的一次大练兵，作为增强各级政府文化遗产保护意识的一次大培训，作为动员全社会民众参与文化遗产保护的一次大宣传。

7.3.1.1 文物普查应当立足于抢救性保护

文物普查是文化遗产保护的前提和基础，正是由于人们在寻找文明中善于借助发现和认知，不断地向着认识客体的深度和广度，向着认识主体能力的高度，向着认识工具的多样性和精确性进步，人类才能对自身文明的发展进行更深入地再认识，并在此基础上创造出新的更加辉煌的文明成果。因此，文物普查同样是富于创造性的保护行动，是文化遗产发现、认识、保护和发展过程的基石。目前我国开展全国性的文物普查，间隔时间过长。特别是前次全国文物普查至今的20年间，正处于我国城市化快速发展和大规模城乡建设高潮，不少文化遗产由于未能及时进行调查、登录，而遭到拆毁和破坏，甚至灭失。今天，

---

① 国务院关于加强文化遗产保护的通知，2005年12月22日
② 能力建设，是2002年在布达佩斯召开的第26届世界遗产委员会会议通过的《布达佩斯世界遗产宣言》中正式提出的概念，即将"推进各缔约国有效的能力建设（Capacity-building）"作为战略目标之一。为此，世界遗产委员会在《世界遗产公约操作指南》中将加强能力建设与研究作为鼓励对《世界遗产公约》的支持的首要目标。世界遗产委员会还规定世界遗产的有效保护管理体制应当包括能力建设。

我们有责任再次通过全国文物普查，全面掌握我国境内地上、地下、水下的文化遗产的数量、分布、特征、保存现状、环境状况等基本情况，在全国范围内，建立起以县级行政区域为基础的，具有动态更新能力的全国文化遗产名录体系，并首次建立中国文化遗产电子地图，以翔实、准确的数据指标，为科学制定文化遗产保护政策和发展规划提供依据。

目前，我国受法律保护的文化遗产数量过少，由此造成大量文化遗产因缺乏法律的保护，在所谓"旧城改造"和走样的"新农村建设"中快速消失，令人痛惜不已。通过深入开展全国文物普查，使更多面临险境的文化遗产能够得到及时发现和保护；要将文物普查作为抢救文化遗产的重要行动，在普查中难以判断取舍予以登记的文化遗产，应当严格按照文化遗产的价值和普查的标准规范进行认定，凡是符合认定标准的均应予以登记；同时，要坚持"宜宽不宜紧"的原则，立足于早抢救、立足于多保护，以免遗珠之憾。我国文物保护单位制度经过半个世纪的实践，成功和有效地保护了大量重要的文化遗产。根据当前保护和抢救文化遗产的需要，在文物普查过程中，应及时对所发现的文化遗产予以科学评价，并在此基础上，尽快将其公布为相应级别的文物保护单位，依法予以有效保护。普查是文化遗产得以保护的前提，法律才是文化遗产得以保护的保障。

7.3.1.2 文物普查应当立足于拓宽保护视野

长期以来，一些城市过于注重文化遗产的利用价值，而对于其最为重要、最为根本的历史价值、科学价值、文化价值、情感价值等有所忽视，同时对文化遗产生态环境的保护也未能给予应有重视，导致大量文化遗产及其环境，在相当长时期内没有纳入保护视野，损失巨大。陈志华教授认为：当前不利于全国文物建筑认定和编目的现象，主要有下列几种：一种是还没有完全克服只凭年代定价值的偏见。另一种是单纯凭建筑艺术和技术水平以及品相或者使用质量定文物。第三种是只认庙堂的和士大夫文化的，不认乡土的和市井的；只考虑保护个别的，不认识建立文物建筑大系统的意义。[①]因此，文物普查要进一步更新观念，建立更加科学的价值评价体系，以调查、登录新发现的文化遗产为重点，扩大文化遗产保护的范畴。

文物普查是国情国力调查的重要组成部分，是确保国家文化遗产安全的重要措施。要借鉴国际先进的保护理念和普查制度，构建符合我国文化遗产保护实际的文化遗产确认方法。国内外的经验表明，应当根据文化遗产保护理论研究的深入和保护观念的进步，拓宽文化遗产保护思路和保护方法，及时地调整、拓展和完善文物普查工作。要更多地关注那些以往未能引起足够重视或根本未加以保护的文化遗产种类，及时将这些文化遗产保护领域的新成员纳入普查范围，予以认定登记，有利于实现文化遗产的全面、有效保护。"当前的客观情况

---

① 陈志华. 文物建筑名录编制怪现状. 中华遗产，2005（1）：12

要求必须积极推进并开拓文物保护工作，包括扩大保护工作的内容（从古建筑园林到城市，从人工建筑到自然景观），研究符合实际的可供操作的保护措施（例如适当地再利用等）；争取更多的专业工作者合作；吸收社会各阶层热心人士参与，唤起全社会的认识与关注，乃至争取决策者的秉公支持，力挽当前混乱局面"①。

7.3.1.3 文物普查应当立足于事业长远发展

当前我国文化遗产保护的机构建设、队伍建设等基础工作薄弱，观念滞后、体制障碍等问题仍然突出，严重束缚着文化遗产事业的健康发展。而全国文物普查将是全面提高文化遗产保护能力建设的难得机遇。文物普查的顺利开展，有利于实现文化遗产保护观念新的进步；有利于带动文化遗产保护"四有"② 工作，提高管理的整体水平；有利于培养锻炼专业人员，提高队伍的整体素质；有利于提升全民保护意识，促进全社会保护文化遗产新体制的建立。要研究总结全国重点文物保护单位记录档案建档，全国馆藏一级文物建档，以及文物调查及数据库管理系统建设的经验，根据不断进步的文化遗产保护技术，研发新的普查方法，制定更为科学的、适应我国文化遗产特点和实际的评估和申报办法，改进和完善登录系统。特别要研究新型文化遗产的保护登录问题，广泛吸收各方面意见，经过试点工作检验，形成科学的标准和规范。

文物普查要广泛利用现代科学技术成果，充分运用信息网络、遥感、地理信息系统和全球卫星定位系统等现代科学技术手段，提高文物普查的时效性和相关标本、数据采集的真实性、完整性。这是今天全国文物普查区别于过去的重要特点和优势所在，直接关系到普查成果的质量以至于整个普查工作的成败。要通过全国文物普查，培养一批掌握现代科学技术手段的业务骨干，使文物系统的文化遗产保护理念和运用现代科学技术的能力有一个飞跃式的发展，提升文化遗产保护事业的整体水平，为实现文化遗产保护的科学化、信息化、规范化管理奠定坚实的基础。文物普查是重要的文化遗产保护工程，规模浩大，仅凭文物部门的力量远远不能胜任，必须广泛动员社会力量，依靠民众的经验和智慧，才能把文化遗产的线索一条条汇集起来，使普查工作的成果最大化。文物普查还是将文化遗产保护理念送进千家万户的文化工程，是文化遗产保护公众参与性的集中体现。通过文物普查，使越来越多的民众更加热爱文化遗产，带动并逐渐形成全社会共同关心、参与文化遗产保护的良好氛围。

---

① 吴良镛. 论中国建筑文化研究与创造的历史任务. 城市规划，2003（1）：16
② 注："四有"是指文物保护单位有保护范围、有标志说明、有科学记录档案、有专人管理。

7.3.2 加快文化遗产法制和规划进程

文化遗产安全是文化遗产保护的基本出发点，文化遗产事业的健康发展必须建立在保证文化遗产安全的基础之上。随着国家经济建设的快速发展，工程建设、环境污染、文物犯罪三大因素使祖国文化遗产频频遭受破坏和损毁，一些不可移动文物和馆藏文物存在着巨大的安全隐患。为此，应积极推进文化遗产安全工作，探索建立文化遗产安全保障的长效机制。在文化遗产保护法制建设中，当前尤其要紧紧抓住完善保护法制体系、加快保护规划编制、建立安全保障机制等关键环节，促进文化遗产保护能力建设。

7.3.2.1 完善文化遗产保护法制体系

文化遗产法制建设，是文化遗产保护能力建设的重要组成部分，也是文化遗产保护最有力和最有效的基础保障。立法工作，是法制建设的基础工作。在我国，文化遗产保护领域有一部国家最高立法机构制定的《文物保护法》，这是目前我国整个文化领域的唯一一部法律，因此得天独厚。当前，文化遗产事业正在迅速发展，面临的机遇和挑战也在不断变化，文化遗产保护的法律保障体系需要不断补充和完善。因此，要在现状基础上，制定完整的文化遗产保护法规体系，包括专项法规与政策的研制，为保护管理提供保障。当前文化遗产管理体系，就横向而言，呈多部门多系统管理架构，从而使整个管理体制过于分散，管理标准难以统一；就纵向而言，管理责权不明确、重点不突出。这一切均不利于文化遗产保护质量的提升。在完善法规体系的过程中，应理顺不同文化遗产类型的管理职权，同时，根据文化遗产保护等级进行管理制度设计，实现各级文物行政部门责权统一。

一个完整的文化遗产法规体系，应当包括法律、条例、章程、标准等。从形式上看，我国有着自己的文化遗产保护法规体系，但是现有的法规体系并不完善，特别是专项法规、技术规范、管理制度缺失较多。由于我国文化遗产品类的多样性，文化遗产现实状况的复杂性，需要更为具体的分门别类的专项法规和技术规范。例如我国现有文化遗产保护的法律法规中，缺少针对不同产权性质的文化遗产实施保护管理的相关制度；缺少鼓励企业或私人出资用于文化遗产保护而相应减免部分纳税的相关政策；缺少鼓励公众参与文化遗产保护并给予相应奖励的相关标准；更缺少针对具体的文物保护单位及控制区域制定的专项法规。另一方面，应及时启动行业标准体系的建设。以推动技术应用和规范管理为目标，重点将一批先进科技成果转化为行业标准，逐步建立行业质量认证和准入制度。探索政府推动、科研单位参与的标准化工作新机制，构建文化遗产保护领域的基础标准、技术标准、管理标准和作业标准等不同层次的架构，改变我国在文化遗产标准化领域所处的弱势地位。

7.3.2.2 加快文化遗产保护规划编制

对于文化遗产的保护而言，保护规划具有规范性和权威性，既是保护管理的科学依据，也是具有特定职能的法规性文件，还是直接指导文化遗产地保护和利用工作的具有指令性的"操作手册"。编制保护规划的目的是使文物本体及其相关环境得到有效保护，并在保护的前提下，发挥社会作用，促进文化遗产所在地区社会、经济、文化和环境的协调发展。保护规划的实施，有利于保护文化遗产本体的真实性、维护文化遗产环境的完整性；有利于指导文化遗产管理机构的日常保护管理工作；有利于统筹安排和控制保护范围、建设控制地带内的文化遗产保护工程及各类建设活动；有利于核定和控制文化遗产地参观者总量，限制其对文化遗产的不利影响。在保护规划实践中，为文化遗产寻找保护性再利用的方式越来越受到重视，人们在制定保护规划的基础上，通过保护性再利用，使文化遗产的重要性得以最大限度的保存和再现，并不断为社会提供服务。"保护规划将有助于界定场所的文化意义，并将它与未来的有关问题相联系"[①]。因此，保护规划应在更宽广的范围内，为文化遗产的保护性再利用引领方向，既使它们得到有效保护，又使它们发挥出综合效益。

我国数量巨大而且保护现状相当严峻的文化遗产领域，对于编制保护规划的要求既广泛又紧迫。实际上，制定保护规划本身，既是科学研究的过程，也是对保护对象认识深化的过程。只有对文化遗产所具有的价值、价值构成的要素、影响其安全的主要因素、保护所要面对的核心问题和相关问题、保护所应采取的技术路线和手段等方面的问题，通过规划的方式形成共识，明确科学的保护工程系统，才有可能更为有效地对文化遗产实施保护。文化遗产保护规划应时刻了解国际文化遗产事业的发展状况，了解各国文化遗产保护的学术思想、认知观念、保护技术、管理制度等方面的创新实践。同时，我国亟需编制国策层次的国家文化遗产保护规划。这一规划应立足于当代经济、政治、文化、社会对文化遗产事业的发展需求；立足于满足广大民众对文化遗产事业的热情参与愿望；立足于文化遗产事业的发展前景，提出过去或未曾思考、或思考不深、或需重新思考的具有基础性和战略性的规划目标。

7.3.2.3 建立文化遗产安全保障机制

尽管改革开放以来，我国文化遗产保护的努力超过历史上任何时期，但其间的文化遗产破坏也超过历史上任何时期。正所谓"前所未有的重视，前所未有的冲击"。尽管我国政府一直强化文化遗产保护行政执法，但是迄今为止，并不能认为已经有效遏止、克服和扭转了被动状况。应当承认，我国存在并仍在经历着文化遗产危机。一方面，一些地方在土地开发和城市建设中，重项目建设、轻文化遗产保护，公然违反文物保护法律的有关规定，随意破坏、损毁文

---

① [奥]艾利森．麦格斯．改造性再利用．彭琼莉译，王丰年校．世界建筑，1999（5）：44

化遗产；一些地方将国有文化遗产转让、抵押给企业作为资产经营，擅自改变文化遗产的管理体制和用途，导致急功近利，竭泽而渔，破坏文化遗产的恶性事件发生。另一方面，文物行政执法体制不顺畅，严重影响了执法和行政处罚力度和效能，致使一些违法事件不能依法得到严肃处理。有的地方政府和文物行政部门未能认真履行法律职责，存在有法不依、执法不严、违法不究、执法趋利现象；有的地方发现违法行为后，鉴于是政府部门或是领导行为，慑于权势，不敢执法，不敢坚持原则，未能依法给予处理。

文物行政执法是各级文物行政部门的重要职责，是进行文化遗产保护工作的前提和保障。面对当前文化遗产安全的严峻形势，必须坚持维护和捍卫法律尊严，竭尽全力保护文化遗产；必须敢于处理日益突出的法人违法事件，坚决依法办事，不怕碰硬、不惧强权，切实履行职责；必须加强文化遗产安全状况的监控，快速反应，严肃处理各类违法案件，督察重大违法案件办理；必须建立有效的监督制度，接受社会公众和舆论监督，依靠当地政府和广大民众发现问题、解决问题，提高执法水平；必须积极探索行政执法绩效评估机制、考核机制、奖惩机制，逐步推进文物行政执法工作的规范化；必须强化执法人员培训，实施持证上岗、年检考核，从根本上提高执政能力和执法水平；必须建立联合执法的长效机制，加强与公安、检察、监察、工商、海关、建设、规划、环境等部门的联系沟通；必须在严厉打击各类违法行为的同时，重点追究因决策失误、玩忽职守，造成文化遗产破坏、被盗或流失的法律责任。

7.3.3 加强文化遗产科技和人才建设

文化遗产保护是指针对文化遗产价值的调查、评估、认定、研究、展示、利用与传承，对文化遗产本体的保存、保全和修复等，以及对文化遗产相关环境的控制与治理。文化遗产保护科学技术包括人文社会科学、自然科学、工程与技术科学，以及其他相关科学技术。文化遗产保护科学技术除了要探讨文化遗产保护中共性的规律、理论和方法外，主要是综合和专门地将一切有利于文化遗产保护的现代科学技术，包括已认知的传统技艺，施用于从认知到合理利用全过程的一切文化遗产保护领域。

7.3.3.1 实施主动地"预防性保护"研究

文化遗产的科学研究和技术保护是国家公益性事业的重要组成部分，应成为国家科学技术创新体系中的重要领域。由于时序的单一方向性，象征着某个阶段人类文明活动的文化遗产，其本身都具有不可替代性和不可再生性。现代社会的快速发展严重加剧了文化遗产毁坏的程度，而科技保护的目的就是延缓文化遗产的衰老过程，因此"预防性保护"就成为文化遗产保护科技研究的更高目标。在频发的自然灾害面前，文化遗产往往显得十分脆弱。雨水入侵、风沙危害、自然坍塌、生物虫害等自然破坏使不可移动文物面临着诸多挑战；霉变、酥碱、起甲、变色、脱落等病害，使馆藏文物难以长久保存。必须承认，与国内其他行业和国外同行业发展水平相比，文化遗产保护科技的总体发展仍然落后，与文化遗产保护的繁重任务相比，科技的有效支撑明显不足。在文物本体保护的诸多技术难题面前，今天科学技术的贡献率尚不高。要真正扭转文化遗产保护的被动局面，必须在大量保护科研成果的基础上向全面、规范的"预防性保护"转化。"预防性保护"是国际文化遗产保护的发展方向，是延长文化遗产寿命的必然要求，是更主动、更积极的保护。

当前，要紧密围绕文化遗产的抢救、保护、管理与利用等主要环节，将技术研发、人才培养、基地建设、装备升级、体制机制创新等5个方面进行统筹考虑，以当前文化遗产保护的重大需求为导向，以重点解决文化遗产保护科技的热点、难点和瓶颈问题为核心，以重大文化遗产保护科技计划为载体，积极推动文化遗产保护科技工作的理论创新和体制创新，促进文化遗产保护科技水平的整体提高。要着重抓好列入国家科技支撑计划的重点项目，同时着力凝练若干重大科学技术专项，实现文化遗产科技保护的重点突破，带动整体提高。实践表明，文化遗产具有极其特殊的属性，这些特殊性构成了这一领域独特的学科链和逻辑关系，其保护工程应该建立在扎实可靠的研究基础之上，没有基础研究，保护则可能意味着破坏。今天解决文化遗产科学研究和保护技术面临的一系列重大课题和学术前沿问题极其紧迫，要经过不懈努力使我国文化遗产保护工作具有战略性、全局性、前瞻性和可操作性，促进文化遗产保护科技水平的整体提高，全面支撑和引领文化遗产保护事业的发展。

7.3.3.2　开展多学科"融贯的综合研究"

进入21世纪，新科技革命发展势头更加迅猛，孕育着新的重大突破，也对文化遗产科技保护的理念和方法带来前所未有的深刻影响。文化遗产保护迫切需要通过科研体制机制的创新，加强多学科交叉、技术集成的联合攻关，尽快形成科技对文化遗产保护工作的全面支撑。多学科综合研究是科学发展的大趋势，尤其对于文化遗产保护更显重要。文化遗产的多样性决定了其保护领域涉及众多学科。同时，繁杂的文化遗产类别具有的复杂性状，又对科学技术提出了更高和更大规模的需求。早在20世纪90年代初，吴良镛教授就针对城市研究中所涉及的社会结构的变革，以至由此推及城市物质空间的结构与形态的重构与发展的过程，倡导建立在"融贯的综合方法"上进行研究[①]。这一理论框架并非一般意义上的"跨学科"，而是以某一学科为中心，有目的地向外围展开，在有关科学中寻找结合点，以解决有关具体问题。这样，既可扩大人们的知识领域，又比在目的不明确的情况下，一般性地从多学科间的交叉来探索更为集中，因而可以将学科的发展推向更高的层次。

---

① 吴良镛. 北京旧城与菊儿胡同. 北京：中国建筑工业出版社，1994：232

文化遗产保护是一项复杂的巨系统工程，需要多学科之间的通力合作。今天，文化遗产保护科技已逐步呈现出基础研究与应用技术并重、高新技术与传统工艺结合、学科交叉和技术集成相辅的发展趋势。文化遗产保护新的概念的兴起和扩大也使传统保护方法变得无法适应，需要传统方法的改进和更多学科的参与，需要集多学科联合力量聚焦攻克文化遗产保护难题。人文社会科学、自然科学需要进一步融合，打破部门、条块界限，建立共享平台，形成强势科技团体联合攻关，协同解决文化遗产保护的关键技术问题。随着重点课题的深入开展，有效促进社会优质科技资源与文化遗产保护领域的融合，形成若干文化遗产保护科技创新基地，提高行业的可持续创新能力；同时应进一步扩大文化遗产保护科技的国际交流与合作。有针对性地引进国外先进经验，有目的地选择吸纳优质国际科技资源，在文物修复培训、区域考古调查、石窟壁画保护、大遗址保护等领域扩大交流与合作。并积极参与国际重大文化遗产保护行动，从经济、政治、文化、社会多角度认识和发挥文化遗产国际合作的意义。

7.3.3.3 促进科学技术成果推广转化

当前，国际文化遗产保护领域的科技发展不断呈现出新的特点，以文化遗产保护的重大需求为牵引，"基础—应用—推广"融为一体相互促进的科技体制不断强化；系统数据库的建设不断完善；文化遗产保护预警与保护效果评价的技术正在形成；超前顶层设计发展研究工作越来越得到重视。近年来，我国根据"开放、流动、联合、竞争"的管理原则，力求突破行业科研存在已久的机制性障碍，设立古代壁画保护、陶质彩绘文物保护、出土木漆器保护、馆藏文物保存环境、砖石质文物保护和文化遗产保护规划等行业重点科研基地，有效整合专项研究领域的科技资源。尽管如此，目前对文化遗产保护的一些关键技术的研发与成果推广亟需加强。一方面困扰文化遗产保护技术应用的许多关键问题，仍未寻求到有效合理的解决方法，例如有机质地文物、铁质文物、土质文物等保护的实施缺乏集成性科技成果有力支撑。另一方面，已有的科技成果得不到有效推广利用，相当部分科技成果在鉴定后束之高阁，未能积极推广转化，或仅仅局限于本地区、本单位应用，造成科研项目低水平重复研究。

为此，必须努力将科技成果推广转化水平整体提升到新的高度，形成一批具有引领、示范、应用作用的，真正能促进文化遗产保护科技进步的科研成果。同时整合国家级科研机构、地方科研单位和有关高等院校的科研基础资源；建设包括人文社会科学、自然科学、技术科学在内的一批行业重点科研基地及流动实验室；形成集国家级文化遗产保护科研机构、行业重点科研基地以及文物博物馆和其他相关科研部门构成的三个层次科技创新及成果推广体系；进一步提升科技投入与产出效益，促进先进、适用科技成果的及时推广和转化。"数字时代"的来临，为科技人员科学保护文化遗产、深入挖掘其人文价值，带来新的契机。以电子信息技术为载体,可以使有关文化遗产的数据实现永久保存;通过将网络技术与文化遗产资源嫁接,可以更加广泛地揭示其潜在的综合价值。应将"数字技术文化遗产化"和"文化遗产资源数字化"作为紧迫任务,创建"中国文化遗产数据库",实现"数字中国文化遗产"应用目标,建立高科技的、高效率的、高效益的文化遗产保护运转体系。

7.3.3.4 加强文化遗产保护人才队伍建设

培养造就大批具有较高素质、具有蓬勃创新精神的各类人才,直接关系到文化遗产保护的未来。而杰出学科带头人和高专业素质的人才群体,则是文化遗产保护科技创新的关键性因素。当前,人才竞争异常激烈,文化遗产保护领域的差距愈加明显。目前在全国文物机构从业人员中,高级专业技术人员仅占4.5%,中级专业技术人员仅占13%,显现出人才的总量、结构和素质不能适应文化遗产事业发展的需要,运用市场配置人才资源的用人机制有待完善。因此,要将人才培养视为文化遗产保护战略资源和提升综合竞争力的核心因素,加以重视。近年来,着眼于文化遗产保护人才总量的增长和人才素养的提高,加强与高等院校和科研单位的合作,连续举办文化遗产保护领域全国高级专业管理干部培训和多学科专业化培训,加大对高层次复合型领导人才和学科带头人的培养力度,在文化遗产保护的各个领域发挥重要作用。同时,与联合国教科文组织等国际组织以及文化遗产保护先进国家合作,进行富有成效的人才培训合作项目,将国际文化遗产保护先进管理经验和保护理念引入我国。

目前,需要通过实施科技创新人才战略,培养能适应文化遗产保护发展需要,结构合理、内外互补的人才队伍。并采取引进、外聘的方式,集聚一批热心文化遗产保护的优秀科学家,选择性地聘请一批国外科技人才,参与文化遗产保护工作。在国家重大文化遗产保护项目和工程中,要把人才培养计划放在突出位置,在基础研究、前沿技术研究、战略高科技研究和社会公益研究领域,普遍强调项目、基地与人才建设的结合。将凝聚一支高水平的战略性基础研究队伍,发现和培养具有创新能力的优秀青年人才作为计划实施的重要任务。同时,树立大教育、大培训的观念。建立科学的文化遗产保护专业教育和培训体系,发挥优势互补作用,加大与高等院校、科研机构、博物馆相结合的文化遗产保护领域人才培养力度。通过岗位培训、学历教育、师承制传授等多种途径,培养和造就具有较高科学素养和管理能力的学科带头人队伍;培养和造就具有较强科研与组织能力的学术带头人队伍;培养和造就具有较好技术素质的专业修复人才队伍。

加强对文化遗产领域新成员的保护与研究

图 7-1　文化线路——丝绸之路申报世界文化遗产
资料来源：国家文物局

图 7-2　实施大运河文化遗产的整体保护
资料来源：国家文物局

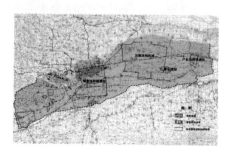
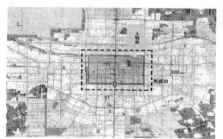

图 7-3　建设西安、洛阳国家大遗址保护特区
资料来源：国家文物局

图7-4 首钢遗址建设大型工业遗产文化公园
资料来源：国家文物局

图7-5 江南造船厂遗址建设中国工业博物馆
资料来源：国家文物局

图7-6 奥地利维也纳煤气工厂设施再利用

资料来源：国家文物局

图7-8 德国弗尔克林根铁工厂对社会展示开放

资料来源：国家文物局

图7-9 美国旧金山老码头丰富历史性城市景观

资料来源：国家文物局

图7-7 英国铁桥谷工业遗产保护

资料来源：国家文物局

图7-10 葡萄牙国家考古局利用工业厂房办公

资料来源：国家文物局

实施文化遗产抢救性保护重点工程

图7-11　三峡工程库区重点文物分布示意图
资料来源：国家文物局

图7-12　三峡工程三大重点文物保护项目（白鹤梁、石宝寨、张飞庙）
资料来源：国家文物局

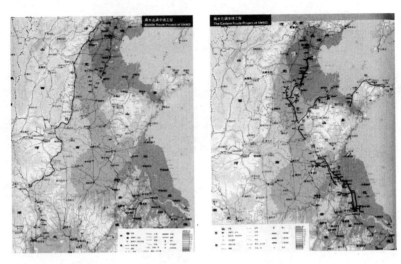

图 7-13　南水北调工程穿越中华文明核心地区
资料来源：国家文物局

图 7-14　南水北调工程文物保护进入实施阶段
资料来源：国家文物局

图 7-15　西藏三大文物建筑保护修缮工程（布达拉宫、罗布林卡、萨迦寺）
资料来源：国家文物局

增加文化遗产保护的科学技术含量

图7-16 调查和保护水下文化遗产

资料来源：国家文物局

图7-17 实施秦兵马俑科技保护

资料来源：国家文物局

图7-18 西藏文物建筑修缮中实施彩绘科技保护

资料来源：国家文物局

图7-19 布达拉宫维修中保留边玛草传统施工工艺

资料来源：国家文物局

图7-20 遵照"不改变文物原状"原则进行文物建筑修缮

资料来源：国家文物局

图7-21 白鹤梁题刻水下保护获得多学科科技支撑

资料来源：国家文物局

图7-22 云冈石窟修缮工程中加强现场检测

资料来源：国家文物局

图7-23 应县木塔修缮进行多方案比较研究

资料来源：国家文物局

扩大文化遗产保护国际合作的领域

图7-24 第28届世界遗产委员会大会在我国苏州召开

资料来源：国家文物局

图7-25 国际古迹遗址理事会第15届大会在我国西安召开

资料来源：国家文物局

第 7 章　从"文物保护"走向"文化遗产保护"

图 7-26　援助柬埔寨吴哥窟遗址保护修缮工程

资料来源：国家文物局

图 7-27　援助蒙古博格达汗宫文物建筑修缮工程

资料来源：国家文物局

图 7-28　与肯尼亚合作开展拉穆群岛地区考古

资料来源：国家文物局

图 7-29　与印度政府签订文化遗产保护合作协议

资料来源：国家文物局

图 7-30　"走向盛唐"文物展览在美国大都会博物馆展出

资料来源：国家文物局

图 7-31　中国意大利合作培训文化遗产保护专业人员

资料来源：国家文物局

第8章 从『大规模改造』走向『有机更新』

今天，对于历史性城市来说，及时调整城市的总体布局结构，明确历史城区的地位和主要功能，确定城市新的用地发展方向，扩展保护与发展的视野和空间，是事关城市发展全局的战略性问题，也是历史城区保护应首先解决的关键问题。大量实践和研究表明，只有实现"以旧城为中心发展"到"发展新区，保护旧城"；"旧城改造"到"历史城区整体保护"；"危旧房改造"到"循序渐进，有机更新"的转变，才能正确处理好现代化城市发展与历史性城市保护的关系，对于今后我国城市可持续发展具有十分重要的意义。

8.1 "以旧城为中心发展"到"发展新区，保护旧城"

历史性城市，面对保护与发展两个方面的挑战，只有"发展新区，保护旧城"才是唯一的出路，这就要求彻底摒弃"以旧城为中心发展"的狭隘发展观念和"摊大饼"与"中心聚焦"的传统发展模式，代之以宏观的区域观念和积极引导发展的指导思想，实行核心城市"有机疏散"与区域范围"重新集中"相结合，自觉打破行政边界的地域束缚，扩大城市发展的空间范畴，从多层次的区域分析入手，构筑城市区域空间整体发展的新格局。

8.1.1 "发展新区，保护旧城"的不懈探索

面对全国范围内历史性城市保护中存在的诸多问题，针对如何妥善处理好保护与发展的关系，50多年来，一些历史性城市及有关部门进行了大量实践探索，城市规划和文化遗产保护领域的专家、学者也开展了一系列研究，逐渐形成了新的发展思路和战略决策，使长期困扰历史性城市保护与发展的有关问题出现了解决的转机。

在实践探索方面，洛阳最早进行了"远离旧城建新城"的尝试。建国初期，古都洛阳被列为我国重点建设的工业城市，在进行重点建设项目选址时，由于各方面因素制约，没有采取当时流行的"以旧城为中心发展"的规划模式，而是综合考虑文物部门和各方面意见，避开旧城及东周王城、汉魏故城和隋唐城等大型古代城市遗址，选择在远离旧城8公里的涧西区进行集中的大规模建设。此举在当时独具一格，曾引起普遍注意，被国内城市规划界誉为"洛阳模式"。"这样的布局方式是正确的，可惜后来的发展没有注意保留地下城址，不足为训"[1]；特别是洛阳市第一期城市规划将隋唐城宫城遗址所在的西工区规划为工业区，造成城市建设与文化遗产保护的尖锐矛盾，一些古代城市遗址遭到破坏。

---

[1] 吴良镛. 历史文化名城的规划结构、旧城更新与城市设计. 城市规划设计论文集. 北京燕山出版社，1988：292

1995年洛阳市第三期城市总体规划编制完成，明确规定："将隋唐都城南半部22平方公里遗址，作为绿地保护，不作为城市建设用地，新市区跨越这22平方公里向南发展，从而创造了在城市中心区黄金地段，保存超大面积文化遗址的范例"①，被誉为真正的"洛阳模式"；可惜这一成功经验后来在全国各地历史性城市的规划建设和大型古代城市遗址的保护中提倡推广得不够。

陕西韩城文物古迹众多，在总面积62.24公顷的历史城区内保存有大量历史街区、古代建筑和传统民居。韩城的城市总体规划编制于1985年，奠定了历史城区保护的总体框架。在陕西省政府关于韩城城市总体规划方案的批复中明确指出：鉴于旧城区文物古迹集中，保存完整，兼有大量古老民族传统风貌的民居宅院的特点，应"辟为历史文化风貌区"。为此，韩城在历史城区的北部规划建设了新城区，作为"全市的政治、经济、文化、教育以及煤炭和电力企业管理中心"。历史城区与新城区之间，有大约70米的地形高差形成天然屏障，因而在历史城区保护和新城区发展上，可以做到互不干扰，相得益彰；同时，在历史城区外围设立了总用地约5.04平方公里的环境协调区；在功能分区上将主要工业区布局于城市西北及北部，与历史城区保持较远距离；在对外交通联系上，南北干线公路从历史城区外围绕过，铁路线和主要车站则安排在新城区的北侧，这些规划措施构成了对历史城区整体保护的有力支撑。随着政治、经济和文化中心向新城区的转移，历史城区"完整的古城风貌"和历史街区，以及大量古代建筑和传统民居得以保存。1986年韩城经国务院批准成为我国第二批历史文化名城。

苏州在处理好历史城区保护与新区建设的关系方面觉悟得较早，效果也较明显。20世纪90年代，苏州就确定了"保护古城、建设新区"的方针，先后设立了西区和东园。西区即在历史城区以西建设的苏州高新区，目前已建成35平方公里。东园则指在历史城区以东建设的苏州工业园，该园区已完成建设面积70平方公里。两区充分发挥对外开放优势，吸引大量国际资本进入，形成了新兴主导产业，同时带动历史城区内的企业向园区集中。进入新世纪以来，按照"全面保护古城风貌，建设现代化新区"的目标，苏州又启动了平江、沧浪、金阊三个新城区工程。在苏州的城市总体规划中，历史城区的职能定位是文化、旅游和居民居住，新城区则承担中心城市的职能，包括商务、交通、物流，而现代制造业则集中在工业园区。条目清晰的城市职能分工，分解了历史城区的人口压力。最为可喜的是，苏州历史城区的保护不但没有影响经济的发展，反而通过城市规划布局的合理调整，城市土地的集约利用，保护与发展相得益彰，各项经济指标在全国同类城市中均处于领先地位。

丽江古城和平遥古城于1997年双双进入世界文化遗产名录。为了加强对

---

① 河南科技大学文化遗产保护研究课题组. 洛阳城市发展与文物保护的经验与教训研究. 2005: 10

古城的整体保护，两座城市相继作出了"保护古城，另建新城"的决定。丽江在地震灾害后的重建中，下决心搬迁历史城区内的机关、学校、工厂，恢复古城风貌。为了降低历史城区内的人口密度，疏解旅游人数不断增长对古城的压力，丽江市政府决定规划建设名为"祥和丽城"的新城区，为历史城区的保护创造更为宽松的条件。平遥申报世界文化遗产成功时，2.25平方公里的历史城区容纳了近5万居民，而经过科学论证历史城区内合理的人口规模应以2.2万人为上限。为此，平遥县政府计划在4年内建设4个新区，以便引导2万多居民从历史城区迁出，这是为保护世界文化遗产实施的大规模疏解城镇居民行动。

　　古都南京，在2002年关于南京历史城区未来发展的市民调查中，31%的市民认为应强调历史文化和古都风貌的保护，62%的市民认为应强调历史与现代结合，仅有7%的人认为应强调现代化大都市建设。为妥善处理好保护和发展的关系，南京市政府确定了"一城三区"的城市发展战略，提出将城市现代化建设的重心转移到新区，以举办第十届全国运动会为契机，将城市发展空间一举突破历史城区范围，越过外秦淮河，集中建设河西新城。"古城金陵看老城，现代南京看河西"。在城市总体规划中将河西新城明确为以商务、商贸、文体三大功能为主的城市副中心。其中，商务中心区位于河西新城中部，成为新城的核心，也成为南京新的城市功能聚集地。河西新城的建设，不仅仅是城市用地规模的扩大，而且是南京对固守了2400多年的城市空间的首次突破，大大提升了城市功能，增强了城市综合竞争力和发展后劲，同时使聚焦于历史城区的城市功能得以有效疏解。

　　面对经济全球化的挑战和我国经济与城市化的迅速发展，一些历史性城市政府逐渐重视对城市发展的战略性、长远性问题的研究。西安，在最近的城市总体规划修编中，将发展的眼光跳出11平方公里的"四方城"，从延续古都文脉的角度，以新的人文观念和更广阔的空间视野着手解决历史城区保护的难题。一方面"只拆不建"，停止古城墙以内新建项目的规划审批，决心用50～70年的时间逐步降低中心城区的建设密度和高度；另一方面"疏解功能"，将过分集中于历史城区的行政、金融、商贸、交通和居住等功能逐步向外疏解，首先将行政中心从历史城区迁出，以带动相关城市功能转移，全面实施"新旧分治"。成都，在城市总体规划中确定，今后城市的重点建设，避开仅10平方公里的历史城区，将历史遗存较少、用地和环境条件相对适宜的城市东部和南部，作为城市重点发展方向。杭州，城市发展的指导思想转变为"建新城、保老城"，随着撤销萧山、余杭两市设立区，市域面积扩大了3.5倍，以此为契机，杭州城终于由"西湖时代迈向钱塘江时代"，从而腾出传统空间，降低历史城区的人口密度和建筑密度，保护好历史城区。衢州，确定了以古衢城为主的历史城区和以衢江西岸为主要发展方向的新城区，实行"分而治之"的城市发展格局。

8.1.2 破解"摊大饼"与"中心聚焦"困境

事实上,在我国古代城市建设的历史中,一方面,因种种原因不断出现放弃原有城址另择新址建设的情况。如洛阳在洛河两岸不到 30 公里的范围内,分布着夏、商、周、汉魏、隋唐五大遗址,形成"五都贯洛"的宏伟气势。再如西安自周、秦、汉、唐以来,历代古都都是在巨大的范围、广阔的视野之中运筹部署都城的战略布局。另一方面,也有不少城市为了发展等原因,考虑在旧城的一侧另辟新区。如扬州城,始建于春秋时期,经历代修建,至明初为便于防御而利用宋代大城的西南隅改筑小城,即后称的"旧城"。明代嘉靖年间在旧城东门外增筑新城。此后扬州城以小秦淮河为界分为新旧城,呈现出东市西府的双城格局。旧城街巷排列有序、主次分明、纵横严谨,与城内衙署、军事设施相呼应,局部街巷保留了唐代的里坊制度。新城则为工商业区和居民区,清代又云集了富裕阶层与商贩,会馆园林密集,街巷体系呈自由随意状态。旧城与新城,呈现出不同的气象。又如南京城,明初开始改建,避开了在原南唐金陵城区域形成的老市区,在其东侧新建皇城和宫城,在地势较高的城西北建屯兵军营,在南京城内形成了宫城、居民市肆(即老市区)和军营区三个功能区。再如福建泉州在唐末建子城。此后由于西北方向的晋江渡口成为陆上交通的主要通道,随着经济的发展,市区逐渐向西北发展,在南唐时建罗城将这一地区包括进去。同时,城东南及城南地区则沿晋江发展,扩建城墙,发展为码头、商市和外国人聚居区。"北京的历史从辽到金、元,每次移动发展过程,都是因为地区不足,随着生活发展,或增大城区,或开辟新址。到了明朝初年,就又有衙署地区不足的现象和民居商业区不足的现象,将内城垣南移,取得东西交民巷区的史实,就可以证明前一点。增筑外城则可证实后一点"[①]。中国古代城市建设史中类似实例不胜枚举。这些城市布局的调整与变迁,既顺应了当时城市的发展需求,又保留了旧城的部分使用功能,增强了城市经济、军事等方面的综合实力。

放眼世界城市规划建设的历史,有不少"发展新区,保护旧城"的成功实例。例如罗马在 20 世纪 30 年代起就规划建设了 EUR 新城,伦敦规划建设了道克兰滨水码头区等,都对于历史城区的保护起到了重要作用。特别是巴黎拉德芳斯新区的建设更值得借鉴。为了加强对历史城区的保护,巴黎于 20 世纪 70 年代起将城市主轴线继续向西延伸,划出 85 万平方米建设用地,规划建设拉德芳斯商务金融区。拉德芳斯位于塞纳河另侧的相对独立地段,距离巴黎历史城区约 2 公里。为了加强新城与历史城区的联系,政府建设了至巴黎市中心的铁路

---

① 梁思成,陈占祥. 关于中央人民政府行政中心区位置的建议. 梁思成文集(四). 北京:中国建筑工业出版社,1986:10

快线，仅十分钟就可以到达历史城区，大大增强了新城的吸引力。同时，将教育部和设备部迁至拉德芳斯，并启动了新凯旋门等一系列公共项目。新区高质量的现代化建筑群，相对低廉的租金价格，直接增加了当时最短缺的建筑供给。位于历史城区的商务公司纷纷迁址新城，有效地疏解了历史城区的核心功能。使新城与历史城区既有分隔又有联系，保护与发展互不干扰。"现在，巴黎64%的国外公司位于拉德芳斯。总共3600多家公司中，50%都是公司总部，全球营业额高达1520亿欧元"①。拉德芳斯新城的建设对促进巴黎地区的均衡发展、增强巴黎以及巴黎地区的竞争力发挥了重要作用，使巴黎能够在日趋激烈的世界城市竞争中立于不败之地。

  上述在历史城区之外另辟新区的形式，优点在于对原有历史城区不需进行大的调整，而新区的发展则可以根据现实的需要加以安排，布局较为主动。其实，北京也有过向历史城区之外进行有机疏散的成功实践，例如当年曾经有过计划将亚运村和几个亚运场馆放在历史城区内的方案，后来经过研究安排在北四环以外进行建设。结果带动了北部地区的发展，亚运村一带目前已经成为历史城区以外较有吸引力的现代化地区。进入新世纪，北京市为了疏解中心区不断聚集的功能，强化了商务中心区、中关村高科技园区和奥林匹克公园等三个新的城市功能区的建设，分别将商业金融设施、高科技产业研发设施和大型文化体育设施远离历史城区集中安排，这些延伸性功能用地的布局与调整，除了使自身功能得以充分发挥外，还逐渐吸引居住、商业服务业等多种功能用地的集聚，对北京的城市格局必将产生深刻影响。

  这些成功的实践表明，在新的经济发展阶段，为了有效疏解过于集中的城市功能，历史性城市应着力研究如何在历史城区之外寻找新的经济增长点，促进城市功能的有机疏散，而不是只盯着历史城区的有限空间。同时，必须抓住经济加快发展的有利时期，下决心适时迁出在历史城区用地内无法继续发展的商务办公、金融机构，以及疏解其他建设规模大、交通量大、人流集中的公共设施。"一个城市的结构总是在它发展最快的时候形成的，而一旦形成就难以改变。国际经验表明，城市化达到我们现在的阶段，一定会有一个快速的上升。在这个阶段，不仅仅是经济规模扩大的过程，更是经济结构调整的过程。而没有空间结构特别是城市空间结构的调整，仅仅是城市总量的增长，就不可能实现高效率的经济结构转型。如果我们对此判断不足，将会丧失发展的机遇"②。如果我国的历史性城市不在经济快速发展阶段，实现空间结构的战略调整，一旦外部环境发生变化，就有可能长久地失去调整的机会。英国伦敦的道克兰、法国巴黎的拉德芳斯，都是在国家经济大发展时期建成的商务中心区，它们由于有效分解了历史城区的核心功能，并直接增加最短缺的城市中心

---

① 赵燕菁. 国内外城市空间结构调整实例. 瞭望新闻周刊，2004（46）：27
② 王军. 北京城市空间结构调整机不可失. 瞭望新闻周刊，2004（46）：27

区供给，就保持住了整个历史性城市的优势。而东京和汉城则是在经济高速增长时期，未能及时改变城市增长模式和单一中心的城市结构，丧失了发展机遇，致使城市竞争力下降，随后出现了关于日本迁都的议论和韩国新行政首都的选址建设。

展望未来是保证当前决策科学性的一个重要条件。近年来，我国城市规划学界出现一个重要动向，就是关于城市空间发展战略规划的研究，一些历史性城市进行了这方面的探索，取得了积极的成果。2002年，清华大学与北京市城市规划部门合作进行了"北京城市空间发展战略研究"，力解北京城市发展的困境——"摊大饼"与"中心聚焦"。这项研究结果表明，20世纪50年代北京城市建设总体规划所确定的"分散集团式"的空间布局模式和"环形加放射"的城市道路结构，在建国初期城市规模不太大的情况下，发挥了一定作用，但是进入城市化快速发展阶段以后，显现出难以适应城市发展的诸多弊端。一方面，在"分散集团式"的空间布局模式中，历史城区作为城市中心的地位不但没有改变，反而有所加强。由于"集团"规模过小，相对独立性很差；距离城市中心区过近，对市中心的依赖性大；布局上过于分散，形成不了分区中心等原因，致使人们仍然集中在历史城区，造成城市中心更为拥挤。另一方面，在"环形加放射"的城市道路结构中，放射道路将大量人流、物流引向城市中心，加剧了城市发展的"单中心聚焦"；而过于密集的环路建设又诱使城市建设不断在沿线聚集，与原有城市发展连成一片，呈"摊大饼"式无序蔓延。

为解决上述问题，在"北京城市空间发展战略研究"中，提出跳出"中心大团"，不再在历史城区及其周边打转，而在行政区域范围内探索新的城市发展模式，整体考虑改善城市问题的措施。寻找出了"两轴两带多中心"的结构形式，即在中心城继承发展城市传统中轴线和长安街沿线十字轴，在其外围构建"西部生态带"、"东部发展带"，并在市区范围内建设不同的功能区，构筑以城市中心与副中心相结合、市区与多个新城相联系的新的城市发展模式。这一结构形式的获得，找到了"走出同心圆"的路子，是对新中国成立以来传统城市结构在城市形态上的一次突破，也是历史城区保护研究的重大成果。

8.1.3 核心"有机疏散"与区域"重新集中"

目前，我国越来越多的历史性城市，针对城市长远发展的战略问题，开始务实地研究城市的发展方向，特别是以行政中心迁移为主题的新城发展格外引人注目，这些历史性城市的政府行政机关及其职能部门的主动疏解，避免了历史城区内各个单位的"观望"现象，起到无可替代的示范作用，同时由于"行政经济"的作用，实现城市结构的战略转移目标，可以在相对较短的时间内取得显著效果。在新城规划建设中，还应注意增强对历史性城市的"反磁力"作用，促进产业和就业岗位转移，努力疏解历史城区的压力。如英国于1944年制定了"大伦敦发展规划",在新城建设中有意识地避免将新城建设成为"卧城",每个新城都由若干居住社区和工业区构成。到20世纪70年代中期,在伦敦外圈129公里周长范围内已经建立了11个新城,总人口达到180万,与此同时先后迁入位于新城边缘地带的工业区内的2000余个企业和公司,提供了18.8万个就业岗位。巴黎也于1965年的城市规划和地区整治战略规划中提出建设5座新城,每座新城与历史城区的距离为25~30公里。20世纪70年代前后,这些新城陆续投入建设,每座新城的人口规模平均达到30万人。新城积极寻求住宅、就业和人口之间的平衡,不搞单一的居住新城或单一的工业城市,使得新城居民能在工作、生活和文化娱乐方面享有与巴黎历史城区同等的水平。

美国学者L.芒福德(L. Mumford)有句名言,"真正的城市规划必须是区域规划"。他指出:"今天城市文化中最主要的问题是增加城市这个容器的消化能力,同时又不让它变成非常庞大的凝聚在一起的一个大团块。如果不进行区域范围的或区域之间的大规模改造,单单要在大都市核心区进行城市更新是不可能的"①。国际上,一些发达国家自20世纪中期即开始重视区域规划和发展战略研究,例如法国"巴黎的成功实践主要体现在两个方面:一是建立区域观念,扩大发展空间;二是建设郊区新城,促进区域整体发展。20世纪50年代末至60年代初是法国城市化进程的一个重要转折时期,全国城市人口有史以来第一次超过农业人口,预示着全新的城市时代的到来。这一时期,法国关于区域的理论研究十分活跃,巴黎地区先后进行了三次区域规划,对区域概念的认识日渐清晰,先后提出了区域均衡发展、多中心空间布局、城市优先发展轴等新观点,加上巴黎地区行政建制的正式成立,使区域规划的现实性和可操作性更强,规划指导思想经历了从限制到发展的转变,构筑了今日巴黎区域空间结构的雏形"②。又如英国在60年代后开始修改规划编制体系,把原有的城市总体规划改为战略性的结构规划。由于区域规划和发展战略研究的重点在"空间"上,并与城市的经济社会发展战略相配合,具有前瞻性、整体性、综合性的特点,既作为城市总体规划的前期研究,以指导规划的编制,又作为城市中长期发展目标决策的重要依据。

早在1983年评议《北京城市建设总体规划》时,吴良镛教授就曾提出"区域整体发展论",指出:"北京市职能繁多,内容庞杂,只在建成区范围内打主意,'螺蛳壳里做道场',总跳不出圈子,也解决不了根本问题。如果从大区域(华北,京津唐等)和亚区域(北京市16800平方公里范围)来考虑,路子就宽了,也活了"③。近年来,在理论研究方面,区域规划的理论研究与实践格外引

---

① [美]刘易斯·芒福德著. 城市发展史——起源、演变和前景. 宋俊岭,倪文彦译. 北京:中国建筑工业出版社,2005:442
② 李兆汝. 城市区域整体发展:向巴黎学什么?——访清华大学建筑学院副教授刘健. 中国建设报,2005年1月31日:第1版
③ 吴良镛. 新的起点. 城市规划设计论文集. 北京燕山出版社,1988:371

人瞩目。一方面，在引进国外理论的基础上，针对我国城市与区域的发展状况开展理论探讨；另一方面，结合理论研究着手编制区域规划，为城市发展战略规划的构建提供有力的支撑。与此同时，从区域角度研究解决历史性城市的保护与发展问题也越来越受到重视，取得了长足的发展，其中由吴良镛教授主持开展的两项研究工作颇具影响。

一是20世纪90年代，清华大学、东南大学和同济大学共同合作，完成了"发达地区城市化进程中建筑环境的保护与发展"研究。针对沪宁地区这样一个经济发展和城市化发展在全国均处于相对领先地位，并且历史性城市最为密集（包括上海、南京、苏州、无锡、扬州、镇江、常熟等众多国家历史文化名城）的地区，提出就'高城市化'的城市密集地区而言，既不能针对城市问题而就城市论城市，也不能针对乡村问题而就农村论农村，因为城市的可持续发展有其地域的时空极限，它的发展潜力是在区域，而不能独善其身。"所有的城市问题最终只能通过区域的协调发展来解决，所有的城乡矛盾最终也只能通过区域的整体发展来化解。就此看来，迫切需要研究区域的整体发展战略"①。进而提出了达到区域发展协同、集成、综合、共济和区域经济增长快速、均衡、持续、健康的战略目标。

二是新世纪之初开展的"京津冀（大北京地区）城乡空间发展规划研究"。该项研究借鉴国际经验和教训，以整体的观念，从大北京地区的范围综合考虑城市发展的战略定位、区域功能和空间布局、协调与合作机制等问题，以实现"建设世界城市，带动整个地区繁荣和健康发展"的目的。提出核心城市"有机疏散"与区域范围的"重新集中"相结合，实现双核心/多中心都市圈战略；实现大北京地区的土地整体利用，综合平衡与总体管理；京津两大枢纽进行分工与协作，实现区域交通运输网从"单中心放射式"向"双中心网络式"的转变；采取"交通轴+葡萄串+生态绿地"的发展模式，将交通轴、"葡萄串"式的城镇走廊融入区域生态环境中，塑造区域人居环境的新形态②。同时提出类似北京这样的城市，城市日常功能的疏解范围应该是在距离城市1~2小时的车程，也就是100~200公里的范围之内，大大扩展了历史性城市保护的视野和空间。

今天，实现区域经济协调发展，既是国家的发展战略，也是大多数城市发展的客观要求。可持续发展理念的确立更使区域规划在内容、范围、理论研究、方法技术等方面发生了新的变化。特别是历史性城市通过实施区域规划，可以缓解在城市性质、规模、布局方面过于集中的压力，通过整合资源、提升质量，可以在继续加快发展的同时，切实促进文化遗产更好地保护和利用，更好地适应经济全球化、区域经济一体化的趋势。因此，区域规划的观点越来越深入人

---

① 吴良镛等. 发达地区城市化进程中建筑环境的保护与发展. 北京：中国建筑工业出版社，1999：176
② 吴良镛等. 京津冀地区城乡空间发展规划研究. 北京：清华大学出版社，2002：151~152

心,成为研究解决历史城区保护的基本方法和重要视角。

区域空间日益网络化的发展态势也使得历史性城市的发展不再孤立,区域关系的处理日益成为影响这些城市自身发展战略的关键因素。由此来说,历史性城市的发展不应局限在行政界限范围内,必须有更广阔的发展空间和更完善的环境质量,与区域空间建立起有机联系。特别是在经济快速发展时期,历史性城市更应抓住机遇改变目前"单中心聚焦"的城市形态,避免或减弱"摊大饼"式发展带来的恶果,针对无序的过度集中进行"有机疏散",缓解历史城区及其周边地区空间的压力。与此相配合,在区域范围内实行"重新集中",努力使区域城市形态由"单中心"向"多中心"的方向发展,甚至构建在区域内进行功能分工和协调的城市群,形成完善的城镇网络。在拓展历史性城市发展空间,促进区域整体协调发展的背景下,实施历史性城市的保护。

8.2 "旧城改造"到"历史城区整体保护"

针对当前历史城区保护面临的重重困境,为了从整体上保护特色风貌和文化遗产,每个历史性城市均应明确历史城区整体保护的方针,制定整体保护规划。整体保护规划要综合考虑历史城区特殊的社会、经济、历史、自然条件,对于过去在大拆大建式"旧城改造"方针指导下的发展政策做出方向性扭转,形成符合整体保护原则的保护目标、保护内容及其保护措施,成为各方面都应遵守的保护纲领。这样,历史城区才能真正得到整体保护。

8.2.1 历史城区保护的反思与探索

在大规模改造历史城区方面,西方不少城市也都有过深刻的历史教训。西方现代主义城市规划诞生以来,就一直推崇以大规模改造来解决城市问题。特别是第二次世界大战以后,为了疗治战争创伤并解决紧迫的住房问题,西方各国曾普遍把以大规模改造为主要特征的"城市更新"运动,作为解决城市问题和提高居民居住水平的基本途径。该运动从一开始就受到以形体规划为核心的现代主义城市规划和建筑理论的深刻影响,把城市看作一个静止的事物,寄希望于宏大的形体规划蓝图,以实现理想的城市模式。但是,"城市更新"运动的实践结果表明,大规模改造无论在解决居民住房问题方面,还是在改善城市环境方面都没有取得成功,反而给许多历史性城市留下不少难以挽回的巨大破坏,加剧了历史城区严重的衰退现象。瑞典前驻华大使傅瑞东回忆道:"上世纪六、七十年代,欧洲在城建方面犯过大错。我的故乡瑞典首都斯德哥尔摩就是这样。把成片17、18世纪的老房子纷纷拆除,盖上高高的写字楼、购物中心、停车场、宽街新路。现在90%的斯德哥尔摩人认为这样干是大错特错,原来是老房子的地方现在都冷冷清清，了无生气"①。"城市更新"运动后来还被许多学者称作是继第二次世界大战以来对城市的"第二次破坏"。

20世纪60年代以后，许多欧美学者开始从不同角度对现代城市规划进行反思。他们从不同立场和学术角度指出了用大规模计划和形体规划来处理城市复杂的社会、经济和文化问题的缺陷。强调城市规划应当以人为中心，注意人的基本需要、社会需求和精神需求，城市建设和改造应当符合"人的尺度"。反对那种追求"巨大"和"宏伟"的城市改造计划。主张必须改变城市建设中资金的使用方式，从追求"翻天覆地剧烈变化"到追求"连续的、逐渐的、复杂的和精致的变化"。理论界的反思对于处在困境中的西方"城市更新"实践产生了广泛影响。从20世纪70年代开始，单一内容与形式的、以开发商为主导的大规模改造计划，逐渐被各种形式的中、小规模渐进式更新计划所取代。

回顾文化遗产保护的经验与教训时，国际社会特别强调大规模改造所造成的巨大破坏作用。在社会经济尚不发达时，传统建筑遭受的主要是自然的破坏。而在经济发展的起步阶段，人们急于改变物质生活条件，忽视精神生活的需要，对传统建筑的人为破坏大大超过自然的破坏。待经济发展到一定水平，价值观念起了变化，进而追求精神生活的丰富时，传统建筑将重新受到重视，而且愈显宝贵。但是传统建筑是不可再生的，任凭今后有多么强大的经济实力，对已遭受破坏而不复存在的传统建筑及其历史环境来说，留下的只能是无法挽回的遗憾。

可持续发展思想和人居环境观念的兴起促进了"城市更新"理论与实践的进一步演变。可持续发展思想突出强调：我们今天的发展要保持公平性、持续性和共同性。所谓公平性就是要保证资源的公平分配，兼顾当代和后代的要求，当代的发展不能以牺牲后代的利益为代价。持续性就是以保持地球自然系统为基础的、持续的经济发展模式。共同性就是要达到人类与自然的和谐共存。可持续发展战略是20世纪最为重要的战略思想，目前被广泛接受。"用今天的可持续发展观点来看，大规模旧城改造实际上是一种'不可持续'（Unsustainable）的发展模式，它反映的是一种大工业时代的发展观和发展模式。这种模式主张用高积累、高消费来刺激经济增长，把经济增长视同于经济发展，并把经济增长当作人类社会发展的唯一目标，结果却使人类社会付出了资源衰竭、环境恶化、社会瓦解的惨痛代价"②。吴良镛教授曾评价指出，"现在总结起来，凡属大规模的改建，大拆大改的，都还没有成功的先例"③。

人类对城市现代化概念的理解也在不断深化，可大体划分为三个阶段。第

---

① ［瑞典］傅瑞东. 留恋老北京. 人民日报，2002年4月2日：第12版
② 方可. 当代北京旧城更新：调查·研究·探索. 北京：中国建筑工业出版社，2000：93
③ 吴良镛. 北京市旧城区控制性详细规划辨. 吴良镛学术文化随笔. 北京：中国青年出版社，2001：169

一阶段：以功能性为特征。1933年，国际现代建筑学会颁布的《雅典宪章》针对机械时代无计划、无秩序造成的城市混乱，提出"一个现代城市的象征，应该首先解决居住、工作、游憩与交通四大功能"，并指出："有历史价值的古建筑均应妥为保存，不可加以破坏"。显然，《雅典宪章》所反映的现代化城市概念，体现了对人的关怀和对理性的信赖，也是对产业革命之后城市普遍存在的弊端的批判。第二阶段：以有机性为特征。1977年，《马丘比丘宪章》指出："新的城市化概念追求的是建成环境的连续性，意即每一座建筑物不再是孤立的，而是一个连续统一体中的一个单元而已，它需要同其他单元进行对话，从而完整其自身的形象"。即将人、土地、环境和历史遗产看作一个互动的有机整体，而不是孤立静止的个体，这是对现代城市理解的一种深入。第三阶段：以可持续性为特征。1999年，国际建协第20届世界建筑师大会发布的《北京宪章》针对当今的许多建筑环境仍不尽人意，人类对自然和文化遗产的破坏正危及自身的生存的现状，提出：现代化城市建设与发展要保证"人类生存质量及自然和人文环境的全面优化"，要"走向建筑、地景、城市规划的融合"，在建筑、城市与区域发展中应当贯彻可持续发展的战略。归纳起来，城市现代化概念有四方面含义：一是可持续发展；二是以人为本；三是新技术的广泛应用；四是文化的继承和发展。①

8.2.2 "整体保护"突出历史城区特色

1949年1月31日，昔日的北平、今日的北京和平解放，古都避免了战火的摧残。当年3月，在著名建筑学家梁思成先生完成的《全国重要建筑文物简目》中，提出的第一项文物，即"北京城全部"。时隔56年，2005年1月，北京市政府公布了新的一轮《北京城市总体规划（2004—2020年）》，其中第七章第61条的题目即为"旧城整体保护"。指出："应进一步加强旧城的整体保护，制定旧城保护规划，加强旧城城市设计，重点保护旧城的传统空间格局与风貌"②。2005年3月，北京市人大常委会通过的《北京历史文化名城保护条例》进一步强调"旧城保护应当坚持整体保护的原则"③。"旧城整体保护"是历史城区保护战略研究的重大成果。56年后这一迟到的成果来之不易，它凝聚了几代城市规划和文物保护工作者的希冀和奋斗，也包含了几十年来我国历史城区保护的经验和教训。

---

① 北京市规划委员会编. 北京旧城二十五片历史文化保护区保护规划. 北京：北京燕山出版社，2002：19～20
② 北京市人民政府. 北京城市总体规划（2004年—2020年）文本，2005年1月：31
③ 北京市人民代表大会常务委员会公告第32号，《北京历史文化名城保护条例. 北京日报，2005年4月14日：第12版

吴良镛教授指出:"经过了半个世纪的变化,局部也有所破坏,对旧城的保护与整治发展,依然要恪守'整体保护'之原则,否则新的发展将无所依据失去准绳"。同时指出:"旧城整体保护必须坚持将减负、疏解、转型、复兴、宜居作为前提,必须对问题作认真研究,现实棘手的问题要正确对待,千方百计谋求对策,历史名城的文化质量、艺术面貌还要有新的提高,生活质量、环境质量也要不断改善,努力寻求全面的、科学的解决问题之道"[1]。我国各个历史城区的突出特征是其在城市规划建设方面具有完整的设计理念,具有完整的文化内涵,具有完整的人文环境,凡此足以说明历史城区应当具有较强的整体性。城市总体规划是综合性、全局性、战略性的发展蓝图,涉及城市发展的各个领域,城市总体规划首先要明确历史城区不是城市发展的包袱,而是城市发展的财富、资本和动力,树立"保护也是发展"的观念,从根本上纠正认识上的片面性,正确处理保护与发展的关系,将历史城区的整体保护融入城市总体规划之中。

"整体保护"就要对历史城区的概念进行准确界定,在认真分析特色的基础上,提出相应的整体保护方案。不能认为只要保护好众多文物建筑、文化遗址和历史街区,除此之外就可以放弃。《华盛顿宪章》指出:"保护规划的目的应旨在确保历史城镇和城区作为一个整体的和谐关系"。对于历史城区内的建筑更新项目需要在城市的布局、空间的格局、街巷的肌理、建筑的平面构成、体量、高度、色彩、空间、整体协调等方面加以规范,以继续保障历史城区为"有规划的整体"。

我国历史城区数量众多,分布广泛,保存状况各不相同,整体保护规划要摆脱以形体规划为核心的西方现代主义规划思想的深刻影响,重视城市的历史与现状,杜绝因强调功能分区与用途纯化,而追求统一设计、统一建设,避免一次性大规模推倒重建的再次发生。首先,整体保护规划应针对目前现状资料积累普遍不够丰富和完整的状况,深入分析历史城区的历史沿革、形态演变、社会经济背景,挖掘其历史价值、艺术价值、科学价值,充分了解其历史文化特征。其次,整体保护规划应在准确评估历史文化资源及其价值的基础上,深入分析目前保存状况,科学确定符合实际的保护重点和保护方法。特别应针对历史城区如何合理调整功能,控制人口容量,疏解地区交通,改善市政设施等方面制定特殊的实施措施。第三,整体保护规划应确立多层次的保护体系,即针对保持历史城区整体格局和传统风貌;划定历史文化街区和地下文物埋藏区;明确文物保护单位和保护建筑等不同层次,分别提出相应的规划控制要求。

合理控制发展规模是历史城区整体保护的必要前提,特别是在确定人口规模方面要有前瞻意识。如北京历史城区现状人口密度为2.74万人/平方公里,按照国际标准确认的适宜人口密度为2万人/平方公里计算,只能容纳124万人。同

---

[1] 吴良镛. 总结历史,力解困境,再创辉煌——纵论北京历史名城保护与发展. 部级领导干部历史文化讲座,2005:336~338

时根据北京历史城区内古代宫殿和古典园林占地面积较大的特点,适宜人口规模应以不超过90万人为宜。这就意味着北京历史城区现状人口138.6万人,需要向外疏散人口50万人左右。各历史城区还应下决心逐步迁出外来人口聚集、吸引大量交通以及现有用地和建筑规模已不适应发展需要的单位,以控制历史城区中无休止的用地扩张和建筑加密、加高趋势。一般来说,历史城区应弱化经济职能,强化文化功能,严格控制建设开发量,从根本上抑制历史城区难以负载的压力。在历史城区内不应再规划建设各类"区"、"园"、"中心"等产生功能叠加、行业聚集的建设项目,以避免由于功能聚集到一定程度后必然产生的破坏历史城区文化遗存的扩张要求。同时大型豪华宾馆、三级甲等医院和小商品市场等产生大量车流、人流的项目,也应停止在历史城区内进行建设。例如苏州市制定的《城市规划若干强制性内容的暂行规定》中明确要求:"古城内不再新建医院、学校及行政办公楼。现有医院、学校及行政办公楼控制其建筑规模和用地规模的总量,不得扩大"。从用地性质方面分析,中小型的行政办公、文化教育、旅游服务、特色商业等设施与历史城区保护并不矛盾,关键在于建设用地规模应符合历史城区传统街巷的肌理,在规划上避免形成超大规模的街坊,对建设规模、建筑体量、建筑高度等严格加以控制,避免破坏原有的街坊格局。

8.2.3 增强历史城区可持续发展活力

历史城区是城市之根、文脉之本和风貌之基。历史城区不但蕴含着极其丰富的历史文化信息,而且每个历史城区都有自己的发展特点,形成各自的特色,这是文化遗产中最为宝贵的部分。要保护好历史城区的整体空间格局、道路网骨架和街巷布局等传统空间形态,强化城市传统轴线、天际轮廓线、重要景观线和传统街道对景走廊等历史空间记忆的"标志"特征。要最大限度地保护文化遗存,将更多的反映历史城区发展进程的各类文化遗产列入保护之列,不断扩大历史文化街区的数量和保护范围。在保护好古代城墙遗址及城郭平面等与历史城区沿革密切相关的地面文化遗产的同时,还要保护好丰富的地下文化遗存,特别是唐宋以后,各历史城区的位置基本固定,成为历代"重叠式的城市"。如南越国宫署遗址位于广州历史城区,在已发掘的1.6万平方米范围内,就清理出12个历史朝代的27层文化堆积,表明其位置是2200多年来城市延续不变的中心。因此,历史城区应作为考古工作的重点,在全面开展考古调查的基础上,划定地下文物埋藏区。

成都曾先后作为古蜀国的都邑、三国蜀汉国都、五代十国前蜀、后蜀都城,历时两千多年不易其址,不更其名,历史文化遗存十分丰富,历史城区曾经完整保存"三城相重"的古城格局。但是,在大规模城市建设和"旧城改造"中成都的历史文化街区、传统建筑等地面文化遗存遭到严重的破坏,大部分已经消失。近年来,成都文物工作注重城市基本建设中的文化遗产保护,针对1400

多个建设工地进行了文物勘探，发掘各类文化遗址160余处，古墓葬600多座，出土文物和文物标本10万余件，其中对金沙遗址、成都平原史前城址群、古蜀船棺遗址等的发掘，具有重要的、无可替代的文化和科学价值。填补了成都城市史研究的多项空白，在一定程度上再现和展示了这座古老城市的文明。以蜀文化为主体的地域文化传统独具特色，渗透到市民日常生活的各个方面，构成成都城市文化的重要内涵。保持历史城区传统特色方面，北京市在新一轮城市总体规划中重新明确了十个方面的重点①，以达到整体保护的目的。

城市设计不仅是对形体空间的安排，而且也是对历史人文内涵的挖掘。要制定历史城区的城市设计总体纲要和局部地区的城市设计导则，作为相关规划设计的前提。任何历史遗存均与其周围的环境同时存在，仅仅保护单体文物古迹，而恣意改变周围的环境，丧失原有的历史氛围，就会影响对历史信息的正确理解。对历史城区实施严格的整体高度控制，有利于保持其景观特征和独特魅力，避免出现视觉环境污染。在制定历史城区建筑高度控制规划时，特别要防止在未深入分析历史环境要素的情况下，采取简单划定建筑高度分区的作法。如一些城市在历史城区的控制性详细规划中大面积划定24米、30米、45米等建筑高度分区，不但未能有效控制建筑高度，反而导致高层建筑在历史城区内的大量涌现。

苏州在历史城区整体设计方面把握住了三个核心的问题。一是严格控制建筑层高，新建房屋不得超过3层。目前在苏州14.2平方公里历史城区范围内，基本没有高层建筑，虎丘塔、北寺塔、双塔、瑞光塔、方塔等历史建筑得以遥相呼应，保持了优美的城市空间轮廓线；二是严格控制建筑色彩。在新的建设中，尊重城市传统特色，主体色彩以黑、白、灰为基调，使历史城区保持了素雅宁静的氛围；第三是严格控制历史文化街区内的传统民居拆迁和道路拓宽。现有的平江、山塘、阊门等历史街区以及将近40处历史地段的历史信息、古城肌理和街巷风貌都保存较好，为整体保护历史城区打下了坚实的基础。

历史城区的空间尺度是传统风貌形成的主要因素，现代城市中的高架道路、大型立交桥、城市快速路等由于空间尺度过大不应进入历史城区。一些城市坚持了几十年的城市规划道路系统，由于规划道路红线尺度过宽，对历史城区保护影响甚大，应及时予以调整。历史城区的交通组织应以疏解为主，中、高等级道路和机动车交通流量大的道路不应穿越历史城区，而应将穿越交通和转换交通布局在历史城区之外。并且通过大力发展适合自身特点的公共交通，特别是加快发展利用地下空间的轨道交通，形成对历史城区交通格局的有力支撑。

---

① 在《北京城市总体规划（2004年—2020年）》中从十个方面明确了北京旧城保护的重点：（1）保护从永定门至钟鼓楼7.8公里长的明清北京城中轴线的传统风貌特色。（2）保护明清北京城"凸"字形城廓。（3）整体保护皇城。（4）保护旧城内的历史河湖水系。（5）保护旧城原有的棋盘式道路网骨架和街巷、胡同格局。（6）保护北京特有的"胡同—四合院"传统的建筑形态。（7）分区域严格控制建筑高度，保持旧城平缓开阔的空间形态。（8）保护重要景观线和街道对景。（9）保护旧城传统建筑色彩和形态特征。（10）保护古树名木及大树。

历史城区不同于一般的文化遗产，它同时是多种多样活动的中心，众多人们生活于此、工作于此，充满活力。J. 雅各布斯（J. Jacobs）认为："城市是由无数个不同的部分组成的，各个部分也表现出无穷的多样化。大城市的多样化是自然天成的"①。城市化的快速发展必然带来文化的趋同，因此在历史城区保护中要重视城市文化的历史渊源，重视区域文化的差异，重视文化多样性的保护。保护与历史城区血脉相连的传统文化，保存先人们传承下来的风土人情、生活习俗，乃至饮食起居，保留独一无二的地方特色，只有这样才能保留住历史城区的精神世界。人类社会将更多地关注经济全球化过程中的自身发展和自我选择，重视对自身生活质量的关怀。如今，人们越来越意识到科学技术的进步，生活水平的提高，未必就能够使人们获得良好的心情舒畅的环境，由此认识到城市的建设与发展不应该仅仅是建筑物和构筑物的组合与堆砌，更重要的是保护文化和创造文明。

保护与发展的相互包容、相互协调，是历史城区未来发展的方向。城市现代化是可持续发展的必然要求，但是，城市在实现现代化过程中，必须继承和发展优秀的历史文化传统。对于历史城区的规划设计绝不应是复古、一成不变，不应是无生命力的"风貌保护"，而应该是仍然与生活息息相关的有生命的肌体，即协调发展的整体。对于历史城区内的文化遗产应强调合理利用和永续利用的原则，不能急功近利，不能过分追求经济效益，当前的利用方式应保证以后可以继续利用。历史城区整体保护的矛盾聚焦在观念、利益和体制方面，问题积重难返，但针对现实的困难仍然能够找出解决的方法。特别是城市化快速进程的今天，尤其不能丧失对历史城区文化价值的基本认识，更要坚定不移地相信它的文化魅力，在今后的发展中精心地保护和继承这一珍贵的文化遗产。"但是虽万般困难，最后的旧城一定要保住，不能因畏难而退缩，我们要加紧工作，请珍惜这最后一次机会②"。

8.3 "危旧房改造"到"循序渐进，有机更新"

面对我国不少历史街区已经遭到较大破坏的实际状况，需要在深入剖析大规模危旧房改造的弊端及其危害的前提下，冷静思考历史街区整体保护之策，探讨"循序渐进，有机更新"的科学途径。"有机更新"理论不仅积极探索新的城市设计理念，并且努力将可持续发展战略具体运用到历史城区保护与更新的实践之中。因此，当前应及时转变大规模危旧房改造的旧有模式，贯彻"有机更新"的理念，抢救已留存不多的历史街区和传统建筑。

---

① ［加］J. 雅各布斯. 美国大城市的死与生. 金衡山译. 南京：译林出版社，2005：157
② 吴良镛. 总结历史，力解困境，再创辉煌——纵论北京历史名城保护与发展. 部级领导干部历史文化讲座，2005：344

8.3.1 对小规模渐进式整治方式的探索

对小规模整治方式的探索始于对大规模改造的批判。L. 芒福德（L. Mumford）对大规模改造规划曾有过深刻的批判："把城市的生活内容从属于城市的外表形式，这是典型的巴洛克思想方法。但是，它造成的经济上的耗费几乎与社会损失一样高昂"。J. 雅各布斯（J. Jacobs）更是大规模改造的激烈反对者，她 1980 年在国际城市设计会议上指出："大规模计划只能使建筑师们血液澎湃，使政客、地产商们血液澎湃，而广大群众则总是成为牺牲品"[1]。从 20 世纪 70 年代以来，各国学者纷纷著书立说，阐述各自关于小规模整治的观点。例如 1973 年，E. F. 舒马克（E. F. Schumacher）提出规划应当首先"考虑人的需要"，主张在城市的发展中采用"以人为尺度的生产方式"和"适宜技术"。1975 年，C. 亚历山大（C. Alexander）主张用中、小规模的包容多种功能的逐步的改造取代大规模的单一功能的迅速的改造，同时对历史保护区内的新建筑的建设进行严格的控制。上述学者都指出了用大规模计划和形体规划来处理城市复杂的社会、经济和文化问题的致命缺陷，同时，几乎都对传统渐进式规划和小规模改造方式表示了极大的关注。

对小规模渐进式整治方式的探索还表现出对传统建筑的尊重。J. 雅各布斯（J. Jacobs）在《美国大城市的死与生》书中指出："老建筑对于城市是如此不可或缺，如果没有它们，街道和地区的发展就会失去活力。"接着她进一步强调："所谓的老建筑，我指的不是博物馆之类的老建筑，也不是那些需要昂贵修复的气宇轩昂的老建筑——尽管它们也是重要部分——而是很多普通的、貌不惊人和价值不高的老建筑，包括一些破旧的老建筑"[2]。在历史街区里，单独的某一栋传统民居其价值可能尚不足以作为文化遗产加以保护，但是传统民居建筑群叠加在一起所形成的风貌却反映了历史街区的整体面貌，从而具有重要的保护价值。很难想象在失去了传统民居建筑的情况下，历史街区还有什么文化风貌和街巷肌理可言。

在实践方面，美国政府于 1973 年正式废止了"城市更新"法案，并在第二年开始推进中、小规模的社区开发计划。在欧洲等地也出现了"历史街区修复"、"老建筑有选择的再利用"、"社区建筑"、"住区自建"等一系列新的规划概念和方法。虽然各种规划理论和实践之间存在不同观点和方式，但是都一致反对大规模的以房地产开发为主导的剧烈的改造，强调规划本身的灵活性和广泛的公共参与，并且更加注重文化遗产的保护。由此看来，在我国不少城市热衷于开展大规模危旧房改造之际，国际社会在改善历史城区人居环境和注重文

---

[1] 转引自：方可. 当代北京旧城更新：调查·研究·探索. 北京：中国建筑工业出版社，2000：26
[2] ［加］J. 雅各布斯. 美国大城市的死与生. 金衡山译. 南京：译林出版社，2005：207

化遗产保护的理念方面已经发生了一系列变化，并且日臻完善。

此后，国际组织也颁布了一系列宪章及建议，协调保护思想和保护原则，推广成熟的保护方法。特别是《华盛顿宪章》（1987年）明确了历史地段应该保护的内容：即地段和街道的格局和空间形式；建筑物和绿化、旷地的空间关系；历史性建筑的内外面貌，包括体量、形式、建筑风格、材料、色彩、建筑装饰等；地段与周围环境的关系，包括与自然和人工环境的关系；该地段历史上的功能和作用。并明确了历史地段保护的原则和方法。至此，国际上保护历史地段的概念基本确定，它所确立的基本原则和有关理念，至今仍是国际公认的历史街区保护的准则。

国际社会对于历史城区保护与更新方面的理念和实践不断有所变化和进展，一是开始更加注重人的尺度和人的需要，更多地关注人与环境的平衡关系，强调居民和社区参与更新过程的重要性，更新的方式从大规模的激进式改造，转向小规模的、渐进式的、居民参与下的、以改善社区环境为主要目标的综合整治。二是更加强调对文化遗产的保护，重视对现状环境的深入研究和充分利用，重视保护人文环境，反对简单地推倒重建，主张对传统建筑加强保护并区别对待。三是在规划与设计方面，从单纯的物质环境改造规划转向社会、经济发展规划和物质环境改善规划相结合的综合的人居环境发展规划，强调规划的过程和规划实施的连续性，可持续发展思想逐渐成为社会的共识。

8.3.2 "有机更新"理论的确立与实践

20世纪70年代末期，吴良镛教授在组织开展北京什刹海规划的研究时明确提出了"有机更新"的思路，主张对原有居住建筑的处理根据房屋现状区别对待。即：质量较好、具有文物价值的予以保留；房屋部分完好的予以修缮；已破败的予以更新；上述各类比例根据对规划地区进行调查的实际结果确定，同时强调历史街区内的道路保留传统街坊体系。在1987年开始的北京菊儿胡同住宅工程中"有机更新"的思路得到进一步实践，并取得了国内外的广泛关注和高度评价。随后"有机更新"理论在苏州、济南等历史城区保护中进行应用，作出一些有益的拓展①。

---

① 方可根据"有机更新"理论及其实践，归纳认为："'有机更新'从概念上来说，至少包括以下三层含义：1. 城市整体的有机性：作为供千百万人生活和工作的载体，城市从总体到细部都应当是一个有机整体（OrganicWholeness），城市的各个部分之间应像生物体的各个组织一样，彼此相互关联，同时和谐共处，形成整体的秩序和活力。2. 细胞和组织更新的有机性：同生物体的新陈代谢一样，构成城市本身组织的城市细胞（如供居民居住的四合院）和城市组织（街区）也要不断地更新，这是必要的，也是不可避免的。但新的城市细胞仍应当顺应原有城市肌理。3. 更新过程的有机性：'生物体的新陈代谢（是以细胞为单位进行的一种逐渐的、连续的、自然的变化），遵从其内在的秩序和规律，城市的更新亦当如此'"。见：方可. 当代北京旧城更新：调查·研究·探索. 北京：中国建筑工业出版社，2000：195~196

"有机更新"理论丰富了历史城区保护与更新的理论成果,其核心思想是主张按照历史城区内在的发展规律,顺应城市肌理,按照"循序渐进"原则,通过"有机更新"达到"有机秩序",这是历史城区整体保护与人居环境建设的科学途径。这里所说的"更新"是指在保护历史城区整体环境和文化遗存的前提下,为了满足当地居民生活需要而进行的必要的调整与变化。这里所说的"秩序"是指建立起既有利于保护历史城区的传统特色,又有利于维护原有社区结构的住宅产权制度,依靠社会资金以自助力量为主,进行日常维修和小规模整治的机制。吴良镛教授认为:旧城整治应避免"运动式"的更新。"运动式"的更新指一次投入,按照"一次到位"的标准进行"推平头式"大规模改造,即通常所称"大拆大建"方式,这是不符合旧城保护"有机更新"的原则的。

按照"有机更新"理论,1996年清华大学编制完成了《北京国子监历史文化保护区的保护与整治规划》,随后北京市文物部门和当地政府共同开展了国子监历史街区的保护与整治。该项保护规划从调查入手,通过对人口、居民的生活状况和居住结构、用地、房屋质量、基础设施的详细普查,明确了该历史街区的特性,取消了历史街区内的规划城市道路,保持传统街巷尺度。并确立了"不搞大拆大建,逐渐恢复传统风貌特色,形成以简朴民居为主,衬托两组古建筑群的幽静环境和独特风貌","力求在原有基础上,以整治和逐步恢复传统风貌为主,保留历代建筑的叠加,使历史街区'延年益寿',而不是'返老还童'"[①]。

北京市规划部门会同文物部门于2000年下半年开展了"北京旧城25片历史文化保护区保护规划"的制订工作,2002年2月经市政府批准实施。这一规划由中国城市规划设计研究院、清华大学等12家设计单位分别承担。"保护规划提出了五项原则:第一,要根据其性质与特点,保护历史街区的整体风貌。第二,要保护街区的历史真实性,保存历史遗存和原貌。历史遗存包括文物建筑、传统四合院和其他有价值的历史建筑及建筑构件。第三,其建设要采取"微循环式"的改造模式,循序渐进、逐步改善。第四,要积极改善环境质量及基础设施条件,提高居民生活质量。第五,保护工作要积极鼓励公众参与[②]。上述原则在规划编制中得到了贯彻。2003年,清华大学为北京市西城区烟袋斜街编制了修建性详细规划。详细规划中维持该地区原有的街巷——院落体系。同时,为了引导历史街区的整体风貌,帮助沿街商店进行了设计。首先拆除了街区内的违章建筑,改建了自来水、雨污水管道,新铺设了天然气管道。烟袋斜街自从整治后,沿街各个店铺自行整修了房屋和门脸,店铺结构也有所变化,提高了档次和品位。人气旺了,房价提高了,店铺的经济效益也好了,成为受到当地居民欢迎的

[①] 单霁翔. 国子监街的整治与历史地段的保护. 建筑师. 1996 (8): 52
[②] 北京市规划委员会编. 北京旧城二十五片历史文化保护区保护规划. 北京:北京燕山出版社, 2002: 10

"富民"工程,也成为运用"有机更新"理论实施历史街区保护的成功范例。

8.3.3 实现"有机更新"的各项措施

实践证明,对于历史街区来说,"有机更新"是一条积极稳妥的保护与发展之路。从上述对"有机更新"理论的探讨还可以归纳出以下体会,即以院落为基本单位是实现"有机更新"的关键措施;界定"危房"与"旧房"是实现"有机更新"的必要前提;建立长期修缮机制是实现"有机更新"的基本保障;社区居民广泛参与是实现"有机更新"的有力支撑;完善市政基础设施是实现"有机更新"的基础条件;改善社区人居环境是实现"有机更新"的根本目的。

8.3.3.1 以院落为基本单位是关键措施

在中国人的传统理念中,家又称为"家庭",人们的生活中需要一个可以与自然沟通对话的庭院空间。因此对传统民居院落的保护,就成为对植根于炎黄子孙心灵深处的"家庭"和人伦天理的保护,对民族文化和社会文明的维系。传统民居院落体系构成邻里居住形态,成为社区文化的载体,社区的空间形态也随着传统民居院落体系的变迁而发生演变。一座座传统民居院落相依,形成一条条历史街巷;一条条历史街巷相连,又构成一片片历史街区,从而形成既秩序井然又气象万千的历史城区风貌。传统民居院落体系,既合理安排了每户居民的室内空间,保障居民日常生活中通风、采光、日照,以及舒适性、安全性、私密性等居住需要;又通过院落形成相对独立的邻里结构,提供居民日常的社交空间,创造和睦相处的居住氛围,体现出人与自然和谐相处的先进哲学思想。

传统民居院落具有强盛的生命力,经过历史的长期演变,成为最适合当地自然和人文环境以及家庭特点的居住形式。传统民居院落里,老人们可以在恬静的环境中安享天伦之乐;儿童们可以在安全的空间中自由自在戏耍;作家、画家、音乐家、收藏家,以及各行各业的人们都可以在此感受到居住环境的优越。瑞典前驻华大使傅瑞东曾这样赞美道:"四合院住着温馨,构思别致,美观耐看。布局也好,用料也好,都是人们历经数百年摸索总结出来的,极尽上乘建筑之风范。四合院可说是中国对世界文化所做的独特贡献,华人引以为自豪,洋人叹为观止而流连"①。但是长期以来,历史城区中的传统民居院落却遭遇了极不公正的待遇。人们违背科学规律,强加给它们难以承受的负荷,特别是原由少数家庭居住的"独门独院",逐渐演变为多数家庭共同使用的"大杂院",以及随之而来的长年失修失养,致使这些传统民居失去了昔日的优点和应有的尊严,此时指责它们不适合现代人的生活是不公正的。试想如果在现代楼房中的三居室、四居室单元住宅中,强行安排进三户、四户居民,还能说这些单元住

---

① [瑞典] 傅瑞东. 留恋老北京. 人民日报,2002年4月2日:第12版

宅符合宜居条件，适合现代人的生活吗？

当今社会小家庭主流模式和现代化生活方式，都对传统民居院落提出新的要求，即在保护传统风貌的前提下，既要适应住宅小型化的需要，又要满足现代化的功能。针对我国历史城区以传统民居院落为细胞，整合而成历史街区的特征，只有将保护与更新的对象"微型化"，也就是使新旧传统民居院落更替的过程"微型化"，才能有效保护历史街区的院落布局和街巷肌理。由于"有机更新"强调小规模的连续的渐变，采用适当的规模和合适的尺度，因此能够使居民感到亲切自然。《华盛顿宪章》指出："当需要修建新建筑物或对现有建筑物改建时，应该尊重现有的空间布局，特别是在规模和地段大小方面"。

为此，历史街区保护规划提出一种新的理念——"微循环式"保护与更新，即要适应以院落为基本单位进行保护与更新，危房改造不得破坏原有院落布局和街巷肌理。采取以院落为基本单位，"微循环式"保护与更新，将有效遏制采取大规模危旧房改造方式对历史街区的破坏。"微循环式"保护与更新，就是承认历史城区是一个有机整体，需要不断地新陈代谢和有机更新，关键在于更新的尺度不能大，需要量力而行。这意味着今后历史街区内的危房改造项目用地一般仅是一个院落或几组院落，其建筑面积一般仅为数百平方米或上千平方米。这就需要深化和细化历史街区规划，其中近期详细规划尤为重要，应做到修建性详细规划的深度。

保护与更新是对立统一、相辅相成的，对于大量未列入文物建筑的传统民居院落而言，一些院落虽然在历史街区保护规划中被确定为保护对象，但是随着时间的推移终会因破损而需要更新。另一些院落虽然被确定为更新对象，但是如果更新建筑符合历史街区传统肌理并精心建造，今后也会因具有较高价值而转化为保护对象。这是一个周而复始的动态循环过程，长期加以坚持，历史街区的整体风貌就会在这一过程中得到持续保护。总之，以院落为单位的"微循环式"保护与更新，不求一律，不求同时，不求全部，根据居民生活实际需要和历史街区保护规划而定。如果能够做到在不断保护与更新的过程中建筑主体始终是平缓朴实的传统民居院落；居民主体始终是和睦相处的老邻居们；生活环境始终是自然和谐的传统风貌，才可以说"微循环式"保护与更新是成功的。

8.3.3.2 界定"危房"与"旧房"是必要前提

对于历史街区"有机更新"来说，应当区分不同质量的房屋，采用不同的更新方式，尽量减少对历史街区现有社会经济生活的影响。其中区分"危房"与"旧房"至关重要，它的意义在于两者各属于不同情况，应采取不同的保护与更新对策。前者首先要保证居住安全，后者主要体现历史文化风貌。我国历史城区中的传统建筑基于社会与经济原因，尤其是长年失修失养造成当前的"衰败"景象，完全不同于西方城市中心区的那些既没有悠久历史，又不曾有过良好质量的贫民窟建筑的衰败。在传统民居院落中，无论是"危房"还是"旧房"往往都是历史建筑,其差异只是房屋质量问题。解决危房的居住安全问题尤为必要,但是没有必要以牺牲历史文化信息为代价。

在历史街区中,除列入文物保护单位的保护建筑以外,传统民居建筑量大面广,是传统建筑的主体,但是各类建筑因存续状况不同,而保护方式有所不同,应严格加以区分。如"北京旧城25片历史文化保护区保护规划"结合历史街区空间形态的特征,以院落为单位进行现状资料调查和规划编制。"院落单位"以现状的门牌编号及其范围为基本依据,综合考虑院落的产权所属、历史沿革、自然边界、完整程度等因素,将25片历史文化保护区共划分成15178个院落单位,其中现状保存较完好的院落有5456个,占36%。根据居住院落的人口密度共划分为五级;根据建筑结构的损坏程度,将现状建筑质量分为三类;根据现状院落的历史文化背景、建筑空间布局与形态、建筑形式,将其传统风貌和历史文化价值分为五类。在上述分析研究的基础上,保护规划综合考虑对现状建筑的历史文化评价和建筑质量评价,对保护区内的所有建筑进行分类①,不同类别的建筑采取不同的保护更新手段。

历史街区内建筑数量较多的往往是更新类建筑,更新类建筑既包括因多年失修失养而成为危房的大量传统建筑,也包括历年在历史街区内插建的与传统风貌不相协调的现代建筑。对于历史街区内的各类建筑,应分别提出进行修缮与保养、整修与改善、更新与改造的原则,以便采取不同措施分类指导。如对于各类文物保护单位必须依照"不改变文物原状"的原则,进行修缮与保养;对于大量保护建筑应加强日常维修,维护其保存状况;对于相当数量的一般传统建筑,应予以保留并逐步加以整修与改善;对于一些与历史风貌不相协调的建筑则应采取整饰立面外观、改善建筑造型,降低建筑高度等措施逐步加以更新与改造;对于那些对历史风貌产生严重影响的建筑应创造条件予以拆除,特别是对于一些单位近一、二十年来在历史街区内新建的多、高层建筑,亦应创造条件予以拆除。

历史街区内传统建筑的更新与改造方案必须精心设计,使更新改造后的建筑与历史街区内的传统建筑,在规模、尺度、形式、色彩等方面保持协调一致。通过以上分析,在历史街区内实施拆除的应该只是那些对历史风貌产生严重负面影响的建筑物,实施更新的应该只是真正属于"危房"的建筑物,保留与否不能仅以"危"与"不危"而分,更不应以"新"与"旧"而论,只能根据传统建筑的保护价值来决定取舍,只有在"微循环式"保护与更新的前提下,既通过积极修缮达到"解危"的目的,又保证历史街区的传统风貌得以延续。从而彻底摒弃多年来一谈到"危旧房改造"就想到"大拆大建"的思维定式,坚

---

① "北京旧城25片历史文化保护区保护规划"将保护区内建筑分别确定为文物类建筑(占7%)、保护类建筑(占9.3%)、改善类建筑(占23.8%)、保留类建筑(占7.3%)、更新类建筑(占49.2%)和沿街整饰类建筑(占3.4%)等。

决纠正为解决一部分"危房"问题就将成片"旧房"一并拆除的做法。

8.3.3.3 建立长期修缮机制是基本保障

今天普遍存在于传统民居院落的危破状况，始终成为大规模"危旧房改造"的理由。但是，过去大量传统民居院落为什么能够历经百年保持基本完好，其重要原因在于产权明晰。几十年来，住房产权政策的反复变化，使各方权益和责任不清。其中占比例最大的公房由于租金低，不足以维持最低限度的维护，更谈不上居民住房条件的改善和历史街区风貌的保护。私房"标准租"的租金也使房主无力承担维护的责任，同时还面临不知何时被拆迁的危险。上述情况加速了传统民居院落状况的恶化，因而解决产权问题并保障产权人的权益是解决问题的关键。实际上，在居民中蕴藏着改善住房条件的极大积极性，只有明确住房产权为他们所有，而且明确房屋所在的历史街区今后不再实施大拆大建，住户才能积极主动地考虑自有住房的修缮问题。

在房屋产权与修缮的关系上，无论古代还是近代都有过经验和教训。历史资料表明："清朝入关后把北京东城、西城的房子都强行买下了，结果成了包袱，到乾隆时期改了政策，又把房子卖给私人了，使产权主不断的维修和发展"，"1949 年 5 月 21 日，著名法学家钱瑞升在《人民日报》发表文章，题为《论如何解决北平人民的住的问题》，他对当时存在着的将私房充公的倾向表示忧虑，认为这将导致'无人愿意投资建造新房，或翻建旧房'的情况，一方面政府没有多余的财力去建房，一方面私人又裹足不前，不去建房，房屋势将日益减少，政府还背上繁重的负担"[①]。几十年来，我国各地历史街区中传统民居院落的实际情况及住宅政策的演变，证明了钱端升先生的预言。

城市的发展是连续的过程，同样，传统建筑的保护也需要持续不断地投入，必须有长期修缮的准备。《华盛顿宪章》指出："日常维护对有效地保护历史城镇和城区至关重要"。一次性投入虽然能够在短时间内解决某些问题，但是改造过后的效果往往单调，也就是人们常说的"房子新了，文化没了"，失去了历史建筑及其环境的原有独特性格，也就失去了文化的吸引力和竞争力。无论是大到历史城区，还是小到历史街区，都不能仅仅依靠政府的力量，从根本上解决长期维修、保护的问题。如有人算过一笔账，"目前北京旧城区内有危房 202 万平方米，涉及居民 7.1 万户，如按 23 万元/每户补助拆迁费计，就要 100 多亿元"[②]。这是长期积累下来的历史欠账，量大面广。相比之下，在政府财政和居民收入都有限的情况下，将政府与居民的积极性结合起来，建立"细水长流"的投资模式，既能解决房屋修缮的现实问题，又能妥善处理历史街区的长期保护，在"千城一面"的城市景观中，可以产生独具魅力的效果，是一种有效的解决方法。

---

① 王军. 民生与保护博弈. 瞭望新闻周刊, 2004（28）: 26
② 温禾. 房屋买卖推动四合院保护与发展. 中国建设报, 2006 年 2 月 17 日: 第 2 版

目前执行的房屋质量评价体系缺乏对传统建筑的针对性，应结合历史街区和传统民居院落保护的特点予以调整，建立起充分考虑文化遗产保护与更新要求的传统建筑评价标准。为了有效解决这一问题，苏州文物部门与东南大学合作开展"苏州市古建筑遗产评估体系"课题研究，2000年被列为国家文物局重点科研项目。这一研究成果已在苏州拙政园、平江等历史街区建筑评估中进行了较大面积应用。对每一处传统建筑，按照历史价值、科学价值、艺术价值、环境价值、使用价值等项目进行分析，并应用古建筑评估体系软件系统进行区别分类、形成分值，以确定每幢传统建筑的保护价值和更新方式，取得了较好的效果。历史街区的传统建筑修缮与更新需要处理好环境空间的尺度、风格、肌理等的变化。因此还应根据不同历史街区的风貌特色，抓住该历史街区内传统建筑的主要规律和特征，编制传统建筑基本要素的图则和标准图样，如针对传统民居的房屋、门楼、围墙等，提供若干种不同面宽、进深、高度及档次的形式，包括各个建筑立面、檐口、屋脊、山墙、门窗等工程做法，提供给自行修缮房屋的居民及工程设计、施工人员作为依据，以确保历史风貌不走样。

8.3.3.4 社区居民广泛参与是有力支撑

历史街区是居民生活的有机载体，"有机更新"的原动力来自居民生活。因此，应鼓励社区居民广泛参与历史街区"有机更新"规划的制定，以便充分调动社区居民的积极性，从居民的现实需求出发加以实施。目前历史街区内的人口密度普遍过高，尤其是危房比例大的地区更为突出，这是造成传统建筑难以修缮的重要原因，为此疏散人口是当前历史街区实施"微循环式"保护与更新的先决条件。关键是采取什么方式疏散人口和疏散哪些人口。不同社会阶层居民混合居住是历史街区的传统，也是保持社区活力的重要途径。西方国家对城市更新和"绅士化过程"的反思给我们以借鉴。全部推倒重来的大规模改造和全部或大部分居民异地安置，以及通过建设成片高档住宅来改变当地人口成分，并取得更多的经济效益，都会导致原有社区结构的变异和社区文化的灭失，进而产生诸多新的社会问题。随着改革的深入和社会的发展，公众对于政府角色的期望日益清晰，政府部门亦应适应这一趋势不断强化以人为本的工作思路。在原住居民的疏散问题上，只能在一定的政策导向下，满足不同情况居民的要求作正常流动，经过较长时期的努力，才能取得明显效果，不能勉强为之。

对于历史街区来说，稳妥的更新模式应该是拥有更多适合当地具体社会经济状况的、具有选择余地的更新方案。特别是在去留问题上给居民多种选择，对于自愿留在历史街区的居民提供包括就地购房、回迁租房、自行集资改造、对特困户进行妥善安置等便利；对于自愿迁出历史街区的居民采取提供资金补偿、提供异地住房、提供廉租房等多种方案。无论居民留在原地，还是选择迁出，都应该尊重他们的自主选择，并做好服务及环境改善工作。同时还应认识到，历史街区中有相当数量的原住居民在自愿的前提下，以自己特有的生活方式留居在原居住地内，有利于历史街区固有传统文化的传承。同时，当地居民对所居住环境的满意度和舒适度的评判是由多种因素综合决定的，既包括居住区位、居住环境、居住面积等，也包括交通便利、就业前景、邻里关系等多种因素，并且不同经济条件和生活习惯的人群对居住标准的要求也有所不同，所以在历史街区中保持适当密度的居住形态和多样化的居住标准是符合实际的。

探求"有机更新"的新途径，应根据历史街区保护规划和政策的要求，发动社会力量，以自助形式进行小规模整治与改造。它的优点在于：有利于城市的新陈代谢；保持城市的多样性；有利于住宅产权及住房制度的改革；促进城市的可持续发展；减轻政府的财政负担；通过产权与市场互动，实现社会财富的增值。为此，应根据不同历史街区内传统民居院落的具体情况，制定有关政策和多种实施模式，改革现有房屋管理的体制，研究吸引和发挥各种投资的软、硬件环境条件，修复房屋的产权与市场体系，培育"非盈利"的保护更新实施主体，使历史街区在公平、公正的房屋产权流通中自然修复。可以鼓励产权人根据保护政策做小规模整治，而不是"加速进行"，一蹴而就。

地方政府要对居民自行设计、修缮及利用房屋制定规范和标准，最大限度地满足居民的合理要求。建筑用途可以是商用、可以是民用，也可以是商住两用；可以是独资、可以是合资，也可以向银行贷款；可以自用、可以出租，也可以出售。总之，如果在政府和居民的共同努力下，建立起传统建筑长期修缮的机制，当前历史街区保护与更新中一些尖锐的矛盾就会得到解决。如2004年苏州市制定了《苏州市区依靠社会力量抢修保护直管公房古民居实施意见》，其中规定：允许和鼓励国内外组织和个人购买或租用直管公房古民居，实行产权多元化、抢修保护社会化。"这些办法的实施，都在积极鼓励社会力量的参与，使一批险情严重的古建筑得到了及时有效的抢救保护"[①]。

8.3.3.5 完善市政基础设施是基础条件

由于历史欠账和现实管理体制等问题综合交织，使世代居住在历史街区内的居民生活水平，逐渐与整个社会人居环境的全面改善形成强烈的反差，生活质量明显低于城市其他地区的水平，特别是市政基础设施的落后已经严重制约了这些地区的现代化进程。前述的傅瑞东大使说："今日北京四合院大多已年久失修，连像样的暖气、下水都没有，几代同堂，住着确实不得劲。里面的人对四合院没啥感情，时刻盼着搬出来，这我完全理解。但这些房屋其实修一修就可用，大可不必一拆了之。如内部搞精装修，外部原封不动，这样不出几年，四合院肯定会成为最抢手的民居"[②]。随着社会的进步，在历史城区内生活、工作、消费的人们对市政基础设施的服务功能要求也同步提高。但是，目前市政基础设施规划设计的制定缺乏针对历史城区特色的研究，缺乏针对历史街区的建设标准，无论是市政管线的选型，还是道路布局的选线，多年来仍然按照一般的

---

① 倪苏，苏州．完整地保护"昨天的文明"．中国文物报，2005年8月3日：第3版
② [瑞典] 傅瑞东．留恋老北京．人民日报，2002年4月2日：第12版

城市建设标准进行规划设计和建设，缺乏与历史街区保护目标相协调的特殊政策。

对于历史街区内的市政基础设施改造，应根据保护规划和财力，逐年逐片安排实施计划，为传统民居院落提供将外部市政设施接入院内的条件。历史街区内的市政基础设施应以不破坏传统风貌，改善保护区内的生活设施和防灾设施条件为目标。市政管线布置应有效利用规划保留的传统街巷系统。由于保护传统街巷的空间尺度，给市政基础设施的配套建设带来复杂的影响，敷设雨水、污水、自来水和电力、电信、电视电缆、热力、天然气等各类市政设施往往出现管线布设空间狭小、管线净距离不能满足常规设置标准等问题，需要根据实际情况和现实条件采用新材料、新技术和综合手段进行处理。如通过增加材料强度或更换新型材料、采取隔离和防护等工程技术措施，满足安全运行及安装、检修的要求。又如地下管网以综合管沟与直埋方式相结合，能源以使用天然气和用电相结合等方式满足要求。大量实验证明，在历史街区内引入各类市政基础设施、在传统街巷内安排各类综合市政管线在技术上是可行的。

维护传统道路格局和尺度是对历史街区保护的有力支撑。在确定历史街区的保护范围后，应及时修改保护范围内长年执行的过宽的道路规划红线，从根本上保护历史街区的传统风貌。同时，历史街区由于地形地貌、街道空间尺度和建筑布局等方面的特殊性，道路系统往往具有密度高、路幅窄的特点，其道路断面、宽度、纵坡的形制，以及转弯半径、建筑间距、消防通道的设置等往往满足不了有关规范，应按照保护历史城区的要求适当降低或放宽相关标准，并且通过其他方式进行补充完善。实践证明，采用分散的、小规模的、多样化的交通设施，更有利于历史街区传统风貌的保护和交通的便利。

要充分利用历史城区内原有较为密集的街道系统组织单向机动车交通，并严格限制货运量大和外部私人汽车进入历史街区。要审慎对待历史街区内可能产生高密度交通的改造项目，新增或新拓的道路将会吸引更多的机动车交通进入历史街区，使得道路无法满足交通增长。步行和自行车交通是目前历史街区出行比例最高的两种交通方式，也是适合于传统道路系统和街巷肌理的绿色交通方式，应优先保证和大力推行，改变目前交通发展过程中存在的重机动交通、轻步行和自行车交通的倾向，避免步行和自行车交通的空间不断受到挤压，交通安全不断受到侵害。

8.3.3.6 改善社区人居环境是根本目的

历史街区既是历史城区的有机组成部分，又是特殊类型的文化遗产，还是广大居民日常生活的场所，因此历史街区的保护必然是一个动态的过程，不可能冻结在某一时段。英国建筑学家 G. 迪克斯（G. Dicks）认为，"一个充满活力的街区总是既有新建筑又有旧建筑，而如果全部是某一个时期的建筑，只能说这个街区已经停止了生命"①。吴良镛教授也强调:"要树立任何改建并不是最后的完成(也从没有最后的完成),它是处于持续的更新之中"②的观念。城市现代化是历史前进的方向,历史街区也应当在保护整体风貌、历史载体和文化内涵的基础上走向现代化。历史街区保护的成果应惠及全体居民,通过加强传统建筑维修,完善生活基础设施,改善社区环境等措施,提高居民生活质量,增强历史街区的吸引力。

目前,列入联合国教科文组织世界文化遗产名录的项目有半数以上属于历史城区或历史街区,它们往往既保有完整的历史风貌,又具有现代化的生活基础设施,成为令人向往的圣地。E. 沙里宁(E. Saarinen)曾说:"城市能否免于毁灭取决于一个特别却基本的问题是否可能被解决:提供舒适的设施和健康的环境来供人们工作和生活"③。对居住环境的设计,"宜居"应作为基本原则,无论是传统民居院落的保护与更新,还是交通体系的规划与建设等都应以人的尺度、人的需求为原则,科学发展观不仅促进经济社会的全面发展,也应成为历史街区规划设计的基本指导原则。历史街区的保护与更新要坚持以人为本。在历史街区居住着比例较大的低收入和特困群体,在保护与更新的过程中应当对他们提供更多的扶助。政府承担对低收入和特困群体的救助责任是被大多数发达国家所认可的惯例,包括从税收收益中拿出一部分对于低收入和特困群体的住房进行补偿,或由政府为他们建设廉租房。

《华盛顿宪章》指出:"与周围环境和谐的现代因素的引入不应受到打击,因为,这些特征能为这一地区增添光彩。"对于历史街区内的传统建筑一般应当在保持外貌的前提下,改造内部,改善居住条件,满足现代生活的需要。"有机更新"的任务"应当努力促进多种效益的取得"④。目前各城市中心区的土地仍然处于升值过程,由于区位因素的影响,很多传统建筑开始具有较高的价位,经过修缮之后,可以多元化地演绎出各式新的功能。历史街区内部的传统建筑也可以用作小型幼儿园、福利院、小型会所等设施。据《北京日报》报道:"2006年,房地产市场中的四合院交易悄然走热。其中南城四合院的成交单价已上涨2000多元"⑤。传统民居院落作为越来越稀缺的不可再生的资源,未来必然还有较大升值空间。

---

① 转引自:方可. 当代北京旧城更新:调查·研究·探索. 北京:中国建筑工业出版社,2000:106
② 吴良镛. 北京旧城与菊儿胡同. 北京:中国建筑工业出版社,1994:68
③ 转引自:方可. 当代北京旧城更新:调查·研究·探索. 北京:中国建筑工业出版社,2000:39
④ 吴良镛. 北京旧城与菊儿胡同. 北京:中国建筑工业出版社,1994:225
⑤ 张牧涵. 南城四合院交易单价涨了2000元. 北京日报,2006年2月6日:第6版

"发展新区，保护旧城"的历史经验借鉴

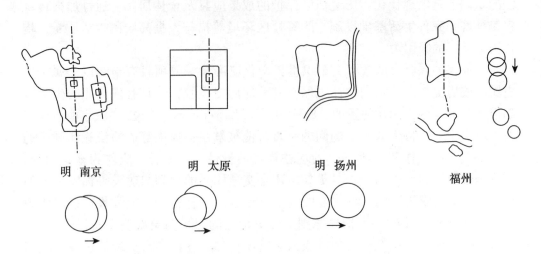

图 8-1　中国古代城池空间拓展模式示意图

资料来源：吴良镛. 部级领导干部历史文化讲座

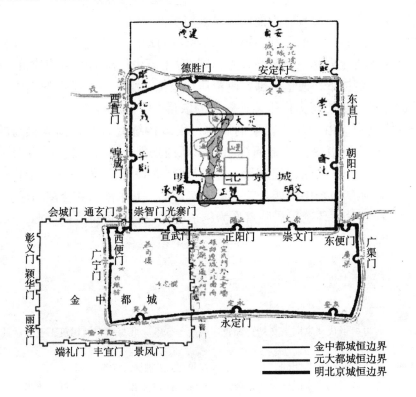

图 8-2　北京城址变迁图

资料来源：朱祖希. 营国匠意

第8章 从"大规模改造"走向"有机更新"

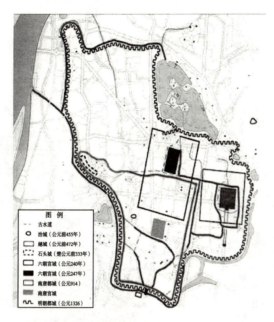

图8-3 南京城址变迁图
资料来源：南京市规划局

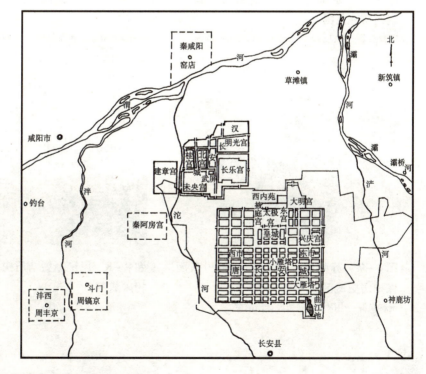

图8-4 西安城与历代城市遗址位置关系图
资料来源：王景慧、阮仪三编著. 历史文化名城保护理论与规划

"发展新区,保护旧城"——有机疏散

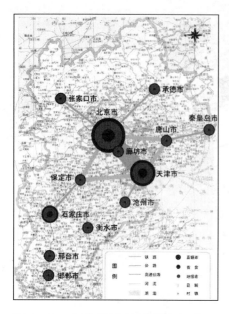

图8-5 京津冀地区城乡空间发展规划研究范围

资料来源:吴良镛等.京津冀地区城乡空间发展规划研究

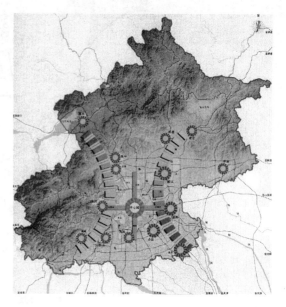

图8-6 北京市空间结构——"两轴、两带、多中心"

资料来源:北京城市总体规划(2004—2020年)

图8-7 苏州设立"西区"和"东园"保护历史城区

资料来源:中国城市规划设计研究院

图8-8 巴黎新城与历史城区"互不干扰,相映成辉"

资料来源:国家文物局

"历史城区整体保护"的各项关键措施

图8-9 平缓开阔空间格局是北京历史城区的重要特色
资料来源：北京市规划委员会

图8-10 北京旧城文物保护单位及历史文化保护区规划图
资料来源：北京市规划委员会

图8-11 北京旧城世界文化遗产保护规划图
资料来源：北京市规划委员会

图8-12 故宫世界文化遗产保护范围和缓冲区状况
资料来源：北京市规划委员会

图8-13 天坛世界文化遗产保护范围和缓冲区状况
资料来源：北京市规划委员会

图8-14 注重保护城市传统景观线、天际线和视线走廊
资料来源：国家文物局

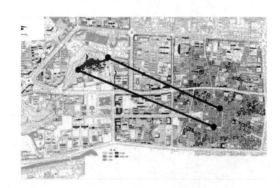

图8-15 保护拉萨布达拉宫与大昭寺之间的通视走廊
资料来源：国家文物局

图8-16 苏州积极采取控制措施整体保护历史城区
资料来源：国家文物局

第 8 章　从"大规模改造"走向"有机更新"

图 8-17　北京重视历史河道——长河的保护
资料来源：国家文物局

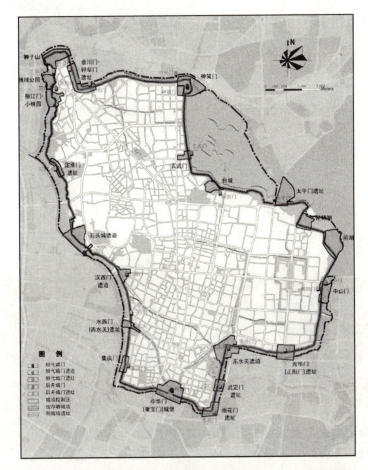

图 8-18　南京实施明城墙整体保护建设环城遗址公园
资料来源：国家文物局

加强历史性城市地下文化遗存的保护

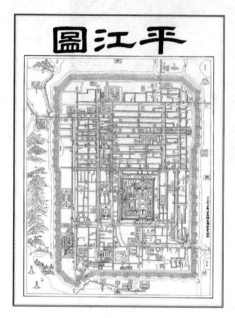
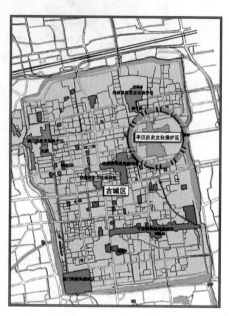

图8-19 宋代《平江图》与苏州历史城区现状格局基本相符
资料来源：国家文物局

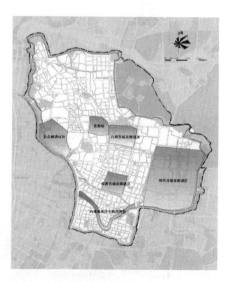

图8-20 南京历史城区各时期的文化遗址相互叠加
资料来源：国家文物局

图8-21 南京在历史城区内划定地下文物重点保护区
资料来源：国家文物局

第 8 章 从"大规模改造"走向"有机更新"

图 8-22　广州规划建设南越国宫署遗址公园
资料来源：广州市文化局

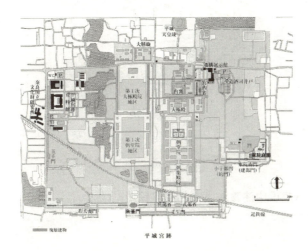

图 8-23　日本古都奈良平城宫遗址公园规划
资料来源：国家文物局

图 8-24　洛阳将隋唐城里坊遗址规划为城市绿地加以保护
资料来源：国家文物局

图 8-25　安阳殷墟遗址保护范围和缓冲区规划
资料来源：国家文物局

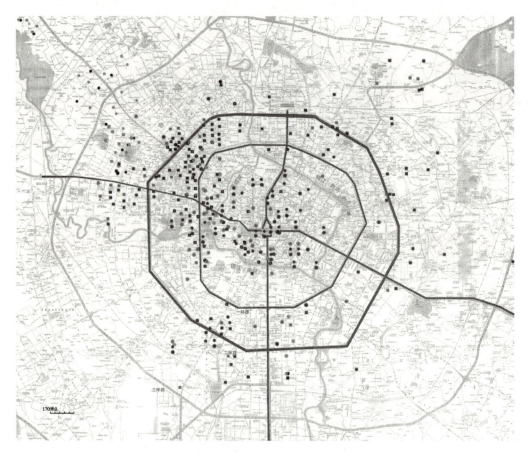

图 8-26　成都城市建设中注重地下文化遗存保护
资料来源：成都市考古研究院

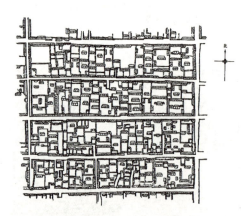

图 8-27　北京典型街坊局部之一
资料来源：朱祖希．营国匠意——古都北京的规划建设及其文化渊源

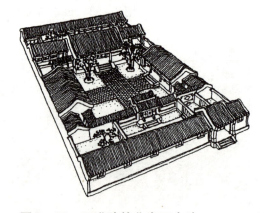

图 8-28　三进院的北京四合院
资料来源：朱祖希．营国匠意——古都北京的规划建设及其文化渊源

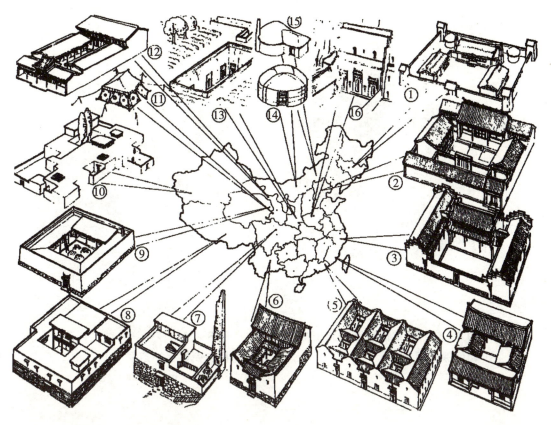

图 8-29 民居相当于建筑的方言
资料来源：张钦楠. 阅读城市

历史街区保护与发展"循序渐进，有机更新"

图 8-30 菊儿胡同住宅设计创立"有机更新"理论
资料来源：国家文物局

图8-31 北京旧城西四北历史文化街区保护规划
资料来源：国家文物局

图8-32 苏州"一城二线三片"的历史街区保护范围
资料来源：国家文物局

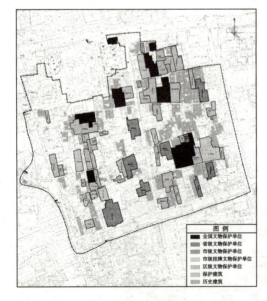

图8-33 三坊七巷历史文化街区保护工程启动
资料来源：国家文物局

图8-34 历史文化街区内传统建筑分类保护
资料来源：国家文物局

第 9 章

从「功能城市」走向「文化城市」

在全球化和城市化的浪潮下，城市能不能保持独具的城市文化特色，发扬城市优秀文化传统，实现城市新的文化理想，这是一个艰难的行程，也是一片广阔的天地。在我国大部分城市都正在以"千城一面"的姿态呈现在世人面前的时候，每一个城市既面临城市大规模的建设，又面临异常集中复杂而又棘手的问题，客观上要求城市决策者应认真冷静的思考，慎重面对城市未来的选择，探索如何使城市永远保有鲜明的特色，永远保有鲜活的灵魂，永远保有蓬勃的生机。

9.1 新的世纪，城市文化从幕后走向前台

近年来，在国际领域，"文化之都"活动持续开展，使相关城市和广大市民的文化态度焕然一新；"城市复兴"理论由探索进入实践，城市文化在其中的作用格外引人注目。在我国，澳门历史城区成功申报世界文化遗产，带给各历史性城市在文化定位方面的成功经验；无与伦比的"中华文化枢纽工程"的创意，使人们从中得到启示，揭示历史性城市保护应成为实现文化复兴的积极力量。上述理论与实践，虽然相互之间少有关联，却共同预示着一种趋势，即城市文化在促进社会发展，改善民众生活方面将发挥出前所未有的作用。

9.1.1 "文化之都"活动注入城市活力

"欧洲文化之都"诞生于世纪之交。早在 1985 年，由欧盟理事会在政府间发起了"欧洲文化城市"活动。该活动基于两项基本共识：一是"欧洲过去是，今后也仍将是既丰富又风格迥异的文化和艺术中心"；二是"城市在欧洲文化的诞生和传播方面发挥着关键作用"。这一活动的最初目标，是向欧洲公众展示这一地区相关国家、地区和城市文化的独特风采。首批当选"欧洲文化城市"的几乎都是世界著名的历史性城市[①]。1999 年 5 月，欧洲议会和欧盟理事会经过对该项活动举办 15 年来所取得的成就进行审查后认为，"这一活动可以强调人们所共同拥有的欧洲文化的丰富性及多样化的内涵，进一步促进欧盟公民之间的相互了解"[②]，并决定给予这一活动以"共同行动"的地位。随后，"欧洲文化城市"这一称谓被改为"欧洲文化之都"。每年由欧盟理事会根据推荐进行命名。

[①] 首批当选"欧洲文化城市"的城市包括：1985 年雅典、1986 年佛罗伦萨、1987 年阿姆斯特丹、1988 年西柏林、1989 年巴黎、1990 年格拉斯哥、1991 年都柏林、1992 年马德里、1993 年安特卫普、1994 年里斯本、1995 年卢森堡、1996 年哥本哈根、1997 年萨罗尼卡、1998 年斯德哥尔摩、1999 年魏玛

[②] 欧洲议会 1419/1999/EC 号决定第一条及欧盟理事会关于在 2005—2019 年期间就欧洲文化之都活动举行共同行动的决定，1999 年 5 月 25 日

"欧洲文化之都"这一目标宏伟并蓬勃发展的计划,在新世纪继续得到重视和发展。尽管当选"欧洲文化之都"的城市并不一定是某个国家的首都,但荣获这一称号的城市拥有负责组织整个地区活动的权力。每一个申请成为"欧洲文化之都"的城市,都必须就实现下述目标制定持续 12 个月的文化活动计划,内容包括:提倡为欧洲人所共享的艺术活动或艺术形式;保证欧盟成员国之间的文化合作能够长久持续;支持并发展那些富有创造性的文化活动;确保能够动员大多数欧盟国家公民参加文化活动;促进欧洲文化之间及与世界其他地区文化之间的对话;加强对城市历史遗迹、城市建筑的保护,提高城市的生活质量。这一计划还应强调其所拥有的文化和文化遗产与欧洲文化和文化遗产的关系。

"欧洲文化之都"这一概念目前已经跨越欧盟边界向欧盟之外的地区传播。例如在美洲大陆,由 35 个成员国组成的美洲国家组织(OAS)在 1997 年决定以欧洲这一活动为楷模,发起名为"美洲文化之都"的大型年度性文化活动。在阿拉伯地区,"阿拉伯文化之都"活动已经持续地开展了多年。俄罗斯联邦的伏尔加联邦区在 2001 年也以欧盟这一活动体系为基础,宣布举行类似的活动。越来越多的城市从"文化之都"活动中得到了实际的收获,扩大了影响,并使其影响长久不衰。如通过活动的筹备与举办改善了城市环境,提升了城市形象,增加了城市的文化氛围,注入了城市新的活力。

"欧洲文化之都"活动不仅在环境和文化方面带来巨大的影响,还可以使人们的文化态度焕然一新,促进城市文化发展的各项政策和措施相继出台,各种特殊的艺术活动也由此而生。这一活动的持续举办使人们感受到给城市的发展带来的里程碑式的好处举不胜举。特别是这一富于激励作用的文化交流活动,既有助于人们理解自己国家和城市的文化,也有助于人们了解其他国家和城市的文化,借鉴其他城市的文化实践和文化政策。由此所带来的是更高层次的相互理解和更高水平的相互借鉴,进一步提高文化包容性。实践证明,正是通过文化才使得世界各地不同的民族和国家之间能够建立起牢固的纽带、关系和桥梁。

我国是世界上拥有历史性城市最多的国家。在长期的文化遗产保护和城市文化建设实践中,创造了"历史文化名城"这一具有中国特色的保护制度。至今以国家的名义核定公布的历史文化名城已经超过 100 座,在国家经济、政治、文化和社会生活中发挥着日益广泛的影响。每一座历史文化名城都积淀着昨天的文化底蕴,实现着今天的文化理想,迎接着明天的文化辉煌。在现代化、城市化、全球化迅猛发展的时代背景下,众多历史文化名城又肩负着"保护"与"发展"的双重使命,庄严而艰巨。此时,如借鉴"欧洲文化之都"活动成功举办的经验,结合我国的城市特点和发展状况,在全国范围内开展"中国文化之都"活动,既可以坚定各个历史性城市建设文化城市的信心,又可以满足广大民众日益旺盛的文化需求。在这一活动成功举办的基础上,还可以倡导和推动"亚洲文化之都"活动的开展,促进相关国家城市间的文化交流。

9.1.2 "城市复兴"彰显城市文化的贡献

西欧各国的城市更新运动,从一开始就受到以物质规划为核心的现代城市规划理论思想的深刻影响,即将城市看作一个相对静止的事物,希望通过对物质环境的规划设计解决城市中的所有问题。大规模推倒重建的城市改造实际上就是这一思想的直接后果。虽然大规模城市建设以及对城市中心土地的强化作用,曾经一度带来城市的繁荣,但是随之而来出现了大量城市问题,加剧了人们不断逃离城市生活的倾向,同时给城市带来了极大的破坏。在此背景下,西欧各国城市更新的理论与实践有了进一步发展,从主张目标单一、内容狭窄的大规模改造逐渐转变为主张目标广泛,内容丰富,更有人文关怀的城市更新理论。随后,在可持续发展的思潮影响下,进而逐渐形成了城市复兴的理论思潮与实践。

英国是世界上首个工业化的国家,但是在二战后的经济竞争中未能获得新的成功,重温过去的辉煌,首先体会到了城市变革的重要性及应有趋势。面对社会矛盾和动荡,以及大规模城市改造给城市文化带来的破坏,英国政府通过对城市理论的探讨,城市政策的修订和城市建设的实践,首先在20世纪70年代中期的《英国大都市计划》中提出了"城市复兴(urban renaissance)"的概念。

20世纪90年代英国专门成立特别工作组,研究"城市复兴的计划"。2002年下半年,伦敦市政府又提出了耗资巨大、雄心勃勃的"伦敦重建(城市复兴)计划2003—2020",并付诸实施,这项工程以进一步提高伦敦的国际竞争力为核心,将耗资1100亿英镑。伦敦重建的目标是:建设一个开放、包容、富裕、优美、社会和谐的新伦敦,使其在居住质量、空间享受、生活机会和环境保护等诸多方面都处于欧洲的领先地位,使每一个伦敦人以至英国人都为之自豪。英国副首相J.普里斯科特(J. Prescott)指出:伦敦城市复兴的重大意义在于,用持续的社区文化和城市规划的前瞻性来恢复城市的可居住性和信心,把人们再吸引回城市。①

引人注目的是,城市文化在城市复兴实践中的促进作用。根据英国一项名为"文化对英国城市复兴的贡献:证据调查"的政府报告显示,文化在城市复兴中扮演着至关重要的角色。该报告通过相关的城市复兴的案例证实:文化在物质环境、经济环境和社会环境方面都能够产生良好的效益,促使城市复兴得以很好的执行,并最后获得好评。如今,城市文化已经成为城市复兴中不可或缺的重要成分和核心。在提升历史城区的活力和品质、为地区发展赢得经济来源等方面,城市文化都起到了积极的作用。一方面,利用地方的文化资源,结合文化产业的发展,使得地方特色得以延续,并在经济、社会方面持续发展。

---

① 程大林,张京祥.城市更新:超越物质规划的行动与思考.城市规划,2004(2):71

另一方面，在失去活力的地区引入文化发展项目，形成一个地区新的文化因素，也是文化带动城市复兴的一种重要方法。

"城市复兴"概念的形成有一个发展的过程，它建立在对过去半个世纪以来城市的发展及政策的调整进行分析的基础上。城市问题是一个极为复杂的系统，它往往受到经济、政治、文化、社会和环境发展及转型的综合影响与相互作用。城市复兴则是在这种环境下，面对挑战及抓住机遇的一种积极回应。在欧美国家，城市复兴理论思潮的形成与发展虽然经历了较长时间，并且目前已由理论的探索阶段演化到实践的执行阶段，但是，城市复兴理论自身仍在逐步完善，尝试包含更多更全面的内容。"这一复兴将唤起巨大的创造力，满足艺术、科学、教育、空间探索、基因科学、环境、政治、经济、技术、精神文明建设和社会事务等领域的需要，并从各个不同的方面全方位改善生活并给世界带来满园春色。这就是为什么世界如此迫切需要一次复兴。因为它拥有这种巨大的潜力，能够以和平的而不是暴力的方式来改变人类的生存状况和世界体系，它的主要做法便是把人类从一个以物质主义和市场为主导思想的时代解放出来，迈进一个以人和人类幸福以及环境福利为主导思想的时代。没有这种思想上的改变，世界每个地区的生活质量和环境状态都必将出现进一步的恶化"[①]。

如今，"城市复兴"一词被定义为：用全面及融汇的观点与行动来解决城市问题，寻求一个地区在经济、体形环境、社会及自然环境条件上的持续改善。从生物学角度解析，"复兴"是指失落或损伤组织的重新生长，或者是指系统恢复原状。对于城市来说，也是如此。城市复兴涉及已经失去的经济活力的再生或振兴；恢复已经部分失效的社会功能；处理未被关注的社会问题；以及恢复已经失去的环境质量或改善生态平衡等等，城市复兴更着眼于对现有城区的管理和规划，而不是对新城市化运动的规划和开发。[②]"城市复兴"的理论和实践，虽然是在西方的经济、政治和社会背景下产生与发展起来的，但是对现阶段我国城市发展的理论探索与实践，有着积极的借鉴意义。在一定程度上，我国城市发展和城市复兴所面临的任务，比较西方发达国家的城市情况要更为复杂、任务要更为严峻，这就决定了在研究借鉴西方发达国家城市发展和城市复兴有关理论和经验的同时，更需要针对我国的特点、国情与具体情况，探索出一条适合我国特色的"城市复兴"途径。

"有机更新"理论是吴良镛教授在对北京旧城和我国其他城市规划建设长期研究的基础上提出来的，这一理论丰富了城市更新的理论成果，特别是其在北京的成功实践，引起了国际社会的广泛关注。"有机更新"的核心思想是主张按照城市内在的发展规律，顺应城市肌理，从而达到有机秩序。从"有机更新"

---

① [加] D. 保罗·谢弗. 经济革命还是文化复兴. 高广卿，陈炜译. 北京：社会科学文献出版社，2006：527
② 吴晨. "城市复兴"理论辨析. 中国建设报，2006年5月26日：第7版

到新的"有机秩序",从物质环境的提高到城市文化的建设,这是人文复兴与人居环境整体发展的途径。在上述研究的基础上,吴良镛教授进而提出了"人居环境科学"理论体系,前瞻性地指出了人居环境理论的发展方向。通过"城市复兴"与"有机更新"的理论和实践,人们认识到城市发展不仅仅只是涉及物质规划,城市理论的发展越来越多地涉及社会、文化和环境的方方面面,这也符合可持续发展思想和我国城市文化发展道路,应积极予以推进。

9.1.3 澳门向世界递出的文化城市名片

2005年7月15日,对于澳门,对于全国,都是一个值得纪念的日子。在这一天,在南非德班市举行的第29届世界遗产委员会会议上,与会委员国一致同意,将我国"澳门历史城区"作为世界文化遗产列入《世界遗产名录》。喜讯传来的翌日,贴有澳门历史城区纪念邮票的20万张明信片,通过广大澳门市民之手寄往世界各地,上有中、英、葡3种文字:"让我们一起欢呼:澳门历史城区列入世界遗产!"澳门历史城区成功申报世界文化遗产的意义重大。一向以博彩业闻名于世的澳门,如今骄傲地向世界递出一张文化城市名片。澳门历史城区列入世界文化遗产,意味着澳门人的传统生活方式和经验得到国际社会的认可,意味着澳门人和谐的社区管理模式受到世人的赞赏,意味着澳门"不同而和,和而不同"的文化传统对人类文明发展具有普遍的价值,意味着澳门树立起了引人瞩目的文化城市的国际形象。

自16世纪中叶,澳门在400多年的激荡变迁之中,在从一个小渔港变成一个繁荣都市的过程中,营造了一个不同文化、不同宗教、不同习俗共生同处的多元社会。澳门历史建筑群保存了澳门中西文化交流的历史精髓,"澳门建筑文化遗产的特色,已充分反映了澳门作为中西文化交流的桥头堡的文化历史价值"[①]。它是我国境内现存年代最久远、规模最大、保存最完整和最集中,以中西式建筑为主、中西建筑互相辉映的历史城区;是西方宗教文化在我国和远东地区传播历史重要的见证;更是400多年来中西文化交流互补、多元共存的结晶。难能可贵的是,澳门历史城区至今仍然保存原有风貌和延续原有功能,不仅是澳门文化和市民生活的重要部分,更是澳门为我国以至世界留存的一份珍贵文化遗产。如果注意到,今天高楼大厦已经湮没了同样具有悠久历史与特色风貌的许多其他东方城市,澳门保存历史与文化的成果就显得难能可贵,具有无限的文化价值。

一般来说,城市竞争优势,尤其是核心竞争力来源于城市独特的、难以被其他城市模仿的优势。而澳门所具有的独特魅力、周边地区不能模仿的竞争优势,就是过去曾被自己有所忽视的最宝贵的文化遗产资源。事实上,澳门的这

---

① 刘先觉,陈泽成主编. 澳门建筑文化遗产. 南京:东南大学出版社,2005:17

个优势不但使香港、新加坡等周边城市无法祈望,而且以我国传统文化和南欧历史文化的融合为主要特征的澳门历史城区,也与我国内地其他历史性城市的文化特征形成区别。澳门回归祖国以来,特区政府努力保持和维护历史城区的特色,加强对文物建筑的修葺,并注意把握不同风格和代表性历史建筑之间的平衡,使极其珍贵的文化遗产得以传承。

近年来,澳门国际音乐节及澳门艺术节巧妙地把文物建筑延展为艺术舞台,通过艺术表演与文化遗产景观的有机融合,把文物古迹的现代生命呈现在世人眼前,也因此获得了国际社会和本地居民的好评及赞许,使保护文化遗产成为广大居民热心参与的全民事业。特区政府进而启动世界文化遗产申报,将澳门历史城区推向世界,彰显出澳门的文化形象,一改长期以来在世界上形成的"赌城"形象。"有人认为,如果澳门没有世界文化遗产,便会像美国拉斯维加斯一样,缺乏自己的特色。无疑,'世界文化遗产'将赋予澳门更多的活力和旅游资源,给澳门旅游业一个发展的新契机"[1]。申报世界文化遗产成功的消息刚刚传出,品牌效应立即显现。"据澳门边检部门统计,申遗成功后的一个多月拱北口岸出入境旅客达19万人次,较2004年同期上升近20%"[2]。

世世代代生活的这片历史城区被列入世界文化遗产,澳门人自然感到自豪和兴奋,在举杯庆贺获得殊荣的时刻,他们更意识到自己肩负的责任,因为从这一刻开始,澳门历史城区已不仅仅是属于澳门和中国,她已经属于世界,属于全人类。因此需要更加用心珍惜和深入挖掘澳门历史文化的灵魂,使澳门文化形象更加鲜明,更加可亲;使历史城区更具文化品位和文化气息;使澳门人更具人文素质、自信和自豪,更加热爱家园;同时通过向世界推介澳门的城市特色和文化品格,使澳门文化城市建设的经验给更多人以启发。

9.1.4 "中华文化枢纽工程"创意的启示

1998年有关人士提出建设中华文化标志,并把文化标志分为两类,一类是思想文化标志,如汉字、文化典籍等,另一类是固体文化标志,也就是雕塑建筑方面的文化标志。"华夏文化纽带工程"1998年正式由中国社会科学院批准实施,同时,中华文化标志的系统也于1999年启动筹建。华夏文化纽带工程率先发起在孔子的故乡——山东济宁筹建中华文化标志城。之后,又在各地筹建五大文化标志园区。包括在甘肃天水建设以伏羲文化为主体的"中华始祖文化园";在河南郑州黄河南岸邙山岭东端建设包括炎黄二帝巨型塑像在内的"中华炎黄坛"等。2006年2月,国家有关部委对湖南怀化建筑以弘扬天地人合一的和平文化标志"太和塔"为主体的"中华和平文化园"进行开工前的评估和论

---

[1] 张和平. 属于世界走向世界. 人民日报(海外版),2006年6月7日:第3版
[2] 封小云. 澳门申遗成功的思考. 人民政协报,2005年9月1日:第C3版

证。至此,我国已有五个省立项建设以传统文化为代表的标志物。随着越来越多的"中华文化标志"进入筹建,人们在思考,面对五千年的华夏文明,什么才能真正作为代表中华文化的标志?文化标志又如何才能体现出博大精深的中华文化的精髓?

实际上,中华文化难以用一个或一组统一的、包容一切的标志来体现。如何把一个民族特有的文化理念,转化为固定形象的艺术创造,使其成为一个民族心目中的神圣象征,一个民族精神和信仰凝聚的标志物,引起人们的庄严思考。"中华文化标志,不能搞肤浅的应景式的建筑。既然是文化标志,就应具有神圣、神往、神奇的历史意义,当然最主要是能被华人认同,同时又能代表时代和地域文化的精华"[1]。显然,建设"华夏文化纽带工程"的宗旨应该是,从学术和艺术层面上,深入发掘、细致研究、大力弘扬华夏文化的"纽带"性质和作用,增强海内外华夏儿女的文化认同感和文化凝聚力,增进中华民族和世界各民族的文化交流和文化联系。而中华文化标志的确立也应该是立足长远、造福子孙万代的千秋功业。值得注意的是,重点文化设施作为一个城市文化的标志、在文化地位和文化影响力方面具有强烈的效果,在实践中,必须经过充分的可行性研究,以切实的论证为基础。近年来,不少城市采用建设大型文化项目来带动地方发展的做法,投资巨大、体量巨大、造型怪异,不仅未能成为城市文化的标志,反而影响了城市的文化形象。

2004年11月,吴良镛教授在部级领导干部历史文化讲座上指出:若干年前某些单位发起拟在某地"九龙山"作"中华文化枢纽工程",立意很好。但即使在一个风景还好的地方重起炉灶,能具有像北京这样的历史文化名城如此巨大的吸引力与震撼力么?因此,我们放眼世界,首先要认识到把北京历史文化名城保护好、整治好、发展好,是最有现实基础的中国最大的甚至是无与伦比的"中华文化枢纽工程"[2]。新的世纪需要激动人心的文化发展目标。吴良镛教授关于"中华文化枢纽工程"的创意使我们得到启示,即镶嵌在中华大地上的一座座历史性城市,就应作为一项项无与伦比的"中华文化枢纽工程"。在我国面向未来快速发展的关键时期,加大对历史性城市的保护力度,继承和发扬文化内涵与人文精神,把它们建设成为中华民族伟大复兴的座座灯塔,维系全体中国人民的精神纽带,以保护、继承、发展为核心,创造代表中华文明高度的新标志,这是义不容辞的时代任务。

作为北京,成为无与伦比的"中华文化枢纽工程"人们给予高度期待。1998年2月,国际古迹遗址理事会主席席尔瓦(Silva)先生考察天坛和颐和园列入世界文化遗产时,曾深情地说:"我很早就仰慕古都北京,今天终于来了。

---

[1] 杨光. 我们应该建什么样的文化标志. 光明日报,2006年3月2日:第5版
[2] 吴良镛. 总结历史,力解困境,再创辉煌. 国家图书馆编,部级领导干部历史文化讲座. 北京:北京图书馆出版社,2005:349

北京虽然未像巴黎、罗马那样保存完整，但是我看中心部位的皇城区域尚基本保存。这是北京古都的核心部位，还是够条件的"。"在其他一些国家也有把古城的一部分列入《世界遗产名录》的"。席尔瓦先生最后表示："在他任期内，希望能为北京城列入世界文化遗产做出最大的努力"。席尔瓦先生的愿望未能实现，但是努力在继续。2006年8月，国家文物局致函北京市政府，建议将北京的胡同和四合院整体列入重新设立的《中国世界文化遗产预备名单》。

在城市发展的过程中，努力完成"中华文化枢纽工程"这项繁重的任务，需要着眼于不懈的努力，需要把历史性城市作为"巨大的艺术品"，对城市中传统文化遗存精心加以呵护，让新的文化创作在城市文化的发展中不断调整深化。调整深化的过程不仅仅是旧有历史建筑的恢复，而是积极地、发展地对城市环境进行再设计、再创造，并形成较长时间的酝酿和积淀，使它们以传统城市文化准则为基础，以城市保护与发展理念为原则，建立城市设计新秩序，作为中华文化复兴的新起点，使一座座历史性城市成为科学与文化复兴的标志，以期再创历史上的新辉煌。

9.2　城市文化体现城市发展的根本价值

城市是人类文化的最高体现。城市文化的发展越来越深刻地影响着城市的走向和兴衰，一个文化稀薄的城市必定是危机四伏的城市，而一个繁荣的城市必定有着积极健康的城市文化。城市文化的力量正在取代单纯的物质生产和技术进步，而日益占据城市发展的主流。保留自己的文化，城市才有自信。今天在科学发展观的引领下，应该在更高的层次上对城市精神进行新的归纳，使其既具有城市文化的本质特征，又符合现代社会的发展要求。同时，要为城市文化注入新鲜的血液，赋予新的生命，才是城市发展的必然规律。

9.2.1　科学发展观指引城市文化建设

中华民族历来注重捍卫传统文化。在古代，庄子的"哀莫大于心死，而身死次之"；在近代，张謇先生的"哀莫大于史亡，而国亡次之"；在现代，潘天寿先生的"只要文化在，中华民族就不会亡"，这些都说明文化在人们心中的地位，是民族与生俱来的魂魄。中华民族的兴衰，充分证明了文化在民族生存、发展、强盛过程中所起的特殊精神作用。城市是人类文明成果的积淀，是人类文明发展到一定阶段的产物。文明时代的城市第一次具有了城市的意义，文明时代的城市也第一次揭开了"城市文化"的篇章。今天，城市文化是社会文明在城市的缩影，是社会和谐在城市的集中表现。而"以人为本"和"科学发展观"既是治国谋略，更是城市文化的精髓，是实现社会和谐、诚信、责任、尊重、公正和关怀的保证。将这一文化精髓贯彻到城市发展的各项事业中去，有助于创造一个可持续发展的和谐城市，从而在文化与经济发展之间形成良好循环。

随着我国城市经济实力的不断提高，以提升城市文化品位为特征的城市文化建设计划，越来越多地列入各地政府政绩目标，不断有城市决策者喊出要在任期内"打造"出理想的城市文化特色，更有不少城市在忙于"塑造"城市文化景观。但是不难发现在这一过程中，有的忘记了民众利益、有的忘记了民族传统，有的忘记了自主创新，而是进行狭隘的、表层的、趋同的"打造"与"塑造"。实际上，城市文化的提升和物质建设的要求有很大不同，物质建设的追求很具体，可以提出指标分别落实到各个层面去执行，而城市文化的提升则不能如此简单操作。城市文化是经过漫长的过程，一点一滴积累形成的，是当地所特有的，是摹仿不到抄袭不来的，是长期保护、精心培育的结果，绝不可能矫揉造作数年之内"打造"出来。一个城市所希望拥有的高雅的文化品位、深厚的文化底蕴和特色的文化景观，也绝不可能短期速成，更非一朝一夕之功，必然有一个历史的过程，必须经过积累世代之功逐渐培育，成为一代又一代民众共同享有的文化硕果。

文化是城市的灵魂，也是人们精神世界的写照和依托。真正的城市精神就存在于普通民众之间，因此对城市精神的概括和提炼，应使更多的民众理解和接受，进而发扬光大。市民是城市的真正主人，他们既是城市文化的受益者、传承者，也是城市文化的体现者、创造者。市民文化素质直接影响并决定着城市素质，每一位市民的生活态度、交流方式和精神面貌，体现出一座城市的文化形象、文化氛围和文化品位。城市是人们生活和交流的地方，应该鼓励和激发人们交流与合作的欲望。一座城市最吸引人的地方不是其外在的形象，而是弥漫于城市中的文化气息。不同时期的城市文化成果，凸现的是人的知识、能力、智慧和创造，是人的进化和文明在城市文化上的反映，而科学发展观突出的是人们对城市文化的自觉意识、自觉行动、自觉创造。

人类需要文化内涵丰富、自然生态良好的城市环境，这是城市适宜居住的重要特性，并与可持续发展的城市形态和结构密切相关。宜居城市（livable cities）在1996年的联合国第二届世界人居大会"可持续的人居环境"中得到系统发展。在我国，2000年广州市率先编制了城市总体发展战略规划，其中明确提出了"适宜创业发展，适宜居住生活"的城市发展理念。2005年1月，国务院正式批复《北京城市总体规划（2004年—2020年》。此次总体规划首次在国内明确提出"宜居城市"的概念。随后，全国各地许多城市都将"宜居城市"作为未来城市的建设发展目标，"宜居城市"这一颇具理念性和亲和力的概念迅速在全国范围内普及，并在国内迅速引起共鸣。

什么是"宜居城市"？我们的城市现状"宜居"吗？这些问题成为市民关心、政府关注的焦点。对此，在城市中生活的民众最有发言权，城市居民共同给出的答案才是真切的,最具有判断价值。就当前我国城市的宜居水平来看普遍不高,城市宜居建设还有很大的提升空间。一方面是一些大城市、特大城市,在城市发展惯性的作用下,产业和人口高度集聚,引发人口膨胀、环境污染、交通拥挤、就业压力增大等城市问题,人们时时处在喧闹、紧张、竞争的压力状态,"宜居城市"在短期内还只能是奢望。另一方面是一些城市政府提出建设"宜居城市",多是站在城市硬件建设的角度,相应的对策自然是加大城市建设的投入,却很少站在市民的语境下,考虑居民对所居住城市的整体感觉如何,想到的不是居民对城市的满意度,不是如何提高市民的生活环境、生活质量,缺乏从公众需求的角度考虑宜居城市建设,这是当前"宜居城市"建设的一大误区。

建设"宜居城市"体现了城市建设和发展,从以物为中心向以人为中心的转变。实现"宜居城市",就需要城市拥有舒适的居住条件、良好的生态环境、富有活力的工作氛围、完备的基础设施、完善的社会保障、安全的社会治安与和谐的人际关系。在此基础上,人们开始追求更高水准的生活品质,宁静、舒适、安全、和谐的"宜居"环境和独特的城市文化。建设"宜居城市"就要以市民的全面发展和身心愉悦为中心进行规划建设,而不是片面地追求"政绩工程"、"形象工程"。美国有线电视新闻网(CNN)评出了2005年100个最适合居住的城市。在美国人心目中"宜居城市"的标准并非是城市的大小,他们所看重的是良好的教育、充足的就业机会、便利的交通和美丽的风景,以及最重要的一条:当地居民对城市的满意度和忠诚度。[1] 建设"宜居城市",不仅仅是硬件建设,更重要的是城市文化的培育。侯仁之教授认为:"'宜居城市'应当包括生态环境与历史环境的内容。历史建筑就是体现历史环境的实体之一,在规划的过程中,不仅仅是尊重历史建筑本身,同时,要考虑其原来的环境,也就是历史环境的保护"[2]。因此,"宜居"更是一种文化理念,一种文化感受,一种文化自觉。

在今天,什么是城市的"文化自觉"?就是指城市决策者和广大市民所必须具备的,在知识经济时代创建文化城市的自觉意识,就是要求城市的发展不能仅仅关注城市的物质生产、经济积累以及城市建设在数量上的增长,而要更关注文化的发展,关心人的成长的自觉意识。"每个城市如果真正地深入地研究自己的历史文化,总结其历史经验,捕捉当前发展的有利条件,创造性地制定发展战略,不失时机地集中地调动多方面的积极因素(包括文化优势),等等,城市发展必将大有可为"。"我们在全球化进程中,学习吸取先进的科学技术,创造全球优秀文化的同时,对本土文化更要有一种文化自觉的意识,文化自尊的

---

[1] 牛建宏. 宜居城市建设要从公众需求着眼. 中国建设报,2006年1月13日:第1版
[2] 赵中枢,曲长虹. 城市规划要尊重历史环境. 中国建设报,2006年9月26日:第2版

态度,文化自强的精神"①。

随着经济全球化的不断深入,发达国家的城市在经济上的成功,使发展中国家的城市有了更多的参照、比较和借鉴的范例,但是这并不意味着发达国家的城市就一定是真理之乡。目前,越来越多的城市已经认识到,无论是从城市自身传统文化、地域文化的现实状况来看,还是从各国不同发展道路的比较研究分析,或者从可持续发展观的实践经验出发,发展中国家的城市都无法完全复制西方模式,必须找到一条属于自己的发展道路,特别是在借鉴发达国家成功经验的过程中不能迷失自我。可喜的是,"在文化问题上,近来出现了一些新的现象,虽未必形成主流,却也值得我们注意:在发展中国家里,人们从过去向发达国家亦步亦趋地学习,开始转而寻找自己的道路。一些有识之士明确地提出,自己的国家在经济上是贫穷的,在文化上是富有的,他们力求以自己的自然资源和人力财力为基础,探索新的方针,寻找自己的文化特色"②。

9.2.2 文化竞争力决定城市竞争力

城市竞争力是一个综合概念,既包括经济竞争力,也包括文化竞争力。当前,文化竞争力对城市发展的影响与作用越来越突出,成为推动城市经济社会可持续发展的重要力量。当城市的经济发展到更少地依赖于制造业,而更多地依赖于知识的时候,城市文化促进城市发展的价值也日益凸现。但是,人们往往容易看到通过数量和指标体现出来的城市经济竞争力的作用,而忽视对城市发展潜移默化、产生巨大影响的文化竞争力的作用,存在着重经济建设、轻文化发展的现象。实际上,文化竞争力时时刻刻都在影响着城市发展。在越来越多的城市,过去被看似与经济发展无关的文化竞争力,今天却直接决定了城市竞争力的有与无或大与小。

在物质增长方式趋同、资源与环境压力增大的今天,城市文化有力地推动了城市经济的增长,逐渐成为城市发展的驱动力,对就业和GDP的贡献不可轻视,体现出较强的经济社会价值。这也是城市文化得到各国城市政府关注和重视的主要原因。目前,文化部门已经成为发达国家中增长最快的部门,具有明显的综合效益。文化产业无论对城市的发展,还是对经济的增长,都占据着越来越重要的位置。联合国前秘书长 J. P. 德奎利亚尔(J. Perez de Cuellar)认为:"今天,有必要对全世界的发展问题重新进行思考……就在不久前,人们还认为经济是基础,是基础构成。这种观点是错误的,因为'悠久历史'造就出的历史学家已经表明,发展的决定因素是文化……离开大规模的文化转变,发展注

---

① 吴良镛. 论中国建筑文化研究与创造的历史任务. 城市规划,2003(1):14
② 吴良镛. 广义建筑学. 台北:地景企业股份有限公司,1994:45

定会走入死胡同"①。法国原文化部长朗歌（Lang）指出："文化是明天的经济"。经济的持续发展需要以繁荣的文化为支撑。文化的繁荣是城市繁荣的重要标志。文化繁荣既对经济发展起推动作用，又是经济发展的表现。纵观一些国际性城市，经济的发展是先决条件、文化的繁荣才是真正的标志。

今天，文化之所以成为人类生存和发展所涉及领域的中心，就是因为文化关注的是人类需求的全部内容。文化发展关注着人类的最高理想和终极目标，同时也包括为了实现最高理想和终极目标所必需的价值观和世界观。因此，与经济发展的目标截然不同，尽管经济需求是人类生存和发展中非常重要的组成部分，它关系着人们的物质需要，涉及人们的生活状况，但是这些仅是整体发展的部分内容。文化重视的则是整体，特别是建立整体和部分之间的和谐关系。一座城市的发展，是其整体的、长远的文化价值和局部的、暂时的经济利益不断产生矛盾、解决矛盾的过程。如果一座城市把局部的、暂时的经济利益放在首位，那么除了仅仅使某个范围的眼前利益得以满足外，这座城市终将由于其根本价值的贬值或丧失，而失去它包括经济价值在内的整体的、长远的价值。经济全球化，既不应该是城市全球化，也不应该是文化全球化。当前，世界上许多国家将文化安全提上议事日程，并采取种种措施，保护民族文化遗产，弘扬民族文化传统。对此，我们也应当冷静地反思：在经济增长指标的后面隐藏着哪些城市文化危机和忧患，以便及时转变落后的经济增长方式和城市发展理念，树立正确的文化发展战略。

城市实力是一个综合概念，既包括城市硬实力，也包括城市软实力。所谓城市硬实力，是指城市的经济总量、财政收入、硬件设施等；所谓城市软实力，是指城市的体制机制、文化水平、人文环境等。城市硬实力和城市软实力共同构成了城市竞争力。同样，文化竞争力也可以分为文化硬实力和文化软实力。文化硬实力包括一个城市的文化设施健全程度，文化遗产数量，文化从业人员的结构等。文化软实力则包括一个城市的文化氛围如何，文化传统如何，文化法规健全程度如何和城市居民的文化意识如何等。与提升文化硬实力相比，提升文化软实力更为艰巨。然而，目前许多城市在发展过程中，重硬件建设、轻软件发展，对文化软实力重视不够。

文化软实力能够使人们潜移默化地接受文化价值观，因而日益受到关注。当今经济活动依靠的是文化内核，科研创新依靠的是文化造诣，生产管理依靠的是文化修养，技术掌握依靠的是文化素质，更重要的是依靠民族的文化精神。德国汽车质量优于美国，不在于技术设备优于对手，而在于德意志民族严肃认真、一丝不苟的精神文化。文化与经济日益相互交融，文化对经济社会的发展起着越来越重要的作用。在我国城市，文化产品的供给相对于满足民众日益增

---

① 转引自：[加] D. 保罗·谢弗. 经济革命还是文化复兴. 高广卿，陈炜译. 北京：社会科学文献出版社，2006：265~266

长的文化产品需求而言,已经形成"战略性短缺",文化发展不能适应国民经济和社会发展的状况必将较长期存在,促进文化发展的任务愈来愈紧迫,这关系到国家的文化安全,关系到建设良好文化环境。

传统文化是增强一个城市的认同感和凝聚力的重要内容,是激励一个城市不断开拓前进的强大精神力量。过去,高楼大厦曾被普遍视为现代城市生活的象征,今天,文化遗产的全面保护,则成为城市生活改善的重要标志。德国的一份独立调查报告称,德国人重新回到了城市,期望在那里享受到更高的生活质量、更好的生活保障及更丰富的文化娱乐。报告称,其中近3/4的德国人回到城市是因为对城市历史遗存情有独钟。城市告诉我们文化的昨天,城市见证我们文化的今天,城市也预示我们文化的明天。但是,今天我们在太多的城市中,已经无法了解城市的昨天,也就难以把握城市的今天,更不可能准确预测到城市的明天。因为,破坏性的建设和建设性的破坏,一次又一次无知并无情地割断了城市昨天与明天的文化联系,使城市丢失了文化灵魂,破坏了城市中人们生活习惯和社会关系赖以维持的基础,使人们难以找到"回家的小路"。

两年前,在西安,一场全市上下参与的城市人文精神和地域文化的大讨论持久而热烈。在深入探讨城市文化资源和人文特色的过程中,西安人恍然大悟:50多年的建设和发展,对于丰厚的文化遗存,"我们曾经太过强调使用价值,而忽视了其巨大的情感和文化价值"[1]。舒乙先生指出:"文化的属性不同于其他,它有长期的稳定性和生命力,不像社会体制那样多变和相对短暂,因此文化是民族的象征和根,是一个民族的姓氏。一个城市最后取胜的武器并非靠经济,最后取胜的一定是靠那些只属于你一家独有的东西,就是文化"[2]。城市鲜明的文化个性是城市文化的魅力所在,也是城市文化的生命力和竞争力之所在。

20世纪90年代以来,确立城市文化品牌逐渐升温,成为各级政府认真思考和决策的重要课题。好的城市文化品牌是城市的内在素质和文化内涵的外在表现,同时也是城市整体风貌和特色,以及城市文化价值的体现,它可以起到升华城市形象,凝聚城市精神的作用。但是,一些城市对历史特色、地域特色和民族特色弃之不顾,盲目照搬照抄、简单模仿,导致城市文化品牌的同质化。甚至有的城市一方面无情地摧毁传统的、真实的、珍贵的、历史上已然存在的城市文化品牌,另一方面却又加大投资,全力"打造"仿古的、伪劣的、缺少文化底蕴的城市文化品牌。事实证明,只有个性化才是不可替代的,只有唯一性才能获得长久的生命力。一个城市的文化品牌要享誉全国,走向世界,先决条件是对那些能够体现城市特色的文化资源进行有效的挖掘、集聚、整合和利用,使其以独特的魅力获胜。特色一旦形成,就会成为稳定的知识产权。因此,

---

[1] 张毅. 探寻西安古都风貌保护之路. 经济日报, 2005年3月3日:第15版
[2] 舒乙. 保护文化名人故居是当前先进文化持续发展中的一个紧迫任务. 在政协十届二次会议上的发言, 2004年3月

城市决策者在确立城市文化品牌时,一定要维护好城市特色,留住城市的"命脉",在保护中弘扬,让城市的历史文化积淀再现时代人文之光。

9.2.3 城市文化创新引领城市发展方向

城市化的快速进程,使未来 20 年,成为我国城市由初级化向高级化转变,由一般性向特殊性转变,由战术性向战略性转变的关键时期。因此,必须从中长期战略的高度确立城市发展的核心思想和整体战略布局,全面构筑面向未来的城市核心功能与价值体系。卢涛和李先逵先生认为:城市核心具有六个方面的功能与价值:文脉功能与历史价值;社会功能与文化价值;精神功能与艺术价值;环境功能与生态价值;使用功能与物质价值;经济功能与再生价值。对城市核心价值的重新认识为城市核心发展研究提供了重要基础[1]。

早在 20 世纪 50 年代,科学家就注意到,在发达的工业化国家,2%的人生产的农产品和 3%的人生产的工业产品就能满足人们基本的物质生活需要。于是当时就提出一个问题,当 5%的人已经满足了社会的基本需要的时候,那么另外 95%的人生产的是什么呢? 最后研究发现,在经济发展到一定程度的时候,生产的和消费的全部都是文化。可见,在当代,物质资料的生产已经不是现代城市的唯一要务,现代城市更急迫的任务是发展文化事业和文化产业,发展新的文化内涵,不断创造新的城市文化。

然而,在我国,一些城市在经济快速发展的同时,没有实现文化与经济的良好互动,未能避免市场经济对文化的负面效应,不仅没有创造出文化与经济共赢格局,反而导致因片面追求经济短期高速增长,而忽视、甚至牺牲城市文化建设的浮躁状况。由于盲目追随所谓"现代化"、"工业化",导致"千城一面"和"个性迷失",所暴露的不仅是缺乏保护文化遗产的现代意识,更暴露了缺乏创造新的城市文化的现代能力。这些城市在一次次盲目摧毁文化遗产之后,并没有能够创造出经得起历史检验的新的城市文化,反而使城市文化逐渐因失去灵魂而空壳化。

城市文化是一个城市赖以成长的灵魂,是城市发展的引擎与心脏。城市文化特色与城市的经历密不可分,与市民的社会心态、生活方式、行为准则和价值观念密切相关,并在漫长的历史过程中积淀、缓慢演变发展,形成城市的文脉。"传统犹如血脉,应该更新,但不可以割断"[2]。传统不是一个凝固的概念,在连接和传承中它会发生变化,会不断被赋予新的内容。事实上,只有后来者不断为既存的城市文化增添新的内容,城市文化才更充实、更有价值,才有可能融入现实社会生活,才能成为活着的城市传统。因此,城市文化首先必须承

---

[1] 卢涛,李先逵. 城市核心可持续发展研究的多学科调适理念. 城市发展研究,2002(1):26
[2] 孙家正. 和谐社会构建中的文化责任. 光明日报,2005 年 8 月 5 日:第 5 版

载历史，反映城市的历史发展过程及其特有的文化积淀；城市文化也必须展现现实，多层次、多侧面、多角度地反映现实城市文化内涵；城市文化还必须昭示未来，顺应城市的文脉，发展、创造属于自己城市独特的新文化。

正确处理继承和创新的关系，是文化创新中一个十分重要的问题。城市文化不仅需要积淀，还需要振兴，需要创新。"当我们以客观公正的眼光回顾过去时，所看到的最为清晰的一个事实是，世界各地所有的人们都曾经努力奋斗于从整体意义上去建设文化和自己的民族文化，并一直将这种建设视为人类所有努力和创造中位居第一的重要活动"。"只要对文化、民族文化和文明的发展成果进行深入细致的研究并以充分的激情和想象来加以弘扬，那么我们就会发现地球上任何一个地方或者说历史上任何一个时代都从文化传统的实践成就中获益良多"①。城市不仅仅是一些建筑群，不仅仅是一些经济体的组合，"城市是文化的容器"。事实上，城市还应该是文化的摇篮、文化的土壤，城市应该不断地培育出新的先进的城市文化。只有文化内涵丰富、发展潜力强大的城市才是魅力无穷、活力无限的城市。

今天，在考虑城市传统文化保护的同时，也要考虑城市文化创造的传承问题；在考虑城市和谐统一的审美要求时，更要考虑可持续发展的增量要求。要创新和建设当代先进文化，就必须通过对城市传统文化的深刻继承和科学扬弃，来培育和丰富既有独特民族传统、浓郁地方特色，又有鲜明时代精神的城市文化。要达到社会环境和生活形态与所在城市环境的和谐统一，才能有效解决城市建设中保护与发展的矛盾。保护与发展必须统一起来，而且可以统一起来，保护传统文化本身就是现代化城市建设的不可或缺的重要组成部分。这一认识表现最突出的是在许多欧洲城市，几乎无一不把现代化城市建设和保护原有风貌结合起来。这些城市早已放弃"旧城改造"的提法，而针对不同历史性城市的特点，探索多种多样的保护与利用措施。

中华民族的复兴，不仅是经济崛起，还必须有文化复兴。一个历史阶段城市文化的形成，与当时的社会经济发展背景、科学技术水平等密切相关，历史性城市的可持续发展也应体现不同时代的特征。例如在我国改革开放背景下诞生的城市深圳，虽然是一个历史较短的城市，但其规划理念、城市功能、空间形象和发展速度等，都代表了我国城市发展过程中"新兴城市"的时代特征。"这样的城市数十年或上百年后，将有可能作为中国社会经济发展史和城市发展史上的重要代表，而成为具有重要研究价值的历史文化名城。同样，浦东新区也将成为历史文化名城谱写新的历史篇章的重要范例而留下历史印迹"②。

城市文化是不断更新的动态文化，是体现时代特征，随着城市的不断发展

---

① ［加］D. 保罗·谢弗. 经济革命还是文化复兴. 高广卿，陈炜译. 北京：社会科学文献出版社，2006：321，335
② 蒋伶. 历史文化名城保护规划的发展观. 城市规划，2004（2）：69

而向前推进的文化。随着时间的推移，城市文化也必然能够客观反映出对城市发展的肯定与否定。全球化不可能全然取代本土文化，本土文化也不可能阻挡住全球化的浪潮，这二者之间始终存在着某种可伸缩和互动的张力。总体而言，不论未来城市的结构与形态如何变化，在城市文化的组成中，必然既有本土文化，又有外来文化；既有现代文化，又有传统文化。城市就是这样一个多种文化的共存体，琳琅满目，错综复杂，矛盾重重，但又多样统一。这种新与旧、中与西文化的共存，有它的必然性和规律性，需要我们更加自觉地认识和利用这些规律来创造独具特色的城市文化。

城市文化建设与城市对外开放并不矛盾，反而相辅相成。"我们还注意到，中华文明中'自强不息'和'厚德载物'的精神，使这个文明既有刚性又有韧性。能够适应内外条件的变化，兼容各种不同的文明，不断丰富自己，顽强地生存发展"[1]。自强不息的精神，使中华民族能够奋发有为，永续生存；厚德载物的精神，使中华民族能够海纳百川，不断发展。"唐代文化气象博大、心胸开阔、仪态轻松，就和大胆吸收西域文化、旧传统中融入了异质的新成分有直接关系"[2]。当时的丝绸之路不仅把中国文化带到了西方，同时也带回了我们有用的东西，对整个世界产生过深刻的影响。在近一个世纪前，关于文化的发展，鲁迅曾说过一句非常深刻的话："外之既不后于世界之思潮，内之仍弗失固有之血脉"[3]。这句话抓住了文化最重要的两个特性，一个是时代性，一个是民族性。

历史一再证明，开放的环境是发展的前提，封闭就意味着落后。因此可以肯定，加强与外来文化的接触、交流和融合是城市文化发展的正确方向。当世界多元文化的新格局展开之时，也为我国文化发展带来了焕发生机和活力的新机遇。古今中外的城市，凡是能够获得持续健康发展的，都凸现在与其他文化的交流上，而不是与世隔绝。城市文化是人类社会文明发展的主流文化。我国城市的发展承载着人民实现小康社会的希望，因此，城市发展的核心是文化，文化也是城市发展的最终价值。现代城市要在发展中进行长期和持久的文化再造，并在再造中创造新文化。

9.2.4 "文化规划"实现城市长远目标

随着文化在城市发展中的核心地位日益突出，在城市发展的诸多规划理论和实践中，出现了"文化规划"的课题，这是城市发展战略研究中值得重视的一个新领域。20世纪70年代开始，国际上已经有城市规划机构和设计人员开始对"文化规划"的定义和涵盖内容进行界定。在20世纪70年代中期，美国就

---

[1] 袁行霈，严文明等主编. 中华文明史. 北京：北京大学出版社，2006：5
[2] 刘梦溪. 百年中国：文化传统的流失与重建. 文汇报，2005年12月4日：第6版
[3] 鲁迅全集（一）. 北京：人民文学出版社，1981：58

陆续地出现了文化规划实施案例。1979年"文化规划"正式提出,经济学家和城市规划师哈维(Harvey Perloff)在《用艺术提升城市生活》一文中将其作为一种方法推荐给社区建设,以达到社区文化认同和社区文化资源运用的双重社会目的。从1982年到1990年文化规划得到快速发展;到90年代以后对于文化规划的讨论和研究在北美、澳大利亚和欧洲开始广泛兴起。

"中国现行的规划体系主要是在20世纪50年代初期奠定的,属于物质规划(physical planning),更确切地讲,是一种(物质)建设规划。经过几十年来积累经验,它在一定程度上维护了急剧发展中的建设秩序,这是首先应当肯定的。在另一方面,我们不能不承认当前规划思想、规划方法是不完善的、滞后的,已不能完全适应当前城乡急剧发展的迫切需要,亟待进一步深入研究、改进"①。今天无论是大专院校适用的城市规划专业的教材,还是市长培训班的城市规划读本,其中从城市的定义到城市化的概念,从城市规划的任务到城市规划管理的方法,从城市规划的编制到城市规划的实施,内容可谓详尽。但是却缺少城市文化的基本内容,无论是城市文化规划还是城市文化建设均少有涉及。这样的教育结果难免培养出见物不见人的城市规划人员和重经济建设,轻文化发展的城市决策者。

目前,就城市文化建设的法律法规而言,严重缺失,亟待建立。特别是我国自1982年建立历史文化名城制度以来,25年过去了,长期以来专家学者一再呼吁加快立法保护,但是至今在国家层面,历史文化名城保护方面的专项立法仍然是空白。由于相关法律法规的欠缺,在大规模城市建设中,特别是20世纪90年代以来,大规模的"旧城改造"、"危旧房改造",对历史文化名城造成了严重破坏,历史文化名城作为整体保护已经普遍失控。今天面对新一轮总体规划修改编制,人们再次问道:21世纪的城市,特别是历史性城市应该如何规划和建设?在解决城市居住问题、工作问题、交通问题的同时,如何满足人们日益增长的文化需求?面对未来的城市发展应该拥有什么样的文化理念?

今天,人们似乎很难给城市发展以准确的定义。因为,人们从不同的角度看待城市的发展,例如经济学家、社会学家、环境学家、规划学家等从不同的角度观察城市,得出各自的结论。经济学者往往从城市经济的发展速度和运行质量等角度,研究城市的生产关系和经济结构的现状,确定城市发展状况;社会学者往往从城市中的各种社会问题角度,对就业、医疗、文化、社区组织、社会治安、社会管理等方面进行研究,提出对城市发展状况的看法;环境学者往往从城市的生存环境、绿色空间、污染指标、治理措施等角度研究城市的生态问题,理解城市发展的质量;规划学家则关注城市性质、城市规模和城市布局以及城市土地利用、城市基础设施建设、城市建设管理等方面的问题,对城市发展前景进行预测。因此,不同专业的学者对城市发展状况的认识和理解难

---

① 吴良镛. 人居环境科学导论. 北京:中国建筑工业出版社,2001:124

以统一。

尽管社会各界对于城市发展存在着不同的理解和侧重，但是对于任何城市来说，发展的真正意义在于回应民众的正当需求，并给他们带来满足感。每一座城市的民众都拥有各种不同的需求，如果他们不但能够继续健康地生存下去，而且在社会中获得尊严，实现人生价值，享受富于创造性和成就感的生活，他们合理的需求就应该得到满足。这些需求不仅包括新鲜的空气、清洁的食品、宜居的住宅等对生态环境的需求，而且包括喜爱的职业、健康的休闲、创造的氛围等对文化环境的需求。为了实现这些需求，必然引发一系列关于社会、经济、政治、科学、技术、教育、艺术和环境的复杂要求。这些要求如何在城市中得到满足，便成为城市发展的全部内容。一座城市的文化如果不能把各种各样的需求融合到一个整体之中，那么就意味着它已经丧失或局部丧失了自己的功能。为使民众的文化需求和发展要求在未来得到有效满足，有必要制定出相应的发展规划，即文化规划。

一个有远见的城市决策者，不仅应该具有文化资源的保护意识，更应该站在城市发展的角度重视文化规划的制定和推广，以文化资源决定城市发展的思路，以文化特色作为城市价值的所在。通过高水平的城市文化建设，优化生活环境，提高城市人口素质和物质生活及精神生活质量，使市民在多样性、个性、创造力等方面的诉求能够得到更好的满足，促使市民增加对自身城市的认同感，进而产生自豪感，逐渐转化成城市的凝聚力，最终形成城市的综合竞争力优势。文化规划将改变人们对待城市的态度，因此也就改变了人们解读城市、评价城市以及行为于城市的方式。使人们不再从两维的和功能的角度来看待城市，而是从多维的和文化的角度来看待城市，从更具广度和深度的视角来理解生命、认识生活、面对现实、参与社会。参与文化规划是市民重要的权利之一，要从保障公民基本的政治权利、文化权利和经济发展权利的高度，看待保障市民参与文化规划的重要意义，切实保障文化规划的坚实社会基础。

一个具有清晰的文化规划的城市，是能够体现文化价值的城市，同时，这个城市的经济和社会发展也必然充满活力。从文化规划的编制可以清楚地看到，当我们从文化的角度出发时，城市发展的范围和主题是如此广泛和多样。发展不仅仅关系到生命和生活所有的方面和层面，而且它所具备的广度、深度和综合性已经远远地涵盖了所有其他领域。这个意义上的发展便是一种全面的、综合的、前瞻的发展。城市文化是一个包含着从物质形态到观念形态的整体，城市的功能布局、街区风貌、建筑风格，以及文化设施等，构成了城市文化的物质形态；城市的管理制度、组织方式，居民的生活形态、职业特征、社区的民间习俗、节庆活动等，构成了城市文化的观念形态。通过制定城市文化规划，能够实现城市文化的物质形态与观念形态的统一协调。

文化规划作为城市发展中对文化资源战略性以及整体性的运用途径，应坚持规划的科学性。一是科学定位。城市文化的定位科学准确，就会符合城市历史传统和现实状况，就能成为城市居民的共同价值，城市文化建设与发展也必然会卓有成效。二是科学论证。对城市文化建设的各个方面进行可行性研究，特别是对城市文化的发展模式、发展途径、发展步骤等进行科学评估，使城市文化建设能够健康有序地进行。三是科学规划。对城市文化建设进行统筹规划，不仅包括长远规划，而且包括近期规划、详细规划，将规划细化到各个区域、各个部门、各个阶段。四是科学实施。城市文化建设是复杂的系统工程，在实施中必然涉及各方利益，调配各方资源，需要统筹协调文化发展与城市建设及其他领域发展之间的关系，以促进既定目标的实现。

9.3 从"功能城市"走向"文化城市"

当前，我国城市文化的发展处于新的十字路口，历史与现代、继承与发展、保护与创新，均需要以文化战略的眼光进行审视。面对我国的"城市黄金时代"到来，我们必须保持清醒的头脑，抓住城市复兴的机遇，激发旺盛的城市活力，促进城市文化的健康发展。今天，人们对待城市文化的态度和观念，决定着城市走向未来的步伐。在 21 世纪中，城市文化毫无疑义地被置于更为重要的位置，被赋予更加崇高的使命。

9.3.1 "城市定位"与城市文化关注焦点

世纪之初，北京市重新审视城市发展方向，在开展城市空间发展战略研究的基础上，编制了新的一轮城市总体规划，找到了不同于一般城市的发展道路，如果顺利实施，将从战略上扭转 50 多年来城市发展所形成的单中心、摊大饼的被动局面。同时，引人注目地调整了已经坚持数十年的城市定位，重新明确为："世界城市、国家首都、文化名城、宜居城市"。这一城市定位具有极为深远的文化意义。北京城市总体规划的调整，带动了全国新的一轮城市总体规划修编。但是，吴良镛教授对城市总体规划批准后出现的种种表现深表担忧：规划整体性与实施分散性的矛盾始终存在，城市未来发展是成功还是失败，现在还处于十字路口。

改革开放以来，我国的确创造了令世人自豪、令世界瞩目的城市建设成就，但是也必须承认在创造了丰硕的物质成果的同时，也令人痛心地失去了过多的文化财富。与此同时，在城市发展中由于缺少城市规划控制、土地资源控制、开发规模控制，致使城市问题成堆，待"城市病"积重难返之际，才匆忙推出各种应急与补救措施。反思我国城市发展过程中这些"城市病"所产生的系列病状及后遗症，病根在于缺乏应有的文化视野，思维模式与决策方式限于片面理解城市发展，一味追求城市发展规模，城市规划的综合调控作用没有得到充分发挥。一些地方随意修改经批准的规划，"领导一换、规划重来"的现象相当普遍。同时，所制定的城市总体规划和发展政策中缺少城市文化发展战略，对于城市文化资源的保护与城市文化特色的创造更缺少科学的定位。

城市定位是城市总体规划编制的核心，但是目前在城市定位方面存在着一些不良倾向：一是盲目拔高。其中近年来183个城市提出建立"现代化国际大都市"的城市定位，由于明显脱离实际而受到社会各界的批评，反映出在城市定位上的盲目性。二是盲目贪大。往往一座城市同时定位为经济中心、金融中心、商业中心、物流中心、制造中心、交通中心等等，包罗万象，名目繁多的城市定位反而使城市性质变得模糊不清。三是缺少文化。不少城市定位更多地关注城市的规模扩张和经济增长，而把城市的文化生活状态和精神生活质量的发展和改善放在很次要的地位，对城市发展缺乏长远的战略眼光。城市定位应该是构筑在原有基础上的定位，若全盘摒弃原有的文化基础，也就丧失了其本身的特色，所谓城市定位也就必然演变为"千城一面"的帮凶。而正确的城市定位原则是从城市文化的角度考察和分析，用文化意识指导城市规划和发展。传统文化和地域文化是过去一代代市民留给现在和未来城市的宝贵礼物，它帮助后来者开拓出自己城市的发展道路，并弄清楚如何在世界上为自己的城市定位。

今天的城市处于一个充满机遇与挑战的时代，一个充满矛盾与冲突的时代，也是一个需要不断调整自我定位的时代。通过对传统文化兴衰荣辱的了解，能够使人们得到提示，可以指引人们对城市发展路径做出正确的决定。伴随着新的城市时代演进，必然将不断出现新的时空观、新的自然观、新的技术观和新的文化观，都需要城市结合自身实际创造性地积极应对。构建理想的价值观念体系是大多数城市所必须经历的一个过程。例如新加坡于1991年公布了《共同价值观白皮书》，提出新加坡道德教育的核心，即"五大价值观"：国家至上，社会为先；家庭为根，社会文本；关怀扶植，尊重个人；求同存异，协商共识；种族和谐，宗教宽容。各个城市固有的传统文化、地域文化与全球化的冲突是客观存在的，但并非绝对排斥。

在全球化的背景下，目前世界各大城市都在努力突出各自的文化定位，突显其文化竞争力，这不但已经成为国际潮流，更成为保护城市个性、增加城市魅力、提升城市综合竞争力的重要手段。"城市即文化，文化即城市"，这是巴塞罗那为提升城市综合竞争力向世界提出的口号，反映了城市文化在城市发展进程中占有特殊重要的地位。英国曼彻斯特市也在其文化产业战略咨询报告中，提出"文化变成了城市发展战略的轴心，经济、社会、技术和教育的战略都将越来越维系于这个文化轴心"的理念。在我国，城市"文化定位"也正在悄然成为许多城市关注的课题，以文化为轴心的城市发展战略，成为越来越多城市的共同选择。例如广州市提出"城市以文化论输赢"，把城市的综合竞争力定位于城市文化；苏州市提出"让文化成为苏州最大魅力和最强竞争力"的"文化强市"目标,突出"文化苏州"的定位,使苏州强劲的经济发展深深地打上文化的印记。

城市特色影响文化定位,文化定位体现城市特色,而文化定位一旦形成又必然会强化城市特色。因此,城市定位应该具有一定的前瞻性,既不可脱离实际,又应该有所追求,有明确的目标感和方向性,有可以提升和努力的空间。城市文化定位往往作用于城市个性的培育、城市形象的树立、城市魅力的增加和城市品位的塑造。例如厦门市突出开放包容的文化气质与富有活力朝气的城市精神,将城市的发展定位最终指向"艺术之城"的目标,独具特色的城市文化定位成为城市走向文化自觉的理性选择。

今天,人们日益感受到城市文化与自身生活的多方面密切关联,许多需要求得解决又难于解决的问题,实际上都与城市文化的进步与发展有关,内容极其广泛而深刻。"许多人认为,通过文化完全可能处理好世界所面临的最迫切需要解决的、挫伤人类元气的并且是最棘手的问题:环境危机、污染、贫困、居无住所、饥饿、失业、富国和穷国以及富人与穷人之间日益拉大的距离、世界向不平等两极的分化、种族和种族之间的紧张关系、暴力和恐怖主义的升级、生活的非人化趋势,以及从未间断过的核生化战争的威胁。因为文化拥有解决这些问题的能力,它能够提供一条可持续的、系统的、平等的和综合性的途径而不是零碎的、偏袒的、不平等的和相当不完整的方法"①。特别是在当前经济全球化的形势下,"城市文化危机"的现实客观存在,城市的可持续发展应该同时围绕物质环境与文化环境全面展开。如果文化发展完全服从于经济的发展,经济目标过强,则必然缺乏真正的"文化精神"和"文化关怀",其苦果无疑使"文化危机"加重。

9.3.2 "城市黄金时代"与城市发展方向转型

在 20 世纪末,英国城市学家 P. 霍尔(P. Hall)在写了《明日之城市》之后,又撰写《城市文明》一书,提出"城市黄金时代"的概念,即在特定的时期,城市可以凸显独特的创造力,成为人类文明建设的灯塔。他在进一步选择西方 2500 年文明史中的 21 个城市,细评其发展源流、文化与城市建设特点,指出城市在市政创新中具有四个方面的独特表现:(1)城市发展与文化艺术的创造,(2)技术的进步,(3)文化与技术的结合,(4)针对现实存在的问题寻找答案。他指出:"在城市发展史中有十分难得的'城市黄金时代'现象,这特别的窗口同时照亮了世界内外,如公元前 5 世纪的雅典,14 世纪的佛罗伦萨,16

---

① [加] D. 保罗·谢弗. 经济革命还是文化复兴. 高广卿,陈炜译. 北京:社会科学文献出版社,2006:266

世纪的伦敦，18—19 世纪的维也纳，以及 19 世纪末的巴黎等等，清晰可见"①。

从人类文明史角度看，这些所谓处于"城市黄金时代"的窗口城市，都是世界文化城市，它们都曾是世界文化地图上令人瞩目的地标，而人类文明史上的各种文明则是这些伟大城市的底色。它们都有自己的文脉、自己的特色，但同时又都曾是开放度很高的国际化文化城市。一方面能够吸收世界上各种各样的优秀文化，另一方面能够让自己的文化精华为世界所了解，所接受，所喜爱。"当我们思考未来最需要的复兴类型时，对历史的回顾可以提供帮助。因为过去发生过的复兴与未来最需要的复兴类型有着极大的关联性"。"正如这几大特别突出的贡献所揭示的，在文化领域我们拥有一座丰富的宝库，它蕴藏着思想创见、深邃见解、理论建树、探索发现和学术成果，这使得我们有必要进一步去认识并更好地利用世界各地的文化"②。

与上述情况相反，世界上还有一些民族文化和城市文明，在经过几个世纪的灿烂辉煌之后却未逃脱消亡的厄运。在解释这一现象时，《西方的没落》作者 O. 施本格勒（O. Spengler）的观点是，所有的民族文化和文明必然经历四个不同的发展阶段，即春季、夏季、秋季和冬季，也就是开创、进化、衰落和灭亡的不同发展阶段。而 A. 汤因比（A. Toynbee）认为文化衰落的原因在于这些文化和文明在发展过程中无法应对所遇到的挑战，尤其是在这些挑战日益强大的过程中，文化和文明的应对能力日益减弱。今日世界已经越来越呈现出"地球村"的特点，每一个国家和城市都面临两种选择，一种选择是模仿其他国家或城市的发展经验，主动或被动地加入到其他国家或城市的文化发展模式中；第二种选择是从本国或本城市的传统文化、地域特色和实践经验出发，探索自然的、有机的发展路径，同时积极而谨慎地吸纳其他国家或城市的发展经验或文化发展模式，前提是确保这些经验或模式必须符合自身的发展路径和发展需要。

我国城市的经济、文化与世界发达的城市相比，一度处于明显落后的状态，"难道中国建筑文化传统真的成为'弱势文化'？被人掷于'危险的边缘'？就如此一蹶不振？面对中国如此蓬勃的建设形势，除了吸取西方所长外，就如此碌碌无所作为？我们不能不反躬自省"③。然而，在 20 世纪后期，不到 30 年的时间里，拥有 13 亿人口的中国脱离贫困，这不能不说是人类发展史上的一个奇迹。当前，在我国的城市发展中，仍然存在重经济发展、轻人文发展，重建设规模、轻整体协调等方面的严峻挑战。在此形势下，关键在于如何审时度势，及时根据各城市的特点和文化特色，针对城市发展中的特有问题，创造性地加以解决。

今天必须清醒地认识到，城市未来发展除了经济社会等方面努力外，更要

---

① 吴良镛. 论中国建筑文化研究与创造的历史任务. 城市规划，2003（1）：13
② ［加］D. 保罗·谢弗. 经济革命还是文化复兴. 高广卿，陈炜译. 北京：社会科学文献出版社，2006：486，350
③ 吴良镛. 论中国建筑文化研究与创造的历史任务. 城市规划，2003（1）：14

注重文化上的行动，把发展的重点引导到加强城市文化建设和提高人居环境质量上来。每个城市如果真正深入地研究自己的传统文化和地域文化，总结其历史经验，抓住当前发展的有利条件和契机，创造性地制定城市文化发展战略，集中地调动多方面的积极因素，充分发挥文化资源优势，则城市发展必将大有可为。如何正确处理城市经济发展与城市文化建设之间的关系，已经成为考验当代城市决策者文化智慧与文化远见的重大课题。

全球化进程中文化冲突和文化融合并行发生。全球化有其积极的意义，也有负面的影响。从积极的意义来说，随着科学技术的发展、信息传媒的进步，无疑可以促进各国之间的交流，给地域文化发展以新的内容、新的启示、新的机遇，同时也对世界文化发展有所贡献。但是，从负面的影响来说，经济全球化逐渐掩盖了各地不同文化的差异，甚至不可避免地带来局部的文化冲突。国际建协《北京宪章》指出："在21世纪里，变化的进程将会更快，也更加难以捉摸"。在这一背景下，D. 保罗·谢弗提出了"文化时代"的主张，"这个反思的过程完成于我们对两种不同类型时代的深入研究，一个是目前我们正生活于其中的经济时代，一个是正在艰难降临的文化时代"。他指出："如果人类想要拥有一个富于成果的未来，并且为人类文明的发展方向做出高明的和可持续的决策，那么这样的文化时代就具有必要性"。

对于我国来讲，20世纪无疑是一个走出物质贫困的时代，21世纪应该是一个走入文化复兴的时代。我们有必要也有足够的信心重新审视我国城市文化的意义和价值，塑造我国的文化身份，树立健全的文化形象。目前，我国在向全面建设小康社会迈进，城市建设和人们生活同时面临着物质与文化的需求和发展，距离实现充满活力的城市和可持续发展的城市，还有一段漫长的过程。中华民族必将以高度的文明重塑自己在世界上的文化形象。具有几千年历史而从未中断过的中华文明，必将在世界未来的文明进程中再现自己的辉煌，并对全人类的文明进步作出应有的更大贡献。

9.3.3 "城市世纪"与"文化城市"的提出

如果说20世纪的人类文明，凸现的主要是以工业革命和科技革命为标志的工业社会、后工业社会的文明；那么，21世纪的人类文明，主要是城市文明。随着大城市的发展，"全球城市"、"城市地区"、"网络城市"将崛起。在快速发展的城市化进程中，城市文化问题已经成为世界研究的专题，1998年11月，联合国教科文组织在巴黎首次发表《世界文化报告》，预测了第3个千年中城市发展的几种倾向。第一，全球将进一步城市化，估计在21世纪的第一个10年，将有超过世界1/2的人口住在城市。第二，城市化和全球化的相互作用将加强。第三，未来的城市将把权力和责任继续转移给地方当局和市民社会。2004年9月联合国人居署在巴塞罗那召开的"世界城市论坛"，就将主题定为："城市：

文化的十字路口，包容性还是整体性？"会议讨论内容包括：城市文化、城市文艺复兴、城市可持续发展、城市服务等城市热门话题与研究动向。

21世纪被称为"城市世纪"，它将证明并且被证明着，人类注定是一种城市化的生物。城市从来就没有停止变化，城市从来就不是静止的，这种变化也永远不会完结，这种动态的过程将永远根据新的情况进行调整与被调整。[①] "在世界所有地区的人民和国家能够充满希望和乐观而不是悲观和担忧来面对未来之前，人类并没有停下脚步休息的资本"[②]。特别在当前经济全球化的形势下，任何一个国家都不能自居于"弱势文化"，要想立足于世界民族之林，就不但要考察西方城市发展历史，借鉴发达国家城市文化复兴的研究成果，并对本国的城市文化发展战略做出借鉴回应；而且要对本国的传统文化进行发掘、研究、光大，包括与现代化相适应的优秀的城市文化内涵，进行融贯的综合研究。21世纪，经济生产、社会组织和知识生产的最主要单位将是城市。在此大背景下，一个国家和地区的现代化，在很大程度上将成为一个以城市现代化为中心展开的历史过程，而新的文化城市的崛起，将是这一历史过程中引人入胜的篇章。

在1985年于雅典举行的欧洲联盟文化部长会议开幕式上，M·莫库里（M. Mercouri）部长首先提出了"文化城市"的概念。目前，国际上出现文化在社会发展中地位不断上升的趋势，并且文化与经济、政治相互交融的程度愈来愈高。文化竞争力成为城市竞争力评价的综合性要素。一些世界级城市的政府也愈来愈重视文化在促进发展方面的特殊作用，纷纷从城市未来发展角度提出了一系列增强文化竞争力的新的要求和目标。最为典型的就是伦敦。伦敦作为现今发达程度最高的世界城市的代表之一，在文化方面采取了一系列重大举措。"2003年伦敦市长发表'城市文化战略'的演讲，旨在维护和增强伦敦作为'世界卓越的、创意的文化中心'，成为'世界级的文化城市'，并投入巨资兴建新的文化设施"[③]。伦敦的"文化城市"目标具体体现在4个方面：一是卓越性，增强伦敦作为世界一流文化城市的地位；二是创建性，把创建作为推动伦敦成功的核心；三是途径，确保所有的伦敦人都有机会参与到城市文化之中；四是效益，确保伦敦从它的文化资源中获得最大的利益。很明显，在伦敦市政府的目标中，一个世界级城市不仅在经济上是世界的中心之一，有极强的影响力和辐射力，同样在文化方面也应该是世界的中心之一[④]。

从20世纪末开始，全球对于经济、社会的发展经历了一个广泛而深刻的反

[①] 吴晨."城市复兴"理论辨析．中国建设报，2006年5月26日：第7版
[②] [加] D. 保罗·谢弗．经济革命还是文化复兴．高广卿，陈炜译．北京：社会科学文献出版社，2006：523
[③] 吴良镛．总结历史，力解困境，再创辉煌．国家图书馆编．部级领导干部历史文化讲座．北京：北京图书馆出版社，2005：349
[④] 杨荣斌，陈超．从四城市看城市文化发展取向与城市定位．中国文化报，2005年8月30日：第4版

思,在提出可持续发展理念,着重解决经济发展、环境保护和资源可持续利用等问题的同时,人们把目光从经济领域拓展到涉及人类生存发展的更为广阔的空间,把人类与自然的关系作为一个重要课题加以研究,在此过程中,人们不约而同地把关注的目光投向了文化。以提出"竞争优势"理论而闻名于世的哈佛商学院 M. E. 波特(M. E. Porter)教授说过:基于文化的优势是最根本的、最难替代和模仿的、最持久的和最核心的竞争优势。美国著名管理学家 P. F. 德鲁克(P. F. Drucker)先生也指出:今天真正占主导地位的资源以及绝对具有决定意义的生产要素,既不是资本,也不是土地和劳动,而是文化。① 的确,"文化为人类的幸福和福利做出了巨大的贡献,因为它把更大的优先权分配给人、人类需求以及发展的人性化属性,而不是产品、利润、消费和市场"②。无数发展印证了同样的事实,即文化正在世界范围内形成发展的关键力量,并且必定会在未来的世界中发挥出更加强大的作用。

在我国,城市文化的问题,也已经在城市政治、经济之后日益成为社会所关注的重大问题。尽管十多年前大多数城市政府对城市文化往往持漠视态度,然而今天越来越多的城市政府正在采取一系列积极的、系统的和可持续的步骤来为文化发展付出积极的和富有成效的努力。例如对各类文化事务的组织和参与范围日益广泛,从创立文化发展部门、制定文化政策制度,到实施城市文化遗产保护项目、动员民众参与城市文化活动。城市"文化定位"研究,正在成为越来越多的城市关注的课题。由此有人断言,文化定位是一个城市发展的终极定位。广东省提出建设"文化大省"的战略目标。深圳市正式确定实施"文化立市"战略,以期成为城市发展的重要战略支撑。武汉市鲜明地提出城市环境创新要面向世界,突出文化底蕴,建成"文化武汉"。这是越来越多的城市在新世纪的选择。以城市文化指导城市的定位与规划,将从城市的基因方面确保城市的个性和魅力,而不会使未来的城市面目皆非。为此,在城市建设中我们应该鲜明地提出"文化城市"主题,注重城市人文生态的平衡和发展,在发展特色城市、魅力城市上下功夫,以突出城市综合竞争力中的文化竞争力,校正当前城市建设中忽视文化的弊端。

9.3.4 从"功能城市"走向"文化城市"

经济与文化是当今世界最具影响的核心力量。尽管经济在过去的两个世纪中,始终居于人类生活的中心,占据世界的统治地位,有着比过去任何时代都

---

① 孙家正. 深化文化体制改革 加快文化产业发展. 在全国文化系统文化产业工作现场会上的讲话,2006 年 5 月 29 日
② [加] D. 保罗·谢弗. 经济革命还是文化复兴. 高广卿,陈炜译. 北京:社会科学文献出版社,2006:266

更加非凡的表现，既为人类的生存提供了物质保障，也为城市的发展做出了历史贡献。但是，当人类历史跨入新的千年，经济却没有能力继续统治世界，也无法把城市带入新的理想境界。"为此，就需要一个不同类型的时代。这个时代必须源于一套不同的原理、规则、政策和优先顺序，以及不同的世界观、价值系统和发展模型。因为新时代的关键在于文化领域而不是经济学领域，现在我们要把注意力转移到对文化领域的关注上"。D.保罗·谢弗（D·Paul Schafer）进一步指出："如果说18世纪末经济时代的曙光初现是它形成的迹象，那么今天的迹象表明，一个文化时代正破晓欲出"[①]。在上述的"文化时代"中，"城市"与"文化"也必将处于变化之中，在变化中发展，并具有自身的规律和走向。城市发展的走向必将是从"功能城市"走向"文化城市"。

尽管今天，以"功能城市"理念为核心的物质空间规划仍然十分普及，并且被视为理所当然，特别是在城市决策者之间普遍接受，一直以来很少受到质疑，以致一些城市把建设用地的扩展和建设数量的增长当作城市发展的唯一方向。但是，进入新的世纪以来，无数事实进一步对"功能城市"理念的局限性敲响了警钟。"城市病"在世界各个城市的蔓延，特别是在大城市的日趋严重，给城市发展和市民生活带来不断增长的负面影响。同时，随着世界范围污染的日益严重，随着有限的地球载荷能力临近极限，每一座城市的环境和生存状况面临加倍恶化的危险。于是人们认识到，所谓"功能城市"的发展模式维持的时间越长，矛盾就愈加剧，后果就越危险，甚至带来巨大的经济、社会和环境灾难。因此必须能够提供一种更加广泛、更加深刻和更加根本的方法来看待城市、环境、生活的真正意义。今天，具备最大潜力承担起这一责任的正是"文化城市"的发展理念，这一理念使文化成为城市发展的主导思想和中心内容，也使人们能够为自己的生活改善采取文化的方式，从文化的角度来看待生命、生活和生态。这一发展方向不仅符合历史规律和现实需要，而且关系着城市生活的全部内容以及城市发展的最终目标。

吴良镛教授指出："当前，城市规划工作在发达国家一度处于一种低潮，如美国早已宣告其新城失败，并认识到英国新城运动并非是解决城市问题的万应道路，种种城市问题未得到缓解"。"科学如此进步，生产力在发展，它们都在揭示伟大的思想终会诞生。科学的方法论、学科的哲学、思想会给我们以启示，我们要从当前的甚为复杂的城市问题中寻找方向，我们要为一个新的规划思想而呐喊"[②]。在"功能城市"中，人们围绕着建设问题进行思考和行动。诸如增加城市人口规模、增加城市用地规模、增加城市建设规模。在"文化城市"中，人们将围绕着文化问题进行思考和行动。诸如使经济社会发展与生态环境之间

[①] ［加］D.保罗·谢弗.经济革命还是文化复兴.高广卿，陈炜译.北京：社会科学文献出版社，2006：222，225
[②] 吴良镛.人居环境科学导论.北京：中国建筑工业出版社，2001：19

建立起和谐关系,使市民需求得到全方位的满足,过上富于创造性和满足感的生活。

一个建立在科学发展观、可持续原则和文化理想基础之上的"文化城市",将是真正令人振奋和向往的城市。它不仅仅给社会生活带来真正的满足和幸福,而且还将为国家和世界带来更多的稳定、和谐和保障。当前是关键时刻。"我们已经来到历史上一个关键的转折点。如果我们一成不变沿着当前这条道路走下去,其结果必定是一次猛烈的革命;如果我们努力开创新方向,其结果将是一次和平的复兴"①。"对于量大面广的城市化建设,如果我们较为自觉地把它看成一种文化建设,那么结果就可能成为人类文明的伟大创造;相反,如果失去文化的追求,则可能导致'大建设、大破坏'。在此意义上说,今天的城市文化建设直接关系中国的未来"②。

中华文化创造力的强弱与多元文化的频繁交流、密切互动紧紧相连,在一个封闭的系统中,不可能产生伟大的文化创造。凡是强健的文明都是自信的,充满自信的文明无一例外都是多元的、宽容的。"错综复杂的现实问题,不是某一种传统,或某一种现成的近代理论、方法、途径所能得以解决的,我们必须在这五彩缤纷的世界遗产中广泛地汲取营养,在比较文化中认识和发展自己,博采所长,取其所需。更重要的是融会贯通,立足于创造"③。就文化而言,如能将中华文化与其他文化进行比较研究,有助于深刻地了解世界,也更能正确地认识自己,发展自己。研究外国文化,更有利于认识我国文化、发展我国文化;研究近现代文化,更有利于对传统文化加深理解,将其用之于现代;研究多学科的不同观点,更有利于深入地剖析问题;着眼于现实问题的研究与创造,更有利于发掘传统文化的积极部分。

历史深层的运动,决定着世界文化城市在地球的哪些节点上出现。这"历史深层的运动",便是文化的运动。"城市最终的任务是促进人们自觉地参加宇宙和历史的进程。城市,通过它自身复杂和持久的结构,城市大大地扩大了人们解释这些进程的能力并积极参加来发展这些进程,以便城市舞台上上演的每一台戏剧,都具有最高程度的思想上的光辉,明确的目标和爱的色彩。通过感情上的交流,理性上的传递和技术上的精通熟练,尤其是,通过激动人心的表演,从而扩大生活的各个方面的范围,这一直是历史上城市的最高责职。它将成为城市连续存在的主要理由"④。L.芒福德还指出:"我们已经面临了最坏的情况,我们最后终于能了解历史性大都市的积极的功能作用,不是作为国家或帝国的

---

① [加] D. 保罗·谢弗. 经济革命还是文化复兴. 高广卿,陈炜译. 北京:社会科学文献出版社,2006:1
② 武廷海,鹿勤,卜华. 全球化时代苏州城市发展的文化思考. 城市规划,2003 (8):63
③ 吴良镛. 广义建筑学. 台北:地景企业股份有限公司,1994:56
④ [美] 刘易斯·芒福德. 城市发展史——起源、演变和前景. 宋俊岭,倪文彦译. 北京:中国建筑工业出版社,2005:586

经济中心，而是更重要的潜在作用，就是作为世界的中心"①。

拿破仑曾说过，中国像一头沉睡的雄狮，它一旦醒来，整个世界都将为之震颤。现在，世界上越来越多的人开始认识到中国的发展，这是不以任何人的意识为转移的，是谁也阻挡不了的。加拿大学者D.保罗·谢弗（D·Paul Schafer）在《经济革命还是文化复兴》一书中对中国的发展及未来作用作出了一番评价，他认为："对于未来发展所迫切需要的文化时代和复兴，我认为中国完全有能力做出极具创新的贡献。中国不仅拥有文化成就辉煌灿烂的悠久历史，而且也拥有巨大的经济力量。中国和中国人民如果能够有效地发展其经济和文化，处理好它们之间复杂的关系，那么在未来就必将惠及全世界的国家和人民，造福整个人类"②。

我们的文化虽然不是人类共有的，却是人类共享的。我们保护自己文明的同时，也在为人类保护一份巨大的、珍贵的、不可替代的财富。当年张謇先生高瞻远瞩地说道："一个人办一县事，要有一省的眼光，办一省事，要有一国的眼光，办一国事，要有世界的眼光"，"今日我国处于列强竞争之时代，无论何种政策，皆需有观察世界之眼光、旗鼓相当之手段，然后得与于竞争之会"。在20世纪之初的年代里能有这样高瞻远瞩的眼光，实为难得。"任何人都是历史的人，都有时代的局限性，张謇也不例外，它属于那个历史时代，有他特殊的经历，但他能在那新与旧、中与西、保守与前进的撞击中摆脱出来，创造性地走自己的道路，在家乡建设起'新世界的雏形'，而且成功了，被誉为是'中国一个理想的文化城市'，这非常了不起"③。

"未来由现在开始缔造，现在从历史中走来，未来变化的方向离不开对历史进程的探寻。世界历史进程代表着人类文明发展的一种趋势和高度，把握了它，有助于人类的发展获得当代的意义"④。我们回首过去，立足现在，面向未来，以期在21世纪里能更自觉地营建美好、宜人的文化城市。这是时代的召唤和神圣的使命，对于这个使命，我们应该信心百倍而又十分审慎地给予期望。从当年张謇先生在南通建设"中国近代第一城"，并被誉为"中国一个理想的文化城市"至今，已经经历了100年关于文化城市的实践；从1933年关于"功能城市"的《雅典宪章》提出，到2003年伦敦市"文化城市"的定位，也已经经历了70年关于文化城市的探索。在实践中人们认识到，现代城市不仅具有功能，更应该拥有文化。文化是城市功能的最高价值，文化也是城市功能的最终价值。城市化进程不应仅仅是一个量的指标，更应该是一个质的飞跃。从"功能城市"走向"文化城市"，就是这种质的飞跃的核心理念与理论概括。可以断言21世纪的成功城市，必将是文化城市。

---

① [美]刘易斯·芒福德. 城市发展史——起源、演变和前景. 宋俊岭，倪文彦译. 北京：中国建筑工业出版社，2005：572
② [加]D.保罗·谢弗. 经济革命还是文化复兴. 高广卿，陈炜译. 北京：社会科学文献出版社，2006：1
③ 吴良镛. 张謇与南通"中国近代第一城". 城市规划，2003（7）：10
④ 吴良镛. 国际建协《北京宣言》——建筑学的未来. 北京：清华大学出版社，2002：187

文化遗产保护成果惠及当代社会生活

图9-1　广州北京路千年古道遗址向市民展示

资料来源：国家文物局

图9-2　日本旧造船所遗址成为社区公共空间

资料来源：国家文物局

图9-3　奥朗日古罗马剧场至今经常举行音乐会

资料来源：国家文物局

图9-4　维罗纳古罗马斗兽场举办夏日歌舞季

资料来源：国家文物局

图9-5　维也纳历史中心广场上的考古遗址展示

资料来源：国家文物局

图9-6　索非亚市街中心保留的古教堂遗址

资料来源：国家文物局

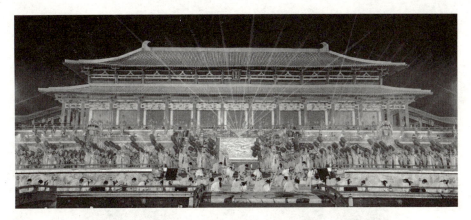

图9-7 大明宫遗址广场举办"人文奥运·盛典西安"大型文化活动

资料来源:国家文物局

图9-8 在大三巴遗址广场上举办的澳门艺术节

资料来源:国家文物局

图9-9 世界文化遗产马撒达成为爱国主义教育场所

资料来源:国家文物局

让丰富多彩的城市文化生活走进千家万户

图9-10 城市运动会使城市文化生活更加朝气蓬勃

资料来源:国家文物局

图9-11 面对老年化社会为高龄者提供宜居空间

资料来源:国家文物局

图9-12　晋唐宋元书画国宝展吸引上海市民排队参观
资料来源：国家文物局

图9-13　民间地方戏曲演出丰富乡村文化生活
资料来源：国家文物局

图9-14　城市文化国际研讨会在北京成功举办
资料来源：国家文物局

第10章

结 论

当前，我国处于城市化快速发展阶段，一方面城市建设以空前的规模和速度展开，各地历史城区出现持续的改造热潮，对文化遗产及其文化环境造成了前所未有的破坏。另一方面，在全球化的冲击下，传统文化个性和地域文化特色迅速丧失，文化多样性面临严重威胁。今天，面对文化遗产保护和城市文化建设中存在的种种问题和挑战，必须以文化战略的眼光进行审视，从全局的、宏观的、战略的和发展的角度进行思考和分析，得出正确的创新理念，应用于实践。

10.1 文化遗产保护与城市文化建设存在问题综述

改革开放以来，我国经济社会快速发展，城市建设取得了举世瞩目的成就，但是在城市物质建设不断取得新的成就的同时，在城市文化建设方面却重视不够。通过对当前文化遗产保护、历史性城市保护和城市文化建设，以及在城市文化特色、城市文化环境等方面存在的突出问题进行揭示与分析，可以看出加强文化遗产保护和城市文化建设，避免城市文化危机的紧迫性。在大量分析研究的基础上，归纳出在上述方面存在的问题或应该避免进一步加剧的情况。

（1）避免城市记忆的消失　城市记忆是在历史长河中一点一滴地积累起来的，从文化景观到历史街区，从文物古迹到地方民居，从传统技能到社会习俗等，众多物质的与非物质的文化遗产，都是形成一座城市记忆的有力物证，也是一座城市文化价值的重要体现。由于急功近利作祟、经济利益驱使等人为因素，一些城市在所谓的"旧城改造"、"危旧房改造"中，实施过度的商业化运作，采取大拆大建的开发方式，致使一片片积淀丰富人文信息的历史街区被夷为平地；一座座具有地域文化特色的传统民居被无情摧毁，一处处文物保护单位被拆迁和破坏的事件也屡见不鲜。由于忽视对文化遗产的保护，造成这些历史性城市文化空间的破坏、历史文脉的割裂，社区邻里的解体，最终导致城市记忆的消失。

（2）避免城市面貌的趋同　城市面貌是历史的积淀和文化的凝结，是城市外在形象与精神内质的有机统一，是由一座城市的物质生活、文化传统、地理环境等诸因素综合作用的产物。一座城市的文化发育越成熟，历史积淀越深厚，城市的个性就越强，品位就越高，特色就越鲜明。但是，一些城市在建设和发展中，城市面貌正在急速地走向趋同。由于城市规划建设中抄袭、模仿、复制现象十分普遍，面貌雷同的城市街区在人们的日常生活中占据着越来越显著的位置，人们感到自己居住的城市愈来愈陌生，其他的城市却愈来愈熟悉，导致"南方北方一个样，大城小城一个样，城里城外一个样"的特色危机。各地具有民族风格和地域特色的城市风貌正在消失，代之而来的是几乎千篇一律的高楼大厦，"千城一面"的现象日趋严重。

（3）避免城市建设的失调　城市建设是为了创造良好的人居环境，既包括物质环境，也包括文化环境。而城市规划则是合理配置公共资源，保护人文与自然环境，维护社会公平，弥补市场失灵的重要手段，它的根本目的不仅是建设一个环境优美的功能城市，更在于建设一个社会和谐的文化城市。但是，一些城市在建设中缺少科学态度和人文意识，却多了一些盲目决策和浮躁心态。往往采取单一依赖土地经营和房地产开发来拉动经济的增长方式，大幅度扩充城市用地，大面积的增加建设量，导致出现"圈地运动"和"造城运动"，严重损害了民众利益和国家利益。一些城市盲目追求变大、变新、变洋，热衷于建设大广场、大草坪、大水面、景观大道、豪华办公楼，而这些项目却往往突出功能主题而忘记文化责任。

（4）避免城市形象的低俗　城市形象是城市物质水平、文化品质和市民素质的综合体现。它表现出每个城市过去的丰富历程，也体现着城市未来的追求和发展方向。美好的城市形象不仅可以实现人们对城市特色景观的追求和丰富形象的体验，而且可以唤起市民的归属感、荣誉感和责任感。但是，一些城市已经很难找到层次清晰、结构完整、布局生动、充满人性的城市文化形象。不少中小城市盲目模仿大城市，为了气势而不顾城市环境，把高层、超高层建筑当作城市现代化的标志，建筑体量追求高容积率而破坏了原有的城市尺度和轮廓线，寄希望于城市在短时间内能拥有更多"新、奇、怪"的建筑，以迅速改变城市的形象。而大量新建筑不是增强而是削弱了城市的文化身份和特征，使城市景观变得生硬、浅薄和单调。

（5）避免城市环境的恶化　城市环境是城市社会、经济、自然的复合系统。城市环境与城市的生态发展密切相关，具有高度的敏感性。好的城市环境不但可以保证人们的身体健康，而且可以激发人们的积极性和创造性。研究城市环境的基点是如何使人与城市更好地相融，城市如何既宜人居住，又宜人发展。一些城市以对自然无限制的掠夺和征服来满足自身发展的欲望，致使环境面临一系列突出问题：空气污染、土质污染、水体污染、视觉污染、听觉污染；热岛效应加剧、交通堵塞加剧、资源短缺加剧；绿色空间减少、安全空间减少、人的活动空间减少。城市改造中的大拆大建造成巨大的能源、资源浪费和环境污染；错位、超载开发更使不少文化遗产地及其背景环境出现人工化、商业化、城市化趋势。

（6）避免城市精神的衰落　城市精神是城市文化的重要内核，是对城市文化积淀进行提升的结果。城市精神的形成是一个长期的过程，并在历史上和现实中发挥着异常重要的作用。通过对城市精神的概括和提炼，可以使更多的民众从理解和接受城市的追求，转化为城市民众的文化自觉。但是，一些城市注重物质利益，而忽视文化生态和人文精神。目前不少城市纷纷提出建立"国际化大都市"的目标，存在盲目攀比、不切实际的倾向。一些城市热衷于搞"形象工程"，盲目追求"标志性建筑"的数量，实际上是重经济发展，轻人文精神；重建设规模，轻整体协调；重攀高比新，轻传统特色；重表面文章，轻实际效果，表现出对文化传统认知的肤浅、对城市精神理解的错位和对城市发展前途的迷茫。

（7）避免城市管理的错位　城市管理是一项复杂的系统工程，其实质是人作用于城市发展的过程中，应肩负起对未来城市的责任。通过城市管理不但要为人们提供一个工作方便、生活舒适、环境优美、安全稳定的物质环境，而且要为人们提供一个安静和谐、活泼快乐、礼让互助、精神高尚的文化环境，这就需要用文化意识指导城市管理。一些城市在管理内容上重表象轻内涵，在管理途径上重人治轻法治，在管理手段上重经验轻科学，在管理效应上重近期轻长远；在不断发展的形势下，不能从更高层次上寻求城市管理的治本之策，导致在城市问题已然成堆、积重难返之际，才开始采取各种应急与补救措施，而为时已晚。"城市病"所产生的系列病状及后遗症，病根在于城市管理缺乏长远的战略眼光，缺乏应有的文化视野。

（8）避免城市文化的沉沦　城市文化是市民生存状况、精神面貌以及城市景观的总体形态，并与市民的社会心态、行为方式和价值观念密切相关。城市文化在漫长的历史过程中积淀、缓慢演变发展，形成城市的文脉。城市的文化资源、文化氛围和文化发展水平，在一定程度上体现出城市的竞争力，决定着城市的未来。但是，一些城市面对席卷而来的强势文化，不是深化自身的人文历史，而是浅薄化自己的文化内涵，使思想平庸、文化稀薄、格调低下的行为方式，弥漫在城市的文化生活之中，消解着人们对于优秀传统文化的理解和继承。在文化领域，一些人的价值观扭曲、错位，拜金主义、享乐主义蔓延，"文化危机"问题以及伴随而来的种种不良社会现象日益严重，究其深层次原因，是文化认同感和文化立场的危机。

10.2　关于若干理论问题的进一步认识与辩证思考

当前，"城市文化危机"已经成为各国城市进入21世纪发展所面临的战略焦点。实际上，问题的关键不在于发展中国家能否达到现在发达国家的经济发展水平，而在于选择什么样的发展模式来达到预期的发展目标，这种发展模式又依靠什么样的核心价值观念予以支撑。正确回答这个问题，将是对所有发展中国家和城市，以及全体民众智慧的严峻考验。本书针对当前文化遗产保护与城市文化建设的若干理论问题进行了思考，归纳如下。

10.2.1　关于遗产大国与遗产强国的思考

我国虽是历史悠久的文明古国，但是保存下来的文化遗产数量并不值得骄傲。土地面积相当我国1/74的英格兰，登录保护建筑50万处，保护区8000多处。而我国登陆的不可移动文物仅40万处，保护区仅数百处。我国列入国家层面保护的文化遗产数量明显偏少，即使与一些发展中国家相比也存在较大差距。例如埃及由中央政府管理的文物古迹有2万余处，印度由国家管理的文物古迹有5000处左右，越南的国家级文物保护单位也有2823处，而我国全国重点文物保护单位的数量仅为2351处。这一严峻的现实，应该引起足够的关注，不能再自我陶醉于"文物大国"的称号。进入新的世纪，通过文化遗产保护的大量实践，人们对文化遗产价值认识日益深化，促进保护领域日益扩大，乡土建筑、工业遗产、农业遗产、文化景观、文化线路、系列遗产、20世纪遗产、非物质遗产等新成员不断涌现，几乎涉及到与人类有关的所有领域，不仅包括文化遗产和自然遗产、物质遗产和非物质遗产，及其文化遗产环境在内的整体，而且有向动态化、巨型化、线型化和生活功能化等方向扩展的趋势。伴随人类对文化多样性和生物多样性的尊重愈加突出，文化遗产保护的对象必将继续扩大。

笔者认为，我们没有必要担心列入文化遗产保护的内容和数量太多，与当代人应该承担的历史使命相比，与子孙后代的文化需求相比，在每日每时都在发生变化的城市中，今天可供保护的文化遗产已经不是太多，而是太少。因此需要紧急行动起来，争分夺秒地为当代，更为后代把那些有幸留存至今，反映城市发展进程的文化遗产抢救下来，把更多的文化遗产列入国家保护之列。文化遗产不是在时间和空间上凝固不变的对象，对于文化遗产的认识也将永远处于发展变化之中。今天，应不断总结文化遗产保护实践的成果，研究保护内涵的深化和保护外延的拓展，推动文化遗产的概念更加清晰完整，城市文化的内容更加丰富多彩，也使人们更加体验到，"城市本身就是文化遗产"的深刻含义。面对不断丰富变化的文化遗产概念，不能囿于传统的思维定式，就事论事，以物论物，特别是对文化遗产的价值认知要避免狭隘性、片面性、主观性和封闭性；应建立起整体、系统、综合的文化遗产观，使文化遗产保护不再是单纯的物质文化遗产的保护，而是更多地立足于对自然生态环境、历史变迁轨迹、人的内心世界的尊重。重新认识复合系统中的文化遗产资源，是新时期文化遗产保护的重要任务；同时，需要我们不断对文化遗产的发展趋势进行前瞻性思考，作出全面的分析判断，提出整体的保护对策，实现文化遗产事业的战略转型，大步迈向"遗产强国"之列。

10.2.2 关于单体保护与整体保护的思考

文化遗产依赖于背景环境而存在；有背景环境的烘托，文化遗产才能全面彰显其历史、艺术和科学价值，才能真正成为城市文明的载体。文化遗产保护应遵循真实性和完整性的原则。真实性原则，就是要求不得改变文化遗产的历史原状，要尽可能地保护文化遗产所拥有的全部历史信息。完整性原则，则是要求将文化遗产及其周边环境作为一个整体，保护不仅限于其本身，还要保护其背景环境，特别是对于历史性城市更要保护好历史城区的整体环境。进入新世纪以来，随着商业性房地产开发的升温，许多历史性城市出现了持续地大规模改造热潮，在历史城区内采用一般性城市的改造方式，实施大拆大建，将传统街区成片推倒，建设大体量的建筑物和大规模的建筑群。针对当前历史城区保护面临的重重困境，应综合考虑历史性城市特殊的社会、经济、历史、自然条件，从整体上保护特色风貌和文化遗产。必须明确，保护各类文物建筑、文化遗址和历史街区，都只是保护历史城区的重要组成部分之一，而不能取代历史城区的整体保护。

笔者认为，当前文化遗产环境保护的认识水平亟待提高。如果文化遗产的保护只停留在具体的、互不联系的物质形态上，那么在改造后的历史城区中，文化遗产的整体性、系统性和综合性就将被割断，一处处文化遗产就将沦为"文化孤岛"。这些散布于城市之中，被混凝土建筑森林所包围着的点点"孤岛"，在人们眼中就会再次沦为"古董"或"古玩"，既孤立，又不协调，失去了文化遗产应有的尊严，失去尊严的文化遗产将难以焕发活力，难以体现出应有的价值和发挥出应有的作用。文化遗产不但具有不可替代性，不可再生性，而且具有不可分割性。今天，需要对历史城区整体保护的概念进行准确界定，认真分析其文化特色，从全局的角度研究文物建筑、文化遗址和历史街区的空间分布规律和空间整合关系，以及各自在历史城区中的作用和特色定位，将孤立散存的点状和片状结构变成更具保护意义的网状系统，充分发挥出文化遗产对提升历史城区整体价值的重要作用。同时，每个历史性城市均应明确历史城区整体保护的方针，制定整体保护规划，对于过去大拆大建式"旧城改造"政策做出方向性扭转，形成符合整体保护原则的保护目标、保护内容及其保护措施，成为各方面都应遵守的保护纲领。

10.2.3　关于政府保护与全民保护的思考

文化遗产保护需要文物工作者和文物管理部门以"守土有责"的精神承担起庄严使命，但是，更需要广大民众的积极支持与参与。今天我们在专注于通过工程技术手段遏制文化遗产破坏的同时，却忽视了另一方面的变化，即伴随原有生产、生活方式的消失和原有人文、自然环境的改变，当地民众与文化遗产之间的文化情感日趋淡漠。而我们在保护工作中往往漠视民众分享和参与文化遗产保护的权利，忽略重建民众与文化遗产之间的情感联系，由此造成民众与文化遗产之间距离感的加大，其后果严重地影响着文化遗产事业的持久健康发展。今天，文化遗产在使人们了解自己以及生活的意义等方面扮演着越来越重要的角色。文化遗产只有通过合理地发挥作用，通过特定的方式，为民众所关注与分享，才会得到可持续地保护，也才会具有更加强盛的生命力。对于历史街区来说，积极稳妥的更新模式应该是适合当地具体社会经济状况的、充分听取公众特别是当地居民意见的、循序渐进的、注重差异化和分散化的更新模式，而不应该是主观和强制性的、一厢情愿的、过于刚性的、一刀切的集中拆迁改造模式，应给居民提供更多有针对性的、具有选择余地的更新方案，特别是在去留问题上给居民多种选择，尊重他们的自主选择。

随着时代的发展，文化遗产保护也在向深度和广度方向发展，与社会生活的关联度越来越高。文化遗产保护的深度发展，即意味着使文化遗产在人们的物质和精神生活中深深扎根，使人们对文化遗产价值的认识日益深化，与广大民众建立起更为紧密的文化与情感联系。文化遗产保护的广度发展，即意味着使人们更多地拥有合理利用文化遗产的选择和机遇，更加全面地接受文化遗产教育并从中受益，使保护成果不断惠及广大民众文化生活的各个层面和所有方面。今天，应以新的观念对待文化遗产事业的发展，探索更积极、更合理、更有效的途径，为保护文化遗产提供更广泛、更强大的舆论支持和更丰富的物质保障，使文化遗产真正为社会公众所共享，有力地推动文化遗产所在地经济社会的和谐发展；应将"沟通关联"和"培育情感"作为文化遗产保护工作的应尽职责，积极倡导民众成为文化遗产保护的知情者和受益人的理念。同时，从某种意义上说，历史街区中传统生活方式的消失与传统建筑的消失同样可怕。真正的保护不应使原有居民成分发生急剧变迁，不应让传统的生活方式骤然消失，而应该在整体上保持一种渐进演化，让历史街区和其中的居民共同讲述真实的故事，把历史遗存、传统记忆与地域文化同时留下。

10.2.4　关于有效保护与积极保护的思考

面对城市化的快速进程，今天文化遗产保护处于最危险、最紧迫、最关键的历史阶段。文化遗产资源是一座城市最珍贵的资产，城市的魅力和发展动力来自于文化的积淀。在城市文化的公共性、公益性日益加强的今天，文化遗产不应该仅仅是专业工作者呵护的对象，而应融入社会生活，在保护中利用，在利用中进一步诠释和丰富它们的综合价值；应关注文化遗产对于提升民众生活质量、创造城市文化环境所具有的不可替代的作用。保护文化遗产不应排斥对其合理利用，而且合理利用恰恰是最好的保护。2007年9月，吴良镛教授在城市文化国际研讨会上提出"积极保护，整体创造"的理论观点。"积极保护"，即将文化遗产保护与城市建设发展统一起来，不仅保护文化遗产本身，还要保持其原有生态和环境，新的建筑可以并且也需要创新，但是应遵从建设的新秩序，而不是"就建筑论建筑"、"就保护论保护"。"整体创造"，即通过建设过程中的不断调节，追求城市组成部分之间成长中的整体秩序，把各方面的问题综合起来考虑，化建筑的个别处理为整体性创造，既保持和发展城市建筑群原有的文化风范，又使新建筑富有时代风貌，实现有机更新。

文化遗产在社会生活中不能只扮演弱者的角色，尽管文化遗产需要全社会的关注和呵护，但是它们需要的不是人们给予怜悯式的保护，尤其是在过度注重经济利益的社会环境中，更需要人们真正认识到文化遗产对于城市发展和改善市民生活所具有的不可替代的价值，给予积极的保护。在新的世纪，应主动发挥文化遗产的多方面综合作用，使文化遗产进一步融入社区生活、融入经济发展、融入城市建设，不仅给专业人士，更多的是给民众以精神的、情感的、美的享受和启迪。今天在文化遗产保护和城市文化建设领域，有着诸多亟待研究解决的重大课题，需要运用"积极保护，整体创造"的理论展开实践。例如如何在西安、洛阳以及北京历史城区等大型古代城市遗址特别集中的城市，设立"国家文化遗产保护特区"，给予特殊保护政策的课题；如何实施长城、大运河和丝绸之路等巨型、线型文化遗产的整体保护，扩大文化遗产保护视野的课题；如何开展海峡西岸文化遗产、我国早期木结构建筑群等"系列遗产"的整体保护，加强文化遗产保护综合研究的课题；如何抓住产业结构调整机遇，实现以首钢、江南造船厂等为代表的工业遗产保护性再利用，带动全国工业遗产保护的课题；如何面对全国博物馆建设新的高潮，实现将博物馆社会教育功能纳入国民教育体系的课题；如何借鉴"欧洲文化之都"活动举办的经验，在我国开展"中国文化之都"活动的课题，等等。

10.2.5　关于文化遗产与文化资源的思考

今天，在我国城市，一方面精神文化产品的供给相对于满足民众日益增长的文化需求而言，已经形成"战略性短缺"，文化发展不能适应国民经济和社会发展的状况尖锐存在，促进文化发展的任务愈来愈紧迫，这关系到国家的文化安全，关系到建设良好城市文化环境。另一方面，随着世界范围的经济、政治、文化、社会的发展变化，文化遗产对国家发展、社会进步、人民幸福的重大作用日益显现，人们越来越认识到文化遗产多重价值的重要性，各地政府在制定相关文化政策时，也不可回避地要考虑投入维护文化遗产可能带来的综合效益。文化遗产是不可再生的精神资本、文化资本、经济资本和社会资本。如果仅仅把文化遗产当作珍稀物品加以保留是不够的，更重要的是深入发掘文化遗产的多重价值，将其转化为服务于人类现代和未来生活的文化资源。当人们把文化遗产当作一种经济资源和物质财富，就会随心所欲地处置它们，而如果把它们视为珍贵的文化资源和精神财富，就会永远保护它们，以它们为伴，以它们为荣，甚至把它们作为生命的重要组成部分。长期以来，我国不少历史性城市，在处理发展与保护之间的关系方面，没有能够充分认识到历史性城市是我国文化遗产中最重要的组成部分，是人类共同的宝贵财富，同时也是不可再生和无法替代的文化资源。

文化遗产应该作为城市发展的文化资源，成为创造文化城市的不竭动力。文化遗产作为城市文化特征的载体，对它们的保护就是对文化资源的丰富。今天，保护文化遗产的理由，不仅仅取决于它是否还具有以往的使用价值，也不完全取决于它具有多么珍贵的艺术和科学价值，同时还取决于它是否已经成为城市文化的重要组成部分，已经成为促进城市发展的关键因素。合理利用是积极保护的重要内容，作为文化遗产保护的重要方式，日益得到世界各国和社会各界的认同。其内容既包括延续与恢复文化遗产的原初功能，也包括开拓有利于其传承的新的功能。长期以来，在文化遗产"保护"，还是"利用"的问题上各执一词，争论不休，而实际上，无论是"保护"还是"利用"，都不是目的，"传承"才是真正的目的。传承是最有效的保护，发展是最深刻的弘扬。文化遗产保护的本质就是文化的传承与发展问题，积极开展文化遗产事业对国民经济和社会发展贡献作用的研究，填补长期以来缺乏文化遗产事业综合贡献测算的空白，为各级政府及相关机构提供决策依据，使文化遗产作为城市无比珍贵的文化资源，确立在社会上应有的地位，使社会更加理解和支持文化遗产保护，从而达到文化遗产事业与社会经济的同步发展。正确处理文化遗产保护的各种关系，实际上就是对科学发展观的忠实实践。

10.2.6　关于文化积累与文化创造的思考

文化积累与文化创造之间存在着密不可分的关系，这种关系从人类诞生起就始终伴随着社会的发展而直至今天。城市是文化的摇篮、文化的土壤、文化的容器，城市不断地培育出新的先进的城市文化。同时，千百年来，文化创造成功地为城市发展提供了源源不断的动力，并将其不断地向更高的成就推进。没有文化创造，就不会有今天这样丰富多彩的城市文化。但是，当前我国城市不仅面临着对既有文化遗产保护不力的问题，更面临着对新的城市文化创造乏力的问题。文化创造是一个城市生产力发展的源泉，是城市发展的精神动力，是城市物质创造最基本的原生动力，城市正是在不断的文化创造中得以传承和发展。正确处理继承和创新的关系，是文化创造中一个十分重要的问题。城市文化不是化石，化石可以凭借其古老而价值不衰，城市文化是活的生命，只有发展才有持久的生命力，只有传播，才有影响力，只有具备影响力，城市发展才有持续的力量。因此，城市文化不仅需要积累，还需要振兴，需要创新；只有文化内涵丰富、发展潜力强大的城市才是魅力无穷、活力无限的城市。从另一个角度来讲，在当前，不断创造新的城市文化，是满足城市居民精神文化需要的必然要求。面对民众迫切呼唤新的城市文化生活，也要求城市必须提高自己对新的城市文化的创造能力。

要创造当代先进文化，就必须通过对城市传统文化的深刻继承和科学扬弃，来培育和丰富既有独特民族传统、浓郁地方特色，又有鲜明时代精神的城市文化。积累与创造必须统一起来，而且可以统一起来。丧失了保留至今的文化遗产，城市将失去自己的文化记忆；创造不出新的城市文化，城市将迷失自己的发展方向。文化遗产既是昨天的辉煌、又是今天的财富，还是明天的希望。只有积累与创新两者并重，城市才能获得真正意义上的发展。今天，在考虑文化遗产保护和利用的同时，也要考虑城市文化创造和传承问题，在考虑城市文化特色的审美要求时，更要考虑可持续发展的增量要求。文化创新的高度往往取决于对文化遗产发掘的深度。城市的发展不仅要有对文化遗产的积累和传承，还要有对新的城市文化的开拓和创造，能够不断创造出属于自己的新的文化，这样才能始终保持活力。新的世纪需要激动人心的文化发展目标。吴良镛教授关于"中华文化枢纽工程"的创意使我们得到启示，镶嵌在中华大地上的一座座历史文化名城，就应作为一项项无与伦比的"中华文化枢纽工程"。在我国面向未来快速发展的关键时期，加大对历史文化名城的保护力度，继承和发扬文化内涵与人文精神，把它们建设成为中华民族伟大复兴的座座灯塔，维系全体中国人民的精神纽带，以保护、继承、发展为核心，创造代表中华文明高度的"中华文化枢纽工程"。

10.2.7　关于文化定位与文化复兴的思考

在我国，城市"文化定位"正在成为许多城市关注的课题，以文化为轴心的城市发展战略，成为越来越多城市的共同选择。今天，人们认识到，城市现代化不应该只体现在建筑的叠加与罗列，道路的延伸与交叉，还应该体现出城市的自然环境、建筑艺术和市民素质的和谐结合，应该体现出城市的传统风情、现实生活和文化创造的和谐共生。城市文化是一个具有多维特质的概念，因此应当从整体的角度入手，对城市文化系统地加以研究。今天，物质生产的能力已经逐渐满足需求，而精神文化需求则前所未有地巨大而突出。当人们的物质生活逐渐由温饱走向富裕，必然对文化品位提出更高的要求。一个城市的发展可以"跨越"经济增长的阶段，但人文特色、人文精神的培育和塑造，必然需要长时期的历史文化积淀，短期"包装"或"打造"难以替代。一方面是发展，一方面是保护；一方面是经济实力的提升，一方面是文化传统的捍卫。只能在这两者之间找到一个经得起历史检验的平衡点，共同促进，协调发展。

建设文化城市，应该成为城市发展的鲜明主题，而城市文化特色的维护和发展，则是文化城市建设的先期条件。今天对待城市文化的观念和方式，决定着城市走向未来的步伐。为此，在城市建设中应该注重城市人文生态的平衡和发展，在发展特色城市、魅力城市上下功夫，以突出城市综合竞争力中的文化竞争力，校正当前城市建设中忽视文化的弊端。每一座城市都应该通过深入发掘城市文化内涵，进行融贯的综合研究，对城市"文化定位"做出积极回应，探索实现城市文化复兴之策。城市不仅要在城市化快速进程中为人们身体的栖居提供物质的场所，还要为人们心灵的栖息提供精神的空间，任何违背人的全面发展的做法，都是与城市追求的终极目标相违背的。每一座城市都不应与其他城市比所谓"日新月异"的景观变化，因为这种竞赛是最糟糕的心态，是不了解自己城市的一种表现。每个城市都应该创造出自己的特色，并让别人尊重你的特色。对于城市文化的发展状况，需要高屋建瓴，远见卓识地加以引导并给予有力的政策回应。以人为本的城市文化必然是积极、健康、向上的，促使人们进步的文化。现代城市应在发展中进行长期和持久的文化复兴，通过长期不懈的努力，恢复文化生态的色泽，并在文化复兴中丰富新的城市文化内容，使民众在文化权益上各得其所，在文化享有上各获其利，在文化创造上各尽其能，使文化形态的生成与发展过程成为提高人的素质、促进人的全面发展的过程。

10.2.8 关于城市时代与文化时代的思考

目前，我国在向全面建设小康社会迈进，面临着社会经济的巨大变革，新旧体制的衔接与更替，东西方文化的交融与碰撞；旧的经济秩序和价值观念的解体，新的文化理想和发展战略的酝酿，一切都是如此地急剧。由此可以说，我国正处在极其特殊的历史时期，面临难得的发展机遇。中华民族必须抓住这一历史的机遇，实现伟大的复兴，而唤起全民族追求城市文化精神应是时代的责任和使命。吴良镛教授指出："事实上，今天的中国城市无论沿海还是内地都处在大规模的建设高潮之中，可以说已经进入城市的黄金时代；并且，依笔者所见，如果乐观一点说，中国可以有若干城市同时塑造它们的黄金时代"[①]。学术大师的论述启示我们，应该把当今我国城市的发展，放到历史的长河中和全球化的宏阔背景中，有一个更高的定位，塑造城市的黄金时代，为中华文化复兴注入城市文化的时代活力。是努力建设具有伟大理想和抱负的文化城市，还是继续滑向毫无特色和生气的平庸城市，这一重大决策举足轻重，对未来城市的社会走向、民生质量、文化传承以及可持续发展都将意义深远。今天决策正确则可以在今后数十年内面对城市化快速发展进程而立于不败之地，甚至可以奠定今后百年甚至更长时间的城市繁荣的基础。反之，则可能因为决策失误而付出长期的甚为巨大的代价。

如果说现阶段世界各城市之间的竞争，首先是城市功能和经济地位的竞争，那么，今后世界各城市之间的竞争，必然是文化的竞争。综观世界闻名遐迩的文化城市，无论古代、近代还是现代，之所以能给人们留下深刻的印象，都是因为它们在立足于本土文化和区域特色的基础上发展。今天我们需要更多理想的文化城市，需要更多比古代"城市黄金时代"更加文明、更加繁荣的现代城市。在实践中人们认识到，现代城市不仅具有功能，更应该拥有文化。今天，无论是城市战略规划的编制，还是城市公共政策的确立，都受到全球化的影响。

---

① 吴良镛. 论中国建筑文化研究与创造的历史任务. 城市规划，2003（1）：13

在这一背景下，具有鲜明文化特色的城市，更具有全球竞争的能力，更能捕捉到发展机遇。应使文化遗产保护和城市文化建设成为城市发展的积极力量，使城市建设从单纯的房屋、设施建设转向更高层次的文化活动，而这种文化活动恰恰体现了城市建设行为的本质意义，即城市不仅要为市民提供一个良好的物质环境，而且要为市民提供一个高尚的文化空间。如何成功跨越转型期这道门槛，关系到城市未来的发展质量和水平，是横亘在每一个经济发展达到此阶段的城市面前的新挑战，而跨越门槛，战胜挑战的核心力量是城市文化。

10.3 文化遗产保护有价值与创新的研究工作

本书通过进行大量调查研究和对相关问题的归纳与阐释，试图更准确地把握文化遗产保护和城市文化建设的历史和现状，对当前发展过程中出现的问题进行批判性反思，将文化遗产保护纳入城市文化建设的研究内容，在城市文化建设的研究中引入城市规划建设的视角，结合其他学科领域的知识与内容，预测可能的发展途径，进行综合对策研究，努力以新的观念研究新的发展。祈望通过努力，对提高文化遗产保护和城市文化建设的科学水平有所启发，探索出解决问题的办法，做出有价值与创新的研究工作。

10.3.1 对在我国诞生的国际文件的归纳

自20世纪80年代以来，是国际文化遗产保护和城市文化建设新的实践经验不断产生，理论研究进展最快的时期，但是，我国在这些领域向先进国家学习的同时，着眼于自身特点的理论创新则明显不够，这不但与我国作为文化遗产大国的客观地位极不相称，也与中华文明在世界文明中所具有的独特性、先进性不相符合。长期以来由于理论创新不足，致使我国在国际，甚至在亚洲地区文化遗产和城市文化领域，缺少应有的"话语权"，我国的一些创新性实践也在一定程度上得不到国际同行的理解和认可。虽然我们对在欧洲文化背景下产生的《威尼斯宪章》等保持着应有的尊重，但是如果没有结合我国文化特点和文化遗产保护实际产生的创新理论，没有在创新理论指导下的创新实践，则"与国际文化遗产保护理论接轨"和"建设有中国特色的城市文化体系"等都将成为空话。因此，不注重文化遗产保护和城市文化建设的理论创新，既难以满足我国本身的发展需要，也难以对国际相关领域的进步做出义不容辞的贡献。

近年来，上述状况有所改善，集中表现在通过积极争取一系列相关领域的重要国际会议在我国举办，结合我国文化遗产保护和城市文化建设实际，积极取得各界的理解与共识，诞生出一系列具有影响力的国际性的文件。其中包括1999年6月，在北京召开的第20届世界建筑师大会上诞生的"国际建协《北京宪章》——建筑学的未来"；2005年10月，在西安召开的国际古迹遗址理事会第15届大会上诞生的"保护历史建筑、古遗址和历史地区环境"的《西安宣言》；2007年5月，在北京召开的"东亚地区文物建筑保护理念与实践国际研讨会"上通过的"关于东亚地区文物建筑保护与修复"的《北京文件》；2007年6月，在北京举办的"城市文化国际研讨会"上形成的《城市文化北京宣言》。这些是在我国产生的第一批关于文化遗产保护和城市文化建设的国际性的文件，这些文件不但采取了宪章、宣言等庄严的形式，而且融入大量具有我国文化特点和实践经验的内容，不但与现今国际相关先进理念接轨，而且具有强烈的"中国特色"，必将在国际领域产生重要影响。但是在国内对于这些国际文件的推广和应用明显不够，需要进一步对其现实意义予以挖掘和深化。为此，本书对此进行了基本归纳和重点阐释。

10.3.2 对文化遗产保护发展趋势的研究

近年来，随着文化遗产保护领域视野的逐渐扩大，新成员的不断加入，各类文化遗产在城市中呈现出相互交织、相互融合的复杂关系，保护实践也呈现出三种新的趋势，即保护的对象呈现出由"单体"向"群体与环境"，再向"整体"方向扩展的趋势；保护的范围呈现出由"点状"向"线状与面状"，再向"系统"方向扩展的趋势；保护的领域呈现出由"物质"向"物质与非物质"，再向"综合"方向扩展的趋势。正是文化遗产保护这一整体性、系统性、综合性的发展趋势，推动着城市文化遗产的概念更加清晰完整，更加体现出人类文化与自然多样性和平衡性，有利于人们从更广阔的视野、更深入的角度分析和梳理文化遗产之间的内在联系，更加多样化地评价文化遗产的价值，探索新的保护方式和手段。强调文化遗产保护"整体的观念"和"融贯的综合研究"，有利于将传统的文物保护理论扩展为全面发展、兼容并蓄、动态开放的文化遗产保护理论体系，实现文化遗产事业的战略转型。

为此，本书通过系统归纳进入新的世纪以来，国际文化遗产保护新的理念和实践，以及我国新时期一系列文化遗产保护的实践成果，包括"长城保护工程"总体方案的制定、"大遗址"保护国家项目库的建设、保护新型文化遗产工业遗产的倡导、新农村建设中对乡土建筑的抢救、非物质文化保护的开展、我国世界文化遗产保护体系的完善、公布全国重点文物保护单位新的探索、博物馆主动融入社会的实践等，深入思考新时期文化遗产保护理念不断深化，保护范围不断扩展的趋势，归纳出文化遗产保护在内涵方面更加注重历史传承性和公众参与性，在外延方面需要适应保护要素、类型、空间、时代、性质、形态等六个方面的深刻变革与发展趋势。在全国文物普查全面开展的形势下，准确把握文化遗产事业的发展趋势，及时提出文化遗产保护理念的深化与保护范围的扩展，使文化遗产发展成为更加综合的概念，有利于在新的概念指导下，正确处理文化遗产保护的各种关系，探求文化遗产保护体系的健康发展，提示应将更多的文化遗产，例如乡土建筑、工业遗产、农业遗产、文化景观、文化线路、系列遗产、20世纪遗产、非物质遗产等，以及更多的文化遗产保护新成员列入国家保护之列。

10.3.3 对传统文化和城市文化特征的阐释

在源远流长的历史长河中，中华文明储蕴了丰富的内涵，对社会发展的进程产生过重要作用。正是中华文明的代代相承，使整个中华民族在思维方式、价值取向、伦理观念、审美情趣等方面渐趋认同，形成了卓越的品格和精神，发展成为中华民族强大的向心力和凝聚力。今天，进行文化遗产保护与城市文化建设的理论探索，就会发现城市不仅是人类为生存和发展需要而创造的人工环境，也是文化的载体和容器；城市发展不仅是长期的物质环境的建设过程，也是长期的文化环境的积淀过程；城市不仅是经济建设的成果，更是文化发展的结晶，从某种意义上，城市本身就是文化遗产。在不断演进与更替的过程中，城市通过聚积的物质和文化的力量加速了自身的发展进程，并通过城市中的各种物质文化遗产和非物质文化遗产，将城市的传统文化和地域文化代代传承，形成被称为城市灵魂的"城市文化"。保存城市的记忆，保护城市的延续性，保留城市发展的脉络，是城市发展的需要。因此，如何正确地对待中华文明成果，弘扬优秀传统文化、地域文化，就成为今天研究城市文化必须特别注意的问题。

本书通过深入探讨中华文明的基本特征、我国传统文化的基本特征和我国地域文化的基本特征，归纳其对于当前城市文化遗产保护和城市文化建设的深刻影响。在现有大量学术研究的基础上，首次归纳提出中华文明的原生性、可信性、整体性、连续性、先进性和包容性等六个方面的基本特征，进而对我国传统文化和地域文化的历史性、民族性、空间性和功能性等特征进行归纳与阐释。同时，针对"城市"与"文化"两组既不相同，又密切关联的概念，汇集大量学者关于"城市"和"文化"各自内涵的多样性观点，揭示两者所包含的多层面意义和复杂特征，以及两者在历史进程中的相互作用与影响。指出"城市"与"文化"的进一步结合，是历史进步的必然产物。今天两者共同滋养着城市建设和文化发展，形成对人类生活的多方面贡献与影响，也形成了人们对城市文化的深入理解。在上述研究基础上，分别阐述了文化遗产保护和城市文化建设的时代意义。

10.3.4 对加强文化遗产保护能力建设的建议

当前，我国文化遗产保护在观念、法规、体制、机制、手段等方面存在亟待解决的诸多薄弱环节。一方面，文化遗产保护基础工作薄弱，存在资源家底不清，保存状况不明的问题；保护法规体系不完善，特别是专项法规、技术规范、行业标准、管理制度缺失较多；保护规划编制起步较晚，一些管理亟需的保护规划尚待编制；保护管理体制过于分散，管理机构不健全；保护经费投入与实际需要差距较大，成为制约事业发展的瓶颈因素。另一方面，文化遗产保护与城市建设之间的矛盾异常突出，尚未建立起有效的应对机制；一些地方政府和文物行政部门未能认真履行法律职责，不能有效制止破坏文化遗产的事件发生；在保护的诸多技术难题面前，科技贡献率不高，基础理论研究进展缓慢；多学科支撑的文化遗产保护体系尚待确立，科技成果推广转化水平亟待提高；保护人才队伍薄弱，难以应对日益繁重的保护需要；动员社会公众参与文化遗产保护的有效机制尚未建立；探索文化遗产合理利用方面的研究不够，保护观念亟待转变。

针对上述问题，本书提出加强文化遗产保护的能力建设的建议。尽管改革开放以来，我国文化遗产保护的努力超过历史上任何时期，但其间的文化遗产破坏也超过历史上任何时期。正所谓"前所未有的重视，前所未有的冲击"，我国仍然经历着文化遗产安全危机。文化遗产安全是文化遗产保护的基本出发点，文化遗产事业的健康发展必须建立在保证文化遗产安全的基础之上。在城市化快速进程中，工程建设、环境污染、文物犯罪三大因素使祖国文化遗产频频遭受破坏和损毁，一些不可移动文物和馆藏文物存在着巨大的安全隐患。在这一形势下，加强文化遗产保护的能力建设具有重要战略意义。为此，明确加强能力建设的具体目标，通过加大摸清文化遗产资源力度，加快文化遗产法制建设和保护规划编制进程，加强文化遗产科技保护和人才培养力度，以此探索建立文化遗产安全保障的长效机制，全面促进文化遗产保护能力建设。

10.3.5 对相关学科的"融贯的综合研究"

现代化、全球化、城市化背景下的文化遗产和城市文化，以及文化遗产保护和城市文化建设与城市规划建设的关系，是近年来逐渐为人们所重视的领域，相关课题更成为规划学界和文化学界共同关注的对象，有较多重要的研究成果，实践经验也不断丰富。但是，其中将文化遗产保护纳入城市文化建设的研究，在城市文化建设的研究中引入城市规划建设的视角，进行综合研究的成果则比较少，各个方面的研究人员缺少共同开展的深入研究。吴良镛教授所倡导的重要方法论是"融贯的综合研究"，其技术路线和组织方式是以问题为导向，"庖丁解牛"与"牵牛鼻子"，以及综合集成与螺旋式上升。面对当前文化遗产保护和城市文化建设中存在的种种问题和挑战，需要采取文化遗产学科、文化学科和城市规划学科融贯的研究方法，结合其他学科领域的知识与内容，以文化战略的眼光进行审视，从全局的、宏观的、战略的和发展的角度来加以思考和分析。

本书是从文化遗产保护与城市文化建设两者之间关系的角度出发,同时试图为建筑学、城市规划学与文化遗产保护、城市文化建设的综合融贯研究寻找理论探索途径。文化遗产保护与城市文化建设必须进一步扩大研究的视野,加以系统地整理和发掘,其理论研究与实践方法也需要从深度和广度两个方面进一步加以拓展,特别是针对两者之间的关系及其相互作用进行综合研究,在更高的层次上对文化遗产保护和城市文化建设进行新的归纳。例如在对历史性城市保护的研究中,将历史性城市整体定位于文化遗产的重要组成部分,注意结合城市规划学科、文化遗产学科的相关研究成果,从历史性城市、历史城区、历史街区三个层面探索保护方式,分别提出由"以旧城为中心发展"转变为"发展新区,保护旧城";由"旧城改造"转变为"历史城区整体保护";由"危旧房改造"转变为"循序渐进,有机更新"的观点,对长期以来我国各个城市广泛采用的"旧城改造"、"危旧房改造"的传统观念提出质疑,较系统地陈述其弊端,纠正其偏见。

10.3.6 对"积极保护、整体创造"的探索

本书是在科学发展观的指导下,试图运用"广义建筑学"理论、"有机更新"理论、"人居环境科学"理论,对文化遗产保护和城市文化建设的基础性研究。尽管目前仅是初步的、肤浅的探讨,但是作为正在萌生的交叉性学科,文化遗产学、城市文化学在延续和发展传统文物学、城市学的同时,已经显示出其在理论和实践两个方面广阔的前景。本书在文化遗产保护方面,希望通过学习和运用"广义建筑学"的科学理论和方法论,分析城市化快速进程这一特殊时期文化遗产保护的时代任务,探讨文化遗产保护的发展趋势,促进建立国家保护为主,动员全社会共同参与的文化遗产保护新体制;在城市规划方面,希望通过学习和运用可持续发展和"有机更新"的科学理论和方法论,分析将文化遗产保护纳入城市规划各个层面的有效途径,探索历史城区与历史街区保护与更新的各项措施;在城市文化建设方面,希望通过学习和运用科学发展观和"人居环境科学"的科学理论和方法论,探讨新的世纪城市发展的科学规律和基本走向。在上述研究的基础上,推动从"文物保护"走向"文化遗产保护"、从"大规模改造"走向"有机更新"、从"功能城市"走向"文化城市"的理论创新和观念转变。

今天面对社会转型期和高速发展期,我国文化遗产保护所面临的主要问题,已经不仅仅是部分重要文化遗产的保护问题,而是要解决好文化遗产保护面临的普遍性问题;也不仅仅是单纯的保护技术问题,而是要解决好影响文化遗产保护的整体性问题。面对新的形势,吴良镛教授最近提出"积极保护、整体创造"的科学命题,即将保护与发展统一起来的理论探索,并指出"我们需要对

原来的理论体系、方法等重新加以审视"①。在此启发下，本书进而提出文化遗产保护和城市文化建设理论研究的若干新的课题，即对遗产大国与遗产强国、单体保护与整体保护、政府保护与全民保护、有效保护与积极保护、文化遗产与文化资源、文化积累与文化创造、文化定位与文化复兴、城市时代与文化时代等八个方面的关系给予新的思考，试图阐述迎接文化遗产保护和城市文化建设战略转型的各项措施，采取更加积极的方针，更加科学的方式，更加有效的方法保护文化遗产和建设城市文化。

同时，在书中提出了一些关于加强文化遗产保护和城市文化建设的建议，例如关于在西安、洛阳以及北京历史城区等大型古代城市遗址特别集中的城市，设立"国家文化遗产保护特区"的建议；关于实施长城、大运河和丝绸之路等巨型、线型文化遗产整体保护的建议；关于开展海峡西岸文化遗产、我国早期木结构建筑群等"系列遗产"保护的建议；关于实现以首钢、江南造船厂等为代表的工业遗产保护性再利用，带动全国工业遗产保护的建议；关于实现将博物馆社会教育功能纳入国民教育体系的建议；关于借鉴"欧洲文化之都"活动举办的经验，在我国开展"中国文化之都"活动的建议等内容。希望这些课题和建议的提出能作为后续研究的基础，也祈望从事相关研究的学者对上述内容给予关注和指导。

---

① 吴良镛. 文化遗产保护与文化环境创造——为2007年6月9日中国文化遗产日写. 城市规划，2007（8）：14

附录

附录 A 关于"城市"、"文化"与"城市文化"的思考

"城市"和"文化",都是相当宽泛的概念。由于它们对于人类的生存与发展异常重要,同时由于人们观察和分析问题的角度和重点各有不同,因此,关于它们的定义与内涵的讨论,从来就没有停止过,至今尚无统一结论。但是,当我们通过来自各个方面学者的论述和来自不同领域专家的阐释,汇集大量观点之后,再次对"城市"和"文化"分别进行考察,仍然可以获得新的认识,也为深入探讨它们之间的相互关系打下了基础。

第 1 章 关于"城市"

城市既是人类文明的成果和标志,又是人们日常生活的家园。一座城市各个时期的文化遗存像一部部史书、一卷卷档案,记录着一座城市的沧桑岁月。而惟有完整地保留了这些标志着当时文化和科技水准,或者具有特殊意义的文化遗存,才会使一座城市的历史绵延不绝,才会使今日人类发展的需求不断得到满足,也才会使一座城市永远焕发着悠久的魅力和时代的光彩。

A1.1 城市的基本系统和一般特征

与具有大约 40 多亿年历史的地球相比,人类的历史是短暂的。从早期猿人算起,人类历史至今大约有 300 多万年,仅占地球历史的万分之六七。与具有大约 300 多万年的人类历史相比,城市的历史更为短暂。从新石器时代算起,城市历史至今只有 6000 多年,仅相当于人类历史的千分之二。① 到目前为止,人类社会的绝大部分时间是在没有城市的环境中度过的。然而,当人类一旦走进城市,人类社会便进入了快速发展的进程。"在远古时代,人类从茫茫的荒野之中走进城市,这是人类社会的最伟大的进步之一,正是人类从蒙昧到野蛮再到文

---

① 注:根据考古学和人类学的研究结果,人类文明的起源是多元的。早期文明的发展是一个缓慢的过程,直立人相当于旧石器时代早期,其出现大约在距今 300 万年至 200 万年;早期智人相当于旧石器时代中期,其出现大约在距今 30 万年;晚期智人相当于旧石器时代晚期,其出现大约在距今 5 万年。现代人类开始于距今 1 万年前,陶器制作、磨制石器的使用和农业的起源标志着人类步入了新石器时代。

明——走进城市,使城市文明成为划时代的界标"①。

城市,是人类的伟大创造,是人类社会进入文明时代的鲜明标志。我们的原始祖先,从穴居野处,构木为巢,到逐渐脱离原始状态时起,就开始形成了群居的聚落、村寨、城堡等原始的城市雏形。这些城市雏形,使人类从"野蛮社会"发展进入了"文明社会"。城市发展经历了从原始社会的中心聚落,到设防城堡、城寨,到专为护卫统治阶层的王城、王都,再发展到政治中心、经济中心、商贸中心,以及交通枢纽、重要港埠、军事重镇等各具功能的城市。城市的不断发展使人类发展的需求不断得到满足。

城市不仅具有功能,而且拥有文化。城市为人们遮风挡雨,供给人们衣食住行,还给人们提供四季迷人的城市景观、施展才华的人生舞台、志同道合的亲朋好友。在纵横交错的街巷中,每个人都可以选择自己过往的路,记录下有声有色的成长历程。在岁月蹉跎中,人们如遇到挫折与不幸,从这里可以获得来自四面八方的珍贵的人间真情。对于久居城市的每一个人来说,城市就是他们的母亲。人们在城市的怀抱里出生长大,世世代代辛勤耕耘,所创造的不仅是城市宏大的规模、雄厚的实力和深远的影响,还有它非凡而独特的历史。对于新踏入城市的每一个人来说,这里代表着机会的多样性和选择的自由度,这是人们追求理想生活的前提条件。

城市是由众多子系统结合在一起的复杂结构,呈现出多样化的特点。无论任何城市的有效的维系和发展都有赖于三个基本的系统,即政治系统、经济系统、文化系统。政治系统提供一个城市的基本脉络结构和制度框架,以及相应的规则、秩序,以保证社会的稳定与正常有效的运作;经济系统提供市民赖以生存、发展的物质文明与物质成果;文化系统则提供维系社会共同的价值观、道德风尚、法律法规、文学艺术等。

人类最先进与最美好的科学、文化和观念等往往产生在城市里,而最落后与最丑恶的行为也同样产生在城市里。我们所能够看到的"城市病",即使在世界最发达的城市,也有充分的表现。"城市是社会全面发展的关键。全世界都在面对难以解决的城市问题。一方面,城市是人类聚居和创造公共财富的基地,另一方面,城市又是贫穷、社会分化、污染、交通堵塞的渊薮。人们认识到'城市可能是主要问题之源,但也可能是解决世界上某些最复杂、最紧迫的问题的关键'"②。任何城市中的问题都不可能彻底解决,老的问题完结,新的问题又将产生。伴随着经济全球化的形势,文化领域里的新与旧、优与劣、丑与美、善与恶以及科学与迷信、高雅与粗俗、普及与提高、进步与倒退的磨合、较量和斗争也将在城市中长期存在。

---

① 张鸿雁. 城市形象与城市文化资本论——中外城市形象比较的社会学研究. 南京:东南大学出版社,2002:1
② 吴良镛. 人居环境科学导论. 北京:中国建筑工业出版社,2001:21

今日世界，是以城市为主导的世界。城市生活作为人类的一种生存方式和活动方式，已经逐渐取得统治地位。就地域而言，城市数量越来越多，城市规模越来越大，占据了地球上越来越多的空间。就人口而言，20世纪初全世界有1.5亿人居住在城市地区，占世界人口不足10%，到21世纪初，世界城市人口接近30亿，在100年间增加了20倍，几乎占到了世界人口的一半。就功能而言，城市日益成为人类活动的中心，城市生活深刻地影响着人类发展。"联合国对世界城市化的展望显示，全球287个在100万人口以上的城市中，许多是文明没有间断的历史城市。城市作为人类文明的重要载体和大尺度的文化景观，是全人类的宝贵财富"。①

古今中外的发展进程证明：凡是经济社会发达的地区，必然是城市生活繁荣的地区。当工业化成为经济社会的主要生产形式，城市化便成为推动人类社会发展的主要形式，特别是近百年来，城市几乎创造了以往人类财富的总和。但是，"世界人口在上一世纪有了迅速的增长，随之而来的是城市化步伐的日益加速，这个过程已经在城市中造成严重的问题：拥挤、犯罪、住房、教育、污染、公用设施的超负荷和失业等等。这些问题对于所有发达国家和不发达国家都是共同存在的，只是特点和程度不同而已。这些问题在数量上和规模上不但不见减少，反而似乎是在增长之中"②。

在此情势下，人们自然会反思"城市是什么"这一基本问题，因为"人们普遍会接受下面这样的说法：若不了解'城市是什么'，是不可能解释'城市应该是什么'"③。

A1.2 基本问题——城市是什么？

L. 芒福德（L. Mumford）在他的名著《城市发展史——起源、演变和前景》一书开篇即连续问道："城市是什么？它是如何产生的？又经历了哪些过程？有些什么功能？它起些什么作用？达到那些目的？"④ 他还指出："如果我们仅只研究集结在城墙范围以内的那些永久性建筑物，那么我们就还根本没有涉及城市的本质问题。我认为，要详细考察城市的起源，我们就必须首先弥补考古学者的不足之处：他们力求从最深的文化层中找到他们认为能以表明古代城市结构秩序的一些隐隐约约的平面规划。我们如果要鉴别城市，那就必须追溯其发展

---

① 张松，周旋旋. 城市保护规划与可持续发展战略. 理想空间，2006（15）：4
② [英] K. J. 巴顿. 城市经济学——理论和政策. 上海市社会科学院部门经济研究所城市经济研究室译. 北京：商务印书馆，1984：2
③ [美] 凯文·林奇. 城市形态. 林庆怡，陈朝晖，邓华译. 北京：华夏出版社，2001：28
④ [美] 刘易斯·芒福德. 城市发展史——起源、演变和前景. 宋俊岭，倪文彦译. 北京：中国建筑工业出版社，2005：1

历史，从已经充分了解了的那些城市建筑和城市功能开始，一直回溯到其最早的形态，不论这些形态在时间、空间和文化上距业已被发现的第一批人类文化丘①有多么遥远②。

根据经典定义："城市是以非农业活动和非农业人口为主，具有一定规模的建筑、交通、绿化及公共设施用地的聚落。城市的规模大于乡村和集镇，人口数量大、密度高、职业和需求异质性强，是一定地域范围内的政治、经济、文化中心"。"现代城市内部结构、功能形态以及分类体系复杂，其生产更多地摆脱了土地和自然的束缚，活动的复杂程度和空间范围都大大超过了以往的任何时代。城市的发展也造成了交通拥挤、住房紧张、环境污染等一系列问题"③，然而，"城市是什么？"的答案并非如此简单。

关于城市，中外学者进行了大量细致的研究工作。如张鸿雁教授曾详细归纳了各类学者，如历史学家、社会学家、经济学家、城市规划学家等对于城市的不同理解④。刘传江先生从城市的发生定义、集聚定义、功能定义、景观定义、文化定义、生活方式定义、区域定义和系统定义等多方面进行了阐述⑤。徐康宁先生认为："城市是政治、经济、科技、文化、教育的中心，是人类的聚居地，是生产力发展到一定阶段的产物，是现代文明的标志"⑥。杨东平先生认为："城市是一个自然和地理的单元；城市是人类一种聚集的方式；城市是一片经济的区域；城市是文化的空间；城市是一部打开的书；城市是一代又一代的光荣与梦想、期冀与抱负；城市是一种生活方式"⑦。

美国规划学家 K. 林奇（K. Lynch）先生认为：城市是独特的历史现象；城市是人类聚落的生态系统；城市是生产和分配物质产品的地点；城市是一个力场；城市是一个相互关联的决策系统；城市是一个矛盾斗争的舞台。因此"城市可以被看作是一个故事、一个反映人群关系的图示、一个整体和分散并存的空间、一个物质作用的领域、一个相关决策的系列，或者一个充满矛盾的领域"⑧。还有国内外不同领域的学者从历史、地理、政治、经济、社会、文化、生态、景观等不同的角度对于"城市是什么？"这一基本问题进行了大量生动地描述。通过这些关于城市问题的研究成果，我们今天可以轻而易举地查找到关

---

① 文化丘（Tells），中东地区一处古丘，积累了丰富的古人类聚落文化遗迹——原译者注
② [美]刘易斯·芒福德. 城市发展史——起源、演变和前景. 宋俊岭，倪文彦译. 北京：中国建筑工业出版社，2005：3
③ 中国大百科全书（简明版）（修订本）. 北京：中国大百科全书出版社，2004（第2卷）：659
④ 张鸿雁. 城市形象与城市文化资本论——中外城市形象比较的社会学研究. 南京：东南大学出版社，2002：3
⑤ 刘传江. 中国城市化的制度安排与创新. 武汉：武汉大学出版社，1999：24～33
⑥ 徐康宁等. 文明与繁荣——中外城市经济发展环境比较研究. 南京：东南大学出版社，2002：1
⑦ 杨东平. 城市季风. 上海：上海三联书店，1998：11
⑧ [美]凯文·林奇. 城市形态. 林庆怡，陈朝晖，邓华译. 北京：华夏出版社，2001：27

于城市的数十种定义。

由此我们看到,什么是城市?这一问题看似简单,其实不然。"在现有研究城市问题的文献中,人们难以找到一个即使是能为多数人所认可的较完整的定义。这种局面形成的一个重要原因,在于城市是一个十分复杂的社会系统,城市这一概念本身具有广泛性,经济学、社会学、人口学、地理学、历史学、文化学和城市学等不同学科的学者从各自专业视野的研究很难达成共识"[1]。虽然我们在深入了解各方面关于城市问题的论述后,仍然不能形成关于城市的清晰的定义,但是对众多学者的观点综合来看,我们至少可以取得以下认识。

A1.3 对"城市是什么?"的再认识

城市是社会复杂的系统。城市不仅仅是各类人群——诸如工人、商人、教师、学生、男人、女人,以及老人和孩子等的聚集;不仅仅是各种社会设施——诸如建筑物、院落、街道以及广场和公园等的布局;也不仅仅是各种服务部门和管理机构——诸如学校、医院、商场、宾馆以及政府机关等的设置。换言之,城市绝非简单的物质现象,绝非简单的人工构筑物。它是自然的产物,是人类属性的产物。美国社会学家R. 帕克(R. Park)指出:"城市,它是一种心理状态,是各种礼俗和传统构成的整体,是这些礼俗中所包含,并随传统而流传的那些统一思想和感情所构成的整体"。城市经济学家K. J. 巴顿(K. J. Button)则指出:城市"是一个相互交织在一起的网状系统"。因此,城市不仅体现着它所具有的物质功能,而且体现着社会发展的复杂进程,包含着深刻的文化意义。

城市是人们精神的家园,城市的发展是人类居住环境不断演变的过程,也是人类自觉和不自觉地对居住环境进行规划安排的过程;城市已同其居民的各种重要活动密切地联系在一起。人们的工作、居住、休闲、社交以及所有日常生活,与其所在的城市有机地融合在一个社会、文化和自然的系统中。城市生活反映了居民整体的心理状态,是各种传统与习俗、思想与情感所构成的整体。因此,城市的性格,对于人们具有什么样的素质和品行,以及他们如何看待这个社会,都有重要的影响。正如张在元先生所指出的:"城市记录人类思想、情感与成长过程的所有片断"[2]。文化人类学者R. 雷德菲尔德(R. Redfield)则指出:"城市的作用在于改造人"。因此,城市不仅要注重居民的物质生活,更要注重人的全面发展,真正成为全体市民"精神的家园"。

城市是人类文明的载体。城市是人类文明成果的聚集地,是历代思想、政治、经济、文化、艺术以及市民生活形态的积淀,城市的深层内涵是它的精神

---

[1] 刘传江. 中国城市化的制度安排与创新. 武汉:武汉大学出版社,1999:23
[2] 张在元. 城市发展的软道理. 中华儿女,2005(3):66

特质。马克思（Marx）指出："没有城市，文明就很少有可能兴起"①。人类建立城市的过程与人类文明的发展密不可分，6000年的城市史，就是6000年的文明史。考古成果证明，城市也是文明时代人类文化的聚集中心，在世界各地文明时代的同一文化区域内，人们都可看到以城市为中心的聚落形态。城市的发展还保存着各个历史时期的印痕，传承着民族文化的基因，保留着人类文明发展的脉络。"城市有包涵各种各样文化的能力，这种能力，通过必要的浓缩凝聚和储存保管，也能促进消化和选择"②。城市是在人类历史活动的时空构架中，在文明与人类社会的发展进程中历史地生成的。因此，从某种意义上说，城市本身就是文化遗产。

第2章 关于"文化"

文化是由各种元素组成的一个复杂的整体。这个体系中的各部分在功能上互相依存，在结构上互相联结，共同发挥社会整合和社会导向的功能。人们在文化上的认同，价值观的认同，是合作的基础，是共同行为的基础。特别是当今时代，文化不仅是综合国力的重要组成部分，而且是一种核心力量。经济社会的发展越来越采用文化的形式，文化也越来越具有巨大的经济容量和社会功能。

A2.1 文化的基本要素和一般特征

在我国的古籍中，"文"既指文字、文章、文采，又指典籍、制度、礼仪，还指做记号、留痕迹等。"化"既有"教化"、"教行"的意思，又有改变、生成的含义，指事物形态或性质的改变。"文化合在一起则是一个过程，既包含了主体对自然界的改造，也包含了主体自身的变化"③。"文化"一词在我国的出现，可以追溯至西汉，汉代刘向在《说苑》中曰："凡武之兴，谓不服也，文化不改，然后加诛"。此处"文化"一词与"武功"相对，含教化之意。南齐王融在《曲水诗序》中说："设神理以景俗，敷文化以柔远"。其"文化"一词也为文治教化之意。④ 一般来说，古人对文化的理解，一是指典籍制度，二是指礼仪风俗，三是指文治教化；这样的理解一直保持到近代。

"文化"一词在西方来源于拉丁文 cultura，原义是指农耕及对植物的培育。

---

① 马克思恩格斯全集·第46卷（上）. 北京：人民出版社，1979：499
② [美]刘易斯·芒福德. 城市发展史——起源、演变和前景. 宋俊岭，倪文彦译. 北京：中国建筑工业出版社，2005：574
③ 孟晓驷. 文化经济学思维——物质与文化均衡发展分析. 北京：人民文学出版社，2005：11
④ 中国大百科全书（社会学卷）. 北京：中国大百科全书出版社，1991：409~410

自 15 世纪以后，逐渐引申使用，把对人的品德和能力的培养也称之为文化。在近代，给文化一词明确定义的，首推英国人类学家 E. B. 泰勒（E. B. Tylor）。他被认为是国际上第一个全面为"文化"进行定义的人，并提出了关于文化为"最复杂的整体"的概念。他在 1871 年所著《原始文化》中认为："文化是包括知识、信仰、艺术、道德、法律、习俗，以及作为社会成员的个人获得的其他任何能力在内的一种综合体"①。

波兰人类学家 B. K. 马林诺夫斯基（B. K. Malinowski）发展了泰勒的文化定义，他于 20 世纪 30 年代所著的《文化论》一书中认为："文化是指一群传统的器物，货品，技术，思想，习惯及价值而言的，这概念包容着及调节着一切社会科学"。他还进一步把文化分为物质的和精神的，即所谓"已改造的环境和已变更的人类有机体"两种主要成分。英国社会人类学家 A. R. 拉德克利夫－布朗（A. R. Radcliffe-Brown）著有《社会人类学研究法》一书，他认为，文化是一定的社会群体或社会阶级与他人的接触交往中习得的思想、感觉和活动的方式。文化是人们在相互交往中获得知识、技能、体验、观念、信仰和情操的过程。他强调，文化只有在社会结构发挥功能时才能显现出来，如果离开社会结构体系就观察不到文化。② 上述各种文化定义，反映了近代人类学家、社会学家对文化认识的历史过程。

1952 年美国人类学家 A. L. 克罗伯（A. L. Kroeber）和 K. 克拉克洪（K. Kluckhohn）在他们合著的《文化：一个概念定义的考评》中，列举出搜集到的文化概念 161 个，将文化依次界定为"一个民族的生活方式的总和"；"个人从群体那里得到的社会遗产"；"一种思维、情感和信仰的方式"；"一种对行为的抽象"；"就人类学家而言，是一种关于一群人的实际行为方式的理论"；"一个汇集了学识的宝库"；"一组对反复出现的问题的标准化认知取向"；"习得行为"；"一种对行为进行规范性调控的机制"；"一套调整与外界环境及他人的关系的技术"；"一种历史的积淀物"③。然后他们对文化下了一个综合定义："文化存在于各种内隐的和外显的模式之中，借助符号的运用得以学习与传播，并构成人类群体的特殊成就，这些成就包括他们制造物品的各种具体式样，文化的基本要素是传统思想观念和价值，其中尤以价值观最为重要"④。他们的文化定义为现代西方许多学者所接受。

文化具有普遍的一般特征：首先，文化是由人类进化过程中衍生出来或创造出来的。自然存在物不是文化，只有经过人类有意无意加工制作出来的东西才是文化。其次，文化是后天习得的。文化不是先天的遗传本能，而是后天习

---

① 徐康宁等．文明与繁荣——中外城市经济发展环境比较研究．南京：东南大学出版社，2002：11
② 中国大百科全书（社会学卷）．北京：中国大百科全书出版社，1991：409～410
③ [美]格尔茨．文化的解释．韩莉译．南京：译林出版社，2002：5
④ 中国大百科全书（社会学卷）．北京：中国大百科全书出版社，1991：409～410

得的经验和知识。第三，文化是共有的。文化是人类共同创造的社会性产物，它必须为一个社会或群体的全体成员共同接受和遵循，才能成为文化。第四，文化是一个连续不断的动态过程。每一代人都出生在一定的文化环境之中，并且自然地从上一代人那里继承了传统文化。同时，每一代人都根据自己的经验和需要对传统文化加以改造，在传统文化中注入新的内容。

一般对文化的理解有广义和狭义之分。广义的文化是指人类社会实践过程中所创造的物质财富和精神财富的总和。可以分为三个层次，即物质文化，制度文化和精神文化，三个层次互动共生，构成一个有机联系的文化系统。就人类的城市而言，文化的"精神层是城市文化的核心和灵魂，是形成物质层和制度层的基础和原因"[①]。历史学、人类学和社会学通常在广义上使用文化概念。狭义的文化主要指精神文化，它是人类所创造的与社会生活、政治、经济既相互区别，又相互联系的意识形态方面的成果，包括语言、文学、艺术、科学以及技能、知识、信仰、思想和感情等一切意识形态在内的精神产品总和。

对文化的进一步研究，还会涉及文化的分类。有的就文化构成的地域差异分为本土文化和外来文化、东方文化和西方文化；有的就文化在社会中的作用不同分为主文化和亚文化；有的就文化性质不同分为高雅文化和低俗文化、城市文化与乡土文化等。文化还具有民族性、地域性和时代性。人类历史上曾出现过许多文化，一些史学家也进行过归纳工作，如英国历史学家 A. 汤因比（A. Toynbee）在他的巨著《历史研究》中，从世界历史全局出发，共归纳了 21 个或 23 个文化。[②] 自从民族形成以后，文化往往是以民族的形式而出现。一个民族使用共同的语言，遵守共同的风俗习惯，养成共同的心理素质和性格，此即民族文化的表现。而在不同地域、不同时代，由于所处的物质生活条件不同，思想观念不同，人们的价值观、信仰、习惯和生活方式也不同，表现出明显的文化差异。

A2.2 基本问题——文化是什么？

尽管如此，关于文化是什么，仍然众说纷纭。有人说：文化是人。人与文化结合才是一个完善的人，一个占有人的全面本质的人。人作为社会的主体，他同时也是文化的载体，因而，人的全面发展与文化发展的统一是人类社会发

---

① 徐康宁等. 文明与繁荣——中外城市经济发展环境比较研究. 南京：东南大学出版社，2002：11

② 注：A. 汤因比列举的文化包括西方社会、东正教社会（又可以分为拜占庭和俄罗斯两个东正教）、伊朗社会、阿拉伯社会、印度社会、远东社会（又可以分为中国和朝鲜、日本两部分）、古希腊社会、叙利亚社会、古印度社会、古代中国社会、米诺斯社会、印度河流域社会、苏末社会、赫梯社会、巴比伦社会、埃及社会、安第斯社会、墨西哥社会、尤卡坦社会、玛雅社会、黄河流域古代中国文明以前的商代社会。

展的必然要求。有人说：文化是家。文化是人们感觉到人生温暖的地方，是关怀，是生命的意义。一个地方有文化，就表明这个地方让人们流连忘返，像家一样的温暖适意。反之，没有文化，人们就会感觉到漂泊无依，无家可归。有人说：文化是社会。社会是什么，文化就是什么。如果认为社会是由一群具有特定生活方式的人组成的，那么文化就是生活方式。有人说：文化是根。文化是人们的胎记，是人们与生俱来的不可抹去的生命记忆。人类的活动产生文化，文化则是人类生存的主要价值。有人说：文化是树；一棵充满神奇的树，每一枝都与身旁的另一枝不同，每一朵花都拥有自己的颜色和芬芳，每一枚果实都有自己独特的甘甜。也有人说：文化是历史长河；它从远古流到现在，从现在还要流向未来；尽管千变万化，但是作为特定的文化，就象人们的血脉一样，总保留着祖先的基因。还有人说：文化是梦；"文化是人类的一个梦，而我们就在不断追求、实现这个梦想的过程中向前发展"①。

关于文化，中外学者也进行了大量细致的研究工作，如刘梦溪教授指出："文化应该指一个民族的整体生活方式及其价值系统，这是广义的用法；狭义的用法，可以指人类的精神生产及其成果的结晶，包括知识、信仰、艺术、宗教、哲学、法律、道德等等"②。吴良镛教授认为："文化内容广泛，这里特别强调知识与知识活动，学问技能的创造、运作与享用。就居住环境来说，应为科学、技术、文化、艺术、教育、体育、医药、卫生、游戏、娱乐、旅游等活动组织各种不同的空间，这是十分重要的内容"③。台湾著名作家龙应台指出；"文化其实体现在一个如何对待他人、对待自己、对待自己所处的自然环境，它是代代累积沉淀的习惯和信念，渗透在生活的实践中"④。

A2.3 对"文化是什么？"的再认识

文化是一种历史现象。文化不是人类头脑中固有的，是由人的活动创造的，并有赖于人和社会生活而存在的。文化是一定的历史阶段、一定的地域环境、一定的人类种群的生存状态、生活习惯、思维方式的反映。我们研究文化，实际上是在研究人的生存状态，研究人的过去和未来。人类的活动产生文化，文化则是人类生存的主要价值。每一社会都有其相适应的文化，并随着社会物质生产的发展而发展。任何一种文化的形成和发展都是一个日积月累、潜移默化的缓慢过程，逐渐形成其"文化积淀"、"文化底蕴"，不可能在短期内根本改变一种文化。孙家正先生指出："文化是一个过程，是一个开放的体系，要随着时

---

① 孙家正．文化境界：与中外友人对谈录．上海：文汇出版社，2006：154
② 刘梦溪．百年中国：文化传统的流失与重建．文汇报，2005年12月4日：第6版
③ 吴良镛．人居环境科学导论．北京：中国建筑工业出版社，2001：66
④ 郭风学．城市文化应以历史为本．中国建设报，2006年6月5日：第7版

代发展和社会进步，不断进行调整、更新和重塑，使一个民族的文化永葆与时俱进的生机和活力，这就是文化的发展和创新"①。"文化本身是不断形成的，发展的，动态的，永远在延续、创新的过程之中"②。任何资源都会枯竭，唯有文化才会永恒；历史往往淘汰了功能，而保留了文化。

文化是一种社会环境。文化即人，是人的外化，文化的发展就是人的发展。人的文化过程受经济、政治、社会和自然条件的制约，它不可能个体孤立存在，而是存在于社会群体之中。同时它对于任何个体来说都是无论何时何地的客观存在，都是必然耳濡目染、深受其辐射影响的环境和氛围。文化关系着民族素质，它的教育、启迪、审美等等功能，发生在潜移默化之中，任何人都不可能规避或摆脱它。就人的生活状态和观念而言，意识支配行为，行为产生习惯，习惯形成态度，态度决定生活。人的生活态度最早是从他接受的意识和思想开始的。正如美国人类学家L. 怀特（L. White）所指出的："每个人都降生于先于他而存在的文化环境中，当他一来到世界，文化就统治了他，伴随着他的成长，文化赋予他语言、习俗、信仰、工具等等。总之，是文化向他提供作为人类一员的行为方式和内容"③。因此，文化的中心是人，文化是由人而来，没有人就没有文化。文化反过来影响人的生存状态，影响人的生存方式和思维方式。

文化是一种发展力量。文化是推动人类社会由低级向高级发展的动力。文化不是化石，文化是活的生命，只有发展才有持久的生命力，只有交流与传播，才有影响力和持续的发展；文化不仅需要积淀，还需要交流，需要创新。文化既是一定历史条件下经济、政治的反映，又反过来给经济、政治以能动的影响。文化不但是经济和社会发展的真正量度，也是科学与技术发展的方向，并且文化归根到底是人类进步的高级体现。"经济分强弱，文化论输赢"，已经为社会所普遍接受。经济的竞争，在很大程度上取决于文化的竞争。今天的文化就是明天的经济。哪里有文化，哪里迟早就会出现繁荣，而哪里出现繁荣，文化就更快地向那里转移。宗白华先生认为："文化是人类向上的活动力和创造精神，受着'理想'的领导和支配，着重在不断的向前追求，和精神的登高望远"，"所谓'向上'、'理想'、'向前追求'、'登高望远'等等，都是对这种自觉性的最好注解；失去了'自觉性'，人类就会迷失前进的方向"。④

---

① 孙家正. 从故宫保护工程谈文化的作用及传统文化的保护与传承. 中国文物报, 2006年3月17日: 第1版
② 吴良镛. 广义建筑学. 台北: 地景企业股份有限公司, 1994: 40
③ 徐康宁等. 文明与繁荣——中外城市经济发展环境比较研究. 南京: 东南大学出版社, 2002: 11
④ 武廷海, 鹿勤, 卜华. 全球化时代苏州城市发展的文化思考. 城市规划, 2003 (8): 62

第 3 章 关于"城市"与"文化"

"城市"与"文化"是两组既不相同,又如影随形的概念,并在历史进程中发生着越来越密切的关系。但是,基于"城市"和"文化"各自内涵的复杂性和多样性,两者之间的关系也必然包含着多层面的意义和特征。而"城市"与"文化"的联姻,则是历史进步的必然产物。今天,"城市"与"文化"二者共同滋养着城市建设和文化发展,形成对城市文化的深入理解。

自从 E. B. 泰勒(E. B. Tylor)把文化定义为"最复杂的整体"和"人类生活方式的全部内容",而不仅限于人类参与的特定活动的概念之后,文化学者们就开始将文化研究视野转向更为关注整体论的研究,使文化学与城市学的研究结合起来。例如 K. 林奇(K. Lynch)的《城市意象》、拉普普特(A. Rapoport)的《居住的文化与形式》、亚历山大(Alexander)的《城市不是一棵树》,以及 R. 文丘里(R. Venturi)的"后现代主义"、C. 罗伊(C. Rowe)和 F. 考特(F. Koetter)的"拼贴城市"、B. 希列尔(B. Hillier)的"空间句法"等理论均探讨了"城市"与"文化"的关系问题,S. 佐京(S. Zukin)在《城市文化》一书中还提出了"谁的文化?谁的城市?"的问题,这些均从整体论的角度对城市空间环境与文化环境之间的关系进行了积极的探索。[①]

A3.1 "城市"对于"文化"的作用

城市是文化的沉积。自古以来,人们总是在不断地修建房屋、开辟道路、拓展自己的聚居地,世代相传,经营不息。因此,各时代的建设成果,均是人类建筑文化创造的过程,今天的传统建筑、历史城区乃是过去城市文化的主要沉积。对此,人们常说"城市是石头的大书"、"城市是印刷所"、"城市是一面镜子"、"城市是文化的橱窗"等等。吴良镛教授说:"我记得德国的 G·阿尔伯斯(G. Albers)教授还说过:'城市好像一张欧洲古代用作书写的羊皮纸,人们将它不断刷洗再用,但总留下旧有的痕迹'。我很欣赏这个比喻,因为它更生动、更形象地说明我们人类聚居的建设活动,建筑和建筑群是它的文字、符号、语言和辞章。随着时代的变化和新陈代谢,它也在不断地被涂改,但城镇的组织,街衢的结构,个体文物建筑,每每被遗存下来,这就是文化的沉积"[②]。

城市是文化的容器。L. 芒福德先生对城市与文化的关系也有诸多形象地比

[①] 卢涛,李先逵. 城市核心可持续发展研究的多学科调适理念. 城市发展研究,2002(1):28
[②] 吴良镛. 广义建筑学. 台北:地景企业股份有限公司,1994:40

喻。诸如："城市是一种贮存信息和传输信息的特殊容器"①。"城市应当是一个爱的器官，而城市最好的经济模式应是关怀人和陶冶人"②。"如果说博物馆的产生和推广主要是由于大城市的缘故，那也意味着，大城市的主要作用之一是它本身也是一个博物馆：历史性城市，凭它本身的条件，由于它历史悠久，巨大而丰富，比任何别的地方保留着更多更大的文化标本珍品"③。以上关于城市是"特殊容器"、是"爱的器官"、是"博物馆"等一系列鲜明的观点，都说明城市不仅是人类为满足自身生存和发展需要而创造的人工环境，也是一种文化的载体和容器，它的变迁和发展，就是与城市有关的人类文化的变迁和发展本身。特别是城市是文化的容器之说，准确地提示出城市在人类文化进化方面的积极意义。

城市是文化的载体。城市作为人类发展的产物，标志着人类文明的程度。人类文明的主要成果基本上都是由城市创造和发展的。由于城市对人类社会进步所贡献的集聚效益，从而使它从产生之日起便成为一定地域或一定性质的中心。城市的中心作用既体现为文化的辐射作用和推动作用，也体现为对文化的吸引作用和消纳作用，不断推动文化在城市的进一步集聚和发展。而城市的文化集聚又再度增强了城市的中心作用。由此，城市作为一个有机复合体，在该地域的政治、经济、文化，以及科学技术、交通、信息传播方面发挥出更加突出的作用。城市的不断发展使人类发展的需求不断得到满足，从满足人们最基本的物质生活需要，到进一步满足人们高层次的文化生活的需要，从而履行城市作为文化载体的重要职责。

城市是文化的舞台。城市既是文明的生成地，又是文明发达程度的集中体现。文明孕育了城市，又创造了各具特色的城市形态，因此可以说城市本身就是文化的产物，"L.芒福德说得好：'城市是地理的织网的工艺品，是经济的组织制度的过程，是社会行为的剧场，集中统一体的美的象征。一方面，它是一般家庭的及经济活动的物质基础；另一方面，它又是重大行为和表现人类高度文化的戏剧舞台。城市于培育艺术的同时，本身就是艺术，于创造剧场的同时，本身就是剧场'"④。城市发展的重心是文化，城市是文化的舞台。当获得各种知识的人们相聚在城市进行交流时，可以迸发出巨大的能量，演绎出激动人心的话剧。由此，城市使人类的能力提高了千百倍，促进了文化的高度发展，呈现出文化的多样性。

---

① ［美］刘易斯·芒福德. 城市发展史——起源、演变和前景. 宋俊岭，倪文彦译. 北京：中国建筑工业出版社，2005：106
② ［美］刘易斯·芒福德. 城市发展史——起源、演变和前景. 宋俊岭，倪文彦译. 北京：中国建筑工业出版社，2005：586
③ ［美］刘易斯·芒福德. 城市发展史——起源、演变和前景. 宋俊岭，倪文彦译. 北京：中国建筑工业出版社，2005：573
④ 吴良镛. 广义建筑学. 台北：地景企业股份有限公司，1994：128

A3.2 "文化"对于"城市"的作用

文化是城市的内核。在城市这个复杂体系的诸多要素中，文化是核心资源。所谓核心资源，关键是城市的文化特征、文化内核，城市的诚信度和综合素质。文化对城市发展所起的作用是内在的而不是表面的、是长远的而不是暂时的。只有文化能够真正展示城市的价值品位和可贵的风尚，也只有文化能够成为一座城市的凝聚力和自信心的源泉。文化是城市的身份，因为文化的本质是整个社会所广泛认同的价值观，它决定着人们的行为方式，是一种自觉意识和共同行为。文化的本质还告诉人们，文化是一种无形的约束，与有形的制度约束形成互补，共同构成一个城市运转的基础，形成遵守制度的氛围。良好的城市文化还有利于保持社会的稳定，缓解各阶层的矛盾，加强社会凝聚力，促进人们之间的沟通和交流，为城市的发展节约社会成本。

文化是城市的灵魂。如果将经济比作城市的血肉和躯架，那么，文化则是城市的灵魂。缺少文化的城市，是残缺的、畸形的、粗俗的。有灵魂的生命体才有活力，在文化支配下的城市才具有生命力。城市的魅力和吸引力，主要来自于文化，文化决定城市发展的本质特征，是城市内在的美。正因为城市有了文化，才能有源源不绝的活力，才能有鲜活生动的灵气，才能不断地提升城市的素质与品位。失去灵魂的城市只具有物质的空壳，而缺乏向前发展的后劲。因此必须用灵魂去指挥行动，用文化去指导城市发展。市民是城市物质财富和精神财富的创造者，良好的城市文化，有助于在市民中形成向上的精神风貌，有助于减少危害自身和社会的行为，有助于引导城市健康持续地发展。生活在一个健康的文化环境中，可以使人身心愉悦，安居乐业，发挥出更大的潜能。

文化是城市的实力。文化凝聚着城市发展的动力要素，是一个城市生存的基础和进化的动力。文化是城市健康、积极发展的内在品质和力量。健康向上的文化能够鼓舞人、激励人、引导人，提高市民对所居住城市的了解、认识、认同、关心，以至热爱自己的城市文化，热爱自己的家园。对于一个城市有了这种认同可以为城市经济和社会的发展凝聚科学技术、人才和各类艺术。现在，越来越多的城市认识到，城市之间在经济、社会等所有领域的竞争，最终是文化的较量。一个城市的价值不仅仅取决于它丰厚的物质积累和充足的现实财富，更取决于它能在什么样的高度给自身的发展打上永恒的印记，而文化正是这种永恒印记的承载者和记录者。因此，城市的先进文化内涵是城市的本质特征，是城市的真正魅力和竞争力，是城市良好发展的基础，决定着城市的未来。

文化是城市的形象。文化无疑是控制城市空间的一种有力手段。衡量一座城市健康发展的标准首先不是规模，而是保持城市文化特色的程度。城市如人，既有外在形象，又有内在气质。文化既塑造城市的形象，又体现城市的气质，是城市文明程度、精神面貌和人们综合生活质量的重要标志。城市文化特色，就是指一座城市的内涵和外在表现明显区别于其他城市的个性特征。可以认为，个性和特色，是城市文化的魅力所在，也是城市文化的生命力所在。独具特色的文化形象和气质更是城市品格的具体价值体现，是对人类文化多样性的贡献。城市失去了自身的文化，就失去了自身的个性特征，乃至失去了城市精神。而一座城市在其发展建设过程中，如能注重自身的文化内涵，重视自身文化特色的保护和弘扬，打下坚实的文化基础，就能成功建设一座未来的理想城市。

"城市"与"文化"相辅相成。通过以上对于"城市"和"文化"作用的初步分析和理解，使我们看到，城市是人类为满足自身的生存和发展需要而创造的人工环境，其发展不仅是一个长期的物质环境的建设过程，同时也是一个长期的文化积淀的过程。在不断演进与更替的过程中，城市通过自身集中的物质和文化的力量加速了人类交往活动的程度，并通过城市中的各种有形的物质形态载体和非物质的意识形态载体，把城市的文化一代一代进行传承，形成被称为城市灵魂的"城市文化"。

（本文刊登于：文艺研究，2007（5））

附录 B 从原生东方到兼容并蓄
——中华文明发展初探

人类的起源、农业的起源、文明的起源是人类历史上意义最为重大的三个变革,对这三个变革的研究被称为人类历史研究的三大课题。中华文明是世界几大古老文明之一,在人类文明史上占有重要地位。这一古老文明是如何起源、形成和发展起来的? 这一问题是中国历史上最重大的问题。研究人类文明的起源和发展,不能不重视研究中华文明的起源和发展。经过长时间的探讨,学术界在对中华文明的一些基本问题逐渐达成共识的基础上,近年来,中华文明特点的问题越来越引起学者们的关注,成为讨论的热点之一。

B1 中华文明的原生性

中华文明是在欧亚大陆东部产生的一支原生文明。近代以来,历史学者通过对考古学、古人类学、古文字学、民族学等文献资料的综合研究,逐渐揭示出中华远古历史在中国大地上发展的基本脉络。从目前的材料来看,至少在 100 万年前人类已经在中国广大的区域内活动。比如重庆巫山人距今 200 万年前,云南元谋人距今约 170 万年,陕西蓝田公主岭和湖南郧县学堂梁子发现的人类头骨化石也都距今接近或早于 100 万年。"而河北阳原泥河湾发现的一些早更新世地点,虽然没有人类化石出土,但是测定的年龄十分古老。比如小长梁遗址大约距今 160 万年,近几年发现的沟底遗址更早,有可能接近 200 万年"①。由上述的云南元谋人、陕西蓝田人、湖南郧县人等"猿人";到广东韶关马坝人、山西襄汾丁村人等"古人";再到广西柳江人、北京山顶洞人等"新人",三个阶段构成原始人类时期。

根据考古成果研究,我国稻作农业文化可推进到一万年前。"从人类结束漂泊的生涯在大地上定居下来,开始从事农业活动算起,到现在仅仅大约 500 代人的时间。500 代对所有生命形态而言,只是演化历程中微不足道的一瞬间,即使最精细的生物学家也难以发现物种特征的变化。对人类自己创造的世界而言,则完全不是这样。生活在今天的人们,已经难以想象 1 万年前祖先的生活方式"②。经过仰韶文化和龙山文化时期的发展,中华文明经历了从起源到逐步形成的过程,社会的复杂程度更加明显,夏、商、周时期逐渐进入高度发达的阶级社会,再经过秦、汉及其以后两千多年的封建社会的发展和衰落,中华文明

---

① 陈淳. 人类探源的新进展. 中国文物报,2006 年 11 月 17 日:第 7 版
② 张开逊. 理解发明就是理解未来. 新华文摘,2006 (6):121

经历了漫长的历史过程。

在中华文明起源的研究中，夏鼐先生和苏秉琦先生都提出过十分重要的见解。夏鼐先生认为，文明的起源应该追溯到新石器时代。① 苏秉琦先生认为中国文明的起源是一个非常复杂的过程，应该有不同的模式，有原生型，还有次生型和续生型，最后才形成以汉族为主体的多民族统一国家。② 他们这些论述的正确性不断被新的考古发现和学科研究成果所证明。

特别是考古发掘资料表明，公元前3500年前后，在我国新石器时代考古学文化中，渐渐出现了一些新的现象。北方地区，分布于内蒙古东南部和辽西地区的红山文化晚期遗址中，发现了代表红山文化最高层次中心聚落的大型祭祀建筑群、积石冢及以玉雕龙为主的随葬玉器群。南方地区，长江下游的杭嘉湖地区发现了面积达30多平方公里的浙江余杭良渚文化遗址群，遗址群中心有莫角山大型宫殿建筑基址，其周围数平方公里范围内，分布有反山、瑶山、汇观山等良渚文化大墓、祭坛以及随葬的琮、钺、璧等精美玉礼器。这些发现进一步证明了考古学前辈的科学论断，也以无可辩驳的事实，进一步说明了中华文明扎根于中华大地的原生性特征。

B2 中华文明的可信性

我国古代文献中，把黄帝和炎帝时期作为中国历史的肇始期，把夏代作为第一个王朝。中华文明被认为具有五千年的历史。作为历史依据，见于我国传统意义上的正史，即二十四史。二十四史的第一部是司马迁的《史记》，而《史记》的第一篇是《五帝本纪》，五帝的第一个就是黄帝。在《史记》里面关于黄帝的记载带有一些神话色彩，可是也有很多看起来符合历史事实的内容。今天，海内外的华人都将黄帝和炎帝作为中华民族的共同祖先，"人文初祖"。但是，文献中对黄帝和炎帝乃至尧舜禹时期的记述都属古史传说的范畴，对夏代历史的记载也极其简略，且均为后代的文献，很难据此全面地研究当时的历史，更无法判断当时的社会形态。正因为如此，国内外学术界有人怀疑中国是否真正拥有五千年的文明史，部分国外学者甚至怀疑夏朝是否真正存在过。要解决这一问题，消除学术界存在的种种疑虑，仅仅依靠古代文献是远远不够的。近三十年来，中国考古学取得了举世瞩目的成就，大批重要的考古发现为我们研究中华文明的悠久历史提供了重要实物依据。以大量的考古资料为证据，研究中华文明起源、形成和发展过程，科学地论证中华文明的悠久历史，对于消除对中华文明的种种怀疑，以及确立中华文明在世界文明史上的地位，无疑具有重要意义。

---

① 夏鼐. 中国文明的起源. 北京：文物出版社，1985：96
② 苏秉琦. 中国文明起源新探. 香港：商务印书馆，1997：107~140

20世纪80年代，夏鼐先生在名著《中国文明的起源》中提出了考古学研究我国文明起源这一学术课题，需要着重探索三种标志性遗存，即作为政治、经济、文化各方面活动中心的城市、文字记载、冶炼金属，被称为"文明三要素"。一是关于城市。我国已经发现不少古代城址，其中较大规模的城址至少在仰韶文化的晚期已经出现。如河南郑州西山古城遗址、湖南澧县城头山古城遗址，都始建距今已超过6000年。而更多的古代城址，出现于龙山文化、或相当于稍晚的龙山时代，地点包括今天的内蒙古、山西、山东、河南、湖北、湖南、四川一带。二是关于文字记载。我国古代文字的起源虽然存在争议，但是诸如大汶口文化、良渚文化等出现的一些符号，普遍认为与文字有关。大汶口文化有符号的陶器，时代大约在公元前2500年左右。良渚文化陶器上和玉器上的文字，则大约出现在公元前3000年到公元前2300年。三是关于冶炼金属。在我国出现很早，如在陕西姜寨遗址发现的半圆形黄铜铜片，是目前发现的最早的铜器；在甘肃林家遗址发现的小铜刀，属于马家窑文化，年代在公元前3000年左右，是目前发现的最早的青铜器。

从1899年金石学家王懿荣首次发现甲骨刻辞，到1928年我国学术机构首次组织对殷墟的发掘，再到1999年考古学家又在殷墟保护范围的东北部发现洹北商城，考古发现和科学研究成果，使河南殷墟遗址具有了"文明三要素"的典型特征。在城市方面，殷墟作为晚商都邑遗址，它的文化遗存可与文献中的商王朝相联系，进一步证实了文献中只有零星记载的商王朝的存在，更使《史记·殷本纪》等文献所载内容成为信史。在文字记载方面，甲骨文是世界古老的文字体系之一。殷墟出土的15余万片甲骨不仅证明古老的汉字是独立起源的，还提供了我国古代独立的文字造字法则。对3000年以来的我国文化产生了根本性的影响，至今仍为世界上1/4的人口所使用。在冶炼金属方面，殷墟是出土商代铜器最多的遗址，总数约6000件，其所展示的高度发达的创造文明成果的技术手段是独有的。最典型的例子是块范法青铜器铸造技术，正是这种技术铸造了包括重达832.84千克的司母戊鼎在内的巨型青铜器。

这些古代文明因素的发现，虽然说还不够完整、不够系统。但是通过对这些文明因素的综合研究，可以断定我国古代文明起源的时间相当早，不晚于古史传说的年代。也正是由于前述大量文明因素的存在，才构成了中华文明的可信性，并为最终形成更为完整、系统的结论奠定了坚实的基础。

B3 中华文明的整体性

中华文明的形成既是多元的，也是一体的，即所谓"多元一体化"。秦汉以后形成了中华民族，它既是指生活在中国的各民族共同建造的国家，又是指在中国领域内56个民族的总称。"中华民族的主流是由许许多多分散孤立存在的民族单位，经过接触、混杂、联结和融合，同时也有分裂和消亡，形成一个你来我去、我来你去,我中有你、你中有我,而又各具个性的多元统一体"①。中华文明的演进过程,首先是多元文明的融合,是互相整合,而不是互相灭绝。"中国地域辽阔,民族众多,方言隔阻,如果不是靠文化思想和文字为联系纽带,中国不知道将要分裂成多少个独立小朝廷"②。各个地区的文化通过相互竞争、碰撞、融合,最终形成了完整的中华文明。无论各个地区的文明发展当初多么辉煌,其文化成就多么显赫,最后都以百川归海的态势,纳入到中华文明的轨道之中。

探讨中华文明延续不断的原因,一是中华文明本身的规模因素,即地域的广阔和整体规模的巨大,形成了一种难以征服与分割的力量。中华文明在政治、经济、文化等方面已经形成了完整的相互关联的文化整体。曾经对中华文明构成威胁的其他文明最终都被这一规模巨大的文化整体所吸收和同化。二是中华文明本身的文化因素,以血缘为纽带的关系,发挥着巨大的维系文明的作用。如对中华民族共同始祖炎、黄二帝的崇拜,影响深远,使中华文明在多元发展的同时,一以贯之地保持了完整性。

戴逸先生分析了对我国文化影响较大的诸项因素,包括经济条件、政治结构、社会结构、地理环境,这些都对中国文化的发生、发展有所影响。首先,我国是农业社会,至少6000年以前,我国就种植农作物,自给自足的小农经济长期占统治地位,商品经济不发达。在这样的一个农业社会里,民族性格既有勤劳朴实的一面,也造成了稳定保守的一面。其次,我国几千年的政治体制、政治结构是长期的封建专制主义。从秦代算起已有2000多年历史。专制主义、官僚结构对我国的传统文化打下了很深的烙印。第三,我国是个宗法、家族制度普遍盛行的国家。过去人们从小到老,生活在一个宗法结构中间。宗法意识、家族意识非常强烈,传统文化普遍在这样的社会结构中形成。第四,地理环境也对我国文化产生了较大影响。我国在亚洲东部的大陆,东面是海洋,西北是高山、沙漠,将近1000万平方公里的领土形成一个相对封闭的环境。与其他文化发达地区相隔较远,交流较少。在这样一个相对封闭的地理环境中形成了中华文明独立而完整的、完全不同于西方的文化系统。③

铸成我国文化顽强的生命力和横亘千古的再生力的条件,是中华文明本身所具备的内聚力和感召力。祖先崇拜的底蕴是强烈的本根意识,就是对自身本源之探究、认同、尊重与返归。《老子》十六章:"夫物芸芸,各复归其根",《淮南子·原道》:"万物有所生,而独知守其根",归根、守根与现在常说的寻根,都体现了同一种本根意识,成为维系中华文明使之延绵不断的一个重要原因。与祖先崇拜相关,以家庭和宗族为基本单位的社会模式,家庭、宗族与国

---

① 费孝通等著. 中华民族多元一体格局. 北京:中央民族学院出版社,1989:1
② 任继愈. 皓首学术随笔. 任继愈卷. 北京:中华书局,2006:210
③ 戴逸. 关于中国传统文化的几个问题. 学习与研究,2006(8):50

家的同构性,以及宗族作为国与家的中介,都发挥着协调关系、维系国家、延续历史的作用,也使中华文明与其他文明相比具有更加鲜明的整体性特征。

B4　中华文明的连续性

　　人类四大古老的文明,都是沿着江河发祥的。大约从公元前3500年到公元500年间,世界各地先后出现了尼罗河流域的古埃及文明、幼发拉底和底格里斯两河之间的巴比伦文明,印度河与恒河流域的古印度文明、黄河和长江流域的中华文明。之后还有地中海东部的爱琴海文明、迈锡尼文明和希腊文明、罗马文明。然而,除中华文明之外,几乎所有这些古老的文明都曾在其文化发展史上出现过中断现象。在历史上,古代埃及是文明出现最早的国家之一,但是古代埃及和现代埃及之间的关系非常曲折和遥远,无论在人种上还是在文化上,都有很大的距离。古代的两河流域,包括苏美尔、阿卡德、亚述、巴比伦等几个古国,和今天的伊拉克的关系也很少,它们的文明在很早以前,可以说在希腊、罗马时代就被断绝。即使希腊、罗马这样文明兴起比较晚的古代国家,它们的文化到中世纪也已经中断,所以后来才有所谓的文艺复兴。英国历史学家A.汤因比(A. Toynbee)在著作《历史研究》中分析了各种文明的循环发展和衰落规律后指出,自有人类历史以来,有20多种文明已经消逝,而今天存在于世界上的几种古老文明,都是在历史长河中经过筛选、淘洗而传衍下来的。纵观世界,俯仰古今,数千年来,世界不少文明古国,都曾有兴盛一时的文明,但终因丧失了传统文化,文明也就走到了尽头。

　　如果与其他三大古代文明相比,中华文明的起源不算最早,但是中华文明却是唯一从未中断过的文明。在数千年的发展历程中,虽然历经磨难,饱受风霜,然而其文化传统却始终一以贯之,未曾中绝。中华文明同根同种同文完整地保留下来,延绵不绝,传至今天,这在整个世界人类历史上是很独特的现象。对此袁行霈教授认为:"我们可以从地理环境中找到一些答案,前三种文明都是在相对集中的一个较小范围内展开的,回旋的余地不大,一旦遭到强悍的外族入侵和战争的破坏或自然灾害,就难以延续和恢复。而中华文明则是在一个很大的范围内开展的,回旋的余地很大,便于将不同民族的势力和文化加以吸纳与整合,也不致因地区性的自然灾害而全体毁灭,所以能够传承数千年而绵亘不绝"①。

　　自从文明的曙光初照神州,中华各民族的祖先就在这片古老而辽阔的土地上生存、繁育。我们今天生活在这片土地上的人们就是那创造古老文明的先民之后裔,在这片土地上是同一种文明按照自身的逻辑演进、发展,并一直延续下来。同时,中华文明在发展过程中显示了巨大的凝聚力,不仅没有中断,也

---

①　袁行霈,严文明等主编. 中华文明史. 北京:北京大学出版社,2006:4

没有分裂；只有新的文明因素不断增加进来。苏秉琦指出："世界上没有哪一个像中国如此之大的国家有始自百万年前至今不衰不断的文化发展大系"①。

中华文明的连续性是举世罕见的，它不仅表现在语言文字方面的承传不辍，也表现在我国古代的学术传统和文化精神，只有一以贯之的发展，而绝无中绝或转向。一般认为其连续发展是从夏商周三代开始的。孔子曾说："殷因于夏礼"，"周因于殷礼"。这就是说，周代沿袭了夏、商的文化，并又进一步加以发展。孔子"述而不作，信而好古"，专门整理了周代典籍，修订了鲁史《春秋》，创立了儒家学说。到汉代，董仲舒继承《春秋》，研究经学，司马迁也继承了《春秋》，但专治史学。从此，经学与史学作为中国古代传统学术的主要支柱，一直没有中断。即使在中国社会处于南北分割，传统也未曾中绝。"例如在西晋以后的公元4—6世纪期间，北方经学仍然遵循汉儒传统，其繁荣的程度甚至超过了南方。就以北方最乱的十六国时期来看，其史学不仅未断，而且还相当繁盛，这在古代世界史上是十分罕见的"②。

B5 中华文明的先进性

技术发明是一切人类活动的共同基础，它深刻地影响着人类的生活方式、经济发展和文化价值取向。帝国兴衰、王朝更迭、战争胜负，虽然各有其复杂的原因和背景，但是无一例外都与人类的技术发明活动有着直接或间接的渊源关系。"中国为人类贡献了不可缺少的许多重大发明，在相当长的历史时期，中国发明家引领着技术创新的潮流。从春秋时期到宋代，1800年间中国发明家走在世界前列"③。

中华民族经过五千多年的迁徙、演化和融合，成为世界上人数最多的民族，创造了独具特色、灿烂辉煌的传统文化。影响深远的诸子学说，浩如烟海的历史古籍，气象万千的诗词歌赋，匠心独运的书画雕塑，泽被后世的四大发明等等，这些都令世人推崇备至，令世界惊叹不已。"正如黑格尔所说，当黄河长江已经哺育出精美辉煌的古代文化时，泰晤士、莱茵河和密西西比河上的居民还在黑暗的原始森林中徘徊"④。我国古代四大发明对欧洲文明进程具有深远影响，无论是地理大发现、文艺复兴，还是走出中世纪进入现代社会，我国的古代发明都起着至关重要的作用。

如公元前600年，我国发明了液态生铁冶炼技术，使铁矿石源源不断地变成铁，并且直接铸造成型。这项发明解决了困扰人类千年之久的难题，促进了世

---

① 苏秉琦. 中国文明起源新探. 三联书店，1999：176
② 王会昌. 中国文化地理. 武汉：华中师范大学出版社，1992：217
③ 张开逊. 理解发明就是理解未来. 新华文摘，2006（6）：125
④ 赵启正. 文化复兴是强国的基础. 学习与研究，2006（8）：8

界范围金属工具和兵器的更新，使人类迅速进入铁器时代。"公元前 300 年，古代中国人发明了深井钻探技术，使人类能够获取深藏在地下的财富。古代中国人发明的瓷器取代了陶器，为人类抹去了石器时代留下的最后一道痕迹，成为我们这个星球上每个家庭必不可少的用品"①。在公元前 1 世纪到公元 15 世纪期间，中国文明在获取自然知识并将其应用于人类的实际需要方面比西方文明要有成效得多。盛唐时代，中国就已是世界各国取经、朝拜和交流的主要目标国。1700 年时，中国和印度这两个东方大国的经济收入各占当时世界总收入的 23%，与整个欧洲相当。②

近二三十年来，我国传统文化特别是传统哲学已经为许多西方学者所重视。1988 年，许多国家的几十位诺贝尔奖得主聚集法国巴黎并发表宣言，指出"人类要在 21 世纪生存下去，必须回首 2500 多年前，去汲取孔子的智慧"③。这就是说，西方学者在对自身文化进行反思的同时，开始重视中国传统文化。实际上，孔子和老子早已是历代欧洲哲学家们心中伟大的思想家。法国的伏尔泰、狄德罗，德国的莱布尼茨等也都非常推崇中国的哲学和美学思想。与西方有苏格拉底、柏拉图、亚里士多德一样，中国有孔子、孟子、老子、庄子和墨子。今天人们看到在联合国大厅里，赫然写着"己所不欲，勿施于人"的中国格言，说明中国传统文化在整个人类社会发展中的重要地位和深远影响。

B6　中华文明的包容性

我国文化虽然在一个相对封闭的环境中成长，但它也有过与外来文化的广泛接触。其中大规模的接触、交流有过三次。第一次是佛教的传入。从东汉起，历经几百年，经过长期的消化，文化的整合，到唐代，发展到高峰，产生了中国化的佛学——禅宗。到宋代，产生了在佛学影响下的儒学。佛教的传入经过了几百年的过程，这是中国与印度文化的一次大交流，对中国传统文化影响极大。第二次中外文化交流是明清之际，西方传教士到中国来，从利玛窦到汤若望、南怀仁，从明末到康熙年间，100 多年期间，到中国来的传教士数以百计，带来了西方的宗教，也带来了西方的文化，包括天文、历法、数学、武器、地图、建筑、绘画和其他自然科学。第三次文化交流是在鸦片战争以后，外国的枪炮打开了中国的门户，中国被动地吸收西方文化，形成中西方文化冲突与交流。"从某种意义上说，这样的吸收、交流、冲突，到现在还没有结束。当然，现在封闭的局面已打破了，不可能再回到历史上那样的闭关状态。中国已进入世界历史的潮流中，中国的社会主义新文化将在批判地吸收传统文化的同时，

---

① 张开逊. 理解发明就是理解未来. 新华文摘，2006（6）：125
② 卢铿. 重建本土文化的国际地位. 中国建设报，2006 年 4 月 5 日：第 6 版
③ 刘延东. 伟大的文化推进伟大的复兴. 人民日报，2005 年 10 月 13 日：第 9 版

随着全人类文化一起前进"①。

列入世界文化遗产的澳门历史城区，保存着中国历史最悠久的欧洲人聚居地和亚洲早期贸易港的完整面貌。在漫长的历史进程中，中葡两国居民在这片城区内，合力营造了不同风格和特色的生活社区。在这里供奉中国海神的妈阁庙与葡萄牙人航海主保的圣老楞佐教堂前后呼应；在这里中国商人聚会交流的关帝庙与葡萄牙人的慈善机构仁慈堂面对统一广场；在这里中国富商大宅卢家大屋则与天主教主教座堂垂直相对；在这里与巍峨的大三巴牌坊并立的是精致小巧的哪吒庙。在当今因经济利益或者价值信仰而纷争不断、暴力不断的世界，澳门提供了一个不同族群、不同文化、不同宗教、不同信仰，和平共处、多元发展、共同进步的典范。澳门历史城区不但具有中西文化多元共存的独特景观，而且是集合不同种族、思想、信仰、文化和居民生活习惯的文化空间。不但展示了中、西式建筑艺术特色，更展示了中葡两国不同宗教、文化以至生活习惯的交融与尊重。这片历史城区，见证了中华文化永不衰败的生命力及其开放性和包容性。

事实上，传统不是一个凝固的概念，传统文化在某种程度上，是由不同种族、年龄、区域的人们共同创造、交流、融合的结果，从未有一种传统文化可以完全不受外来文化的影响，"纯之又纯"的本土文化，基本不存在。中华文明就是由组成中华民族的各个民族的文化，经过不断冲突和融合，形成和发展而成的。中华民族对外来文化从来不采取盲目排斥，而是有选择地吸收，改造，使之为我所用。"数千年来，中华文化还吸收了佛教、伊斯兰教、基督教等各种外来文化因素，不断被赋予新的内容。其中佛教传入中国的过程，是中国文化吸纳、消融外来文化的显例，是华夏文明的伟大之处。它的特点是充实主体、融化客体、思想再生、铸造新文明"②。中华文明具有海纳百川，地承万物的气魄，历来以博大的胸襟面向世界，因兼容并蓄而丰富多彩，因推陈出新而永葆活力，因特色鲜明而远播四方，成为世界四大古文明的仅存硕果。中华民族以自己非凡的智慧和创造力，为人类文明进步做出了不可磨灭的重大贡献。

（本文刊登于：中国建设报，2007年6月1日）

---

① 戴逸. 关于中国传统文化的几个问题. 学习与研究，2006 (8)：51
② 刘梦溪. 百年中国：文化传统的流失与重建. 文汇报，2005年12月4日：第6版

参 考 文 献

[1] 吴良镛. 城市规划设计论文集. 北京燕山出版社, 1988
[2] 吴良镛. 广义建筑学. 台北：地景企业股份有限公司, 1994
[3] 吴良镛. 北京旧城与菊儿胡同. 北京：中国建筑工业出版社, 1994
[4] 吴良镛等. 发达地区城市化进程中建筑环境的保护与发展. 北京, 中国建筑工业出版社, 1999
[5] 吴良镛. 世纪之交的凝思：建筑学的未来. 北京：清华大学出版社, 1999
[6] 吴良镛主编. 滇西北人居环境可持续发展规划研究. 云南大学出版社, 2000
[7] 吴良镛. 人居环境科学导论. 北京：中国建筑工业出版社, 2001
[8] 吴良镛. 吴良镛学术文化随笔. 北京：中国青年出版社, 2001
[9] 吴良镛. 国际建协《北京宣言》——建筑学的未来. 北京：清华大学出版社, 2002
[10] 吴良镛等. 京津冀地区城乡空间发展规划研究. 北京：清华大学出版社, 2002
[11] 吴良镛等. 京津冀地区城乡空间发展规划研究二期报告. 北京：清华大学出版社, 2006
[12] 吴良镛等. 张謇与南通"中国近代第一城". 北京：中国建筑工业出版社, 2006
[13] 吴良镛. 城市规划. 中国大百科全书·建筑　园林　城市规划. 北京：中国大百科全书出版社, 1988
[14] 吴良镛. 八十回顾　一得之愚. 城市发展研究. 2002（3）：3
[15] 吴良镛. 论中国建筑文化研究与创造的历史任务. 城市规划. 2003（1）：12-16
[16] 吴良镛. 总结历史，力解困境，再创辉煌——纵论北京历史名城保护与发展. 部级领导干部历史文化讲座. 2005
[17] 吴良镛. 文化遗产保护与文化环境创造——为2007年6月9日中国文化遗产日写. 城市规划. 2007（8）：14
[18] [奥] 艾利森. 麦格斯. 改造性再利用. 彭琼莉译, 王丰年校. 世界建筑. 1999（5）：44
[19] 北京市规划委员会编. 北京旧城二十五片历史文化保护区保护规划. 北京：北京燕山出版社, 2002
[20] 北京市人民代表大会常务委员会公告第32号. 北京历史文化名城保护条例. 北京日报, 2005年4月14日：第12版
[21] 北京市人民政府. 北京城市总体规划（2004年—2020年）文本. 2005年1月
[22] 北平市政府秘书处编著. 旧都文物略. 北平故宫印刷所, 中华民国24年
[23] 曹霁阳. 一项工程损毁两处古代遗址. 人民日报, 2006年9月20日：第11版
[24] 陈志华. 文物建筑名录编制怪现状. 中华遗产. 2005（1）：12
[25] 程大林, 张京祥. 城市更新：超越物质规划的行动与思考. 城市规划, 2004（2）：71
[26] 丹淳. 从城市形象说起. 中国文物报, 2005年2月9日：第3版
[27] 董山峰. 中国城市规划年会力倡"健康城市化". 光明日报, 2005年9月29日：第4版
[28] 董贻安. 论文化遗产的发现与再发现. 东方博物, 2003年增刊, 89
[29] 董贻安. 重绘中华文化遗产"地图"构建文化遗产大资源观. 中国文物报, 2005年11月25日：第5版
[30] 段进, 李志明, 卢波. 论防范城市灾害的城市形态优化. 城市规划, 2003（7）：62
[31] [加] D. 保罗·谢弗. 经济革命还是文化复兴. 高广卿, 陈炜译. 北京：社会科学文献出版社, 2006
[32] 方可. 当代北京旧城更新：调查·研究·探索, 北京：中国建筑工业出版社, 2000

[33] 方兆麟等. 历史建筑：天津如何将你留住？. 人民政协报，2006 年 9 月 18 日：第 B1 版

[34] 封小云. 澳门申遗成功的思考. 人民政协报，2005 年 9 月 1 日：第 C3 版

[35] 冯骥才. 思想者独行. 石家庄：花山文艺出版社，2005

[36] 傅熹年. 中国古代城市规划、建筑群布局及建筑设计方法研究（上）、（下）. 北京：中国建筑工业出版社，2001

[37] 傅熹年. 中国古代建筑史（第二卷）. 北京：中国建筑工业出版社，2001

[38] 傅熹年. 中国历史建筑遗产保护中的问题. 中国文物报，2007 年 6 月 22 日：第 8 版

[39] [瑞典] 傅瑞东. 留恋老北京. 人民日报，2002 年 4 月 2 日：第 12 版

[40] 龚迪嘉. 什刹海因"野趣"而精彩. 理想空间，2006（15）：118

[41] 顾朝林. 城市化的国际研究. 城市规划，2003（6）：22

[42] 郭立新，魏敏. 初论公众考古学. 东南文化，2006（4）：54

[43] 郭振栋. 是世界遗产还是地方财富. 光明日报，2006 年 6 月 23 日：第 6 版

[44] 国务院关于加强文化遗产保护的通知. 2005 年 12 月 22 日

[45] 河南科技大学文化遗产保护研究课题组. 洛阳城市发展与文物保护的经验与教训研究. 2005

[46] 贺业钜. 中国古代城市规划史. 北京：中国建筑工业出版社，1996

[47] [美] 亨廷顿. 文明的冲突与世界秩序的重建. 北京：北京新华出版社，1998

[48] 侯远长. 发展是硬道理 硬发展没道理. 北京日报，2005 年 9 月 26 日：第 20 版

[49] 胡俊. 中国城市：模式与演进. 北京：中国建筑工业出版社

[50] 黄琛. 走进博物馆 体验博物馆 爱上博物馆. 中国文物报，2006 年 9 月 1 日：第 6 版

[51] 黄焕. 解读芝加哥的城市天际线. 国外城市规划，2006（4）：66

[52] 黄玮. 空间转型和经济转型——二战后芝加哥中心区再开发. 国外城市规划，2006（4）：58

[53] 蒋伶. 历史文化名城保护规划的发展观. 城市规划，2004（2）：69

[54] [加] J. 雅各布斯. 美国大城市的死与生. 金衡山译. 南京：译林出版社，2005

[55] [美] 凯文·林奇著. 城市形态. 林庆怡，陈朝晖，邓华译，北京：华夏出版社，2001

[56] [英] K.J. 巴顿. 城市经济学——理论和政策. 上海市社会科学院部门经济研究所城市经济研究室译. 北京：商务印书馆，1984

[57] 李舫. 寻找文化中国. 人民日报，2005 年 2 月 16 日：第 4 版

[58] 李舫. 文化多样性：全球化中的中国立场. 人民日报，2005 年 12 月 23 日：第 14 版

[59] 李舫. 天涯何处共七夕？人民日报，2006 年 9 月 6 日：第 11 版

[60] 李书垣. 福州三坊七巷名城保护任重道远. 中国建设报，2006 年 1 月 16 日：第 7 版

[61] 李兆汝. 城市区域整体发展：向巴黎学什么？——访清华大学建筑学院副教授刘健. 中国建设报，2005 年 1 月 31 日：第 1 版

[62] 李政. 徐苹芳谈基本建设与考古发掘和文物保护. 中国文物报，2003 年 11 月 21 日：第 5 版

[63] 李忠辉. 大拆大建 城市的伤痛与遗憾. 人民日报，2005 年 9 月 23 日：第 16 版

[64] 联合国教科文组织. 墨西哥文化政策宣言——总结报告. 巴黎：联合国教科文组织，1982：第 4 部分

[65] 梁思成，陈占祥等. 梁陈方案与北京. 辽宁教育出版社，2005

[66] 梁思成. 建筑文萃. 生活·读书·新知三联书店，2006

[67] 梁思成. 北京——都市计划的无比杰作. 梁思成文集（四）. 北京：中国建筑工业出版社，1986

[68] 梁思成，陈占祥. 关于中央人民政府行政中心区位置的建议. 梁思成文集（四）. 北京：中

国建筑工业出版社，1986
[69] 林徽因．林徽因讲建筑．北京：九州出版社，2005
[70] 刘红婴，王建民．世界遗产概论．中国旅游出版社，2003
[71] 刘梦溪．百年中国：文化传统的流失与重建．文汇报，2005年12月4日：第6版
[72] 刘先觉，陈泽成主编．澳门建筑文化遗产．南京：东南大学出版社，2005
[73] 刘叙杰主编．中国古代建筑史（第一卷）．北京：中国建筑工业出版社，2003
[74] 刘云山．建设和谐文化 巩固社会和谐的思想道德基础．人民日报，2006年10月24日：第2版
[75] 卢涛，李先逵．城市核心可持续发展研究的多学科调适理念．城市发展研究，2002（1）：30
[76] 吕舟．第六批国保单位公布后的思考．中国文物报，2006年8月18日：第5版
[77] 罗哲文．"中国营造学社"及其对古建筑保护与研究的功绩．中国营造学研究，2005（第一辑）：1
[78] ［美］刘易斯·芒福德．城市发展史——起源、演变和前景．宋俊岭，倪文彦译．北京：中国建筑工业出版社，2005
[79] 倪苏，苏州．完整地保护"昨天的文明"．中国文物报，2005年8月3日：第3版
[80] 牛建宏．宜居城市建设要从公众需求着眼．中国建设报，2006年1月13日：第1版
[81] ［美］帕克等著．城市社会学——芝加哥学派城市研究文集．宋俊岭，吴建华，王登斌译．北京：华夏出版社，1987
[82] 戚思文．全球化背景下的印度文化遗产保护浅谈．理想空间，2006（15）：97
[83] 仇保兴．中国城镇化——机遇与挑战．中国建筑工业出版社，2004
[84] 仇保兴．面对全球化的我国城市发展战略．城市规划，2003（12）：5
[85] 仇保兴．城市经营、管治和城市规划的变革．城市规划，2004（2）：12
[86] 仇保兴．在城市建设中容易发生的八种错误倾向．中国建设报，2005年12月13日：第1版
[87] 阮煜琳．中国不应"千城一面"．中国建设报，2005年12月14日：8
[88] ［美］R. 道森．中国变色龙——欧洲中国文明观之分析．常绍民，明毅译．北京：北京时事出版社，1999
[89] ［美］沙里宁．城市：它的发展衰败与未来．顾启原译．北京：中国建筑工业出版社，1986
[90] 单霁翔．城市化发展与文化遗产保护．天津：天津大学出版社，2006
[91] 单霁翔．从"功能城市"走向"文化城市"．天津：天津大学出版社，2007年版
[92] 单霁翔．国子监街的整治与历史地段的保护．建筑师，1996（8）：52
[93] 舒乙．保护文化名人故居是当前先进文化持续发展中的一个紧迫任务．在政协十届二次会议上的发言，2004年3月
[94] 宋和景．苏北地区城市化问题的思考．城市发展研究，2002（4）：49
[95] 苏东海．文物与历史——兼谈博物馆的学术研究．中国文物报，2006年2月10日：第5版
[96] 苏东海．建立广义文化遗产理论的困境．中国文物报，2006年9月8日：第5版
[97] 孙家正．文化境界：与中外友人对谈录．上海：文汇出版社，2006
[98] 孙家正．追求与梦想．北京：文化艺术出版社，2007
[99] 孙家正．和谐社会构建中的文化责任．光明日报，2005年8月5日：第5版
[100] 孙家正．从故宫保护工程谈文化的作用及传统文化的保护与传承．中国文物报，2006年3月17日：第1版
[101] 孙家正．深化文化体制改革 加快文化产业发展．在全国文化系统文化产业工作现场会上

的讲话, 2006年5月29日
- [102] [美] 苏解放. 北京当代城市形态的"休克效应". 瞭望新闻周刊, 2005 (33): 54
- [103] 谭仲池. 文化: 照耀城市发展的光芒. 光明日报, 2005年8月3日: 第11版
- [104] 田远新. 谢辰生谈保护北京历史文化遗产和古都风貌. 中国文物报, 2003年11月7日: 第5版
- [105] 王景慧. 城市历史文化遗产保护的政策与规划. 城市规划, 2004 (10): 70
- [106] 王景慧. 城市规划与文化遗产保护. 城市规划, 2006 (11): 57
- [107] 王军. 民生与保护博弈. 瞭望新闻周刊, 2004 (28): 26
- [108] 王军. 北京城市空间结构调整机不可失. 瞭望新闻周刊, 2004 (46): 27
- [109] 王瑞珠. 国外历史环境的保护和规划. 台北: 淑馨出版社, 1993: 1
- [110] 王永昌. 保护历史之根 传承文化之魂. 在第2届文化遗产保护与可持续发展国际会议上的发言, 2006年5月31日
- [111] 温禾. 房屋买卖推动四合院保护与发展. 中国建设报, 2006年2月17日: 第2版
- [112] 吴晨. "城市复兴"理论辨析. 中国建设报, 2006年5月26日: 第7版
- [113] 武廷海, 鹿勤, 卜华. 全球化时代苏州城市发展的文化思考. 城市规划, 2003 (8): 61
- [114] 武廷海. 中国近现代区域规划. 北京: 清华大学出版社, 2006
- [115] 谢辰生. 文物. 中国大百科全书 (文物 博物馆). 中国大百科全书出版社, 1993
- [116] 谢辰生. 关于认识文物价值的一点看法. 中国文物报, 2006年8月4日: 第3版
- [117] 谢辰生, 彭卿云. 文物大国的危机. 中国文物学会通讯 (1): 15
- [118] 徐苹芳. 要废除"旧城改造"的思路. 建筑创作 (建筑师茶座), 2003 (11): 11
- [119] 徐世丕. 文化力在城市竞争力要素构成中的地位和作用. 中国文化报, 2005年7月26日: 3
- [120] 徐嵩龄. 第三国策: 论中国文化与自然遗产保护. 北京: 科学出版社, 2005
- [121] 许江. 城市建设应补一堂美术课. 人民日报, 2006年8月18日: 第11版
- [122] 杨东平. 城市季风. 上海: 上海三联书店, 1998
- [123] 杨光. 我们应该建什么样的文化标志. 光明日报, 2006年3月2日: 第5版
- [124] 杨乐渝. 艺术在城市中的魅力. 中国建设报, 2006年2月15日: 第6版
- [125] 杨荣斌, 陈超. 从四城市看城市文化发展取向与城市定位. 中国文化报, 2005年8月30日: 第4版
- [126] 袁行霈, 严文明等主编. 中华文明史. 北京: 北京大学出版社, 2006
- [127] 张和平. 属于世界 走向世界. 人民日报 (海外版), 2006年6月7日: 第3版
- [128] 张京祥. 西方城市规划思想史纲. 南京: 东南大学出版社, 2005
- [129] 张牧涵. 南城四合院交易单价涨了2000元. 北京日报, 2006年2月6日: 第6版
- [130] 张松. 中国文化遗产保护关键词解. 中国文物报, 2005年12月16日: 第8版
- [131] 张松, 周旋旋. 城市保护规划与可持续发展战略. 理想空间, 2006 (15): 5
- [132] 张天新, 山村高淑. 从"世界遗产"走向"世间遗产". 理想空间, 2006 (15辑)
- [133] 张毅. 探寻西安古都风貌保护之路. 经济日报, 2005年3月3日: 第15版
- [134] 张玥. 城市景观的重塑——符号化的北京旧城保护 (2000—2005). 北京和北京: 两难中的对话. 联合国教科文组织北京办事处, 2005年
- [135] 张在元. 城市发展的"软道理". 城市规划, 2003 (9): 55
- [136] 章剑锋. 北京胡同濒绝. 中国经济时报, 2005年11月9日: 第15版
- [137] 赵光华. 圆明园遗址的保护和利用. 北京政协, 1996 (8): 31

［138］赵万民．三峡工程与人居环境建设．北京：中国建筑工程出版社，1999

［139］赵燕菁．国内外城市空间结构调整实例．瞭望新闻周刊，2004（46）：27

［140］赵中枢．城市规划要尊重历史环境——访中国城市规划学会资深会员、中国科学院院士侯仁之．中国建设报，2006年9月26日：第2版

［141］中国大百科全书（简明版）（修订本）．北京：中国大百科全书出版社，2004：第2卷

［142］周干峙．城市化和历史文化名城．城市规划，2002（4）：7

［143］朱明德主编．北京城区角落调查 No.1．北京：社会科学文献出版社，2005

［144］资华筠．面对新世纪的文化生态保护．中华文化画报，2005（3）：56

［145］左川，郑光中编．北京城市规划研究论文集（1946—1996）．北京：中国建筑工业出版社，1996：29

后 记

本书是我在长达四年半的时间里，通过在清华大学建筑学院吴良镛教授指导下学习，得到的一个阶段性研究成果。

攻读吴良镛先生的博士生是我十多年前的心愿，但是由于始终工作于"热线"之上，自觉投入学习的条件不具备，一搁就是十几年。但是期间始终得到吴良镛先生的热情鼓励，我也始终不忘读书之事。2002年我调到国家文物部门工作，相对城市规划部门来说，加班时间少了许多，读书的时间随之增加。抓住时机报考了吴良镛先生的研究生。入学前曾有友人提醒我，读博士学位难，读清华大学建筑学院的博士学位更难，而读吴良镛先生的博士学位难上加难；读书艰苦，在职读书更为艰苦，而担负繁重工作同时在职读书苦上加苦。我就是在这一忠告下，作为清华大学建筑学院年纪最大的学生，重新开始了向往已久的学习生活，实现了多年的愿望，四年半下来，我体会到友人所言不虚，但是更感受到难中有乐、苦中有甜。

我有幸在新世纪之初，我国经济大发展、社会大变革的时代，参加城市规划和文化遗产保护实践，体味其中甜酸苦辣，并在此次学习中得以将自己多年的工作体会加以较系统的整理，获得新的认识；我有幸在城市化快速发展，文化遗产保护与城乡建设的矛盾异常突出的时期，也是我再次走上文化遗产保护岗位之时，迎来了这一学习机会，使我在从事繁忙工作的同时，获得冷静的思考；我更有幸能够跟随吴良镛教授学习，直接感受、学习大师的研究方法与工作作风，耳濡目染，受益良多。每当看到吴良镛先生80多岁高龄，仍然精神饱满地从事研究，身体力行地深入实践，自感惭愧，更激励我潜心追求学问。

20多年来，我数次在城市规划部门和文物保护部门之间调动工作，在工作中一直有一种感觉，就是一方面城市规划领域对于文化遗产保护的实际问题始终关注不够，特别是在不少城市并未把历史城区、历史文化街区等作为文化遗产的重要组成部分加以保护；而另一方面文化遗产保护领域长期自我封闭，很少主动争取纳入城市发展战略规划。因此希望能够运用城市规划和文化遗产保护两方面的工作实践体会，通过学习研究，探讨沟通两者之间的方法，使相关学科融会贯通、相互集成，带来倍增的研究与实践效果。

导师吴良镛教授强调学习中要高屋建瓴，要求对涉及社会发展的重大问题开展深入研究；强调学习的系统性，要求在旁征博引的前提下加以融贯地研究；强调学习的针对性，要求结合实际工作力争解决当前的突出问题。吴良镛先生虽然是蜚声国内外建筑界、城市规划界的学术大师，但是待人谦虚热情，尽管工作繁忙，却时时惦念教导我读书之事，经常抽出专门时间对我进行辅导；他自己每有新的论文发表之前，也经常给我机会提前阅读。吴良镛教授刻苦的学习作风，勤奋的研究作风，严谨的教学作风，为我树立了良好的楷模。因此，我首先要感谢导师吴良镛教授给予我的指导和言传身教。

要特别感谢郑孝燮教授、傅熹年教授对我学习的鼓励和热情推荐，感谢周干峙教授、徐苹芳教授等各位先生对我的论文的评审，他们都是治学严谨的学者，是我终身学习的榜样。感谢清华大学建筑学院左川教授、毛其智教授、吴唯佳教授、武廷海教授等各位老师的悉心指导，以及对我论文初稿的评阅和指导。感谢我的同事张柏、董保华、童明康等各位同事自始至终对我学习的支持和鼓励，感谢侯菊坤、王军、宋新潮、陆琼、盛蔚蔚、刘浩、唐伟、张喆等同事，在审核、校对论文相关内容，联系学校相关事项等方面给予我的帮助。感谢张立新同学对我在学习方面的帮助。还要感谢我的夫人张阿君，在论文中也凝聚了她的许多心血和奉献，以及我们的父母对我学业的支持与理解。

四年半以来，我不仅在论文研究方面有了深刻体验，在人生的意义上也有了新的感悟，经历了一场痛苦与愉悦的修炼，体会到了学习的无穷乐趣。突出体现在对时间的珍重，一时一刻不敢有所懈怠，除了工作之外，我将几乎所有的业余时间、节假日，都用在了学习和研究上。远离了一切不必要的应酬、聚会、宴请，使我争取了宝贵的时间。但是由于长期远离了体育锻炼，使身体不堪连续工作之重一度住进医院，不足为训。

在学习期间，我得以带着问题研究，带着答案实践，根据学习所得，结合实际工作加以应用，使不少学习成果获得及时转化，甚至一些曾在论文中提出的建议，如今已经变成了现实，或成为正在努力推进的目标。例如在研究中，深感摸清我国文化遗产家底的重要性和紧迫性，就此提出开展第三次全国文物普查的建议，获得导师、专家和同行的赞同，并为有关部门所采纳，目前已经成为全国文化遗产保护工作的重中之重，甚感欣慰。再例如加强乡土建筑遗产、工业遗产、20世纪遗产保护等，通过召开全国性研讨会统一思想，发布通知加以贯彻，也已经逐渐成为全国文物系统的工作目标。我相信，经过不懈的努力，论文中的一些想法和建议，还会不断变为现实。

最后需要说明的是，由于文化遗产保护与城市文化建设是一个极其复杂的课题，而我本人无论在理论还是实践方面都非常浅薄，因此在论文中必然存在不少不足，敬请各位学者、专家多多斧正。学无止境，我将继续努力。